中国发展研究基金会
China Development Research
Foundation

国际发展援助与合作

—— 超越历史困局 ——

INTERNATIONAL DEVELOPMENT
ASSISTANCE AND COOPERATION
IN A TIME OF CHANGE

俞建拖 **主编**

俞建拖 张 驰 **译校**

社会科学文献出版社
SOCIAL SCIENCES ACADEMIC PRESS (CHINA)

《国际发展援助与合作：超越历史困局》
课 题 组

顾问

方晋　中国发展研究基金会秘书长

组长

俞建拖　中国发展研究基金会副秘书长

成员（按照姓氏字母排序）

阿菲凯纳·杰罗麦	非洲联盟委员会农业、农村发展、蓝色经济和可持续环境委员特别顾问
阿莱马耶胡·盖达	埃塞俄比亚亚的斯亚贝巴大学经济学院教授
埃利亚斯·阿尤克	联合国大学非洲自然资源研究所前所长
安西娅·穆拉卡拉	亚洲基金会国际发展合作部高级主管
奥卢·阿贾凯耶	非洲共享发展能力建设中心执行主任
彼得·泰勒	英国国际发展研究院研究部主任
杜伊文	中国发展研究基金会高级项目顾问
谷靖	英国国际发展研究院新兴大国与全球发展研究中心主任
基尔·麦克唐纳	英国国际发展研究院研究员

基思·努斯	特立尼达和多巴哥科学技术和应用艺术学院院长
科林·柯克	联合国儿童基金会评估办公室前主任
梅里尔·蒂尔	巴西马拉尼昂联邦大学副教授
萨拉·库克	联合国社会发展研究所前所长
威廉·方达	非洲开发银行农业和农用工业部经济学家
张驰	中国发展研究基金会研究一部项目副主任

项目官员

张纯　中国发展研究基金会研究一部副主任

张驰　中国发展研究基金会研究一部项目副主任

序　言

2021 年 9 月 21 日，习近平主席在第 76 届联合国大会一般性辩论上提出全球发展倡议，为推动国际社会形成合力，破解和平赤字、发展赤字、安全赤字、治理赤字难题，实现联合国 2030 年可持续发展议程贡献了中国方案和中国智慧。

当前，疫情后经济复苏乏力，地缘政治危机升级，发展失衡加剧，单边主义、保护主义抬头等全球性挑战层出不穷，国际社会对共同发展的期盼愈发殷切。现代国际发展援助的历史起源于二战之后，曾为经济恢复增长发挥了巨大作用。但随着国际发展援助与合作的改革进程放缓，以金砖国家为代表的非发展援助委员会国家、以私营部门和社会团体为代表的新兴援助行动者，以及各式各样、丰富多彩的新行为模式不断涌现。世界亟须就国际发展与合作的未来做出新选择。

中国是国际发展合作的重要参与者、受益者和推动者。我国有着超过70 年的光辉援外史，帮助了大批发展中国家实现了民族独立解放和经济社会进步。改革开放后，中国曾接受大量的国际多边和双边的发展援助，广泛吸取国际发展的知识和经验，将之融入国家发展战略，把国际援助资源与国内更广泛的资源动员相结合，创造了人类历史上的发展奇迹。随着经济实力增强和综合国力提升，我国已经逐渐从一个需要接受援助的国家成长为新兴援助大国。重要的援助国和成功的受援国的双重身份，促使中国形成了独特的国际发展合作观，形成了独特的国际发展理念和措施，收到了良好的成效。中国的国际发展合作顺大势、得民心，是构建人类命运共同体的重要实践，对于全球可持续发展事业意义重大。

在此背景下，中国发展研究基金会自 2020 年起，发起成立"国际发展援助与合作"课题组。从国际发展援助体系规范、实效管理、创新融资、机构演进、基础建设、社会参与、地区合作、地区实践及其对中国的启示等角度，对如何推动国际发展援助与合作体系改革优化进行深入探讨。

中国发展研究基金会多位同事参与了课题研究。俞建拖作为课题组组长，承担了课题研究设计、实施和相关报告的撰写工作，同时译校了相关报告的中文版；张纯为课题的前期协调提供了支持工作；张驰为课题开展做了组织支持工作，并参与相关研究和写作；焦东华参与了课题设计及相关研讨；实习生糜佳浩提供了文稿校对工作。福特基金会为此项研究提供了经费资助。

为了使课题的研究具有坚实的基础和广阔的视角，中国发展研究基金会先后多次召开专家研讨会。我们委托了来自全球六大洲的国际组织和研究机构的专家学者们共撰写 11 份专题报告。专题报告的很多观察、发现、观点和思考都反映在了总报告中。这些作者及专题报告分别是彼得·泰勒（Peter Taylor）等《国际发展援助规范》、科林·柯克（Colin Kirk）《发展有效性与援助管理》、萨拉·库克（Sarah Cook）《21 世纪的多边发展机构：演进、挑战与展望》、谷靖（Gu Jing）和基尔·麦克唐纳（Keir MacDonald）《"一带一路"倡议与全球基础设施发展合作》、杜伊文（Evan Due）《官方发展援助、双边援助者和国际发展合作》、威廉·方达（William Fonta）《私营部门在国际发展中的作用：为发展中国家提供双边援助》、阿莱马耶胡·盖达（Alemayehu Geda）《全球创新发展融资架构及其启示》、安西娅·穆拉卡拉（Anthea Mulakala）《受援国的援助发展融资管理：柬埔寨和尼泊尔案例研究》、埃利亚斯·阿尤克（Elias T. Ayuk）《受援国视角的发展援助管理：加纳、尼日利亚、卢旺达和塞内加尔案例研究》、基思·努斯（Keith Nurse）和梅里尔·蒂尔（Meryl Thiel）《中国与拉美和加勒比地区的发展融资》、奥卢·阿贾凯耶（Olu Ajakaiye）和阿菲凯纳·杰罗麦（Afeikhena Jerome）《国际发展合作多变格局下的技术合作》。这些研究不仅分析了国际发展援助与合作的动态变迁，也触及了当下面临的困境和挑战，同时结合受援国视角，探讨了构建未来国际发展援助与合作体系所应关注的原则和措施。相关的研究结论和观点，反映了国际发展援助界专家学者的前沿洞察和认知，为未来中国国际发展援助与合作战略设计提供了富有启发性的建议。但是，这些见解和建议，谨代表作者本人以及研究团队的认知。翻译和介绍这些观点和建议，是为了使国内读者了解国际上相关的思考和探索的动态，以及对当前国际发展援助体系运转的核心关切，并不代表基金会和基金会课题组全盘接受和认同这些观点。

　　值此报告付梓之际，谨代表中国发展研究基金会，对以上单位及个人为课题顺利推进提供的支持和帮助，表示诚挚的感谢。

方晋

中国发展研究基金会副理事长兼秘书长

目　录

主报告

专题报告

受援国的援助发展融资管理：
柬埔寨和尼泊尔案例研究 ………………… 安西娅·穆拉卡拉 / 288

受援国视角的发展援助管理：
加纳、尼日利亚、卢旺达和塞内加尔案例研究
…………………………………………………… 埃利亚斯·阿尤克 / 326

中国与拉美和加勒比地区的发展融资

国际发展合作多变格局下的技术合作

主报告

国际发展援助与合作：超越历史困局

俞建拖　张　驰*

一　处于十字路口的国际发展援助与合作

国际发展援助指的是发达和相对富裕的国家为欠发达国家提供各类发展支持，包括资金、人力、技术、设施等。① 在国际发展援助实践中，"援助者—受援者"之间的关系被认为具有不平等色彩，强化了发展中国家对发达国家的依附，因而招致很多批评。不仅如此，在过去 20 年里，发展中国家之间的援助、互助以及发展合作也蓬勃兴起，成为全球发展中引人注目的新趋势。这些变化使得以平等伙伴关系和发展导向为特征的"国际发展合作"概念被更多地提及。但是，不论是发展援助还是发展合作，"援助""合作""发展"都具有很强的道德性和理想主义色彩。

---

* 俞建拖，中国发展研究基金会副秘书长，国务院发展研究中心研究员；张驰，中国发展研究基金会研究一部项目副主任，国务院发展研究中心助理研究员。
① 在本报告中，国际发展援助是指通过双边和多边途径对境外主体提供的用于人道主义救援、经济社会发展援助，援助主体包括政府、国际组织以及社会部门、私人部门等。这一定义较为宽泛。实际上，在文献中广泛使用的对外援助概念（foreign aid 或 foreign assistance）所包含的内容要远远大于国际发展援助。考虑到研究文献中更多的是关注对外援助的发展内容，在不引起混淆的情况下，我们将国际发展援助与对外援助的概念等同。

现代国际发展援助形成于第二次世界大战以后。自诞生起国际发展援助就具有外交工具和发展工具的双重属性。[①] 1947 年 5 月，美国总统杜鲁门签署了《对希腊土耳其援助法案》，7 月美国出台了《欧洲复兴计划》（又名"马歇尔计划"）。这两个援助计划直接和首要的目的就是遏制共产主义在欧洲的扩张，[②] 同时这两个计划也确实帮助西欧和南欧的经济在战后实现较快复苏。相应的，由苏联领导的社会主义阵营，也推出了国际发展援助机制和计划。就这样，承载发展与合作理念的国际发展援助成为冷战阵营对立的工具。

不过，即便在冷战状态下，随着国际局势的变化，国际发展援助的功能也得到强化。首先，随着超级大国之间直接爆发军事冲突的风险减小，更多的资源被用于推动经济社会发展。其次，随着联合国运行机制逐步成熟和规范，多边主义援助体系虽然长期处于大国斗争的夹缝中，但其独立性增强，对推动第三世界国家的发展起了更积极的作用。最后，不结盟运动的兴起以及第三世界内部的相互支持也成为一种不容忽视的现象（见本书萨拉·库克撰写的报告）。

进入 20 世纪 90 年代，随着东欧剧变和冷战结束，国际发展援助的发展属性得到更好的展现。不过，西方主导的发展援助模式也出现空前的扩张，以"华盛顿共识"为代表的新自由主义意识形态盛行，不仅主导了以经合组织发援会为代表的"传统"援助者的援助方式，也深刻地影响了世界银行等多边发展机构的援助认知和实践（见本书埃利亚斯·阿克尤撰写的报告）。当然，经合组织发援会成员方之间在援助理念、原则、重点领域和模式等上也存在差异性（见本书杜伊文撰写的报告）。

进入 21 世纪，特别是 2008 年国际金融危机后，国际政治经济秩序发生

---

① Alesina 和 Dollar 关于对外援助的分析指出，援助资金分配主要受政治和战略因素影响，而受援国的经济需求和政策表现的影响权重较小。相比之下，外国直接投资的流向更多的是受经济因素影响。见 Alberto Alesina, David Dollar. 1998. "Who Give Foreign Aid to Whom and Why?" NBER Working Paper No. 6612。

② 沈志华，2013，《冷战的起源》，九州出版社。

了深刻变化，全球发展援助模式也发生了一系列变化。第一，中国、印度、巴西等新兴经济体的发展加快，成为传统官方发展援助之外不可忽视的贡献者；① 第二，以联合国"千年发展目标"和"可持续发展议程"为共识性纲领，多边国际组织在发展援助资源动员以及技术供应上的能力和作用更加彰显；第三，非政府组织、民间团体、跨国企业等非传统的援助行动者在国际发展援助中，特别是在卫生等领域，发挥了一定的作用（见本书威廉·方达撰写的报告）；第四，传统国际发展援助体系也在发生以"援助实效"和"发展实效"为导向的变革（见本书科林·柯克撰写的报告）。应该说，这些变化固然对传统国际发展援助模式构成挑战，但同时也给全球层面的发展援助与合作体系带来了变革的希望。

当前，世界正面临百年未有之大变局，国际发展援助与合作正处于十字路口，面临不同的前景：维持现行国际发展援助与合作的高度分割、供给不足和成效不佳的局面，疲于应对不断涌现的全球性挑战？在大国地缘政治博弈日趋激烈的今天，使国际发展援助重新成为地缘政治斗争的工具、分裂世界的助推器？使国际发展援助成为构建人类命运共同体和发展共同体的发动机，成为各国消弭分歧、构建共识，共同应对气候变化、贫困与不平等、公共卫生挑战的黏合剂，共同推动全球实现可持续发展目标？三条道路的选择并不像表面看起来那么容易，背后存在深层次的国际权力结构、制度背景、文化观念、资源禀赋、技术条件等制约因素，如何避免国际发展援助重蹈历史覆辙，这是全球需要共同思考和应对的难题。

鉴于当今世界在可持续发展上面临的诸多重大挑战，中国发展研究基金会发起了"国际发展援助与合作"研究课题。本报告作为课题第一期的主报告，在 11 个专题报告的基础上，就 21 世纪以来国际发展援助与合作面临的困境以及国际社会所做努力及其成效进行分析，同时对国

---

① Gerda Asmus, Andreas Fuchs, Angelika Müller. 2017. "BRICS and Foreign Aid." AidDATA Working Paper No. 43.

际发展援助与合作领域出现的新变化与机遇和挑战进行探讨。中国对外
援助和发展合作不是本期研究的重点，但显然中国是国际发展合作领域
不可忽视的参与者和贡献者，事实上推动了该领域的一些深层次变革，
因此予以专门讨论并进行展望，并就未来国际发展合作的架构设计以及
中国的行动做出展望。

二 实效困境：从"援助实效"到
"合作实效"的议程变迁

国际发展援助的功能和定位是什么，有一个无法回避的根本性问题：援
助的实际效果怎么样？或者说，援助能否以成本—有效的方式达到政策设计
的初衷。在国际发展援助中，不论是政府组织还是非政府组织或者私营部门
的企业，都需要向纳税人、捐赠者以及股东或者其他关键的利益相关方证明
援助的成效，而这恰恰是十分困难的，一些证据表明，很多援助项目不仅无
效，甚至还会带来一系列负面的后果。[①]

国际发展援助的这种尴尬局面，并不是到 21 世纪初才出现的，而是陈
年痼疾了。事实上，从 20 世纪五六十年代开始就已经有文献研究改善援助
成效问题。[②] 进入 20 世纪 90 年代，很多研究围绕国际发展援助对储蓄、贸
易以及经济增长的影响进行了实证分析，但是争议也随之而来。[③] 从现实角
度看，进入 21 世纪，人们对于援助如何可以取得实效问题更有经验，并且

① Tomi Ovaska. 2003. "The Failure of Development Aid." *Cato Journal*, Vol. 23; Todd Moss, Gunilla Pettersson, Nicolas van de Walle. 2005. "An Aid-Institutions Paradox?" A Review Essay on Aid Dependency and State Building in Sub-Saharan Africa, The Mario Einaudi Center for International Studies Working Paper No. 11-05; Dambisa Moyo. 2010. *Dead Aid: Why Aid Makes Things Worse and How There is Another Way for Africa*, London: Penguin Books.
② 如米尔顿·弗里德曼提出，对外经济援助无助于经济发展，只会妨碍发展中国家的福利改善。M. Friedman. 1958. "Foreign Economic Aid." *Yale Review* 47; Cassen 对早期相关问题做了很好的讨论，参见 Robert Cassen. 1994. *Does Aid Work*? Clarendon Press, Oxford.
③ Craig A. Burnside, David Dollar. 2000. "Aid, Policies, and Growth." *American Economic Review*, Vol. 90, No. 4; W. Easterly, R. Levine, D. Roodman. 2003. "New Data, New Doubts: Revisiting 'Aid, Policies and Growth'." NBER Working Paper No. 9846.

拥有更多的工具，但是由于信息通信和传媒技术的发展，援助失败和无效的案例更多地为人们所了解。无论事实如何，到 21 世纪初，可以确定的是援助者、被援助对象以及其他关键利益相关方对于援助的不满直接促成了一系列关于援助实效的高级别论坛。

迄今为止关于援助有效性的评价大多以"传统"官方的发展援助为研究对象，但对其他"新兴"援助者及新型援助方式的讨论以及案例研究也快速增加。① 一些学者在一定程度上肯定了援助的有效性，如果援助资源流向拥有良好治理结构的国家并得到有效的管理，可以发挥促进经济增长以及减少贫困的作用。② 还有不少研究评估了援助对于收入分配、进出口水平、贸易条件、特定产业发展的影响，总体结果是多元的。③ 一些学者呼吁国际社会（特别是富国）增加对欠发达国家的援助（如 Jeffrey Sachs 教授）。但也有学者认为传统模式下的援助收效甚微。比如，2015 年的诺贝尔经济学奖获得者安格斯·迪顿就认为，国际发展援助在健康等领域确实产生了一些显著成效，但是在减贫等领域进展缓慢。赞比亚的经济学家丹比萨·莫约的《致命援助》对"传统"发展援助提出了尖锐的批评，认为"传统"援助国的援助往往伴有很多附加条件，脱离了实际情况，使得援助达不到预期效

---

① 这里"传统"之所以加引号，并不是说笔者认为由经合组织国家提供的援助历史最悠久或者形式最经典，而是因为这已经成为国际发展援助文献中的习惯性表达，为了避免令读者困惑，故而还是沿用了"传统"的表达。但是这种"传统"是在西方强话语权下的"传统"，过于关注经合组织发援会援助国的习惯性模式，会较易忽略包括中国在内的其他发展中国家之间长期存在的发展援助与合作联系。

② Craig A. Burnside, David Dollar. 2004. "Aid, Policies and Growth: Revisiting the Evidence." World Bank Policy Research Paper No. 2834; Mark McGillivray. 2003. "Aid Effectiveness and Selectivity: Integrating Multiple Objectives into Aid Allocations." UNU－WIDER Discussion Paper No. 71.

③ Carl-Johan Dalgaard, Henrik Hansen. 2001. "On Aid, Growth and Good Policies." *Journal of Development Studies*, Vol. 37, No. 6; Rghuram G. Rajan, Arvind Subramanian. 2005. "Aid and Growth: What Does the Cross-Country Evidence Really Show?" IMF, WPIEA2005127; David H. Bearce, et al. 2013. "Has the New Aid for Trade Agenda been Export Effective? Evidence on the Impact of US AfT Allocations 1999－2008." *International Studies Quarterly* 57 (1); Sèna Kimm Gnangnon. 2021. "Structural Economic Vulnerability and the Utilization of Unilateral Trade Preferences: Does Development Aid Matter?" https://doi.org/10.21203/rs.3.rs-1149563/v1.

果。充满不良竞争的援助反而可能加剧社会冲突，让贪污腐败行为更加猖獗。来自美国纽约大学的诺贝尔经济学奖获得者威廉·伊斯特利教授也认为，援助带来的坏处可能大于好处。①

如果不能解决长期困扰发展援助的实效问题，对国际援助组织、双边援助机构以及各国政府来说，都可能会产生难以承受的结果。为此，从 21 世纪初开始，在诸多高级别论坛上，援助实效问题被列为重要的议题。

2002 年，在墨西哥蒙特雷召开的联合国发展筹资会议，可以说是各国协同努力解决发展援助实效问题的先声。会议旨在扭转过去十年来援助流量显著下降的趋势，倡导建立新型的"发展筹资伙伴关系"，增强发展协调一致性。会议发布了《蒙特雷共识》，主要包括调动国内经济资源、增加私人国际投资、开放市场和确保公平的贸易体制、加强官方发展援助、解决发展中国家的债务问题、改善全球和区域金融结构、提升发展中国家在国际决策中的代表性等内容。②

2003 年，发展援助委员会在意大利罗马召开了第一届援助实效高级别论坛，拉开了"援助实效议程"的序幕，各国签署了《罗马宣言》，首次就提高援助有效性达成共识。

2005 年，在巴黎召开的发展援助委员会第二届高级别论坛取得了突破性进展。与会各方发布了《巴黎宣言》，明确了提高援助有效性的原则、目标和监督框架。《巴黎宣言》提出了 5 项原则：①自主权（Ownership）：受援国对自身的发展政策具有主导权；②一致性（Alignment）：援助国与受援国的目标一致，援助国与受援国的优先发展事项保持协调；③协调性（Harmonization）：援助国之间相互协调，简化程序，共享信息，提高集体有效性；④结果导向（Managing for Results）：发展中国家和援助国都以援助结

---

① W. Easterly. 2003. "Can Foreign Aid Buy Growth?" *The Journal of Economic Perspectives* 17(3).

② United Nations. 2002. "Financing for Development Building on Monterrey." Published by the Financing for Development Coordinating Secretariat, Department of Economic and Social Affairs, https：//www.un.org/development/desa/financing/sites/www.un.org.development.desa.financing/files/2020-02/BuildingMonterrey.pdf.

果为导向管理资源和优化决策过程，设定具体目标来监测原则落实情况；
⑤共同责任（Mutual Accountability）：援助国及其合作伙伴都应对发展成效
负责，相互监督各项指标的完成情况。

应该说，《巴黎宣言》所提原则在相当程度上回应了长期以来对"传统"国际发展援助的诟病，包括援助国根据优先议程决定援助资源分配、受援国缺乏参与权和自主权、援助不是针对受援国急切的发展需求、附加条件过多、形式主义和程序性负担沉重、缺乏对结果的问责等，因此基于新原则的国际发展援助被各界寄予厚望。对《巴黎宣言》的5项原则和56项承诺的一项联合大型评估表明，这些原则和承诺在伙伴国家得到了落实，但落实情况差异较大，其中在国家自主权上取得了较为积极的进展，而关于一致性和协调性的进展差异较大，注重成果管理和相互问责方面的进展缓慢。这些改革有助于提高援助成效，提升伙伴关系的透明度和有效性，但援助改革并未减轻援助管理方面的负担。①

2008年，第三届援助实效高级别论坛在加纳阿克拉举行。论坛通过了《阿克拉行动议程》，以加速落实《巴黎宣言》，切实提高国际援助的有效性。《阿克拉行动议程》不仅重申了国家的发展自主权是关键、建立更加有效和更具包容性的伙伴关系、实现发展以及公开监测和评估发展进程，也强调了欢迎新的发展主体（包括南方国家以及非政府组织等）的参与、增加关于发展议题的国家级别的政策对话、持续改变援助附加条件的性质以支持国家的自主权、提高援助的透明度和可预见性等。

2011年，在韩国釜山召开了第四届援助实效高级别论坛。来自发达国家和发展中国家的代表、双边和多边机构的领导、各类公共组织和区域组织的代表参加了本次论坛。论坛通过了《致力于有效发展合作的釜山伙伴关系》，提出了"全球有效发展合作伙伴关系"（GPEDC），形成了四项原则（见专栏1）。

---

① B. Wood, J. Betts, F. Etta, J. Gayfer, D. Kabell, N. Ngwira, F. Sagasti, M. Samaranayake. 2011. "The Evaluation of the Paris Declaration." Final Report, Copenhagen.

专栏 1　《釜山宣言》：以共享原则实现共同目标

正如我们倡导合作的多样性以及发挥合作的催化剂作用一样，我们分享共同的原则，这些原则与我们在人权、体面劳动、性别平等、环境可持续性、残疾等方面达成的国际共识一致，构筑了我们有效发展的合作基础。

（1）优先考虑发展中国家的发展。只有当合作关系由发展中国家主导、适合发展中国家具体国情时，合作发展才会取得成功。

（2）注重成果。我们的投入和努力一定要在消除贫困、减少不平等、实现可持续发展和增强发展中国家实力等方面产生深远而持久的影响，必须与发展中国家的发展重点和政策方向相一致。

（3）包容性的发展合作关系。为支持发展目标的实现，开放、信任、相互尊重和学习是有效合作的核心，同时认同所有合作主体各不相同而又相互补充的角色定位。

（4）透明和相互负责。彼此负责和对预期受益者、民众、各个组织、委托人和股东负责，对于最后的结果而言非常重要。操作透明是强化责任的基础。

这些共享原则将指导我们采取以下行动。

（1）深化、扩大并实施发展政策及进程的民主参与，并使之运转起来。

（2）付出更大的努力以取得可持续成果，包括更好地管理、监控、评估成果并跟踪进展。此外，还要加大支持力度，增强这些国家的实力，调动不同的资源，以促进发展目标的实现。

（3）加大对南南合作和三边合作的支持力度，使这些合作关系能够顺应各个国家的国情和需要。

（4）支持发展中国家为调动各种发展资金而付出的努力，确保这些不同形式的合作能够对促进发展产生催化剂般的作用。

资料来源：《釜山宣言》。

《釜山宣言》明确提出"从有效援助到为了有效发展的合作"，认为"现在是时候把我们的焦点和注意力从援助有效性转向有效发展所面临的挑战上来了"，要建立包含如下因素的发展合作框架：①由强大的、可持续的和包容性的增长驱动的发展。②政府自身的税收收入在增加发展所需的经费方面起着更为重要的作用，同时政府在发展结果方面对民众负有责任。③有效的政府和非政府机构改革，并彼此负责。④发展中国家充分参与全球化和区域一体化，并成为更具竞争力的经济体。为了推动形成这样一个发展合作框架，要支持由发展中国家牵头的制度性和政策性改革，有效调动各种资源并增加供给，由发展中国家牵头对发展所需的国际制度、系统和能力进行评估，加强区域和全球层面的发展知识和经验交流。

自 GPEDC 提出以来，有关"援助实效"的讨论事实上已边缘化，"援助实效"议程被"发展实效"议程所取代。[1] 有学者认为援助实效议程已经"失去相关性"；[2] 也有人指出"关于援助实效的政治兴趣已有所减弱"。[3]

从形式上说，"发展实效"或 GPEDC 取代了"援助实效"是必然的。事实上，釜山论坛成为"援助实效"系列高级别论坛的最后一届。从 2014 年开始，在墨西哥城（2014）、肯尼亚内罗毕（2016）、美国纽约（2019）先后召开了 GPEDC 第一、二、三届高级别论坛。从议题来看，发展问题和包容性伙伴关系被更多地强调，特别是联合国可持续发展议程提出以来，议题设置和讨论更为聚焦。从参会代表构成看，GPEDC 相较于之前的援助实效系列论坛，更加重视成员身份的多元化，更加强调发展中国家的参与并发挥主体作用，以及与民间组织和私人部门携手合作。

GPEDC 和发展实效议程无疑是对援助实效议程的重要突破，但是这种

① H. Kharas. 2014. "Improve Aid Effectiveness." http：//effectivecooperation. org/2014/04/improve - aid-effectiveness/.

② Jon. Lomøy. 2021. "Aid Effectiveness Revisited：Why a New Discourse on Aid Effectiveness is Needed." Lomøyblog 19 January.

③ C. McKee, C. Blampied, I. Mitchell, A. Rogerson. 2020. "Revisiting Aid Effectiveness：A New Framework and Set of Measures for Assessing Aid 'Quality'." Working Paper No. 524, Center for Global Development, Washington.

突破还称不上是革命性的。第一，在核心原则方面，《釜山宣言》所提出的四项原则与《巴黎宣言》确立的原则实际上是一脉相承的。第二，两个议程核心的设定者都是经合组织发援会，尽管其他发展主体的话语权和影响力加强，但这本质上还是一个"西方领导"的体系的扩展，[①] 而以非联合国为核心的多边主义体系在合法性上也不足。[②] 第三，在行动落实的举措和工具上，新议程框架下主要援助国的行为和管理模式并没有表现出根本性的不同，仍是"新瓶装旧酒"。第四，当《釜山宣言》所倡议的一些实质性变革，如由发展中国家牵头的发展合作机制和倡议付诸实践时，"传统"发展援助者和合作伙伴并没有表现出应有的包容和支持态度，而是持强烈的怀疑甚至抵制态度，[③] 未免有"叶公好龙"之嫌，不能让发展中大国感受到"传统"发展合作伙伴拥抱变革的诚意。正因为如此，新的国际发展援助或者国际发展合作议程，很难获得新兴发展中国家（也是重要的发展合作伙伴）的信任。[④] 在墨西哥城举办的论坛上，中国和印度都没有官方代表参加；在内罗毕举办的论坛上，金砖五国中的四个国家（中国、印度、巴西、南非）都缺席了。

从 2002 年的罗马论坛到 2019 年的纽约论坛，应该承认"传统"发展援助者为改善援助有效性、适应国际形势付出了巨大的努力，并在很多方面产生了积极的影响，形成了一些有价值的标准、规范和指引，为发展中国家更

---

① S. Klingebiel, X. Li. 2016. "Crisis or Progress: Global Partnership for Effective Development Cooperation after Nairobi (The Current Column)." Bonn, German: German Development Institute/Deutsches Institut für Entwicklungspolitik (DIE).

② F. T. Bena. 2017. "The Outcome of the 2nd High-level Meeting of the Global Partnership for Effective Development Co-operation and Why It Matters." http: //aidwatchcanada. ca/wp-content/uploads/2017/02/Final-GPEDC-HLM2-paper-Farida-T-Bena-with-Brian-Tomlinson-3Feb2017. pdf. 此外，正如联合国经社理事会的一份背景报告所指出的，关于"援助实效"的各类高级别会议和行动计划，虽然有联合国机构的参与，但并非真正意义上的联合国活动，受援国的参与也不足。详见 UNECOSCO. 2008. "Towards a Strengthened Framework for Aid Effectiveness." https: //www. un. org/en/ecosoc/docs/pdfs/aid_ effectiveness_ 1. pdf。

③ Cook 指出，当中国对发展中国家急需的基础设施投资需求作出回应时，七国集团发起了有针对性的全球基础设施倡议。详见本书萨拉·库克撰写的报告。

④ X. Li, G. Qi. 2020. "Should China Join the GPEDC?" Prospects for China and the Global Partnership for Effective Development Cooperation, SpringerLink.

好地参与国际发展合作并从中受益提供了机会。① 但是，也可以感受到"传统"发展援助者在适应世界变化中的"挣扎"，它们努力的成效是有限的，这既有外部原因，也有"传统"发展援助与合作机制存在结构性问题等原因。

三 内外结构性变化：挑战与机遇并存

尽管包括传统发援会成员方在内的诸多经济体做了大量的努力，主流的、传统的发展援助在突破"实效困境"上仍进展有限。那么，哪些因素导致了这种困境，或者制约了相关改革呢？本部分就此讨论了四个关于援助实效困境的假说，再结合经合组织国家自身以及国际格局的结构性变化，对当前国际发展援助与合作面临的挑战与机遇进行讨论。

（一）发展援助的实效困境：四种可能假说

针对发展援助的有效性问题，可以提出四个解释性假说。这些假说聚焦某些共性问题，可以在此基础上进行一些理论推导，并结合实际的证据，提出若干政策关注点。这四个既有关联性但在一定程度上又有互斥性的假说如下。

1. 假说1：国际发展援助从本质上就不可能起到推动发展的作用（技术假说）

技术假说的理由是，援助者和受援者在经济社会发展背景、认知方式上存在巨大的差异，援助者难以充分了解受援者的真正需求，而且受援者的制度体系和治理能力源自本国的历史和文化，要开展变革难度较大且过程漫长。因此，国际发展援助本质上就是极其困难且复杂的工作，存在根本性技

---

① J. B. Atwood. 2011. "The Road to Busan: Pursuing a New Consensus on Development Cooperation." https://www.brookings.edu/wp-content/uploads/2016/07/2011_blum_road_to_busan_atwood.pdf; J. B. Atwood. 2012. "Creating a Global Partnership for Effective Development Cooperation." https://www.cgdev.org/sites/default/files/1426543_file_Atwood_Busan_FINAL_0.pdf.

术障碍，很难在短期内取得系统性成效，反而容易助长受援者的依赖性并滋生腐败等。

如果这一假说成立，那么对双边和多边援助者的过度苛责就显得不必要了。不仅"传统"援助者做不好这些工作，而且"新兴"援助者及其理念、方法的引入同样于事无补。在此情形下，援助有效性是一个伪命题。除了紧急人道主义援助外，对一般发展援助的坚持更多的是国际发展援助产业链的某种生存之道。其政策引申是，坚持开展大规模的发展援助是无益的，并且会产生更多负面影响。

不过，不论是从二战后初期还是近几十年中国等发展中国家的发展来看，援助确实可以对特定产业以及经济发展产生推动作用。即便是在"传统"援助者对非洲、东南亚、拉丁美洲国家的援助中，人们也发现援助有促进经济增长、扩大出口、改善贸易条件等积极作用。

2. 假说2：如果规模足够大，发展援助是可以发挥重要作用的（规模假说）

规模假说并不否认现实援助中存在的技术性挑战，但认为这是可以克服的，通过改革援助制度和模式，可以推动全球特别是欠发达国家的经济发展。在发展领域，有"好事总是一起发生"的说法，如果援助规模太小，很难使各个领域的发展齐头并进。现实中援助成效不佳，并不是援助本身的问题，而是援助规模太小，限制了可能产生的规模经济和范围经济。①

如果这个假说成立，那么自巴黎论坛以来关于援助有效性以及 GPEDC 相关的改革就是有意义的，提升发展中国家的自主权、加强各类援助方的行动协调、使援助的优先事项与受援国的政策议程保持一致、提高透明度和共同问责等，都需要进一步坚持。但是，只有这些还不够，必须要系统性地强化发达国家和其他有能力的国家对援助的承诺，加大各方的援助资源投入，确保援助的项目能够产生规模经济和范围经济，不同的领域之间能够形成某种联合效应。

规模假说也有许多拥护者。在各类国际论坛以及多边国际组织的报告

---

① Jeffrey Sachs. 2009. "Aid Ironies." Huffington Post, 24 May.

中，总有关于发展筹资缺口的测算。比如，新冠疫情暴发后，经合组织的《全球可持续发展融资报告展望 2021》估计，为实现全球可持续发展目标，2020 年度资金缺口将从 2.5 万亿美元增加到 4.2 万亿美元。① 在学术界，也有很多呼吁国际社会加大发展援助投入的声音。从现实来看，在发援会成员方中，许多国家都没有实现援助规模达到本国 GDP 的 0.7% 的承诺。自千年发展目标提出以来，经合组织发援会成员方的捐赠金额虽然保持了增长势头，但是其占本国 GDP 的比重却不及承诺比例的一半。作为最大的援助国，美国官方发展援助占 GDP 的比重十多年来均低于 0.2%。如何督促这些国家履行承诺，足额地投入发展援助资源是"经久不衰"的话题之一。

但是规模假说也面临多重挑战：一是现实性挑战，很多国家在政治和财政上没有能力来兑现承诺，再多的承诺在本质上也只是"空中楼阁"。二是援助规模并不是一个纯粹的外生变量，而是和援助有效性之间存在微妙的内生关系，有可能正是援助有效性较低导致援助规模有限。因此现有规模可能恰恰是基于援助有效性的某种均衡性选择。三是规模扩大可能带来的是规模经济和范围经济，但规模本身也可能成为负担，这和援助国和受援国本身的援助资源管理能力密切相关，超出管理能力的规模带来的也许是灾难，有一些案例研究就关注了资源短期集中涌入发展中国家或地区带来的挑战，② 自罗马论坛以来多个援助实效高级别会议的重要议题之一就是解决援助的分割化以及本地管理能力不足问题。

3. 假说3：国际发展援助首要功能是地缘政治竞争和外交政策的工具，援助国提供国际发展援助并不是为了促进受援国发展（意愿假说）

在国际关系学界，现实主义学派对于发展援助大多持有这样的看法：汉斯·摩根索认为，国际发展援助本质上是地缘政治的一种附属产品，发展是

① OECD. 2021. "Global Outlook on Financing for Sustainable Development 2021." https：//www. oecd. org/development/global－outlook－on－financing－for－sustainable－development－2021－e3c30a9a－en. htm.

② P. de Renzio, D. Angemi. 2012. "Comrades or Culprits? Donor Engagement and Budget Transparency in Aid-dependent Countries." *Public Administration and Development* 32（2），DOI：10. 1002/pad. 1603（Accessed 21 July 2021）.

地缘政治工具使用的附属后果。① 在国际上左翼学者对发展援助的批评并不罕见，有人认为国际发展援助导致的发展中国家对发达国家的依附是刻意塑造的产物，是一种新型的殖民主义。② 如此一来，国际发展援助的发展绩效低下就不足为奇了。基于这一假说，要使发展援助能够取得一定实效，至少要使发展结果能够很好地支撑援助国的地缘政治战略和外交目标实现，从而创造出某种"激励相容"。

这一假说具有现实的合理性。在很多国家，国际发展援助部门属于外交部门，或者是由外交部门牵头的委员会来负责。不仅如此，很多国家在对外援助的相关法律和制度中均申明，对外援助要符合本国的利益（如本书杜伊文撰写的报告中的日本案例）。援助国在符合本国利益的前提下开展利他性的国际发展援助，在道德上并无太多可被指责的。

但是外交上的现实主义考量以及新型殖民主义的观点并不总是能够解释现实中援助的动机。从援助主体和动机看，大部分通过联合国多边体系提供的援助具有中立性。在双边援助中，很多援助国在提供发展援助支持时，是由强烈的价值观和道德驱动的，③ 如挪威的对外援助就深受基督教民族主义思想的影响（见本书杜伊文撰写的报告）。从援助水平上看，如果国际发展援助仅仅是一种道德上的装点门面，援助国完全还可以持续降低现有援助水平。从援助内容看，人道主义援助以及很多技术性援助与外交利益之间只有很弱的关联。这些体现出国际发展援助的复杂性，轻率地从道德上加以指责有失公允。

4. 假说4：发展援助有效性不足主要是没有准确定位其在总体发展中的角色和功能（定位假说）

从定位假说看，技术性困难和规模问题并非制约发展援助有效性的根本性问题。技术性困难可以通过丰富的知识和完善的工具来克服，援助规模的

---

① H. Morgenthau. 1962. "A Political Theory of Foreign Aid." *The American Political Science Review*, Vol. 56, No. 2.

② R. Riddell. 1987. *Foreign Aid Reconsidered*. Baltimore, The Johns Hopkins University Press.

③ 当然人们不一定都认同这些价值观。

增加空间也是有限的，这意味着发展援助规模限制是一个常态。更关键的问题是，如何让发展援助发挥杠杆作用，用有限的资源来调动更多的资源。

根据定位假说，发展援助不应该也不可能以一己之力推动一个国家的发展。即便对于一些国家来说来自外部的援助资金占政府财政收入的很大比例（甚至是主要部分），但与一个国家整体发展所需要的资源投入相比，发展援助的规模仍然是有限和微不足道的。发展援助注定是整体发展战略的配角，但其可以成为一个发挥强大作用的配角。在该假说下，一个直接的政策含义是，要把援助资源投向最根本性的发展领域，对于大部分发展中国家来说，即经济增长，因为只有经济增长才能带来更多可用的发展资源。但是具体到每一个国家，限制经济增长的因素不一样，优先领域不一样，有的是要优先完善基础设施，有的是要优先提高人力资本，有的是要优先抓住融入市场的机会，有的是要优先加快技术普及，有的是要优化推进工业化和非农部门发展，可以根据各国的国情来确定援助的优先次序，确保足够的资源被投向优先领域，并且在注意力上要有充分的聚焦以及延续性。

与技术假说和规模假说相比，定位假说有助于解释当前传统发展援助的绩效困境。在国际发展援助领域，定位偏差导致的政策失焦成为普遍现象。那些有助于经济发展的领域，包括基础设施投资、工业化、技术转移、金融发展等，在"传统"发展援助的内容清单中即使没有被完全忽略，也经常是被边缘化的。与经济发展密切相关的人力资本，包括教育和健康，也没有将之很好地与经济增长、经济机会结合起来。相反，那些在"传统"援助国被热烈讨论的、具有"后现代"特征的议题，经常被其作为优先的事务，包括性别议题、治理议题。① 那些在发展中国家看起来是常识性的优先议题，特别是经济发展议题，得不到"传统"援助者的重视，这背后的原因值得深入考虑，通常与援助国的结构性问题密切相关。但是援助国的结构性问题还不足以充分、准确地解释当前国际发展援助与合作的深层次困境，必须在更大的国际政治经济格局下予以考察。

---

① 这里并不是说性别和治理议题不重要，或者这些范畴的议题都属于后现代议题。

定位偏差在一定程度上会导致对国际发展援助过于乐观或者过于悲观。乐观者深信，只要发展中国家遵循了援助国的规范，发展援助就具有"魔术子弹"的奇效。悲观者把发展援助当作可有可无的，甚至是应该放弃（除了紧急人道主义救援外）的手段。上述定位都无助于正确评估发展援助的实效。

以上讨论了围绕援助实效困境的四种假说，这些假说背后各有一定的逻辑和事实支撑，不同的援助国在不同的历史时期主导援助的思想也不一样。但是作为整体，定位假说相对更具有建设性。

当前，一个值得讨论的问题是，如果传统援助国和新兴援助国能够就发展援助的定位达成共识，整个国际社会要根本性地调整发展援助的功能和模式可能会面临哪些挑战和潜在的机遇？

（二）"传统"援助国的结构性变化

当前，从国际发展援助（官方发展援助）的流量看，发援会成员方仍是国际发展援助的主流。尽管"传统"援助国也在积极推进国际发展援助的改革，增强自身在国际发展共同体中的影响力，并致力于推动建立以发援会框架为核心的国际发展援助架构，但是这些努力面临结构性挑战。

第一，包括发援会成员方在内，经合组织国家在总体上进入高发展水平、低经济增长、高公共负债的社会，社会福利体系的财政基础正受到严峻的威胁。根据联合国开发计划署的统计，2021 年经合组织国家平均的人类发展指数达到 0.899。如果经合组织国家作为一个整体参加国际排名，居全球第 29 位。2020 年，经合组织国家人均 GDP（现价美元）是 2000 年的 165.67%，年均经济增长率为 1.63%。

经合组织国家的高发展水平，在很大程度上得益于福利国家的建设，公共债务的持续攀升和低经济增长正在削弱福利国家的经济基础，这将对未来经合组织国家的公共财政带来巨大影响。如图 2 所示，2000~2017 年，经合组织国家人均社会支出（2015 年不变价美元）持续增长，平均增幅为 42.72%。其中 G7 国家中日本、美国和英国增幅最大，分别为 67.50%、

56.88%和45.21%。2017 年，人均社会支出最高的三个 G7 国家为法国、德国和美国，分别为 13208 美元、12467 美元和 10700 美元。

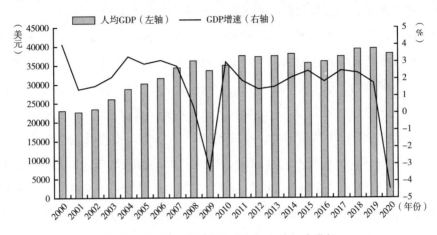

图 1 2000~2020 年经合组织国家的经济增长

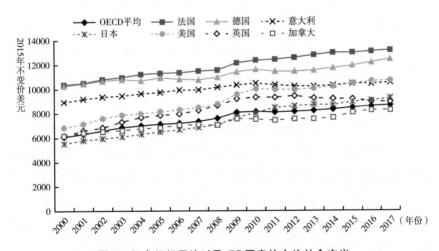

图 2 经合组织平均以及 G7 国家的人均社会支出

但是经合组织国家总体上社会支出占财政支出的比重不断攀升，由 2000 年的 17.51%上升到 2009 年的 20.76%，此后虽有小幅回落，但 2019 年仍超过 20.00%，社会支出增长呈现出明显的棘轮效应。在 2008 年国际金融危机后，经合组织国家政府债务普遍快速上升，公共债务与 GDP 之比从

2007 年的 72.59% 升至 2020 年的 130.33%。这意味着包括 G7 国家在内的经合组织国家的社会福利将越来越依赖于债务融资，而当前全球历史性通货膨胀冲击下各国的加息毫无疑问将增加公共债务的利息成本。

第二，日益扩大的不平等和更加撕裂、极化的社会。21 世纪以来，经合组织几乎所有的发达国家都经历了阶段性居民收入差距扩大，即便以收入分配平等著称的北欧国家也是如此。一些国家，不仅居民收入差距拉大，甚至居民收入中位数在过去几十年处于停滞状态。正如托马斯·皮凯蒂在《21 世纪资本论》中所指出的，20 世纪 80 年代以来，许多发达国家的收入等分组前 10% 人口所拥有的财富比例快速增加，而后 50% 人口的收入份额下降。① 《世界不平等报告 2022》显示，过去 20 年里，在全球收入最高的10% 的人口和收入最低的 50% 的人口之间的收入差距几乎翻了一番。全球收入排名前 10% 的人口的年收入为 122100 美元，而收入最低的 50% 的人口每年仅3920 美元，前者约是后者的 31 倍。20 世纪 80 年代全球化开始高歌猛进。这种收入差距扩大、阶层分化也引发了空前的政治撕裂，逆全球化思潮出现。

第三，发达国家所占全球经济份额及其影响力下降，安全焦虑加剧，进而影响其支持全球化以及国际发展援助的意愿。2000~2020 年，高收入国家占全球的比重（GDP 衡量）从 76.34% 下降到 60.91%，其中欧盟国家、美国、日本占全球的比重（GDP 衡量）分别下降了 6.42 个、4.95 个和 2.94个百分点。除了收入份额下降外，这些国家产业结构的深层次调整、制造业大量外迁导致蓝领阶层的生活受到冲击，这成为反全球化情绪的重要来源。与此形成对比的是，中国、印度等发展中国家占全球的比重（GDP 衡量）提升，2000~2020 年，中国占比增加了 12.13 个百分点，印度占比增加了1.42 个百分点。这种经济重心的转移引发的地缘政治角力日益凸显。近年来，受新冠疫情大流行、俄乌冲突等重大事件的冲击，很多发达国家开始担忧供应链和产业链安全。为此，一些发达国家采取措施来稳定供应链，除了优化供应链的全球布局外，加速推进供应链、产业链本土化，这可能会影响

---

① 〔法〕托马斯·皮凯蒂，2014，《21 世纪资本论》，巴曙松等译，中信出版社。

全球对外直接投资，包括对发展中国家的投资。事实上，2015 年以来发达国家对外直接投资规模大幅下滑，从 2015 年的 13391.82 亿美元剧烈下降到 7368.4 亿美元，受新冠疫情冲击，2020 年进一步下降到 4081.95 亿美元。[①]

表 1 部分经济体经济份额变化

经济体	年均增长（%）（不变价）	绝对值（万亿美元）		占比（%）		2000～2020 年占比变动（个百分点）
		2000 年	2020 年	2000 年	2020 年	
高收入国家	1.53	36.760	49.840	76.34	60.91	-15.43
中等收入国家	5.36	10.990	31.230	22.83	38.16	15.33
低收入国家	3.64	0.235	0.479	0.49	0.59	0.10
美国	1.71	13.740	19.290	28.53	23.58	-4.95
欧盟	1.06	11.260	13.890	23.39	16.97	-6.42
日本	0.48	3.990	4.380	8.29	5.35	-2.94
中国	8.68	2.770	14.630	5.75	17.88	12.13
印度	5.86	0.800	2.500	1.66	3.08	1.42
巴西	1.95	1.190	1.750	2.47	2.14	-0.33
俄罗斯	3.04	0.780	1.420	1.62	1.74	0.12
南非	2.10	0.222	0.335	0.46	0.41	-0.05
世界	2.69	48.150	81.830	100.0	100.0	100

注：2015 年不变价美元。
资料来源：世界银行数据库。

（三）全球层面的结构性变化

传统援助国（发达国家）的结构性变化与全球层面的结构性变化是持续互动的，这种互动对发展援助也有可能产生深远的影响。

第一，南方国家的发展加快，改变了全球政治经济力量的南北格局。主流的发展援助是北方国家（发达国家）对南方国家（欠发达国家）的援助，

---

① UNCTAD. "World Investment Report." https：//unctad.org/topic/investment/world - investment - report.

这与北方国家在发展水平、技术力量和经济实力上的绝对优势是分不开的。但是，过去二十多年里，这种情况正在发生改变。目前中国成为全球第二大经济体，印度也有望超过英国成为全球第五大经济体。这种南北经济实力的相对变化，在一定程度上带来了对西方经济社会发展模式的"祛魅"，西方的经验与模式被重新评估和审视。与此同时，南方国家也更自信地看待自身的发展历史，有更积极的意愿和其他国家分享自身的发展经验，并在新的合作平台上提供有别于西方模式的发展援助，形成独特的发展援助模式。南方国家的发展无疑为国际发展援助与合作提供了新的资源、知识及观念。但是，南方国家在知识、观念和理论供应上还存在显著的短板，对其的弥补不是一朝一夕能够完成的。

第二，随着大国地缘政治竞争加剧，新的东西关系格局正在酝酿中，这可能使全球产生更大的分裂，而不是团结合作。冷战结束后，资本主义阵营（西方）—社会主义阵营（东方）的对立不复存在，这刺激了全球化加速演进。但是，随着全球政治经济格局的重塑，一些传统发达国家对于失去国际秩序主导权的焦虑日渐加剧，试图以新的意识叙事为抓手，将一些后发国家标记为"修正主义国家"，拉拢盟友搞阵营对抗，试图建立一种新的"东西关系"格局。在此背景下，大国之间的信任急转直下，出现巨大的信任赤字，与此同时，安全焦虑和竞争成为国际关系中的主导性主题。

第三，全球发展共识增强，但是落实共识的基础削弱。从 1995 年哥本哈根峰会的社会发展问题到 2000 年的千年发展目标再到 2015 年的联合国可持续发展议程，应该说，国际社会在发展共识上取得了巨大进步。随着这些共识的达成，全球性发展议程更具可行性和可操作性。很多国家都出台了与本国发展战略紧密联系的可持续发展议程。不过，许多评估结果表明，实现可持续发展目标所需的资源与现在各国实际能够动员的资源相比，还存在巨大的缺口。

当前全球地缘政治竞争日趋激烈，大国之间越来越难以在重大的问题上达成建设性共识并相互协调行动，以联合国为代表的多边主义平台在协调重大全球事务上的功能也受到挑战。2017 年，美国总统特朗普执掌白宫后，不仅退出了《巴黎气候协定》，还退出了世界卫生组织，而此时正值全世界需要携手应对新冠疫情。不仅如此，美国还事实上"瘫痪"了世界贸易组织的仲裁机制。尽管在拜登上台后，美国又重新加入了相关的多边机制，但是，作为现代国际秩序主要塑造者的美国轻率地退出这些国际组织后又很快重新加入，凸显了多边主义机制基础的薄弱性。如果主要国家不能合作，多边主义机制将面临"瘫痪"的风险，落实全球发展共识也将无从谈起。

第四，非国家主体在全球事务中的影响力不断提升。伴随着过去四十年全球化的快速发展，企业跨越国界的投资和贸易成为全球经济增长的重要推动力，带来了产业链价值链分工、生产方式、社会结构、价值观念及其传播等的深刻改变，企业行为对全球可持续发展的影响增加，包括正面的影响和负面的影响。除了企业之外，更多非政府组织以及民间社团也成为全球发展事务的重要参与者和推动者。特别是，随着互联网的兴起，世界各国之间的信息、知识和观念传播加快，更多的企业和非政府组织、民间社团有机会参与全球事务。

（四）变局中的挑战与机遇

"传统"发展援助国以及全球层面发生的结构性变化，对于国际发展援助以及合作来说挑战与机遇并存。

1. 潜在的机遇

从机遇看，第一，南方国家的发展，提供了更多的工具以及贴合发展中国家实际的做法，也有利于动员更多的资源投入国际发展援助与合作。仅从发展筹资看，虽然新兴援助者的援助规模还远低于传统援助者，但是增长势头迅猛，2005~2015年来自新兴援助者的资金规模增长了6倍，同期传统援助者仅增长了40%。[①] Geda分析了非官方发展援助的规模变化趋势，2018年发援会之外的30个国家的官方发展援助和合作流量估计达到294亿美元，约是发援会成员方的1/5。此外，南南合作、亚洲基础设施投资银行、新开发银行等多边以及区域性平台的兴起，"一带一路"等新的合作机制的建

---

① Yijia Jing, Alvaro Mendez, Yu Zheng. 2019. "New Development Assistance in the Making: An Introduction." in Jing et al. (eds.) *New Development Assistance*. Palgrave McMillan.

立，都有助于创造更多的国际公共物品，助力全球发展（见本书谷靖、基尔·麦克唐纳和萨拉·库克撰写的报告）。

表 2　非官方发展援助流量趋势

单位：十亿美元，%

项目	规模						占比
	2013 年	2014 年	2015 年	2016 年	2017 年	2018 年	2018 年
目前 29 个发援会成员方的官方发展援助	134.8	137.5	131.6	144.9	147.2	150.1	83.6
发援会以外 20 个（报告）国家的官方发展援助	16.8	25.2	12.5	17.2	18.6	22.2	12.4
发援会以外 10 个（未报告）国家的发展合作流量估值*	6.8	5.6	5.2	6.5	8.8	7.2	4.0
非发援会提供者流量小计	23.2	30.7	17.7	23.7	27.5	29.5	16.4
全球总量估值	158.4	168.3	149.3	168.6	174.6	179.5	—

注："*"由经合组织根据巴西、智利、中国、哥伦比亚、哥斯达黎加、印度、印度尼西亚、墨西哥和南非等国家发展合作计划估算得出。

资料来源：根据经合组织公开数据整理。

第二，发展援助与合作领域的竞争效应和互补效应，一方面，促使传统发展援助者检视既有模式的不足，借鉴一些有益的经验；另一方面，为维持和提升自身的区域影响力，新竞争者的进入也促使发达国家投入更多的资源到发展援助与合作领域。只要这种竞争能够被控制在一定的合理范围内，相互之间形成补充而不是排斥，那么将有利于受援国提高发展的自主权以及发展实效。[①] 比如，Ayuk 比较了"传统"援助国和中国在加纳、尼日利亚、卢旺达和塞内加尔的援助资金分配，发现中国对这些国家的援助主要集中在发援会成员方关注不足的领域，因此具有明显的互补性（见本书埃利亚

[①] Arjan de Haan, Ward Warmerdam. 2011. "New Donors and Old Practices：Does the Rise of China Challenge Aid Effectiveness?" Paper for "Rethinking Development in an Age of Scarcity and Uncertainty."; Axel Dreher, Andreas Fuchs, Peter Nunnenkamp, et al. 2013. "New Donors." *International Interactions* 39 （3）.

斯·阿尤克撰写的报告）。

第三，国际发展的理念、规范更加丰富。南方国家的加入，带来了更多有别于"传统"援助国的视角、理念和做法。长期以来，减贫和援助实效成为国际发展援助的超规范，在这两个超规范下形成了所有权、一致性、协调性、共同负责、结果导向、透明度、善治条件等次一级的规范。但是，南方国家在全球发展援助领域的自主意识和话语权的增强，实际上助推了援助实效和减贫这两个超规范向"发展实效"和"可持续发展"超规范的转换，与此同时，南南合作的兴起也使得互惠互利、伙伴关系、不干涉内政等规范受到重视（见本书彼得·泰勒撰写的报告）。这样一种视角的转换，使得各国能够以更多维和立体的视角审视自身的发展以及存在的不足。对于国际发展援助来说，这些观念的变革也为新工具和模式的开发提供了新的可能性。

第四，国际发展援助者更加多样化。除了一些发展中国家成为新兴的发展援助者外，私人部门、国际非政府组织以及各类创新的多边平台成为教育、卫生领域全球性公共服务的重要供给者，很多私人部门在经济增长、发展可持续性等方面也做出了贡献（见图3）。2012～2018年，官方发展融资干预措施从私营部门筹集到2052亿美元。2018年共筹措484亿美元，与2017年的378亿美元相比增长28%。[1] 各类民间非营利组织也成为发展援助资金的重要来源，2015～2017年，30家私人基金会提供的发展援助已达139亿美元。[2] 除了资金上的贡献外，一些非政府组织还发起"国际援助透明度倡议"（IATI）、与研究机构协同建设项目数据库等，推动援助治理。

第五，融资创新工具更加丰富。发援会成员方在援助资源动员能力方面的不足，迫使国际社会正视来自新兴援助国、私人部门和社会组织渠道的资金，并且更积极地推动创新发展。G7国家于2018年提出了"沙勒瓦创新发展融资承诺"，承认仅靠公共财政无法实现"可持续发展目标"，承诺"为融资创新提供支持，充分释放众筹、混合融资、风险缓解工具和投

---

[1] 总的来看，通过担保筹措的私人资金最多（占39%），其次是银团贷款和对企业直接投资及特殊目的工具，均占18%。

[2] OECD. 2019. *Private Philanthropy for Development*, OECD Publishing, Paris.

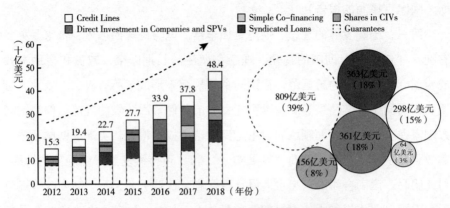

图 3　按年份和工具分从私营部门筹措的金额

资料来源：根据经合组织数据库 2021 年数据整理。见本书奥卢·贾凯那、阿菲凯纳·杰罗麦撰写的报告。

资者合作伙伴关系等，以获取更大的可持续发展成果"。① 联合国开发计划署于 2012 年探讨了诸多潜在的融资创新机制，包括但不限于：机票"国际团结税"、国际免疫融资机制（IFFIm）、预先市场承诺（AMC）、债务转换计划（如债务换卫生、债务换环境和债务换教育）、自愿团结捐助（如ProductRED、MASSIVEGOOD、Digital Solidarity Levy）、天气及商品保险计划、侨民债券、反周期贷款、排放交易、遏制非法资本外流和返还被盗资产、全球彩票、烟草销售团结捐助、碳税、使用国际货币基金组织的特别提款权（SDR）以及金融交易税。② 根据 Geda 的测算，即使是从狭义的融资创新规模看，2019 年全球融资创新也高达 622 亿美元，其中发展中国家提供的融资创新达到 390 亿美元，约相当于发援会成员方的 1/4（见本书阿莱马耶胡·盖达撰写的报告）。

---

① Patrick Elmer, Monica Marino, Patricia Richter, Eileen Zhang. 2018. "Innovative Finance: Putting Your Money to (Decent) Work." International Labour Office, Geneva: ILO.

② UNDP. 2012. "Innovative Financing for Development: A New Model for Development Finance?" Discussion Paper, United Nations Development Programme, Bureau for Development Policy, New York.

第六，技术合作领域"南南合作"和"三方合作"范式兴起。[①] 技术合作是国际发展援助的重要内容，但是传统的技术合作实践普遍被认为是失败的，主要原因在于援助国企图把技术合作作为政策工具，不仅与受援国需求脱节，也往往背离了市场规则。[②] 这些失败引起人们反思，也推动了新的变革。Ajakaiye 和 Jerome 总结了技术合作领域的一些新趋势，结对和建立对等伙伴关系、组建技术合作联盟、强调问题驱动和迭代升级、"同行评议"、注重能力建设等新的方法和理念被引入技术合作（见本书奥卢·阿贾凯耶和阿菲凯纳·杰罗麦撰写的报告）。但更值得关注的是"南南合作""三方合作"的兴起。发展中国家之间的学习与合作频率增加，内容也越来越复杂。合作内容不仅包括经济合作，而且覆盖卫生、教育、农业、通信、研发等领域。由于拥有相同的背景，这种合作可以为发展问题寻找新的办法和创新方案。"南南合作"对"北南合作"形成了重要补充，就能力建设而言，南南双向分享与学习要比自北向南的单向知识转移更有效。[③] 仅 2016 年，在"南南合作"框架下实施的项目就有 500 多个，遍及 120 多个国家。[④] 2014～2015 年，印度向 160 个国家派遣了 8000 多名不同领域的技术助理，多数涉及印度与邻国（比如不丹）的合作。

2. 挑战

从挑战来看，第一，发达国家的高水平、低增长常态会影响其对发展中国家需求的认知，导致发展议程错置。发展中国家仍在追求的经济社会发展

---

① "南南合作"通常是指发展中国家之间的合作，"三方合作"是指在传统援助者或多边组织支持下的南南合作。

② G. Williams, S. Jones, V. Imber, A. Cox. 2003. "A Vision for the Future of Technical Assistance in the International Development System: Final Report." London: Oxford Policy Management.

③ M. Cox, G. Norrington-Davies. 2019. "Technical Assistance: New Thinking on an Old Problem." Open Society Foundations, Aghulas Applied Knowledge; Z. Ismail. 2019. "Technical Assistance and Capacity Building in International Development." Helpdesk Report, Institute of Development Studies.

④ C. Onyekwena, M. A. Ekeruche. 2019. "Africa in Focus." The Global South and Development Assistance Monday, September 16 Brookings Institute Blog, https://www.brookings.edu/blog/africa-in-focus/2019/09/16/the-global-south-and-development-assistance/.

目标，半个世纪前就已经是发达国家的常态。这导致发达国家很难对发展中国家实际关切作出准确的回应。即便是在发展中国家自主权成为普遍共识的今天，我们依然可以看到传统援助项目中被塞入大量发达国家关切的"后现代"议程。

第二，发达国家低增长、高负债的状态也限制了其提供发展援助的能力，特别是考虑到这些国家普遍拥有很高的社会支出水平，以及福利支出的刚性增长态势，这在长期会削弱其财政基础，进而影响其对发展中国家的发展援助能力。

第三，收入和财富分配状况恶化，使全球化背后的那种国际主义与合作主义逻辑受到考验。新自由主义所倡导的"自由贸易带来双赢"的假说，在现实中已经"破产"。全球化带来的利益在国家与国家之间、国家内部不同群体之间的分配是不平等的。[①]

第四，对于全球经济地位下降的焦虑，也会使既有全球秩序主导国家作出反应，安全和竞争因素被更多地强调，这无疑会影响发达国家对于双边和多边发展援助的支持，加大国际发展合作共同体的分裂风险。地缘政治竞争加剧，将不可避免地延伸到发展援助与合作领域，甚至在该领域表现得尤其激烈。比如，一些国家在向发展中国家提供援助时，提出了限制其他发展主体参与的要求，一些国家将自身的经验奉为"金科玉律"和标榜为"最佳实践"，对其他国家的替代性模式经常从意识形态的角度进行攻击。这些行为实际上使国际发展援助原本分散、分割、低效的局面变得更加严重。

第五，南方国家有强烈的意愿推动形成包容、公正的新全球秩序，但是在硬实力和软实力上都没有做好准备，这导致发展援助体系改革成效不足。发展援助经过了近八十年的发展，形成了一个专业、庞大、复杂的体系，涉

---

① D. Dollar. 2017. "Executive Summary." Global Value Chain Development Report 2017: Measuring and Analyzing the Impact of GVCs on Economic Development; D. L. Hummels, R. Jorgensen, J. R. Munch, C. Xiang. 2014. "The Wage Effects of Offshoring: Evidence from Danish Matched Worker-Firm Data." *American Economic Review* 104 (6).

及众多的参与方，需要充分的信息与完善的制度和政策支撑，但是发展中国家在提供体系性发展支持上仍然存在突出的短板，在资金投入、人才储备、工具开发、模式创新、理论构建、制度设计等方面存在不足。这意味着，尽管当前对于国际发展援助与合作的需求巨大，且传统发展行动主体（多边和双边）存在不足，但是发展中国家并不能很好地进行弥补。

第六，以联合国为代表的多边主义平台的能力有限，特别是在大国竞争加剧的背景下，有限的独立性和共识整合能力、议程推进能力都被进一步削弱，进一步带来了对多边主义机制的信任危机（见本书萨拉·库克撰写的报告）。

四　中国：国际发展援助与合作的新变量[①]

中国是当今世界的第七大援助国，由于南方国家的身份以及在国际发展援助与合作中极具特色的做法，中国的发展援助与合作模式在国际上产生了较大的影响，引发了广泛关注和讨论。这一部分将对中国在全球发展援助中的作用和影响进行分析，同时探讨中国发展援助对全球发展援助与合作体系而言具有的意义。

（一）中国在全球发展合作新格局中的角色

中国参与对外援助的历史可以追溯到 70 多年前，并且一直在国际对外援助中扮演着不容忽视的角色。中国在半个多世纪以前提出的"对外援助八项原则"，迄今在国际上仍有深远的影响（见专栏 2）。但是，在研究文献中，经常把中国归为"新兴援助国"，这一称谓多少反映了长期存在于发达国家的以发援会成员方为主体的西方中心主义。不过，本文并不追溯中国对外援助史，而是重点关注 21 世纪以来中国对外发展援助与合作。

---

① 根据规划，第一期课题，除了"一带一路"专题研究之外，只对国际经验（特别是传统国际发展援助与合作）进行总结和梳理。关于中国 20 世纪 50 年代以来对外援助动机、模式以及相关的制度与政策在第二期课题中讨论。但是在第一期课题开展过程中中国成为相关研究绕不开的因素，因此本节对中国在国际发展援助与合作中的参与及其影响作简略的讨论。

专栏 2　中国对外经济技术援助八原则

1963 年 12 月 14 日至翌年 3 月，周恩来总理率团对亚非欧 14 国进行了友好访问，其中包括 10 个非洲国家、3 个亚洲国家以及欧洲的阿尔巴尼亚。1964 年 1 月 15 日，周恩来总理在访问加纳时系统阐述了中国在对外提供经济技术援助时的八项原则，即"对外援助八项原则"。

第一，中国政府一贯根据平等互利的原则对外提供援助，从来不把这种援助看作单方面的赐予，而认为援助是相互的。

第二，严格尊重受援国的主权，绝不附带任何条件，绝不要求任何特权。

第三，中国政府以无息或者低息贷款的方式提供经济援助，在需要的时候延长还款期限，以尽量减少受援国的负担。

第四，中国政府对外提供援助的目的，不是造成受援国对中国的依赖，而是帮助受援国逐步走上自力更生、经济上独立发展的道路。

第五，援助项目力求投资少、收效快，使受援国政府能够增加收入、积累资金。

第六，中国政府提供自己所能生产的、质量最好的设备和物资。

第七，中国政府对外提供任何一种技术援助时，保证做到使受援国的人员充分掌握这种技术。

第八，中国援外专家同受援国自己的专家享受同样的物质待遇，不容许有任何特殊要求和享受。

这八项原则在国际上产生了深远的影响，其蕴含平等、互助、公正、包容、可持续的理念具有巨大的道德力量。随着经济社会的发展以及国际政治经济格局的变化，八项原则的具体要求在今天已经不再适用，但其核心精神和原则对国际发展援助的实践仍具有重要的指导意义。

根据中国发布的对外援助白皮书，中国自 20 世纪 50 年代以来总计投入发展援助资金约 6158.3 亿元人民币，其中 2013~2018 年约 2702 亿元人民币，这反映出过去十年对外援助的迅速增长势头。图 4 反映的是中国净官方发展援助相对于美国的比例，从相对的角度看，中国净官方发展援助相对于美国的比例从 2001 年的刚过 5% 增加到 2019 年的超过 20%，并且 2005~2019 年总体上保持了较快增长势头。

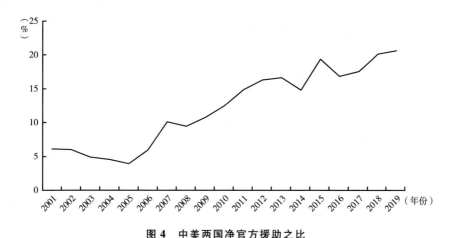

图 4　中美两国净官方援助之比

资料来源：OECD Data Set, See OECD Official Website, https：//www.oecd.org/dac/financing-sustainable-development/development-finance-data/。

　　从中国发展援助的结构看，近 10 年有显著变化。从资金类型看，突出反映为无息贷款大幅减少，以及优惠贷款比重显著增加。在某种程度上，这可以理解为中国在对外援助中更加重视使用市场化手段，其背后是对援助的效率和效果的重视。[①]

　　从实施方式看，中国的发展援助方式包括援建成套项目、提供物质、技术合作、人力资源开发合作、派遣援外医疗队和志愿者、提供紧急人道主义援助、减免有关国家债务等。此外，中国还支持南南合作援助基金。援建成套项目历史久远，在项目内容安排上也非常具有中国特色，近 20 年也进行了许多重要的调整。1950~2018 年，中国援建成套项目 3028 个，其中

---

① Jiantuo Yu, Evan Due. 2021. "Mutual Learning in Development Cooperation：China and the West."

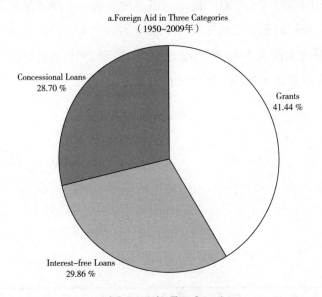

a.Foreign Aid in Three Categories
（1950~2009年）

Concessional Loans
28.70 %

Grants
41.44 %

Interest-free Loans
29.86 %

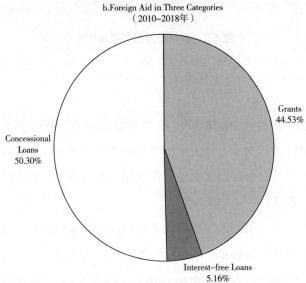

b.Foreign Aid in Three Categories
（2010~2018年）

Grants
44.53%

Concessional
Loans
50.30%

Interest-free Loans
5.16%

图5　中国对外援助方式的变化

资料来源：根据国务院新闻办公开信息整理。Jiantuo Yu,
Evan Due. 2021. "Mutual Learning in Development Cooperation：China
and the West"。

2010~2018 年达到 1003 个，约占 1/3。2010 年以来，项目安排方面发生的显著变化是公益性社会公共设施项目数量占比进一步增加。[①]

表 3　成套项目的数量和结构变化

单位：个，%

类型	1950~2018 年		1950~2009 年		2010~2012 年		2013~2018 年	
	数量	占比	数量	占比	数量	占比	数量	占比
社会公共设施	1336	44.12	670	33.09	360	62.07	306	72.34
经济基础设施	626	20.67	390	19.26	156	26.90	80	18.91
农业	283	9.35	215	10.62	49	8.45	19	4.49
工业	655	21.63	635	31.36	15	2.59	5	1.18
其他	128	4.23	115	5.68	0	0.00	13	3.07
总计	3028	100.0	2025	100.0	580	100.00	423	100.00

资料来源：根据国务院新闻办公开信息整理。Jiantuo Yu，Evan Due. 2021. "Mutual Learning in Development Cooperation：China and the West"。

　　一些国际研究机构按照经合组织分类代码，对中国官方发展融资规模进行了估计。2000~2014 年，中国向发展中国家提供了 5172 亿美元官方发展融资，其中约 1492 亿美元为官方发展援助，3680 亿美元归类为其他官方资金。按领域划分，经济基础设施及服务领域（其中 90% 以上为交通和仓储、能源生产与供应）占 89.7%，生产性领域（包括工业、采矿、建筑、农林牧渔等）占 5.3%，社会服务领域占 3.9%。[②]

　　与中国发展援助中捐赠的资金规模以及交付的项目成果相比，同样引人注目的是中国对国际发展合作体系的建设性贡献，包括但不限于以下。

[①] Jiantuo Yu，Evan Due. 2021. "Mutual Learning in Development Cooperation：China and the West."

[②] AidData Research and Evaluation Unit. 2017. "Geocoding Methodology." Version 2.0, Williamsburg, VA：Aid Data at William Mary；R. Blumh, A. Dreher, A. Fuchs, B. C. Parks, A. Strange, M. J. Tierney. 2018. "Connective Financing：Chinese Infrastructure Projects and the Diffusion of Economic Activity in Developing Countries." AidData Working Paper No. 64.

推动建立重要的多边发展金融机构。其中最具代表性的就是发起成立亚洲基础设施投资银行（亚投行）、新开发银行。亚投行法定资本金 1000 亿美元，有 104 个成员。新开发银行是以金砖国家为主导发起的新型开发性金融机构，启动资金 1000 亿美元。这两家多边发展金融机构的总部都在中国。

发起重要的国际发展合作倡议。代表性的包括"一带一路"倡议和全球发展合作倡议。2013 年 9 月和 10 月，中国国家主席习近平分别提出建设"新丝绸之路经济带"和"21 世纪海上丝绸之路"的合作倡议，依靠中国与有关国家的既有双多边机制开展合作，包含政策沟通、设施联通、贸易畅通、资金融通、民心相通等。目前，中国已经与 150 多个国家、30 多个国际组织签署 200 多份共建"一带一路"合作文件。2021 年 9 月，中国国家主席习近平以视频方式出席第七十六届联合国大会时提出全球发展倡议，呼吁坚持发展优先、以人民为中心、普惠包容、创新驱动、人与自然和谐共生、行动导向六大原则，在国际社会引起了广泛共鸣。这些重要倡议的提出和落实，为国际发展合作提供了新的具有共识性的合作框架，也为变局下的全球发展合作提供了新的思考和启迪。

专栏 3　全球发展倡议

2021 年 9 月 21 日，中国国家主席习近平在北京以视频方式出席第七十六届联合国大会一般性辩论并发表重要讲话。习近平主席强调，发展是实现人民幸福的关键。面对疫情带来的严重冲击，我们要共同推动全球发展迈向平衡协调包容新阶段。在这次大会上，习近平主席提出了全球发展倡议：一是坚持发展优先；二是坚持以人民为中心；三是坚持普惠包容；四是坚持创新驱动；五是坚持人与自然和谐共生；六是坚持行动导向。倡议的提出得到国际社会热烈响应，成为构建全球发展共同的"集结号"、缩小南北鸿沟的"路线图"。

据外交部统计，已有 100 多个国家和多个国际组织支持倡议，60 多个国家加入"全球发展倡议之友小组"。全球发展倡议被写入中国同东盟、中亚、非洲、拉美、太平洋岛国等合作文件。2022 年 6 月，习近平主席主持全球发展高层对话会，提出了中方落实倡议的 32 项重要举措，推动发展问题重回国际议程中心。

资料来源：2021，《习近平提出全球发展倡议》，http：//www.gov.cn，9 月 22 日；2022，《外交部：全球发展倡议实现从"打基础"到"搭框架"》，http：//www.baidu.com，10 月 19 日。

强化南南发展合作。截至 2019 年，中国与联合国开发计划署、世界粮食计划署、世界卫生组织、联合国儿童基金会、联合国人口基金、联合国难民署、国际移民组织、国际红十字会等机构实施项目 82 个，涉及农业发展与粮食安全、减贫、妇幼健康、卫生响应、教育培训、灾后重建、贸易促进等领域。其中，减贫和农业发展与粮食安全两项占南南合作援助基金资金流向的 75.60%，是南南合作资源投入最多的领域。

（二）中国做对了什么？

回顾 21 世纪以来全球国际发展援助与合作体系的演进、面临的困境及其应对，不难发现，中国在国际发展援助与合作领域的很多经验和做法对于全球发展合作体系的完善具有重要的启发意义。

第一，坚持发展视角和发展优先。中国在发展援助与合作中，坚持发展视角，聚焦发展中国家的基本发展需求，包括减贫、农业发展、经济基础设施、与人力资本提升密切相关的投入（如援建学校、医院及派遣援外医疗队等）。在发展援助与合作中，中国更加重视经济发展，很多基础设施建设与发展中国家的资源能源开发、制造业发展、扩大贸易投资以及融入国际市场密切相关，这也是中国基于自身发展经验而作出的选择。

第二，重视发展援助与市场力量相结合。与很多"传统"援助国和多边援助机构不同，中国在成立国家国际发展合作署之前，并没有一个综合的部级机构统筹协调国际发展援助与合作事宜，也缺乏政府层面的执行体系，国内高校和研究机构在相关领域的学科建设和人才培养也存在不足。中国的民间组织总体上发展不足，更缺乏国际化运作经验。因此，中国在对外援助以及发展合作中，在筹资上依赖国家开发银行、进出口银行这两大政策性银行，很多基础设施项目的筹资还依赖于商业银行，在项目执行上依赖国有企业以及部分有较大规模的私营企业，企业在执行项目时需要同时考虑经济效益以及项目本身所具有的公共产品或准公共产品属性。Nurse 和 Thiel 对部分拉美发展融资的分析表明，中国在拉美地区大量的基础设施融资是由商业性贷款支持的（见本书基思·努斯和梅里尔·蒂尔撰写的报告）。表 4 显示了近年来中国在巴西部分基础设施项目融资情况。政府的发展援助政策与企业力量相结合，实际上与釜山论坛确立的新型发展合作伙伴关系的多元参与的方向是一致的，而中国在这方面的实践要更早。①

表 4　巴西从中国商业银行的借款

年份	领域	子领域	项目	贷款机构
2015	能源	水电	Jupia 和 IlhaSolteira 水电站	中国工商银行
	基础设施	其他	Valemax 轮船租赁	中国工商银行
			海事设备租赁	中国工商银行
			E190 飞机租赁	中国工商银行
2016	能源	可再生	Ituverava 太阳能发电厂	中国银行
2017	基础设施	交通运输	扩建圣路易斯港	中国工商银行
2020	能源	石油和天然气	Eneva 公司业务	中国建设银行
	基础设施	输电	巴西电力行业救助计划	中国交通银行和中国建设银行

资料来源：见本书基思·努斯和梅里尔·蒂尔撰写的报告。

　　第三，平等互利的伙伴关系。与传统发展援助国家和多边机构相比，中国在国际发展援助与合作中更强调与受援国之间的平等、互利伙伴关系。这早在"八项原则"中就得到体现，并且在长期的发展援助与合作中予以坚

---

① 但是，传统发援会成员方的认知转变和行动改变滞后，加上受地缘政治因素的影响，经常会对中国使用商业贷款提出各种带有偏见的批评。

持。平等性突出体现在对受援国既有发展优先事项和规划的尊重，并注重将中国提供的援助融入既有政策框架，中国也积极与受援国分享经验，不会以"真理在手"的姿态要求受援国怎么做，而是尽可能增加受援国的选择。互利性体现为在发展援助与合作中，中国并不讳言谈"利益"，而是强调"义利兼顾"和"正确的义利观"，这也使中国与受援国的合作是激励相容的，有助于双方维持长期、稳定的合作关系。在国际发展筹资中，人们也愈加重视市场化手段在解决发展中国家发展问题时的作用，更强调公益性与营利性的平衡，包括积极倡导影响力投资、社会债券等新型筹资工具，中国的实践对于创新发展筹资模式具有借鉴意义。

第四，不设任何政治条件。在相互尊重和平等互利的前提下，对外援助不附加任何政治条件就成为具有内在一致性的选择。传统发展援助国对受援国政府的意识形态以及政策选择设置附加条件是较常见的。直到巴黎论坛后，减少援助附加条件才成为共识，但是落实起来仍存在各种障碍。设置附加条件可能产生多重影响，从积极面看，有助于约束受援国的行为，使之变得更加规范、透明、负责，有助于提高援助有效性；但从消极面看，附加条件的设置本身是不平等关系的产物，实际上也低估了经济社会的多样性和复杂性，并且在条件的设置过程中充满了傲慢与偏见，导致其他附加条件在提升援助实效方面很少起作用。

第五，加强南方国家的团结与互助。中国有长期对外援助的历史，同时也在很长时间是世界上最大的受援国之一，这种双重身份使得中国有机会在不同的发展援助模式之间进行比较并汲取经验。在积极利用国际发展援助并使之与本国发展战略相结合的同时，中国也认识到传统发展援助存在的一些弊病，以及南方国家作为援助国或受援国所面临的一些困境。作为世界上最大的发展中国家，中国认识到南方国家有自身独特的发展需求，而且南方国家之间的互助与合作可以发挥积极的作用。从全球地缘政治格局看，南方国家之间的联合始盛于不结盟运动，亚非拉发展中国家在反帝、反殖、反霸权上有共同立场，在国家独立和发展上有自己的道路选择；现今南南合作的主题是推动世界多极化发展、构建公正包容的国际发展新秩序、共同应对人类社会面临的诸多挑战，从而实现可持续发展目标，其具有强大的生命力与合法性基础。中国努力推动创建新开发银行等新发展筹资机构，加强上海合作组织、中国+非洲、东盟 10+3 等区域性发展合作平台，发起全球发展合作倡议，依托联合国这一多边国际平台加强南南合作等，这对于南方国家的团结并联合发挥作用、构建公正包容的国际发展新格局具有重要意义。

应该说，中国在国际舞台上的影响力提升，特别是在国际发展合作领域积极承担与自身能力相适应的责任，为全球发展合作突破资源、知识及机制创新上的困境，作出了重要的贡献，提供了新的机遇，充分体现了负责任大国的担当。

但是，全球发展合作涉及庞大的资金和资源、知识和技术体系与制度安排，传统的双边和多边发展援助机构形成的很多制度和规范、援助机制、工具和手段，有助于解决许多共性和普遍性问题，对中国完善国际发展合作模式也有重要的借鉴意义（见本书安西娅·穆拉卡拉、基思·努斯和梅里尔·蒂尔撰写的报告）。

五 结语与建议

传统发展援助者在过去 20 多年的努力，新兴发展援助者的发展，为在全球层面破解发展合作的困境提供了有利的条件和机遇。但是，也应该充分认识到，全球发展合作要摆脱困境并不是靠一个国家的努力就可以实现的，也不是靠传统的北方国家或南方国家就能够实现的。在新的地缘政治格局调整中，全球发展合作就如逆水行舟，不进则退，迫切需要世界各国秉持人类命运共同体和发展共同体意识，推动建立更高程度、更加统一的全球发展合作框架。

（一）对国际发展合作共同体的建议

对于国际发展合作共同体来说，当前迫切需要推动和加强以下工作。

第一，以推动实现联合国可持续发展目标为抓手，推动形成国际发展合作的顶层设计，并逐步予以完善。这个顶层设计要遵循《联合国宪章》的基本宗旨和原则，在传统发展援助国、南方国家、联合国多边体系三方之间形成某种"共和"性质的安排。联合国可持续发展目标反映了世界各国当前具有普遍性、共时性的发展需求，具有可操作性、现实指向性，应以此为抓手推动形成框架性的国际发展合作安排，并在发展合作中不断予以完善。在更广泛的多边体系改革中，应致力于推动建立更有效和更具代表性的新型决策机制，弥补发展融资缺口，对特别提款权和全球公共投资机制进行改革，普遍承诺为实现可持续发展目标提供资金，并设立危机响应全球基金。①

第二，明确国际发展合作的底线和规范，特别是协调好大国在国际发展合作领域的关系。援助主体之间的竞争，包括大国之间的竞争，在一定程度上可以为发展中国家提供更多样化的援助产品和服务选择，加强援助实践的外部约束，促进国际发展援助模式创新。但是这种竞争必须被管控在一定范围之内，以避免国际发展援助与合作的资源投入不至于高度重复、分割，甚至形成相互排斥和分裂的格局。在一些敏感领域和地区，主要大国可以就某些发展合作专题设立专项基金并建立有针对性的机制，以解决发展合作过程中的协同问题。在国际发展合作中，要防范高度的意识形态化倾向。

第三，国际发展合作要坚持发展导向和优先性，坚持平等、开放、包容、合作的发展伙伴关系，积极包容和鼓励多元模式与加强创新。面对世界百年未有之大变局，应对国际发展合作所面临的困境，需要多样化的资源、视角、模式，发展合作行为体对不同的模式以及机制创新应

---

① 参见 Glennie 关于全球公共投资的呼吁；Sumner 等提出了一个普遍的替代方案，以替代经合组织国家未能实现的承诺（体量占 GDP 的 0.7%）。其他建议包括建立全球社会基金，以应对危机。Jonathan Glennie. 2020. "The Future of Aid: Global Pubic Investment." Routledge; Andy Sumner, et al. 2021. "A Proposal for a New Universal Development Commitment." *Global Policy* 11(4).

该持包容、支持以及善意促进的态度。发展行动者要真正保障受援国的发展自主权和主体性，并将发展援助与合作项目融入受援国的发展战略。① 要为南方国家更积极、有效地参与国际发展合作提供舞台和空间。

第四，强化国际发展合作成效的评估，积极推动基于评估的经验分享，完善国际发展合作知识体系。应该由联合国牵头，发起对国际发展合作实效的评估，并将评估结果作为凝聚新发展共识的前提。在此基础上，推动国际发展知识共享，传播取得发展实效的合作经验。不仅如此，国际社会需要根据发展实效，系统改革现有国际发展合作相关统计指标体系，并对发展实效评估结果进行系统、公开的发布。

（二）对中国的建议

中国在国际发展合作领域已经形成了诸多具有鲜明特色的做法，对全球发展合作作出了远超其资金份额的贡献。但是在国际发展合作中，中国既面临一些传统发展援助者遭遇的共性问题与挑战，也面临一些当下独有的挑战，特别是在地缘政治方面的挑战，因此，在继续积极量力而行、有所作为的同时，也需要做好以下工作。

第一，在推动构建统一的全球发展合作体系中积极发挥领导力。推动构建统一的全球发展合作体系顶层架构，既是国际社会的期盼，具有显著的合法性，也是践行大国责任的体现，同时符合中国长远的发展利益。中国是全球最大的发展中国家，是否会形成统一的全球发展合作体系、该体系如何运作等关系到中国的发展环境及长远的发展利益。当然，这一体系的构建，不能仅靠中国，需要世界各国携手。

第二，加强国际发展合作领域的互学互鉴。国际发展合作领域具有高度复杂性和专业性，需要许多知识的支撑。不论是传统的发达国家还

---

① 当然，这种融入不是机械和静态的，而是通过参与方的密切沟通，提升受援国制定和实施发展战略的能力。

是新兴经济体，在对特定区域的援助以及发展合作上都有很多独特的经验，如印度在中东和非洲地区的发展合作、俄罗斯在中亚地区的发展合作、日本在东南亚的发展合作等，都值得深入的研究并予以借鉴。此外，对于传统发展援助国的一般性经验和做法，包括强化自主权、一致性、协调性、结果导向、可持续原则、问责机制、透明度工具和手段等，也需要予以系统地研究。中国在国际发展援助与合作中的好的经验和做法，包括重视需求导向、能力建设、平等公平、互惠互利、不附加条件等，值得在国际上进一步推广。在互学互鉴的基础上，多边组织、传统发援会成员方、非政府组织和私人部门开展合作，推动构建统一的国际发展合作体系。

第三，积极补齐国际发展合作领域的短板。中国在国际发展合作领域取得了丰硕的成果，形成了许多特色鲜明的做法，但是与一些主要的传统发展援助国相比，在专业体系、人才培养、组织体系、模式开发、知识传播、国际话语权等方面还存在短板。这些短板限制了中国在全球发展合作领域发挥更大的作用。

第四，加强对发展有效性的评估。从国际上看，由于日益复杂的地缘政治和经济博弈，中国的国际发展合作项目被更严苛地放在放大镜下审视。从国内看，随着经济增长阶段的转换以及宏观政策的调整，中国发展合作的资金以及各类资源也面临更强的约束。在此背景下，需要更加全面地对发展合作项目的有效性进行评估，形成规范的评估框架，降低评估的成本，为优化国际发展合作政策及模式提供支撑。特别是在"一带一路"倡议的推进过程中，需要加强基于数据的多部门、多层次和多维度政策导向研究，收集和评估与"可持续发展目标"和《2030年可持续发展议程》相关的绩效、成果和影响证据，强化循证决策，推进发展合作（见本书谷靖和基尔·麦克唐纳撰写的报告）。

第五，加快国际发展合作数据库的建设，推动国际发展援助与合作统计机制的改革。有效的国际发展合作项目评估、专业人才队伍的培养等离不开高质量的数据库的支撑。当前，我国还缺乏相关的数据库，国际上有关机构主要通过公开或特定的渠道获取的信息来构建数据库，很多信息容易被曲解，在发展合作统计指标设置上也对中国不利。基于这些数据库对中国国际发展合作的研究、分析主动权由国际上少数机构把持，即便数据库开发机构能保持相对独立和公正的立场，这也无法阻止"别有用心"的机构对这些数据的故意扭曲。因此，要将建立国际发展合作数据库作为战略性基础设施来对待，并依托数据库提高发展援助与合作项目的透明度及治理水平（见本书基思·努斯和梅里尔·蒂尔撰写的报告）。

第六，持续优化技术合作模式。不断提高技术合作成效，避免建立平行的管理和交付系统，尽可能使用受援国的体系（见本书安西娅·穆拉卡拉撰写的报告）。应该与受援国政府紧密合作，建立可信的技术合作政策框架和平台，包含明确的、系统的、可信的结构与流程，提升技术合作管理及监督、决策的科学性和有效性，将技术合作转化为实现国家发展目标的资源。与此同时，还需要加强对受援国人力资本以及技术合作人员的管理，鼓励受援国承担起技术人员管理的责任（见本书奥卢·阿贾凯耶和阿菲凯纳·杰罗麦撰写的报告）。

第七，积极创新发展融资方式。中国在开展国际发展合作中，重视市场机制的作用，在很多公共项目中使用商业性贷款。但是，仅靠公共部门资金和私人部门的商业性贷款，不仅难以满足需求，在机制上也容易令人误读和误解。创新发展融资渠道扩展潜力巨大，中国应着眼于长远，更快速、更深入地适应这一发展浪潮，为此需要丰富的创新发展融资知识和相应的管理能力，并将创新发展融资与其他金融渠道（国内和外部、官方和私人等）相结合和/或作为后者的一种补充，确保短期和长期目标都能实现（见本书阿莱马耶胡·盖达撰写的报告）。在工具选择上，应加强影响力投资、泛 ESG 投资、气候融资的相关标准和技术研究以及金融产品开发，并建立透明、专业的运作体系，维护这类机制的声誉。此外，中国应考虑利用数字技术优势以及在普惠金融上的发展经验，积极探索区块链技术在发展融资中的应用场景，帮助发展中国家的低收入人口低成本地获得储蓄、信贷、保险等金融服务（见本书阿莱马耶胡·盖达撰写的报告）。此外，发挥中国作为全球最大货物贸易国的优势，扩大人民币在对外贸易以及结算中的使用范围，解决发展中国家外汇短缺等问题。

专题报告

国际发展援助规范

彼得·泰勒　基尔·麦克唐纳　Sam Huckstep　Yu Sun*

　　长期以来，国际发展援助界一直致力于制定规范与加强协调，为全球援助治理做出贡献。这涉及援助的协调性和一致性原则、融资实践、人道主义援助、数据收集、监测和评估过程等，涵盖面非常广。《援助实效问题巴黎宣言》（以下简称《巴黎宣言》）（OECD，2005）针对援助实效提出了五项原则：自主权、一致性、协调性、结果导向和共同责任。国际社会就援助者责任所达成的共识包括但不限于：建立基于规则的、可预测的和非歧视性的贸易金融体系；满足最不发达国家的需求；提供居民负担得起的基本药物；与私营部门进行合作（如在新技术应用方面）。全球几乎所有国家都签署了联合国《可持续发展目标》，人类（People）、地球（Planet）和繁荣（Prosperity）成为三大核心支柱。尊重人权、促进发展和消除贫困，成为发展援助界所认同的基本目标。非洲联盟《2063 年议程》等一些区域性发展议程，也对《可持续发展目标》

---

　　* 彼得·泰勒（Peter Taylor），英国国际发展研究院研究部主任，曾担任加拿大国际发展研究中心战略发展主任、包容性经济项目领域执行主任和智库倡议副主任等，主要研究领域包括组织发展与能力建设、评估和学习理论与实践、促进参与式社会变革等；基尔·麦克唐纳（Keir MacDonald），英国国际发展研究院研究员；Sam Huckstep，英国国际发展研究院研究助理；Yu Sun，英国国际发展研究院研究助理。

形成了补充。从表面上看，国际发展援助规范是一个非常吸引人的议题。这些规范在原则上包含了一些基本概念：援助实践的透明度、效率、有效性和可持续性，并强调了各国间主权平等、相互依存、互利共赢和携手合作等发展原则的价值（OECD，2005）。然而，全球发展格局也在发生变化。中国、印度和巴西等新兴援助国提供的资金规模越来越大、类型越来越多；新型援助者正在登上国际发展舞台，如大型基金会和慈善组织等。

私营部门发挥的作用也越来越大，它们积极承担社会责任，通过各种投资对社会产生影响。近年来，人们对"受援国"的概念界定也有所改变，其最终要为各自的国家议程负责。民众和社会组织的影响日益增大，其所采取的方式越来越具有包容性和动员性。随着发展形势的变化，为进一步加强合作和实现互利，人们要求调整规范的呼声越来越高。不过，这也导致了以下问题：不同的行动者和利益相关者应该调整这些规范？随着援助者群体不断发展壮大，新加入者是愿意"入乡随俗"，还是会独自或结伴"走自己的路"？

除了新的行动者和利益相关者外，新冠疫情也使世界面临着巨大挑战，需要大家共同寻找解决方案。正如世界卫生组织所强调的，"只有我们每一个人都安全了，全人类才能安全"（Ghebreyesus 和 von der Leyen，2020）。面对新常态，"重建更好的世界"（Build Back Better World，B3W）这一提法得到了广泛认可，但也有人会质疑：难道这种新常态也要制造同样深的裂痕和断层，将那么多人抛在身后吗？对他们而言，这场疫情的应对不力堪称一场浩劫。如果世界各国真心希望"重建更好的世界"，并努力寻找"以不同方式前进"的道路（Leach 等，2021；Taylor 和 McCarthy，2021），需要处理一系列复杂的关系和议程，包括：平衡好本国与全球利益；为发展经济和增进福祉提供支持，同时确保环境可持续发展；全面解决不平等问题，不让任何人掉队。

这需要全球做出前所未有的努力来加强合作，同时制定规范，为采取行动和应对措施提供保障。至少从名义上看，全球发展确实受到了行动者所认同的规范的影响。这些规范通常会随时间的推移而发生变化，行动者也会在不同节点将其正式确立下来，用于指导实践。过去十年，这些规范被正式确立以来，传统援助者和行动者如何遵守规范的问题受到关注。一些新的行动者更愿遵守其他规范，如何处理与其他行动者和规范（抵制或合作）之间的关系就成为新的问题。

Hynes 和 Scott（2013）指出，尽管 20 世纪 60、70 年代就官方发展援助曾达成重要协议，但"有关这一措施是否得当的争论从未中止"。随着时间的推移，各种各样的战略和计划不断出现，以期能推进国际发展合作，包括2000 年"千年发展目标"、2005 年《巴黎宣言》、2015 年《可持续发展目标》以及非盟《2063 年议程》等区域性议程。

本文聚集 20 世纪末 21 世纪初的一些规范，这也是当前行动者所遵从的准则。在此基础之上，本文还将评估过去十年来在践行这些规范时遇到的问题，如关键行动者遵从不到位、新规范出现、新行动者质疑现有规范等。

本文结构安排如下：首先，梳理近年来主要国际发展中普遍存在的"超规范"和"规范"，并根据上述标准对规范下定义。其次，阐述这些规范的演变历程及其遵从者情况。最后，探讨这些规范所面临的挑战，包括关键行动者遵从不到位、新行动者制定的规范等。

一　背景：国际发展中的"规范"

学术界对国际发展中"规范"的定义尚未达成共识，如发展行动者应在多大程度上践行自己所遵从的规范，以及规范应该在多大程度上界定行为，而不只是总体原则。Finnemore 和 Sikkink（1998）关于规范的定义被广泛接受。他们认为，规范是一种"拥有特定身份的行动者应遵守的适当行为标准"，还有一些学者（Katzenstein，1996；Khagram 等，2002）认为，规范要在国际舞台上获得认同，除了确保内容明晰外，还必须具有合法性，能成为主要行动准则。此外，Finnemore 和 Sikkink（1998）还提出了"规范生命周期"的概念，详细说明了规范的制定过程："孵化"，倡导基于利他主义价值观提出规范；"层累"，规范被各个国家以及国际舞台上的主要行动者所承认；"内化"，规范为相关实践提供指导。因此，实践是由规范来推动的。当规范能对遵从其的行动者产生正向反馈、对违背其的行动者产生负向反馈时，便会得到强化。Rosert（2019）对这一定义表示认同，但指出 Finnemore 和 Sikkink 提出的"规范生命周期"是建立在遵从规范的假设基础上的。鉴于此，他提出了可能存在的"退化"阶段，即随着时间的推移，缺乏遵从者将会导致规范逐渐失去效力。Jurkovich（2020）认为，规范必须有三个特质："有义务这么做"的道德感、以"特定身份"对行动负责的行动者、期望行动者做出的"特定行为"。他认为，不具有这些特质的就不是规范，而只能算作道德原则。Jurkovich 强调规范必须要同时体现道德性和特异性，明确界定行动者、行为和实践等内容。这与Finnemore 和 Sikkink 提出的定义存在诸多共同点，都强调与规范相关的特定行为期望。

Pamment（2019）区分了"标准"和"规范"，认为"标准"是"一种自愿协议，旨在对事物进行区分，确定实施的流程和程序，或界定某种结构预期"，通过社会化过程和展示最佳方法来影响行为；而规范是"共享文化所有的内化规则……规范与标准的不同之处在于标准不仅明确，而且还有公认的来源"。与 Finnemore 和 Sikkink 的相似之处在于，Pamment强调规范必须"内化"，但并不要求规范必须具备特定性，而认为此要求属于标准。

上述定义都要求行动者进行内化。不过，Pamment 对标准的定义是"可界定行为和期望的协议"，Finnemore 和 Sikkink 对规范的定义在一定程度上体现了"通过社会化对行为产生影响"，指出规范是行动者做出适当行为的标准，能够"层累"和"内化"，与 Pamment 标准中的社会化和行为影响类似。显然，Pamment 提出的标准是以规范为基础，而 Finnemore 和 Sikkink 将这些标准纳入"规范生命周期"：它由倡导者以界定预期行为的方式提出，然后以类似于 Pamment 的标准描述方式（这些标准定义了社会化之前的行为和期望）进行层累。规范和标准的概念存在部分重叠现象。本文将参照 Finnemore 和 Sikkink 提出的规范定义，它也被广泛接受；其他人也可能会将本文讨论的规范归类为标准。此外，参考 Rosert 等提出的规范定义。本文将"规范"定义为行动者将会遵从的、基于有关道德和得当行为的理念而界定的特定行为。

在国际发展中，双边政府机构和多边发展组织等相关行动者被看作援助者。规范还需要相关机构进行内化（或进入内化过程）。本文对符合这些要求的规范进行了评估，并分析了一些"超规范"（Fukuda-Parr 和 Hulme，2011）。"超规范"基于其他规范为其出现设定道德和行为背景。它们提供了高水平行动者所期望的道德原则和行为，这与其他规范相同。有人认为，它们反映的是总体原则，而这有助于确定规范的形成，抑或它们本身就是规范。但是，Fukuda-Parr 和 Hulme 认为，应将这种包括多个目标的复杂规范视为"超规范"，因为它们"将一系列精心构建和相互关联的规范捆绑在一起，以求实现宏伟的规定性目标"。

二　国际发展中的规范和超规范

本文确定了两个超规范（见表 1），它们在 20 世纪至 21 世纪的国际发展中始终表现亮眼。关于一般规范的讨论可能会引发以下问题：什么属于规范，以及为什么要选择这两个超规范。这两个超规范最能满足 Fukuda-Parr 和 Hulme（2011）所提出的标准要求，它们都是包括多个目标的复杂规范。扶贫和援助实效是极其复杂的，能与一系列规范建立联系，并且在罗马（2003）、巴黎（2005）、阿克拉（2008）和釜山（2011）高级别国际论坛上获得了各国认可。

表 1　超规范

超规范	概述	规范遵从者
扶贫	贫困具有多面性，消除贫困需要同时解决不同的问题。"我们将不遗余力地帮助十亿多同胞改变凄苦和毫无尊严的极端贫穷状况"	最初由英国、荷兰、挪威和德国及世界银行推动。已签署"千年发展目标"的 189 个国家
援助实效	涵盖许多更具体的规范：要提高援助实效，就需要加强援助者和受援者的伙伴关系、国家发展计划和援助者之间的协调。在 2005 年的巴黎会议上，基于援助实效这个超规范又衍生出了其他规范	《巴黎宣言》签署国：138 个援助国和受援国、28 个国际组织，以及众多的非政府组织和民间团体

资料来源：UN，2000；Fukuda-Parr 和 Hulme，2011；Brown，2020。

（一）扶贫

20 世纪，扶贫（或减贫）已成为国际发展中的首要目标。尽管主流发展战略不断变化，从基础设施到人力资本、从结构调整到治理改革，但其始终是许多经济发展战略的基础。20 世纪 90 年代，消除贫困被多次强调，如 1990 年联合国世界儿童问题首脑会议、1995 年联合国社会发展问题世界首脑会议，以及 1996 年发展援助委员会（DAC）制定的政策中。这一超规范被写入了联合国《千年宣言》和"千年发展目标"，是发展行动者认同的全球性目标（Fukuda-Parr 和 Hulme，2011）。Fukuda-Parr 和 Hulme 认为，"反贫困"可被视为一种规范，但其实它是一种"超规范"，是由其他旨在减少贫困的规范组成的"统一和连贯框架"。

对于什么能被归类为规范、协议或原则的问题，必然存在争议。如表 1 所示，"千年发展目标"是扶贫这一超规范的核心，因此将其定义为规范具有合理性。如上所述，"千年发展目标"在此属于一种规范，是扶贫这一超规范的基础。"千年发展目标"受到一些批评，认为它是由少数利益相关者（通常是北方国家）所确定，且在某些情况下也未得到很好落实（Fehling、Nelson 和 Venkatapuram，2013），但它仍然定义了特定行为的共同目标，这些目标也获得了一些行动者的遵从。这种有关得当行为或道德行为的共同观念，本身就建立在扶贫这一超规范的基础上。

正如 Fukuda-Parr 和 Hulme（2011）所言，"千年发展目标"是一种重要规范，但也是"涵盖面更广的超规范的战略组成部分，即缺少人性的极端贫困在道德上不可接受，应该被消除"。"千年发展目标"既是一种"规范目的"，又是一种"工具手段"：这也被国际行动者内化，至少是在名义上被内化遵守。已有 189 个国家签署"千年发展目标"，至少在名义上，这一规范在全球层面发生了层累和内化，成为一个可孕育其他规范的超规范。

（二）援助实效

援助实效是第二个超规范，与国际发展中出现的其他许多规范密切相关。与减贫一样，援助实效是一个涵盖广泛而长期存在的超规范，对经济合作与发展组织（以下简称"经合组织"或"OECD"）发展援助委员会（以下简称"发援会"或"DAC"）来说尤其如此——其主要成员有欧洲、北美国家以及日本和韩国等，旨在协调全球发展。发援会成立于 1961 年，所有成员就"共同援助努力"决议达成一致意见，并提出了一个共同目标——向发展中国家提供资源，努力提高援助实效（OECD，1996）。

按照 Fukuda-Parr 和 Hulme（2011）的定义，该超规范为发援会成员方遵从的旨在提高援助实效的规范有统领作用。2003~2011 年，经合组织在罗马、巴黎、阿克拉和釜山举行的援助实效高级别论坛都将援助实效确立为规范；2005 年《巴黎宣言》还提出了加强实效的五个原则，为发展援助政策的制定提供指导。《巴黎宣言》指出，援助项目交付效率主要受到援助方影响，并强调了援助者之间加强协调与合作的重要性（Brown，2020）。

《巴黎宣言》中的原则可被视为规范。尽管常被称为"原则"，但其符合我们对规范的定义，原因如下：它们被特定行动者遵从，且提出了具体期望，是基于有关适当行为的观点，同时源于援助实效这一超规范。不仅如此，这些原则关于援助实效的承诺还形成了一种超规范，即所谓的"21世纪发展合作的总体规范"（Brown，2020），这种超规范和基本原则（尽管它们本身就是规范）可被视为衡量行动者对援助实效超规范遵从情况的一种标准。

这两种超规范在国际发展中起到了主导作用，并对 21 世纪初规范理念的形成起到了推动作用。这些超规范还孕育了其他一些规范：《巴黎宣言》原则可被视为"援助实效"超规范的一个子集，而且受到了"减贫"超规范的启发。还有其他三个规范也可被视为援助实效和减贫方面的规范（见表 2）。

表 2　规范

规范名称	突出点	基本内容	规范遵从者
自主权		发展中国家建立机构为解决贫困问题制定战略,确保与东道国提供的支持政策保持方向一致	
一致性		援助机构与受援国的目标应保持一致,并采用当地系统	91 个参与国（发援会成员方和伙伴）;26 个多边组织和合作伙伴组织
协调性	2005(巴黎会议)	援助机构应与其他行动者做好协调工作,确保项目实效,避免加重受援机构负担	
结果导向		发展中国家和援助者将重点关注发展成果,对结果进行衡量	
共同责任		援助者和受援者应基于伙伴关系相互问责,应对民间团体负责	
透明度	2003	向利益相关者/公众提供援助信息,以便问责	所有发援会成员方
无条件援助	2001(发援会建议)	从 2001 年开始,除粮食援助、技术援助及价值超过 100 万美元的援助外,对欠发达国家的所有援助都不应附带条件。在阿克拉论坛上进一步强调,所有援助都应"最大限度地"放弃附带条件（Keijzer,2013;Carbone,2014）	所有发援会成员方
为善治设定援助附加条件	2004(世界银行发展委员会会议) 2005(巴黎会议)	按照"运营政策"设定附加条件,包括与善治相关的众多目标	发援会成员方设定附加条件,受援国应遵守这些条件
千年发展目标	2000	国际社会达成八个目标,重点领域包括扶贫、改善健康、教育、环境可持续发展和性别平等	189 个国家签署"千年发展目标"

资料来源：公开资料整理。

前五项规范——"自主权""一致性""协调性""结果导向""共同责任"得到了广泛讨论，这些在 2005 年《巴黎宣言》中获得通过。所有发援会成员方、伙伴国家（通常是受援国）和多边发展组织都认同这些规范。这些规范致力于通过提升受援国自主权、与援助国系统和体制保持一致、援助国和受援国共担责任等举措，确保受援伙伴国更多地参与援助决策，以及援助国能更好地协调各项措施。

自主权被视为发展援助获得成功的先决条件，其本质是如果发展中国家能制定自己的减贫议程和战略，并能解决腐败和体制建设等内部问题，其就会获得支持和自主权，从而有更大机会取得成功。国家政府更倾向于将资源和时间用于实施发展援助措施（Brown，2020）。

2003 年在罗马召开的第一次高级别论坛上，得益于援助国和受援国的大力推动，许多规范得以确定，其中包括"协调性"（Pamment 和 Wilkins，2016）。提高协调性能够降低关于捐赠的交易成本和受援国政府必须遵守多种制度的可能性（Zimmerman 和 Smith，2011）。

21 世纪初，因缺乏协调而引发风险的情况曾在马拉维出现过。de Renzio 和 Angemi（2012）指出，"援助者群体庞大而分散"对地方政府的行政能力形成了挑战：它们必须遵守制度及其他要求。他们认为，加强协调有助于化解政府在行政能力上面临的挑战，从而减少援助流量监测和管理能力不足的风险。

从 2005 年《巴黎宣言》中的规范可以清楚看到，发展行动者之间存在一定的集中性和统一性：这些规范得到国际上传统、主要发展援助国（发援会成员方）及受援国和多边机构的认同。

透明度自 2003 年罗马论坛以来就成为一个突出目标（Honig 和 Weaver，2019），旨在提高援助机构、特定项目和计划的透明度，以及收集就业人数、预算和成本等信息以供参考（Easterly 和 Williamson，2011）。然而，这一规范可以说直到 2008 年的阿克拉论坛才得到内化。人们逐渐意识到，如果不提高援助透明度，就无法监测相关方对 2005 年《巴黎宣言》承诺的遵守情况。因此，透明度成为阿克拉论坛的一个关键主题（McGee，2013）。

2011 年，釜山论坛通过了"国际援助透明度倡议"（IATI），提出要全面收集标准化援助数据，推动援助者和受援者更好地作出援助决策（Pamment，2019）。"援助透明度指数"由此开始每年发布一次，对总体援助透明度和单个援助者的倡议落实情况进行评估。包括国家、非政府组织、民间团体和私营部门在内，很多援助者都签署了这份倡议，证明内化程度在 2011 年后开始提高到了一定水平。

无条件援助是一种新生的规范。相关讨论从 20 世纪 90 年代开始持续到 2001 年——在这一年，发援会开始同意提供不附带任何条件的援助（但粮食援助、技术援助和价值超过特定数额的援助除外）。巴黎论坛认为，取消援助附加条件与援助实效规范以及援助者和伙伴国家一致性规范有关（Chung、Eom 和 Jung，2016）。2008 年，这一规范的适用范围获得扩展：呼吁所有援助都应尽最大可能取消附加条件（Carbone，2014）。这一议程主要是由欧盟推动，但在一定程度上遭到了美国的反对——即使在 2008 年，美国仍反对取消粮食援助的附加条件。

呼吁取消援助条件的原因在于附加条件会降低受援国寻找优质商品和服务的能力，它们不得不按照援助者要求进行采购（Chung 等，2016）；且这也会影响援助实效（Carbone，2014）。虽然美国对于取消援助附加条件犹豫不决，但在欧盟推动下，无条件援助在双边援助中的占比从 2000 年的不足 40% 增加到 2010 年的 76%。Chung 等（2016）认为，取消援助附加条件已成为一种全球规范。受此推动，韩国作为有附加条件援助的代表，已将无附加条件援助的占比从 2010 年的 35.7% 提高到 2015 年的 75%。无附加条件援助也是内化其他规范的关键所在，尤其是在提高援助实效方面。Chung 等（2016）认为，这一规范对增强地方自主性和自主权而言至关重要。

援助限制条件规范出现在 20 世纪初。Easterly（2003）指出，整个 20世纪后半叶都存在为援助增设限制条件的做法，尤其体现在维持宏观经济稳定、市场定价和国际贸易自由等方面。同样，在 20 世纪 90 年代与善治、民主和人权保护相关的附加条件增多，欧盟援助者尤其偏好于这么做（Burnell，1994；Crawford，1997，1998）。

Easterly（2003）认为，那些未能达到条件的国家通常还会获得第二次机会，或在政府更迭时能够再申请一次。Crawford（1998）指出，瑞典、英国、美国和欧盟施加的政治条件往往效果有限，其原因在于援助政策实施乏力、分散在多个国家等。

2005 年巴黎论坛后，预算制度改进开始与援助挂钩（de Renzio 和 Angemi，2012）。附加条件虽然在援助者之间也有明显的层累和内化，似乎是一种规范，但在某种程度上，却与其他规范发生了冲突。de Renzio 和 Angemi（2012）指出，附加条件所提出的报告义务在援助项目比较分散的情况下难以实现，可能会让受援国政府不堪重负，并削弱其行政能力。这些可能的后果，似乎与一致性、协调性和援助实效等规范相冲突。

显然，20 世纪末 21 世纪初，旨在指导国际发展的规范是随着时间的推移而出现的，并在发援会成员方之间出现了大规模层累。同期这些规范的内化也逐渐完成。其中，许多规范在巴黎、罗马、阿克拉和釜山的高级别论坛上被正式确立。但尽管这些规范已在制度层面完成内化，但在行动者遵守和实效方面仍存在不足。过去十年，许多新的非发援会国家也成为国际发展的主要援助者和行动者，他们不一定会认同现有援助者和行动者确立的规范。

（三）新兴挑战：遵守不力和规范退化问题

按照定义，规范遵循一个不断出现、层累和内化的过程。目前，我们讨论的规范都是长期以来发展行动者遵从的主要规范，但这些规范很可能会发生变化。对规范遵从不力和规范退化都可能导致这样的结果，这反过来又会促使旧规范改变，并孕育新规范。同样值得注意的是，援助国和受援国的国家政权也都会随着时间的推移而发生演变，与规范相关的行为更是如此。当不同情况出现时，可能会给如何解释规范和采取应对措施带来挑战。政策的变化，可能导致政府等多方都改变关于规范的态度。援助者和受援者是非常异质的群体，由于政策方向变化频繁却很少同步，这一问题也会变得愈加复杂，并可能导致世界舞台上出现不同的行动。

除了国家政策的变化外，全球舞台上也会出现新的行动者，并在创建规范方面有所行动。即使内化已完成，规范在实践中并不一定会得到遵从。Kim 和 Lightfoot（2011）指出，"援助制度所宣称的与受援国所发生的截然不同"：发援会的说辞往往掩盖不了规范与实际行动之间的差距：援助方实际上仍会支持那些不尊重人权（与援助限制条件截然相反）的政体，以及为援助设置附加条件。

两项已被确定的超规范都难以得到有效的遵守，只是程度上不太一样。从减贫来看，虽然"千年发展目标"很快就获得了通过，但落实起来却比较缓慢，且困难重重（Fukuda-Parr 和 Hulme，2011）。尽管如此，减贫仍是许多发展援助项目的核心规范。然而，由于缺乏主要行动者的内化，援助实效这一规范遭到了批评。Brown（2020）认为，这种规范的内化"极其微弱"，并没有推动援助者的行为真正发生改变。Brown（2020）和 Martini 等（2012）注意到了"说归说、做归做"，认为缺的并不是夸夸其谈，而是自下而上的改变。这意味着在援助实效方面，几乎没有取得什么进展，Brown（2020）甚至惊呼"它已不再是一种规范"。

援助实效这一超规范所面临的基本问题，似乎是实践中对所需要的改革（即《巴黎宣言》中本身就属于规范范畴的五项原则）缺乏热情，以及缺乏更多利益相关者——特别是民间团体的参与。援助国和受援国受到了过多关注，几乎听不到其他声音（Brown，2020）。这种对一小部分确立规范的行动者的过分强调，再加上这些行动者缺乏执行能力或意愿，最终造成了援助实效这一超规范退化。

"标准"问题显得尤为重要。随着时间的推移，用于指导遵守这些规范的标准被稀释，对此负有责任的行动者也失去了动力。2005 年《巴黎宣言》后曾出现过一套包括 12 项指标的体系，用于跟踪所商定规范的遵守情况，但后来均"销声匿迹"。在 2011 年的釜山论坛上，它们被全球有效发展合作伙伴关系（GEPDC）下的 10 项指标所取代。该伙伴关系的目的是鼓励发援会国家以外的众多行动者及其盟友参与，包括新兴援助国、民间团体和私营部门等。这 10 项指标每两年发布一次，以便对规范遵守情况展开监测，因此被认为是"为数不多的、旨在于发展合作进程中融入相互问责原则的全球机制之一"。

此外，这个框架非常适合督促行为改变，因为其监测指标主要针对的是实施过程及手段（Bhattacharya、Gonsior 和 Öhler，2021）。但是，这似乎从根本上降低了遵从《巴黎宣言》中相关规范的可能性。在全球有效发展合作伙伴关系早期相关会议上，发援会和新兴援助者显然对这些标准缺乏热情（Bhattacharya 等，2021；Fues 和 Klingbiel，2014）。Brown（2020）认为，这种朝着更广泛、更不明确的议程以及更多行动者的转向，削弱了现有规范的力量：新兴援助者不愿参与，而非国家援助者只会"处在外围"，导致传统援助者"失去了兴趣"。

比如，各方对地方自主权这一规范的遵从程度有限：援助者不愿将援助关系中的权力拱手让给伙伴国，当伙伴国政府被认为存在合法性问题时就更是如此了。此外，在某些情况下，伙伴国政府决策能力有限，援助者决策中可能更需要推动减贫这种优先事项（Brown，2017）。地方自主权也会受到不当激励的影响。首先，援助者加强协调有助于预先确定优先发展战略，这种战略最有可能基于主导性的新自由主义（Jakupec，2017），如此一来受援国政府就必须与之保持一致（Brown，2017）。这将导致受援国政府权力被架空，其"自主权"只剩下举手赞成援助者提出的建议。

其次，受援国仍可声称拥有自主权，但不过是自欺欺人，因为受援国政府只能制定被援助者接受的发展战略。比如，Mawdsley（2007）发现，五个国家在向美国政府的"千禧年挑战公司"（其资助偏好此前已对外公布）寻求资金支持时，都被要求制定了"非常相似"的关键优先事项。这会进一步减少受援国政府在制定发展战略时的主观能动性，自主权并没有真正得到保障，因为受援国政府被诱导要与援助者的需求保持一致。新的捐助者的出现使情况变得更加复杂，他们对"自主权"的解释与传统规范并不相同，这使得受援国在需要资助的项目性质方面有更大的话语权。

这一情况还与协调性这一规范有关。援助活动自《巴黎宣言》以来一直以双边为主，且事实证明针对庞大援助者群体之间的协调工作更具挑战性，尤其是优先事项会随着时间的推移而变化。Woods（2011）列出了援助者协调所面临挑战的四大原因：为了国家利益，政府会以双边方式谋求发展，并试图采取双边而不是多边行动来争取公众对援助的支持；国家之间的理念差异导致优先事项不一；由于缺乏有效评估，各方对如何有效提供援助意见不一；多边机构在有效性、问责制和透明度方面存在明显不足。

还有一些规范退化，以及缺乏主要援助者的遵从。批评意见指出，"透明度"这一规范只会被选择性地遵从，以满足外部报告的要求，抑或相关信息只在政治上有利时才会被披露——Pamment（2019）将其归类为"策略性透明度"。Pamment还认为，透明度这一规范很难被有效遵从和内化。尽管2011年成立了"国际援助透明度倡议"组织，但各国在如何内化和遵守透明度规范方面仍存在差异。Pamment认为，该倡议的目标是提供一种标准，通过一系列商定的、可衡量的标准来实施"公开性规范"。这些标准是通过多个层面来实施的。"国际援助透明度倡议"属于国际层面的协议，但这种遵守"通常依赖于政府和其资助的非政府组织之间的国家问责链"，意味着跨国层面的透明度规范很难被遵从。

随着时间的推移，出现了各种采用不同标准的数据报告，因此即使援助数据非常透明的政府要进行跨国比较也不容易。透明度规范与公开性原则有关，而不是特定的方法、标准或报告信息（Pamment，2019）。"国际援助透明度倡议"旨在使援助数据报告的呈现方式标准化，但主要援助国，如英国、美国、瑞典和挪威等已在该倡议提出之前或同一时期建立了自己的数据发布系统。此外，为便于获得相关数据，国家内部的透明度规范必须以援助国和受援国之间的正式问责机制为基础，并且可以依赖于受援伙伴国对民间团体及其选民的问责制，确保援助使用方式的透明（McGee，2013）。如此一来，援助国之间在如何遵从透明度规范方面就会出现差异。

虽然在"取消援助条件"方面已有进展，但这一规范并未被完全遵从，且遇到了挑战。英国和瑞典等许多西欧、北欧国家已取消大部分援助条件，但许多南欧国家（如希腊和西班牙）仍保留了很大比例的捆绑条件（Carbone，2014）。美国的捆绑援助占比已从2000年的50%左右减少到2016年的20%以下，但并未完全消失（Pamment和Wilkins，2016）。经合组织已实施了一些标准，试图根据受援国的性质来制定一份消除限制时间表，为援助条件的取消设定目标。取消限制条件的次序首先应是最不发达国家，其次是该群体之外的重债穷国，最后是其他低收入国家和国际开发协会（IDA）国家。经合组织还为这些标准制定了年度报告机制（OECD，2018）。然而，尽管发援会国家间存在这些标准，且减少了一些正式捆绑条件，但援助仍面临着被非正式条件约束的风险。比如，当援助国企业在本国所选项目上具有竞争优势时，它们更有可能赢得受援国的商品或服务供应合同，从而在竞争中击败受援国本土企业（Carbone，2014）。然而，在援助中保留正式或非正式限制条件，都会与其他规范发生冲突，特别不利于援助实效、自主权和援助协调等。遵从规范的困难并不一定会导致规范退化，全球发展实践的任何变化都需要时间且来之不易。但风险仍存——那些2005年起就在名义上存在但长期以来都未被遵从的规范，将会日渐退化，并被新规范所取代。

（四）新兴行动者和新规范的出现

过去十年，现有规范所面临的主要威胁是新兴援助者不断涌现，其遵从的规范也截然不同。2011年之前规范是基于发援会、受援伙伴国和多边组织所达成的广泛协议：多边组织代表了数量众多的发援会成员方，因此受援伙伴国别无他选，只能同意《巴黎宣言》和21世纪初其他高级别论坛确立的规范。虽然各国对这些规范的遵守程度不同，但在2011年和釜山援助实效问题高级别论坛之前，并没有相关方直接反对，更多的时候是主动弃权。

人们普遍认为，2011年釜山高级别论坛代表着一种"范式转变"，发生变化的不只是援助实效这一规范，还有全球对这种规范以及《巴黎宣言》相关规范的接受程度。Kim和Lightfoot（2011）指出，新兴援助者——发援会成员方以外的援助者，主要是相对于现有国际发展规范进行评估的国家。然而，在2011年之前，发援会与其他援助者之间似乎存在分歧。按照原计划，2011年釜山高级别论坛将审查2005年《巴黎宣言》的实施进展情况，但最终却被引向了是否应该和以何种条件将新兴援助国纳入全球援助体系，以及是否该遵从现有的援助规范（Martini 等，2012）。结果是规范性思维从《巴黎宣言》及其所衍生规范所倡导的"援助实效"转向"发展实效"——不同行动者会采用多样化的举措，而不是固守传统的援助方法（Brown，2020）。

釜山高级别论坛表明，一些新兴援助者不愿被动地接受已有的国际发展规范。釜山论坛重新讨论了《巴黎宣言》中的五项规范——"自主权""一致性""协调性""结果导向""共同责任"，但金砖国家并不认同——因为在很大程度上未尊重他们的意见，只是要求其承诺遵守（Kim 和 Lightfoot，2017）。

新兴援助者的加入为国际发展合作注入了新的活力的同时对现有规范构成了挑战。21 世纪初，非发援会国家对国际发展援助的贡献极小，他们的声音对于遵从规范来说可有可无（Chandy 和 Kharas，2011）；然而到 2011年，任何没有金砖国家（尤其是印度和中国）参与的协议都会显得"空洞无物"（Chandy 和 Kharas，2011）。这就为新的南南合作管理规范开辟了舞台——金砖四国认为现有规范仅基于南北合作协议，应考虑南南合作中的规范（Kim 和 Lightfoot，2017；Zimmerman 和 Smith，2011）。

一些观点认为，自 2011 年以来，习惯于维护原有规范的传统行动者的重要性相对下降。Kim 和 Lightfoot（2017）认为，欧盟变得"不那么规范"。Bountakidis、Fragkos 和 Frangos（2015）指出，欧盟虽然言必称规范，但其行动却在背离那些旨在维护援助实效的传统规范。这些学者以欧盟的非洲发展行动为例，认为欧盟虽然对"规范性权力"言之凿凿，但其援助政策反映的却是自身的战略关切，而非发展优先事项。

1. 南南发展合作

一些传统行动者或因"走自己的路"而逐渐偏离规范要求，而中国等发展行动者在全球舞台上的作用日益凸显。应该如何解决规范行为的复杂性问题：他们应该想方设法，以各方都能接受的方式遵从某些规范，还是与其他关键发展行动者展开讨论，以更适合的方式影响规范，抑或是"走自己的路"，绕过现有规范另辟合作模式？

南南发展合作模式的兴起，引发了有关全球南方新兴援助国和援助行动者将会在多大程度上遵从"传统"规范的讨论，而这些规范至少在名义上得到了发援会的支持。通常而言，新兴行动者本身也曾是援助接受者（Chandy 和 Kharas，2011），因此对传统援助者所使用的流程和工具持不同的看法。然而，全球新兴援助者对这些规范的解释和执行方式也引发了一些争论。

首先，要注意援助国和援助行动者的异质性。这方面的相关文献多种多样，如积极与发援会规范保持一致的新兴援助者和完全拒绝保持一致的行动者、阿拉伯援助者、金砖四国（Asmus、Fuchs 和 Müller，2017；Zimmerman 和 Smith，2011）等。其中，许多国家的确拥有悠久的海外援助史（Asmus 等，2017），但直到 2000 年这些援助力量才被与发援会相提并论。他们的贡献在 2011 年之前都微不足道，且在釜山论坛之前很少参与这种高级别论坛（Chandy 和 Kharas，2011）。

在援助者分类方面，一种最简单的方式是分为发援会和非发援会行动者两类（Mawdsley，2012）。有文献指出非发援会行动者遵循一些共同的原则，只是这些原则经常与发援会国家所信奉的规范背道而驰。虽然这些国家指导发展活动的原则和规范已确立了一段时间，但与发援会国家相比缺乏协调，但仍有文献指出非发援会南南发展行动者遵循共同的原则。一般认为，这些原则基于南南援助国和受援国之间的不同关系。

Chandy 和 Kharas（2011）指出，南南发展行动者都是"发展中国家"，且都接受过援助，因此，即使这些国家成为发展行动者，这些身份或特性可能会继续存在。事实上，南南行动者似乎在规范层面拒绝了援助—受援的关系定义，转而采用了发展"合作伙伴"的术语，而非"援助者—受援者"（Mawdsley，2012）。

Mawdsley（2012）认为，南南合作拥有四个道德层面的特征："同为'发展中国家'；拥有一定的发展经验；拒绝等级化的'援助者—受援者'关系；坚持实现互惠互利。"所有这些都形成了积极的"道德效价"（Mawdsley，2012）。相关文献提出了两种基于这些特征的规范："互惠互利"规范和"互不干涉"规范（Asmus 等，2017；Zimmerman 和 Smith，

2011）。这些规范是建立在道德和认同感基础上的（如 Mawdsley 所言），而且是由全球南方的特定行动者所制定，并提出了期望实施的特定行为，与本文中所使用的"规范"定义非常吻合。

"互惠互利"规范主张，发展活动应符合两个合作国的国家利益，虽然这在一些发援会国家（特别是美国）的发展战略中也有所涉及，但是也存在一些限制。发援会国家通常会避开附带条件的援助，而一些南南行动者可能更喜欢这些限制性援助，将其作为通过发展活动谋求国家利益的一种方式。相关文献强调了南南发展行动者本身作为发展中经济体或新兴经济体的身份。因此，它们需要借助援助附带条件来保障自身的经济利益（Asmus 等，2017；Zimmerman 和 Smith，2011）。

有人认为南南行动者更注重"不干涉"他国内政，也不愿为援助和海外投资附加条件（Zimmerman 和 Smith，2011）。中国尤其认同这些观点（Huang，2016；Narins 和 Agnew，2019），且更关注社会和经济成果。这与发援会国家普遍存在的援助条件规范形成了对比。不过，这又引发了人们的另一种担忧：长期治理不善可能会影响经济和社会发展，腐败可能会让援助和投资成无效（De Coning 和 Osland，2020）。

中非合作论坛（FOCAC）便是践行这些原则的一个极好例子。该论坛成立于 2000 年，这表明南南发展规范的形成甚至早于 2005 年《巴黎宣言》。作为一个以共识为基础的论坛，它体现了自主权原则，但实施方式与发援会有所不同——强调的是互惠互利和特定项目，而发援会主张要与一个国家更一般性的中期战略保持一致（Chandy 和 Kharas，2011）。

除了南南发展行动者和发援会援助国的规范不同外，还有人指出，全球南方国家对烦琐和官僚式流程的热情度较低，这是因为它们本身作为发援会的援助对象可能有过类似经历——这些流程缺乏灵活性和有效性，还会加重受援国的负担（Chandy 和 Kharas，2011）。这与发援会国家的问责规范形成了鲜明对比，虽然标准并不总能被严格执行或遵守。

尽管规范不同，但一些人认为传统援助者和南南发展行动者之间可能存在更大的合作空间，因为这些规范有重叠部分。Asmus 等（2017）认为，与发援会几十年前甚至今天的做法相比，许多非发援会国家的行动方式并无太大差别，尤其体现在对限制性援助和争取国家利益的态度上。但也有一些障碍需要克服：尽管拥有共同点，但新兴援助者和传统援助者在一些领域分歧明显。比如，在限制性援助方面，虽然传统援助者的做法确实涉及一定的附带条件，但这种情况日益减少，且援助者已承诺将进一步取消限制条件。在南南发展合作中，限制性援助更普遍，且在规范层面似乎没有那么多意见。

即使援助合作面临的困难重重，仍需要进一步探讨补充性援助的潜力。Asmus 等（2017）认为，在某些情况下，南南援助国，特别是中国和南非——更愿意在发援会国家忽视的冲突地区扮演重要角色，采取援助行动。此外，中国还常会为其他国家不愿资助的项目提供帮助。发展援助规范的多样化可能会催生不同的行动者，即使没有直接协调也能够向受援国提供援助。

2. 私营部门的新兴角色

人们通常认为，私营部门在促进发展方面潜力巨大。然而，该部门缺乏同质性，且各行动者各怀目的，很难了解他们遵从的规范。将私营部门行动者定义为：以财务回报为目的的非国有/国有组织，包括大型跨国企业、中小型企业、国际投资者等。这个定义并未包含非政府组织等民间团体，虽然它们大都是私有性质，但并不为获取利润——这些组织往往是由国家或私营部门机构资助建立。

衡量私营部门行动者在发展中的作用的一个常用框架是"可持续发展目标"，作为"千年发展目标"的迭代，其目的在于为减贫行动提供指导。私营部门在弥补实现"可持续发展目标"过程中的 2.5 万亿美元资金缺口方面扮演着重要角色（Khasru 和 Siracusa，2020）。但是，私营部门在此过程中以及在促进发展成果落地方面遇到了很多问题，如缺乏问责、激励和风险规避机制等。

私营部门主要是受利润驱动，因此要么需要政府制定适当的激励措施，要么需要具体商业案例的示范来论证利润看似较低的活动却可能有利可图。

从事发展相关活动时，私营公司通常会面临较大的监管风险，这就需要政府或发展金融机构提供更多的风险缓解技术支持（Khasru 和 Siracusa，2020；OECD，2015）。此外，私营部门在为实现"可持续发展目标"而开展活动时，需要按照标准，比如"可持续发展目标"的影响标准来监测进展和确保问责到位（SDG Impact，2020）。然而，这些标准通常只能是自愿遵守。

私营部门可以成为发展伙伴，或至少成为各种发展合作中的重要行动者。但是，尽管私营部门行动者对"可持续发展目标"的讨论越来越多，但不能想当然地认为其活动都符合国际规范。有必要适当地激励私营部门行动者，并帮助他们降低风险，其他发展行动者可以对私营部门发挥引导作用，并通过与私营部门机构合作、激励其参与发展活动来确保发展活动符合规范。由于有机会直接创造收入和利润，再加上发展合作能为企业创造更有利的经营环境，私营部门可能会发现参与发展活动具有财务优势。这样，私营部门就可以成为传统官方发展援助的补充——后者不仅能为其活动提供激励，而且能在过于困难的情况下采取行动（OECD，2015）。

3. 发展行动者的能力

鉴于行动者参与全球发展合作越来越频繁，此处分析其相应的能力（Taylor 和 Clarke，2008）。按照经合组织定义（2006），"能力"是指"个人、组织和社会（作为一个整体）成功管理自己事务的才能"；而"能力开发"是指"个人、组织和社会（作为一个整体）随着时间的推移，释放、加强、创造、适应和保持能力的过程"。Morgan（2006）对"能力"概念进行了拓展，即"多种属性的一种新式聚合，而这些属性可促使人类系统创造出发展价值"。

对于新兴的南方援助者群体而言，在全球外部环境不确定的情况下成功地设计和交付发展支持方案具有一定挑战性，尤其是疫情大流行以来，国家资源需要重新分配。作为支持建设性行动的一种可行手段，将能力从北方发展行动者转移到南方发展行动者的概念正在失去可信度。如前所述，中国等发展行动者在全球舞台上的重要性日益提升，其需要应对所面临的一系列相互关联的复杂规范。出于这个原因，新出现的相互学习观念，特别是嵌入南南合作中的新兴概念可能会变得越来越重要，并可能成为未来规范和国际发展援助演变过程中的关键驱动因素。

三　挑战和选择：国际发展规范和标准的未来趋势

对 2011 年以来的全球国际发展和援助评价的回顾表明，规范已变得支离破碎，传统的发援会国家再难以对规范形成垄断。事实上，这些"传统"援助者自己都很难遵守其承诺的规范，同时全球南方国家间也出现了新的援助者与合作方法。

不断变化的地缘政治格局会影响规范演变方向。美国政治议程在特朗普政府时期变得更加民族主义，不断引发贸易摩擦（Albertoni 和 Wise，2020），而拜登政府的外交政策充满不确定性（Yang，2021），诸如此类的国际政治秩序都会对国家间合作带来挑战。

各国无法提前确定应对这些挑战的方式，因此必须做好准备，这又取决于各个国家的风险偏好、对全球不确定性的接受能力、对未来的预测能力。

新兴援助者可以提出新的规范，或选择遵从现有规范（Esteban 和 Olivie，2021）。同样，传统援助者也需要学会面对新的发展行动者：是展开竞争还是加强合作。除了新兴援助者外，本文还讨论了行动者共同创建新规范的可能。鉴于发援会成员方未遵从某些规范，现有规范甚至仍会受到其所谓追随者的质疑。新规范的出现需要孵化空间，以便全球行动者针对其进行商讨。

"千年发展目标"由联合国倡导制定，其有别于发援会所主导的规范，但也因在创建过程中缺乏包容性而受到指责。不过，2015 年推出的"可持续发展目标"成为一种新规范，与北方主导的"千年发展目标"形成了鲜明对比（Gasper，2019；Fukuda-Parr 和 McNeill，2019）。Gasper 提出了这样一种观点，即"可持续发展目标"是一种"规范式议程"，即使是价值观相悖的行动者也能就共同的规范和目标达成一致意见，并指出"即使潜在价值观存在差异，规范有时也会使意见一致，继而获得推广并产生影响。'目的一目标—指标'框架有助于吸引和聚拢国家及全球民间团体等的注意力，而凭借国家主权便能在国家层面调整、确定优先事项"（Gasper，2019）。

Fukuda-Parr 和 McNeill（2019）指出，"可持续发展目标"表明全球治理重点不再是以前占据主导地位的扶贫和援助实效，"可持续发展目标"确立了人类进步的共同愿景，并证明发展属于一种"规范式演变"（Fukuda-Parr 和 McNeill，2019）。他们也同意 Gasper 的观点，即"可持续发展目标"比过去的发展规范更具包容性，其所处的制度环境更有利于就如何实现这些目标达成共识。

对于"可持续发展目标"在多大程度上属于规范而在多大程度上只是一种指标的问题仍存在争议。Browne（2017）认为其"技术性多于规范性"，Fukuda-Parr 和 McNeill（2019）认为全球目标是规范的载体，而不是规范本身，"按照指标进行治理"存在风险，实施效果也会不同，以及各国政府实现这些目标的能力参差不齐。因此，"可持续发展目标"显然引发了各方对其是否具有代表性的争议。然而，当新的发展行动者和规范不断出现而现有规范陷入缺乏遵从者的窘境时，建立"可持续发展目标"等协商框架有助于全球行动者进一步加强合作——这些框架能够包容更多的行动者，并能提供灵活的价值标准和方法来实现目标。

在此背景下，发援会开始反思其作用以及与其他发展行动者的关系，也就不足为奇了。发援会在《变化世界中的新发援会：为未来设定道路》中指出，在"可持续发展目标"、《亚的斯亚贝巴行动议程》、《2015—2030 年仙台减少灾害风险框架》、《巴黎气候协定》的背景下，随着基于共识的发展议程的出现，改革变得非常必要。

发援会在界定双边援助、指导援助者实践方面发挥着关键作用，但若想保持这种影响力，就需要吸引发展伙伴积极参与相关工作，并主动在更大范围内分享其可持续发展工作成果。发援会需要成为服务型领导机构，乐于接受新观点，并时刻准备着引领而不是凌驾于同类组织之上。更加包容的发展道路必然会带来新的方法，这对发援会现有的价值观和规范来说既是一种补充也是一种挑战。

发援会高级别小组提出了以下建议：调整自己的使命，促进发展合作，为新的发展议程形成提供支持；在工作中更加包容其他发展伙伴，加强与其他发展伙伴的交流和对话，从而提高效率并取得成果；改革工作方法，更有效地响应新的发展议程要求。

沟通和交流将是发援会与新兴援助国建立关系的重要前提。发援会利用"官方对可持续发展的总支持"（TOSSD）发展融资统计系统来衡量与"可持续发展目标"相关的援助流量。这不仅有助于加强合作，而且能改善现有发援会成员之间的横向合作关系，加强与联合国的全面协作。

这些举措的实施令人充满希望，但在未来几年国家、地区和全球层面，更多国际发展合作行动者基于自身性质和业务范围的选择，以及由此产生的行动，反复地展开评估、反思和讨论。

四　总结

在分析规范演变的过程中，本文重点介绍了由"传统"发展援助者组成的发援会所制定的规范，并提出了两个"超规范"——减贫和援助实效。接着，展示了一系列指导发展行动者行为的"粒度级"规范，这些规范与上述两个超规范保持一致。然而，实际上这些规范并未得到普遍遵守，有的行动者还在执行过程中遇到了困难。因此，使用一系列既定的"内化"规范来对国际发展行动者的行为进行管理，这种构想仅部分得到了实现；内化规范所倡导的"公平竞争环境"愿景几乎落空。

在规范的演变历程中，本文着重描述了国际发展行动者格局的不断变化，其本质是，现有规范和标准无法吸引"传统"援助者积极遵守，其价值相对减弱。新的发展行动者和援助者在汲取这些教训的基础上，针对国际发展合作提出了新的愿景。行动者格局的不断变化，进一步增加了全球发展规范的不确定性。特别是南南发展合作框架下的国家开始采用不同的规范为行动提供指导。可以预见的是，未来将会至少出现两大规范学派来引导发展行动——"互惠互利"和"互不干涉"。民众和民间团体的声音越来越响亮，私营部门变得越来越重要，这些都有助于重塑全球规范。私营部门经常是与其他发展行动者合作开展活动，因此这些行动者会对私营部门的活动产生一定影响。

最重要的发现是，很难用统一的规范和标准来指导全球发展行动。就发援会国家而言，虽说其在理论上都遵守了同一规范，但程度并不相同。南南合作行动者确定的书面规范与发援会国家也存在差别。旨在让行动者担责的标准缺乏普遍性，难以落实。即使是已达成共识的规范，也往往会边缘化，新的语言和术语不断出现。新冠疫情等重大全球挑战往往会成为规范转型的加速器和催化剂。随着新的行动者不断出现，新的实践模式相继出现，外加其他行动者的遵守情况不断变化，使得现有规范更加脆弱、易变。

本文试图论证国际发展中规范的价值，不过，随着不同行动者的优先事项、利益及其影响不断变化，国际发展中规范将持续演变。未来若要成功应对不确定性风险，就需要各国在相互学习、知识共享以及合作方面做出努力。

参考文献

C. de Coning, K. Osland. 2020. "China's Evolving Approach to UN Peacekeeping in Africa." NUPI Report 1/2020, Oslo: Norwegian Institute of International Affairs, Accessed 21 July 2021.

Development Assistance Committee. 2017. "A New DAC in a Changing World: Setting a Path for the Future Report of the High Level Panel." Paris: OECD.

D. Bhattacharya, V. Gonsior, H. Ohler. 2021. "The Implementation of the SDGs: The Feasibility of Using the CPEDC Monitoring Framework." in S. Chaturvedi, et al. (eds.) *The Palgrave Handbook of Development Cooperation for Achieving the 2030 Agenda*, London: Palgrave Macmillan.

D. Gasper. 2019. "The Road to the Sustainable Development Goals: Building Global Alliances and Norms." *Journal of Global Ethics* (15), https://doi.org/10.1080/17449626.

2019. 1639532.

D. Honig, C. Weaver. 2019. "A Race to the Top? The Aid Transparency Index and the Social Power of Global Performance Indicators." *International Organisation* 73 (3), DOI: 10. 1017/S0020818319000122, Accessed 23 July 2021.

E. Mawdsley. 2012. "The Changing Geographies of Foreign Aid and Development Cooperation: Contributions from Gift Theory." *Transactions of the Institute of British Geographers* 37 (2), Accessed 23 July 2021.

E. Mawdsley. 2007. "The Millennium Challenge Account: Neo-liberalism, Poverty and Security." *Review of International Political Economy* 14 (3), DOI: 10. 1080/09692290701395 742, Accessed 23 July 2021.

E. Rosert. 2019. "Norm Emergence as Agenda Diffusion: Failure and Success in the Regulation of Cluster Munitions." *European Journal of International Relations* 25 (4), DOI: 10. 1177/1354066119842644, Accessed 23 July 2021.

F. Zimmerman, K. Smith. 2011. "More Actors, More Money, More Ideas for International Development Cooperation." *Journal of International Development* 23 (5), DOI: 10. 1002/jid. 1796, Accessed 23 July 2021.

G. Crawford. 1997. "Foreign Aid and Political Conditionality: Issues of Effectiveness and Consistency." Democratization 4(3), DOI: 10. 1080/13510349708403526, Accessed 21 July 2021.

G. Asmus, A. Fuchs, A. Müller. 2017. "BRICS and Foreign Aid." Working Paper No. 43, Williamsburg VA: Aiddata, Accessed 21 July 2021.

G. Crawford. 1998. "Human Rights and Democracy in EU Development Co-operation: Towards Fair and Equal Treatment." *European Union Development Policy*, DOI: 10. 1007/978-1-349-26858-0_ 10, Accessed 21 July 2021.

G. K. Bountagkidis, K. C. Fragkos, C. C. Frangos. 2015. "EU Development Aid Towards Sub-Saharan Africa: Exploring the Normative Principle." *Social Sciences* 4 (1), DOI: 10. 3390/socsci4010085, Accessed 21 July 2021.

J. Pamment, K. Wilkins. 2016. "Toward a Common Standard for Aid Transparency: Discourses of Global Citizenship Surrounding the BRICS." *International Journal of Communication* (10), Accessed 23 July 2021.

J. Martini, et al. 2012. "Aid Effectiveness from Rome to Busan: Some Progress but Lacking Bottom-up Approaches or Behaviour Changes." *Tropical Medicine & International Health* 17 (7), DOI: 10. 1111/j. 1365-3156. 2012. 02995. x, Accessed 23 July 2021.

J. Pamment. 2019. "Accountability as Strategic Transparency: Making Sense of Organisational Responses to the International Aid Transparency Initiative." *Development Policy Review* 37 (5), DOI: 10. 1111/dpr. 12375, Accessed 23 July 2021.

J. Gu, J. Humphrey, D. Messner. 2008. "Global Governance and Developing Countries:

The Implications of the Rise of China." *World Development* 36（2）, DOI: 10. 1016/ j. worlddev. 2007. 06. 009, Accessed 23 July 2021.

K. Hopewell. 2019. "US-China Conflict in Global Trade Governance: The New Politics of Agricultural Subsidies at the WTO." *Review of International Political Economy* 26（2）, DOI: 10. 1080/09692290. 2018. 1560352, Accessed 23 July 2021.

L. Chandy, H. Kharas. 2011. "Why Can't We All Just Get Along? The Practical Limits to International Development Cooperation." *Journal of International Development* （23）, DOI: 10. 1002/jid. 1797, Aaccessed 21 July 2021.

M. Fehling, B. D. Nelson, S. Venkatapuram. 2013. "Limitations of the Millennium Development Goals: A Literature Review." *Global Public Health* 8（10）, https: //doi. org/ 10. 1080/17441692. 2013. 845676.

M. Carbone. 2014. "Much Ado About Nothing? The European Union and the Global Politics of Untying Aid." *Contemporary Politics* 20（1）, DOI: 10. 1080/13569775. 2014. 882572, Accessed 21 July 2021.

M. Esteban, I. Olivie. 2021. "China and Western Aid Norms in the Belt and Road: Normative Clash or Convergence? A Case Study on Ethiopia." *Journal of Contemporary China*, DOI: 10. 1080/10670564. 2021. 1945739, Accessed 21 July 2021.

M. Finnemore, K. Sikkink. 1998. "International Norm Dynamics and Political Change." *International Organisation* 52（4）, Accessed 21 July 2021.

M. Jurkovich. 2020. "What Isn't a Norm? Redefining the Conceptual Boundaries of 'Norms' in the Human Rights Literature." *International Studies Review* 22（3）, DOI: 10. 1093/isr/viz040, Accessed 23 July 2021.

M. Leach, H. MacGregor, I. Scoones, A. Wilkinson. 2021. "Post-pandemic Transformations: How and Why COVID-19 Requires us to Rethink Development." World Development 138. 105 233, DOI: 10. 1016/j. worlddev. 2020. 105233, Accessed 23 July 2021. N. Woods. 2011. "Rethinking Aid Coordination." Global Economic Governance Programme Working Paper 2011/ 66, Oxford: University of Oxford, Accessed 23 July 2021.

N. Albertoni , C. Wise. 2020. "International Trade Norms in the Age of COVID - 19: Nationalism on the Rise?" *Fudan Journal of the Humanities and Social Sciences* （14）, DOI: 10. 1007/s40647-020-00288-1 （Accessed 21 July 2021）.

N. Keijzer. 2013. "Unfinished Agenda or Overtaken by Events? Applying Aid - and Development-effectiveness Principles to Capacity Development Support." Discussion Paper, Bonn: Deutsches Institut für Entwicklungspolitik, Accessed 23 July 2021.

OECD. 1996. "Shaping the 21st Century: The Contribution of Development Co-operation." Paris: Development Assistance Committee, Organisation for Economic Co-operation and Development, Accessed 23 July 2021.

OECD. 2006. "The Challenge of Capacity Development Working Towards Good Practice." Paris: Organisation for Economic Co-operation and Development, Accessed 23 July 2021.

OECD. 2018. "Revised DAC Recommendation on Untying ODA." Paris: Organisation for Economic Co-operation and Development, Accessed 23 July 2021.

OECD. 2005. "The Paris Declaration on Aid Effectiveness." Paris: Organisation for Economic Co-operation and Development, Accessed 23 July 2021.

OECD. 2015. "Development Cooperation Report 2015: Making Partnerships Effective Coalitions for Action." Paris: OECD Publishing, Organisation for Economic Co-operation and Development, Accessed 23 July 2021.

OECD. 2021. Development Assistance Committee, Accessed 23 July 2021.

P. Morgan. 2006. "The Concept of Capacity, Maastricht: European Centre for Development Policy Management."

P. Taylor, P. Clarke. 2008. "Capacity for a Change." Workshop at Institute of Development Studies, Brighton January 2008.

P. Burnell. 1994. "Good Government and Democratization: A Sideways Look at Aid and Political Conditionality." *Democratization* 1(2), DOI: 10.1080/13510349408403405, Accessed 21 July 2021.

P. de Renzio, D. Angemi. 2012. "Comrades or Culprits? Donor Engagement and Budget Transparency in Aid-dependent Countries." *Public Administration and Development* 32 (2), DOI: 10.1002/pad.1603, Accessed 21 July 2021.

P. J. Katzenstein. 1996. "Introduction: Alternative Perspectives on National Security." in P. J. Katzenstein (ed.) *The Culture of National Security: Norms and Identity in World Politics*, New York: Columbia University Press.

P. Taylor, M. McCarthy. 2021. "Building Back a Better World: The Crisis and Opportunity of COVID-19." *IDS Bulletin* 52(1), DOI: 10.19088/1968-2021.100, Accessed 23 July 2021.

R. Du Plessis. 2016. "China's African Infrastructure Projects: A Tool in Reshaping Global Norms." Policy Insights Paper 35, Johannesburg: South African Institute of International Affairs, Accessed 21 July 2021.

R. McGee. 2013. "Aid Transparency and Accountability: Build It and They'll Come?" *Development Policy Review* 31 (1), DOI: 10.1111/dpr.12022 (accessed 23 July 2021).

SDG Impact. 2020. "SDG Impact Standards." Accessed 23 July 2021.

S. Brown. 2020. "The Rise and Fall of the Aid Effectiveness Norm." *The European Journal of Development Research* (32), DOI:10.1057/s41287-020-00272-1, Accessed 21 July 2021.

S. Brown. 2017. "Foreign Aid and National Ownership in Mali and Ghana." Forum for Development Studies 44 (3), DOI: 10.1080/08039410.2017.1344728, Accessed 21 July 2021.

S. Khagram, J. V. Riker, K. Sikkink. 2002. "From Santiago to Seattle: Transnational Advocacy

Groups Restructuring World Politics." in S. Khagram, J. V. Riker, K. Sikkink (eds.) *Restructuring World Politics: Transanational Social Movements, Networks and Norms*, Minneapolis: University of Minnesota Press.

S. Browne. 2017. " Sustainable Development Goals and UN Goal-setting." London: Routledge.

S. Chung, Y. H. Eom, H. J. Jung. 2016. "Why Untie Aid? An Empirical Analysis of the Determinants of South Korea's Untied Aid from 2010 to 2013." *Journal of International Development* 28 (4), DOI: 10. 1002/jid. 3195, Accessed 21 July 2021.

S. Fukuda-Parr, D. Hulme. 2011. " International Norm Dynamics and the ' End of Poverty': Understanding the Millennium Development Goals." *Global Governance* 17 (1), Accessed 23 July 2021.

S. Fukuda-Parr, D. McNeill. 2019. "Knowledge and Politics in Setting and Measuring the SDGs: Introduction to Special Issue." *Global Policy Volume* 10 (1), https://doi. org/ 10. 1111/1758-5899. 12604.

S. Kim, S. Lightfoot. 2011. "Does 'DAC-ability' Really Matter? The Emergence of Non-DAC Donors: Introduction to Policy Arena." *Journal of International Development* 23 (5), DOI: 10. 1002/jid. 1795, Accessed 23 July 2021.

S. Kim, S. Lightfoot. 2017. "The EU and the Negotiation of Global Development Norms: The Case of Aid Effectiveness." *European Foreign Affairs Review* 22 (2), Accessed 23 July 2021.

S. M. Khasru, J. Siracusa. 2020. "Incentivizing the Private Sector to Support the United Nations Sustainable Development Goals." Policy Brief: G20 Support for SDGs and Development Cooperation, G20 Insights, Accessed 23 July 2021.

T. A. Ghebreyesus, U. von der Leyen. 2020. "A Global Pandemic Requires a World Effort to End It - None of Us will be Safe Until Everyone is Safe." World Health Organization Commentary, 30 September, Accessed 23 July 2021.

T. P. Narins, J. Agnew. 2019. "Missing from the Map: Chinese Exceptionalism, Sovereignty Regimes and the Belt Road Initiative." *Geopolitics* 25 (4), DOI: 10. 1080/14650045. 2019. 1601082, Accessed 23 July 2021.

T. Fues, S. Klingebiel. 2014. "Unrequited Love: What is the Legacy of the First Global Partnership Summit?" Bonn: German Development Institute, Accessed 23 July 2021.

UN. 2000. "United Nations Millennium Declaration: Resolution Adopted by the General Assembly." UN General Assembly, 55th Session, Accessed 23 July 2021.

V. Jakupec. 2017. "Foreign Aid: Cultural Values and Norms." Sitzungsberichte der Leibniz-Sozietät der Wissenschaften zu Berlin 131.

W. Hynes , S. Scott. 2013. "The Evolution of Official Development Assistance: Achievements,

Criticisms and a Way Forward." OECD Development Co-operation Working Papers 12, Paris: Organisation for Economic Co-operation and Development, Accessed 23 July 2021.

W. Easterly, C. R. Williamson. 2011. "Rhetoric Versus Reality: The Best and Worst of Aid Agency Practices." World Development 39(11), DOI:10. 1016/j. worlddev. 2011. 07. 027, Accessed 21 July 2021.

W. Easterly. 2003. "Can Foreign Aid Buy Growth?" *Journal of Economic Perspectives* 17 (3), Accessed 21 July 2021.

X. Yang. 2021. "US-China Crossroads Ahead: Perils and Opportunities for Biden." *The Washington Quarterly* 44(1), DOI:10. 1080/0163660X. 2021. 1894723, Accessed 23 July 2021.

Y. Huang. 2016. "Understanding China's Belt & Road Initiative: Motivation, Framework and Assessment." *China Economic Review* (40), DOI: 10. 1016/j. chieco. 2016. 07. 007, Accessed 23 July 2021.

发展有效性与援助管理

科林·柯克[*]

第四届援助实效高级别论坛在韩国釜山举行，约有 3000 名代表参会，不仅包括多位国家领导人和政府高层官员，还有发展中国家和发达国家的多边和双边机构、民间团体和私营部门，以及议会、地方和区域组织在发展领域的行动者。值得注意的是，参与者还包括非传统援助方。

会议强调的伙伴关系和共同认可原则是实现"共同目标"的关键，反映了行动者利益的多样性。代表们签订了一份成果文件，确立了旨在支持发展合作有效性的全球伙伴关系议程。

釜山论坛将 10 年前由发援会发起的旨在加强援助实效的进程推向高潮。通过罗马（2003 年）、巴黎（2005 年）、阿克拉（2008 年）和釜山（2011年）等一批以援助实效为主题的高层论坛，各方共同努力，就提高发展援助的质量、有效性和影响力达成共识并提供支持。

2005 年的巴黎会议被誉为"具有突破性"的"国际发展合作的决定性时刻"，这次会议就加强援助实效的原则与措施达成共识并做了政治支持方面的

---

* 科林·柯克（Colin Kirk），联合国儿童基金会评估办公室前主任。多次参与联合国系统内部评估，包括《加强合作，增进健康：人人享有健康生活和福祉全球行动计划》联合评估等。曾担任非洲开发银行运营评估部门主任，英国国际发展部评估部门主任、驻卢旺达代表处主任。主要研究领域包括评估与绩效管理、项目规划与监测、人权和平等性评估等。

动员（Lundsgaarde 和 Lars Engberg-Pedersen，2019a）。100 多个国家和国际机构签订了《巴黎宣言》并确定了协议要点，为提升发展援助实效及其影响力制定了框架。《巴黎宣言》就提高援助实效提出了五项基本原则：自主权、一致性、协调性、结果导向和共同责任。细化的承诺与监督框架作为原则的支撑，一方面评估进展情况，另一方面也使援助方和受援方能够就其承诺相互问责。

然而，2011 年釜山会议召开时，援助实效议程受到多方质疑，被认为"存在严重缺陷"（Glennie，2011）。尽管《巴黎宣言》强调伙伴国家自主权的重要性，但它假定各国政治领导人以发展为导向——鉴于领导人的工作重点往往无关发展进程，这种假定也是"站不住脚的"（Booth，2011）。

不久之前还有人发问："《巴黎宣言》是否已黯然退场"（Lundsgaarde 和 Lars Engberg-Pedersen，2019b）。有人认为议程已经"失去相关性"，"已经结束"（Lomøy，2021），也有人指出"对援助有效性的政治关注已有所减弱"（McKee 等，2020；Brown，2020）。确实，釜山会议的重点从"援助实效"转向"发展合作伙伴关系"是一个信号，象征着《巴黎宣言》所达成的共识已宣告终结——一些人认为，釜山会议是"国际社会吹灭了'援助实效'这根蜡烛"（Clemens 等，2014）。

而今距离釜山会议又过去十余年，我们有必要思考关于援助实效与发展合作的激烈讨论是否已被人淡忘，抑或仍可以从这些辩论和讨论中汲取有益的经验和见解。基于当前的需求与问题，哪些援助管理政策、框架与做法才是适当且有效的？如何建立并维护成功的发展伙伴关系？哪些平台与系统对成功合作和发展成果起到支持作用？如何恰当地衡量援助实效并充分地传播发展成果？最重要的是，在区域动荡、全球巨变的当下，对发展援助起到影响的公共支持政策还能否存续？

为了回答这些问题，有必要详细了解援助实效议程，回顾其起源、演进以及影响发展政策和实践的历史；全球形势不断变化，新的挑战出现，援助实效问题如何不再成为关注的焦点；通过批判性分析，在揭示主要弊端的同时，针对如何破除当前困局提供参考建议；举例说明如何就评估援助实效做出改进；思考当下援助实效议程的意义。

一 援助实效：从巴黎到釜山再到未来

《巴黎宣言》既反映出援助国、援助机构与众多民间社会组织就如何管理援助以取得良好效果所达成的共识，也是对共识的进一步强化。几年来，通过众多社会组织的努力，一些积极成果已经显现，公众普遍关心发展问题，支持减轻贫穷受援国的债务负担。这些工作也促使 2005 年 7 月在苏格兰格伦伊格尔斯举行的八国集团首脑会议将援助非洲与免除高负债穷国债务问题列入议程。

20 世纪 90 年代，发展援助重点转向减少贫困、支持社会部门参与，1996 年发展援助委员会（以下简称"发援会"）的《塑造 21 世纪》(Shaping the 21st Century) 对此做了阐述，《巴黎宣言》也是在此基础上拟定的。21 世纪伊始，联合国《千年宣言》和"千年发展目标"也反映了对减贫的重视。2002 年，联合国发展筹资问题国际会议在墨西哥蒙特雷举行，旨在扭转过去十年来援助资金流量明显下降的趋势。代表们就未来发展援助的筹资达成《蒙特雷共识》。

"千年发展目标"和《蒙特雷共识》就应当支持哪类发展援助、利用哪类资源议定了优先次序。它们还提高了关于如何取得最佳发展成果、改善发展援助管理及其影响的预期。

蒙特雷会议后不久，发援会发起的一系列援助实效高级别论坛为后续巴黎和釜山会议的召开奠定了基础。这些重要会议的与会者总结了过去几十年的经验并指出援助国工作重点和制约条件等，而受援国缺乏参与和自主权往往会导致资金挪用或资源浪费等情况出现。另外缺乏协调，导致受援国难以管理来源众多并在优先次序与工作方法上经常相互冲突的外来援助。若援助国坚持使用自己的监督、报告和核算系统，上述问题还会进一步加剧。项目一直是重要的援助工具，属于短期干预措施，往往由独立运作的专门项目执行单位管理，而不应依赖于国家系统。项目筹资也未能考虑到更广泛的筹资环境或部门政策与能力。这妨碍了协调工作，影响了可持续性，也不利于提高透明度和加强问责。援助国的关注点往往对援助的分配与问责起决定性作用，导致其与受援国的优先事项缺乏协调，特别是在受援国必须接受与援助国物资及承包商绑定的援助时，该情况会更糟糕。援助国对于分配选择的"一窝蜂"，使得一些受援国成为援助社群的"宠儿"，得到了大量援助，而另一些国家则沦为"援助体系的孤儿"，缺乏外部援助。

在巴黎举行的援助实效性会议上，与会者试图解决这一系列问题，向援助国与受援国推广范例。《巴黎宣言》提出了原则、行动建议和支持"共同责任"的监测框架（OECD，2005）。

表 1　2005 年《巴黎宣言》：援助实效的五项原则

原则	内容
自主权	发展中国家制定减贫战略，改进体制，惩治腐败
一致性	援助国与受援国的目标一致，受援国利用本地系统
协调性	援助国之间相互协调，简化程序，分享信息，避免重复工作
结果导向	发展中国家和援助国都应关注发展成果，并对发展成果进行评估
共同责任	援助国及其合作伙伴都应对发展成果负责

会议针对执行工作制定了定期监督与报告机制。众多的援助方与受援方参与了一项规模庞大的联合评估工作，评估结果为釜山会议提供了有益的参考（Wood 等，2011）。[①] 评估发现，许多发展中国家正在进行有关的改革，援助国与援助机构也在较小程度上进行了改革。评估报告指出，一些发展中国家能够基于《巴黎宣言》中的原则和承诺，迫使援助方做到"言行一致"。评估显示，在巴黎会议之后的几年里，援助实效议程取得了一些进展。但很显然，当釜山会议召开时，进展仍是有限的——只过去了 5 年时间，而体制改革往往需要很长时间，这并不令人意外。

[①]　该项全面的联合评估获得了广泛的国际参与，对 22 个伙伴国家和 18 个捐助机构进行了 50 多项调研及 5 项主题探究。此次评估报告质量极高，于 2011 年发布，为釜山会议提供了重要参考。该评估报告荣获美国评估协会（American Evaluation Association）2012 年度优秀评估报告奖。

与此同时，对优先事项的认识也发生了改变。参与者范围从援助国与发展机构等相对狭隘的群体扩大到更广泛的行动者，涵盖了私营部门、议会代表与民间社会组织。与会者还认识到包括"新兴援助方"在内新的行动者以及南南合作、三方合作的重要性。因此出现了釜山会议与会人数众多、领域多元化的情况。

釜山会议的议程从"援助实效"这个相对狭窄的焦点向"发展有效性"转变。成果文件称，"援助只是解决一部分发展问题。现在是时候扩大工作范围，从援助实效拓展至发展有效性了"。①

（一）评估结果

评估发现，《巴黎宣言》被证实具有普遍意义。《巴黎宣言》中的 5 项原则与 56 项承诺几乎都对改善援助实效及援助伙伴关系产生了影响。

《巴黎宣言》中的原则与承诺在伙伴国家中逐步得到落实，但落实情况并不平衡，且援助国与援助机构之间不平衡情况加剧。评估参照 5 项原则回顾进展时发现，在自主权方面取得了最大进展，一致性和协调性方面的进展较不平衡，结果导向和共同责任方面取得的进展最小。这些变化虽然有助于提高援助实效，提升伙伴关系的透明度和有效性，加大援助力度，但改革并未减轻援助管理相关负担。

研究发现，伙伴国家采纳《巴黎宣言》中提出的改进措施，不仅是为了更好地管理援助，也是因为其满足了伙伴国家的需求，如提升财政管理水平、改善公共采购、改进问责制。因此，这些伙伴国家发展的韧性得到增强。

在援助国方面，有关的改革进展有限。一些关键的制约因素包括：缺乏连贯的政策、结构和激励措施，如企业战略与援助实效议程脱节；侧重合规与规避风险的文化；许多援助方与援助机构的体系过于集中，未能寻求与国家制度保持一致；能力限制和人员减少；2008 年国际金融危机导致的预算压力。

---

① 《釜山宣言》（Busan Partnership for Effective Development Co-operation），2011 年 12 月。

评估发现，尽管发展状况有所改善，在一些领域——如优先关注最贫穷国家的需求——援助改革面临巨大障碍，对发展的影响甚微。尽管评估确实反映了《巴黎宣言》中所涉及的援助领域的改进情况，但也发现，其他形式与运作模式的合作缺乏透明度和可靠的数据，这可能会减少改革带给伙伴国的好处。

在建立更加包容、更有效的发展伙伴关系方面，评估的结论是，标准水平总体提高。《巴黎宣言》中对援助关系的明确关注开启了有关伙伴关系的重要对话，其范围并未局限于援助管理的技术或融资问题。这是一种切实的利好。

然而，评估也注意到，关于援助的潜在作用被夸大了，在援助国尤其如此。评估指出，伙伴国和援助国需要"更好地发展并利用援助范围之外许多更强大的发展力量与政策"。

（二）建议

评估报告提出了 11 项关键建议，主要侧重于提高援助实效的"需要"：需要由国家牵头、需要本地化、需要援助国和伙伴国以现实的政治选择作为依据、需要良好的国际伙伴关系为之提供保障。

评估敦促伙伴国的决策者在接下来的援助改革中承担领导责任，并要求援助国的决策者全面履行承诺。需要将援助改革扩展到所有形式的发展合作中——让"其他形式的援助和其他行动者以自己的方式"参与进来，包括在脆弱环境和紧急人道主义情况下开展合作，还要解决"气候变化融资等新形式的支持问题"，以及"为目前仍在《巴黎宣言》框架之外开展工作的提供者给予优惠发展条件"等。

釜山会议的成果文件《釜山宣言》承认行动者和利益的多样性，并强调伙伴关系和共同原则是实现"共同目标"的关键（见专栏 2）。釜山伙伴关系首次提供了一个经广泛商定的发展合作框架，将来自世界各地、广泛和多样化的发展行动者聚集在一起。

与《巴黎宣言》相比，《釜山宣言》的内容更广泛、包容性更强。但釜山成果议程也保留了《巴黎宣言》中的核心要素、概念和原则，具有明显的延续性。

基于釜山会议而设立的机制是"一个新的、具有包容性和代表性的、致力于有效发展合作的全球伙伴关系，其目的是支持并确保在政治层面履行承诺的责任"。该伙伴关系旨在提供"一个包容多样性的开放平台，为知识交流和定期审查进展提供一个论坛"。全球有效发展合作伙伴关系（GPEDC）拥有完善的治理结构，促使161个国家和56个组织在釜山会议上达成4项发展合作原则。

GPEDC得到了经合组织和联合国开发计划署的支持，但由于缺乏一个机构"总部"和秘书处，其运作效率不高。在形式上，它既不是经合组织结构的一部分，也不是联合国系统的组成部分，因此其合法性也有限。对此，"新兴援助方"在参与问题上犹豫不决。

GPEDC的主要贡献是在全球范围内开展一系列行动，监督发展援助在各个方面的进展。"可持续发展目标"有关全球伙伴关系的目标进展也被纳入监督工作。事实上，出于相关性考虑，GPEDC已将该倡议与《2030年可持续发展议程》以及实现"可持续发展目标"的努力结合起来。在2019年GPEDC高级别会议之后，GPEDC联合主席称全球伙伴关系是"《2030年可持续发展议程》全球机制架构的关键组成部分"[①]——这一说法也许更像是一种愿望。

专栏1 致力于有效发展合作的釜山伙伴关系

发展中国家拥有发展优先权。要想让发展合作伙伴关系获得成功，必须由发展中国家来牵头和主导，并采用适合各国具体情况和需求的方式来贯彻落实。

注重结果。投资和努力必须对以下目标产生持久的影响：消除贫困和减少不平等、促进可持续发展、增强发展中国家的能力，并与发展中

[①] 《促进有效发展合作全球伙伴关系高级别会议联合主席声明》，2019。

家所提出的优先领域和政策保持一致。

包容性发展伙伴关系。开放、信任、相互尊重和学习是支持发展目标实现的有效合作伙伴关系的核心，同时要承认所有参与者的角色不同但互补。

相互之间的透明度和问责制。相互问责制，对合作的目标受益群体负责，对各自的公民、组织、成员和股东负责，是取得成功的关键。透明度则是加强问责的基础。

援助实效议程的一个重要且深远的影响是注重"成果管理"并强调有必要衡量、监督和评估成果。尽管对于"成果议程"是什么，以及可能和应该是什么，有各种各样的看法，但其已成为大多数发展合作利益相关方关注的焦点。值得注意的是，关于发援会商定的发展合作原则，最新阐述重点为"管理可持续发展的成果"，包括以学习和决策为目的利用这些成果（OECD，2019b）。"自主权、共同责任和透明度"作为这一阐述中的关键因素，也是对此前援助实效相关原则的延续。

过去二十多年对发展成果的关注是必要的，有助于重新回应过去几十年对援助项目拨款和数量的关注。"基于结果的管理"要求在整个规划或政策周期中始终关注结果，以便取得良好成果（包括在整个周期中对结果进行系统监测和衡量，以了解取得了哪些成果、是否存在缺点，并在必要时调整方向）。因此，"成果议程"在使发展合作朝着适当的方向发展方面起着重要作用。

专栏 2　管理可持续发展成果——经合组织发援会指导原则

原则 1：支持可持续发展目标和期望出现的变革。

原则 2：适应环境。

原则 3：加强国家自主权、相互问责制和透明度。

原则 4：最大限度地利用成果信息进行学习和决策。

> 原则 5：培养注重成果与学习的文化。
>
> 原则 6：开发一个可管理和可靠的成果系统。

因此，回顾过去，我们可以得出结论，2005 年在巴黎达成的援助实效原则并没有完全消失。这些规范中的绝大部分被延续至今。然而，巴黎议程进展缓慢且有限。尽管有更多的利益相关方参与了有关发展有效性的讨论，但随着政治焦点转向更实质性的问题，促成一系列援助实效高级别会议的政治支持力量迅速衰弱，在釜山会议之后变得更加分散。《巴黎宣言》中提出的援助管理议题遭到削弱，在一些机构中，被狭隘地定义为"成效管理"和"资金价值"。

二　发展有效性：被重大事件夺去风头？

尽管援助实效议程在全球伙伴关系方面有远大的抱负，但很显然，在过去十多年中，该议程的热度不断下降。不久前，丹麦国际问题研究所（Danish Institute for International Studies，DIIS）的研究人员曾对发展有效性话语在援助国发展合作战略中的使用情况进行了研究。研究人员针对 10 家发展机构近期的战略文件做了词条搜索，发现"与巴黎议程的关键方面相对应的条款几乎没有出现在当前的援助国战略中"（Lundsgaarde 和 Engberg-Pedersen，2019a），这似乎证实了援助实效议程的没落。[①]

研究人员基于方法论提出，由于搜索的只是《巴黎宣言》中的特定术语，并不会发现可能被用来描述援助实效议题的替代性术语。具体而言，他们认为援助方的战略更侧重于专题或地理方面的考虑，而不是执行手段，"强调发展'什么'，而不是'怎样'发展"。此外，某些发展战略反映出的对发展合作的理解，已超出作为援助实效议程基础的"政府—政府"双边模式。他们注意到发展合作战略中"国家利益的回归"，并指出这种对国

[①]　这些机构分别来自比利时、加拿大、丹麦、欧盟、法国、德国、荷兰、挪威、瑞典和英国。

内优先事项的关注可能进一步影响对援助实效原则的遵循。① 上述任何一个因素都可能导致对援助实效性的严重忽视，只是各援助国的情况不尽相同。

然而，值得一提的是，研究人员还对发展战略进行了更多维度的分析。这些战略确实仍在以各种方式关注援助实效问题，即使援助实效议程并不占据核心地位——"巴黎已淡出视线，但并未淡出脑海"。

尽管在 21 世纪头十年中建立的援助实效议程曾经势头强劲，但在巴黎商定并在釜山重申的大部分原则已逐渐淡出人们的视野。国际社会的关注点发生变化，资源分配也随之出现了变化。为此，有必要审视过去十多年在发展面临巨大挑战的情况下，对援助实效议程的注意力被转移到哪些全球事件上了。

2008 年国际金融危机触发了 G20 各国的紧急措施。保证国内预算成为优先要务，导致用于发展援助的资金受限。对《巴黎宣言》的评估发现，由于"2008 年国际金融危机造成的预算压力"，《巴黎宣言》的实施受到了影响（Wood 等，2011）。面对国内的紧缩政策，援助机构面临着越来越大的政治压力，要求其迅速取得成果，证明"物有所值"（Value for Money）②。

尽管国际金融危机造成了长期的预算紧张，但全球各国政府积极应对挑战，于 2015 年商定了"可持续发展目标"，致力于新的发展议程。这些目标不仅涉及消除贫困，还涉及《2030 年可持续发展议程》行动纲领中提出的服务于"人类、地球、和平与繁荣"的全面目标。这一雄心勃勃的议程提出了 17 个全球目标和 169 个具体目标。

这一套规模庞大的承诺比以往更强烈地要求高效的管理、高质量的发展援助和对结果的强烈关注。同样，传统的发展援助显然只能为应对《2030 年可持续发展议程》中提出的巨大挑战中的一小部分工作提供支持。这在很大程度上取决于私营部门的资金动员和创新融资来源情况。

① 另见 Gulrajani 和 Calleja（2019）。
② 英国援助影响独立委员会（Independent Commission on Aid Impact，ICAI）对英国国际发展部（DFID）在发展援助中追求的"物有所值"做了评估。

新政策议程的一个关键要素是气候变化，全球对 2015 年《巴黎气候协定》的支持表明了这一点（具有讽刺意味的是，以援助实效为主题的 2005年《巴黎宣言》仅在 10 年后就被《巴黎气候协议》夺去风头）。应对气候变化需要大规模、多方面的全球努力和对财政资源的动员。气候变化带来的挑战及其所需的社会、经济、环境转型，使得围绕援助改革的技术性讨论蒙上了阴影，这并不令人惊讶。

继巴黎气候会议之后，2016 年举行了一场重要的全球会议——在伊斯坦布尔举行的世界人道主义峰会。这次峰会试图寻找加强全球努力的方法，以处理过去十年中发生的一系列严重且广泛的灾害和人道主义紧急危机。这些重大灾害包括 2011 年海地地震、2013 年袭击菲律宾的超强台风"海燕"以及 2013~2016 年西非埃博拉疫情等；在一些区域，激烈和持久的冲突令无数人遭受痛苦，形成了巨大的人道主义挑战。冲突还造成大量人口流离失所，也成为政策和行动高度重视的议题。

新冠疫情全球蔓延，造成巨大灾难，严重影响了社会经济发展。各国政府和国际组织一直在努力防控这一流行病。随着援助重点转向应对这一流行病，发展承诺与行动再次被忽视。

面对这些变化，发展合作本身也发生了转型。对于一些援助方而言，金融环境不断变化，促使其侧重点从减少贫困转向优先处理本国事务。例如，英国 2015 年发布《应对国家利益中的全球挑战》（Tackling Global Challenges in the National Interest）正式取代 2006 年发布的文件——颇能体现时代精神的《消除世界贫困：让治理为穷人服务》（Eliminating World Poverty：Making Governance Work for the Poor）。Gulrajani 和 Silcock（2020）指出，这一趋势仍在持续，大多数援助方的援助分配"被越来越多地用于确保短期交易利益"，而不是"通过控制发展差距和促进全球合作"来追求"长期战略利益"。

与此同时，"成果议程"重点也发生了转移，从关注受援国政策与战略中设定的目标（即《巴黎宣言》所处的背景）转向由援助方确定目标与产出。对"物有所值"的追求将重点放在援助方行政系统的效率与问责制上，而较少关注通过受援国的制度来提供支持。另一相关变化是恢复了双边预测援助，不再青睐巴黎议程所提倡的利用预算等手段提供援助的做法。不同援助方的这些变化的程度也有差异。

尽管提出援助实效议程的部分原因是应对由援助资源过度分散所引起的问题，但分散的问题却更加明显。虽然针对单一问题的发展筹资机构在过去二十年中吸引了相当多的支持，并一直非常有效地运作着，[①] 但它们的纵向方案拟订模式可能改变国家一级的优先事项，使其从具有更广泛优先事项和责任的公共部门吸引资金和工作人员。

援助还得到了其他形式的资金支持，特别是来自私营部门的资金。全球大型慈善基金会也提供了越来越多的资金。调动的国内资源也有所增加，汇款所占份额越来越大。与此同时，还出现了一系列非经合组织的发展合作行动者。这些"新兴援助方"的优先事项、利益和方法各不相同。南南合作也采取了多种形式，并设立了一系列新的资助机构。

简而言之，在 21 世纪初受到欢迎的援助实效议程已被各种危机以及随之而来的政治、经济和体制变革所取代。紧迫的发展政策议程层出不穷，主要的国际大会和全球网络也重塑了发展格局、重新定义了发展行动者之间的关系。尽管巴黎议程并未完全被遗忘，但"实质"进展却喜忧参半，发展有效性问题无疑失去了政策制定者的关注。

援助实效议程的一致性和相关性、发展援助质量以及援助提供者和发展机构今后的表现等成为重要的问题。

三 援助实效议程的一致性、全面性和相关性

本部分将探讨援助实效议程的内在一致性和范围，及其与当前全球需求与目标的相关性。这有助于解决一些非常普遍的问题。该议程是否与不断变

---

① 后文讨论的 QuODA 评估将全球基金与全球疫苗免疫联盟评定为高度有效，其在对 49 个官方发展援助提供者的评估中分别排第 4 和第 5（Mitchell、Calleja 和 Hughes，2021）。

化的世界中的发展合作相关？抑或其本身就有缺陷，不符合当前的需求与期望？

（一）一致性

尽管政治支持倏忽不定，环境也一直在变，援助实效议程的实质性内容在很大程度上却保持着明显的连贯性。随着时间的推移，尽管用词从"援助实效"变成"发展有效性"，但议程的关键因素一直未变，如发援会发布的《关于管理可持续发展成果的指导原则》（DAC Guiding Principles on Managing for Sustainable Development Results）。

然而，一些分析人士指出，援助实效议程存在重大局限，尤其是关键因素之间内在的紧张关系。DIIS 的研究员 Lundsgaarde 和 Engberg-Pedersen（2019）指出，尽管《巴黎宣言》并未明确规定其 5 项原则需相互促进，但将这些原则作为一个整体提出，意味着默认议程的不同层面具有一致性，忽视了其中潜在的紧张关系。例如，对结果的追求可能破坏对国家自主权的承诺，特别是在成果不是基于伙伴国家的发展计划、预算与监督框架（即最初的设想），而是以援助方的目标和汇报关系作为依据的情况下，援助方面临要求其取得速效的压力与日俱增，但短期干预可能会影响伙伴国家的中长期计划和战略，损害其自主权。如果不适当注意合作伙伴需求与能力，急于追求结果可能产生意想不到的后果。①

同样，在"援助协调"方面取得的进展有限，其部分原因可能是各机构面临需要迅速交付成果的压力，使其选择规避可能会产生延误甚至较高交易成本的联合交付。在参与者为数众多的情况下，协调的难度也

---

① 取得发展成果通常需要众多行动者的积极参与，但成果报告往往只能算"一面之词"。例如，非洲开发银行发表了一份优秀的年度成果报告，在透明度方面堪称典范。然而，它几乎没有提及与世行取得合作成果的发展伙伴。双边与多边发展机构发布的大多数成果报告也存在类似问题，这些报告反映了各自的"纵向"问责线，而不是共同的"横向"问责线。

随之增加。釜山成果声明以及发援会关于成果的最新指导原则对协调的强调有所减弱，可能也反映出牵涉多个利益相关方时的困境。

当援助方之间的"共同阵线"凌驾于伙伴国家的需求之上时，协调也会对国家自主权形成挑战。① DIIS 指出，非洲依赖援助的国家与越南等国家在援助协调上形成鲜明的反差，"在这些国家，援助收入的重要性没有那么大，（且）政府在有选择地接触援助团体、引导发展合作方面显示出更强的能力"。

DIIS 的研究还表明，《巴黎宣言》强调使用基于规划的方法（Programme based Approaches，PBAs）来加强协调，包括一般预算支持、部门预算支持和汇集资金等。PBAs 有利于加强协调，减少援助碎片化情况，通过增强可预见性，扩大资金范围。PBAs 还有望增强国家自主权、改善伙伴关系和相互问责机制。《巴黎宣言》呼吁更多地使用 PBAs，减少对独立项目执行单位的发展项目的依赖。然而，在实践中，执行一般预算支持方法已被证明具有难度："虽然它反映出一种以伙伴为中心的新型援助范式，但其执行……意味着怀有不同合作动机的行动者之间的利益需要趋同。"②

实际操作中涉及大量谈判，这与降低交易成本的初衷相违背，为所有攸关方增加了（也可能是不同的）交易成本。援助方在预算方面得到的政治支持很快被弱化，DIIS 的研究表明，在预算支持方面的经验"很可能显著影响关于有效性原则及其价值的辩论，因为它体现了有效性议程的不同维度"。

总而言之，一揽子援助实效原则已显露出其中包含的各种内在紧张关系和不一致性——鉴于任何发展进程都无可避免地涉及各种错综复杂的关系，这或许并不令人惊讶。经验表明，这种紧张关系是能得到妥善管理的，但由

---

① 《巴黎宣言》发表时，我正在东非工作，记得伙伴国官员将援助国的"协调"描述为"串通起来"——这是一个准确的描述，如"协调"涉及援助国的一致施压，要求就某些援助条件达成协议。

② DIIS. 2019. "Citing Winckler Andersen and Therkildsen 2007."

于参与发展合作的行动者之间利益和动机各不相同，也就意味着在实践中这一进程喜忧参半。

（二）覆盖范围：脆弱环境和紧急人道主义情况

许多评论家认为，《巴黎宣言》是对一种特殊援助关系的处理，其关注的重点是有能力统筹并管理发展战略与框架、能够协调来自不同提供者的发展援助的发展中国家。这就需要提供服务、支持地方发展的公共部门机构能够开展有效的运作。对于所有发展中国家而言，这算是一种成功的模式（尽管不是唯一的也不是充分的发展道路）。

然而，许多国家政府缺乏有效运作并向其人民提供服务与安全的能力、机构和/或政治意愿。《巴黎宣言》仅部分涉及向环境脆弱国家提供有效援助，并简略提及人道主义紧急情况，如2004年印度洋海啸。2007年，发援会通过了《在脆弱国家和局势中进行良好国际参与的原则》（Principles for Good International Engagement in Fragile States and Situations）。但它只是一份说明，而非一套原则。报告敦促"把国家建设作为核心目标"，并指出援助环境不仅极为多样化，且往往困难重重。从本质上讲，环境脆弱国家的情况和紧急人道主义情况应被视为单独的议程，基本上超出了已商定的援助实效原则的范畴。

因此，一个以"良性人道主义援助"（Good Humanitarian Donorship, GHD）为重心的大型援助方网络在发援会的框架之外逐渐成形，并引起了人们的关注。2003年6月在斯德哥尔摩的会议上，17个援助方签署了《关于良性人道主义援助的原则与最佳实践》（Principles and Good Practice of Good Humanitarian Donorship）。此后，这个组织逐渐扩大至42个援助方，其中大部分是欧洲国家。最初商定的原则与最佳实践信条共计23项，2018年增加了关于使用现金实施人道主义援助的第24项信条。"良性人道主义援助"倡议关注援助方行动的一致性与有效性，以及此类行动在资金、协调、后续和评估方面对受益方、执行组织和国内支持者的问责。作为一个非正式援助方论坛，它与发援会之间不存在正式联系（尽管其成员也多是发援会成员）。①

2016 年在伊斯坦布尔举行的世界人道主义峰会（World Humanitarian Summit）提出了一个规模更大、范围更广的倡议。② 峰会汇聚了来自 180 个成员国的 9000 名与会者，包括 55 位国家元首和政府首脑、数百个民间社会团体与非政府组织，以及来自私营部门和学术界的合作伙伴。峰会签了一个"大单"：针对如何提高国际人道主义援助的效率和效果提出了 5 项"核心责任"并细化为 51 项具体承诺。值得注意的是——或许也令人惊讶的是——在峰会成果文件中，"有效性"一词几乎没有出现。然而，在"核心责任"部分，以及其他很多地方，一些话术似曾相识，如"合规与问责""国家与地方制度""成果应避免碎片化""成本效率"。尽管它与其他文件表述有呼应之处，但毫无疑问，其与现有的发展实效议程并无正式的关联。

然而，世界人道主义峰会确认了发展合作与人道主义行动之间的联系，并建议就"人道主义—发展"开展相关工作。2017 年联合国系统与世界银行联合提出了名为"新型工作方式"（New Way of Working）的工作框架，强调共同努力可以取得的"集体成果"（Collective Outcomes），但并未提及早前关于援助实效或成果管理的论述。

回顾过去，我们可以看到，提出援助实效原则的初衷并非解决人道主义紧急情况下的外部援助问题；它也并未在这些环境下得到广泛应用，尽管越来越多的资源正被投入这些领域。2011 年，《巴黎宣言》评估报告认为，改革将被更广泛、更有效地推进，并建议将改革扩展到"所有形式的发展合作"——包括脆弱环境和人道主义场景，以及通过财政援助应对气候变化等。显然，这项建议并未取得实质进展。尽管援助实效议程并不是"万能"的，但在最需要有效资助的情况下，它也几乎没有得到应用。

---

① http：//www.ghdinitiative.org.
② http：//www.agendaforhumanity.org.

（三）覆盖范围：发展有效性与非发援会成员

《巴黎宣言》评估报告谨慎地指出，其仅适用于官方发展援助（ODA）[1]，并不覆盖其他形式的援助[2]。然而，它建议更广泛地应用援助实效原则，并明确主张"在其框架之外的优惠发展合作提供者"（即非发援会成员）可以此为参考。近年来这类援助方提供支持的方式越来越多，这项建议也变得越来越有意义。

经合组织在《发展合作年度系列报告》（Annual Development Cooperation Reports）中分析了发援会成员与一些非成员提供的官方发展援助。[3] 2020 年在发展合作方面，DAC 提供的官方发展援助总额超过 1610 亿美元，"这是有史以来的最高水平……归因于为帮助发展中国家应对新冠疫情而增加的额外支出"。[4] 如专栏 3 所示，经合组织国家迄今仍是官方发展援助的主要来源。

专栏 3　2020 年官方发展援助数量

经合组织就 2020 年发展合作提供了如下数据：

DAC 提供的官方发展援助总额增长 3.5%，达到 1610 亿美元，相

---

① 官方发展援助（ODA）流向 DAC 官方发展援助受援国名单上的国家以及多边发展机构：①由包括州和地方政府在内的官方机构或其执行机构参与；②提供优惠援助（即赠款和"软贷款"），并以促进发展中国家的经济增长和增进民众福利为主要目标进行管理。发援会有权获得官方发展援助的国家名单，每三年更新一次，按人均收入计算。https：//www. oecd. org/dac/financing-sustainable-development/development-finance-standards/official-development-assistance. htm。

② 该评估委托一项补充研究来探讨这些问题. 关于《巴黎宣言》未覆盖的发展资源的补充研究。这是一个缺少记录的领域。F. Prada, U. Casabonne, K. Bezanson. 2010, "Supplementary Study on 'Development Resources Beyond the Current Reach of the Paris Declaration'." Copenhagen, October, https：//www. oecd. org/development/evaluation/dcdndep/47641381. pdf。

③ 2020 年报告提供了定期向经合组织和发援会报告的 43 个发展援助提供者（其中 30 个是 OECD/DAC 成员），以及另外 6 个定期报告汇总信息的非 DAC 援助者的信息。该报告还介绍了另外 10 个非 DAC 援助者提供的发展援助信息，其中，中国是最大援助国。约有 30 家私人慈善机构也定期向经合组织提供报告。

④ https：//www. oecd. org/dac/financing-sustainable-development/development-finance-standards/official-development-assistance. htm。

当于国民总收入（GNI）的 0.32%。

2020 年，16 个非 DAC 援助者的官方发展援助总额略高于 130 亿美元。2019 年其官方发展援助总额相当于国民总收入的 0.27%。

过去 6 年里，其他援助提供者的援助总额增加了 23%，2019 年达到近70 亿美元，中国（估计 48 亿美元）和印度（估计 16 亿美元）占绝大部分。

私营慈善基金会 2019 年向经合组织汇报的发展资金为 90 亿美元，同比增加3%。不久之前，经合组织的《2020 年发展合作报告》指出，"官方发展援助是发展筹资的一个来源，但不是最大来源。它也不能替代强有力的国内公共财政管理系统与资源"。然而，经合组织的研究表明，其他发展筹资渠道受到新冠疫情的严重影响，资源动员力量减弱，外部私人筹资减少，汇款和外国直接投资减少。因此，目前对官方发展援助这类优惠发展筹资仍有着巨大的需求。

鉴于经合组织国家目前提供的官方发展援助的相对重要性，发援会的援助实效性原则仍然具有相关性与重要性。与此同时，在过去十年中，官方发展援助和非官方发展援助机构提供的其他形式的援助持续增加，在丰富发展合作形式的同时提高了向发展中国家提供的资源水平。虽然受援方的选择更多元，但碎片化问题与援助的管理难度也随之增加。此类援助大部分缺乏透明度，导致问题进一步恶化。随着选择多元化，援助实效议程最初旨在解决的问题与风险持续增加。

可以得出的结论是，经合组织建立的一套援助实效原则与发援会成员之间有相关性，但无法覆盖规模日益壮大、重要性不断提升的"新兴援助方"。在非发援会成员提供类似的官方发展援助时，扩大了这些原则的适用范围，覆盖了更广泛的援助形式，不仅有价值而且值得推广。这将有助于援助国与伙伴国更有效地管理援助，并提高透明度。但是，发展筹资在传统的"政府—政府"关系之外，也采取了新形式，出现了包括多个利益相关方和地方政府在内的一系列创新发展模式，采用更灵活的方法来取得成果。

四　从援助有效性到发展援助质量

尽管援助实效议程最初关注的是受援方与援助方的责任，但后者的义务、业绩与实效及其所提供的发展援助的质量与影响才应是焦点。要评估发展援助质量，就需要评估援助方在管理援助方面的作用与业绩。

令人惊讶的是，对援助质量的系统评估是近期才出现的。[①] 直到 2010 年，Birdsall 和 Kharas（2010）才基于《巴黎宣言》中设立的援助有效性监测指标构建了一个定量分析框架。这项被称为"官方发展援助质量"（QuODA）的工具旨在提供一个可供比较的基础，用以表明哪些捐助方与援助机构提供的援助质量更高、每个国家可以做哪些改进。QuODA 由颇具影响力的全球发展中心（Center for Global Development）负责管理，自 2010 年以来已开展了五次评估工作。《2021 年国别发展指标》评估了约 49 个双边和多边援助方，其中 29 个是发援会成员，其余主要是多边组织。2021 年 QuODA 关注四大领域的 17 个指标。四大领域为优先顺序、自主权、透明度与不附带条件、评估——延续了此前反复出现在多个援助有效性信条中的参数。但评估首次出现在这类文件中，着重强调学习与改进。

评估结果具有指导性，同时也发现了许多令人失望的问题。过去十年，援助质量停滞不前。伙伴国获得的援助份额并未增加，一直保持在总体援助预算的 70% 左右；扶贫重点没有改变；自主权方面也无明显改善；官方发展援助的透明度仍然很低，1/3 的援助方尚未向国际援助透明度倡议（International Aid Transparency Initiative，IATI）报告；[②] 官方发展援助的整体份额仅略有增加。

---

① 参考 Birdsall 和 Kharas（2010）关于先前援助质量指数工作的简短笔记，以及 Paul Mosely 的文章《对外援助的政治经济学》（The Political Economy of Foreign Aid）（1985）。

② 该倡议于 2008 年在加纳阿克拉举行的第三届援助实效高级别论坛上发起。IATI 标准于 2011 年在巴黎达成。作为一项全球倡议，IATI 得到了各国政府、多边机构、私营部门和民间社会组织等的响应，以提升流入发展中国家的资源的透明度。参见 http://www.iatistandard.org。超过 1000 家组织向 IATI 提供发展和人道主义支出等方面的数据。

专栏 4   2021 年官方发展援助质量（QuODA）

优先顺序：衡量如何分配资源以应对长期发展挑战。

自主权：援助方与受援方之间，以及通过受援方在促进其自主权和使用国家系统方面的合作情况。

透明度与不附带条件：衡量官方发展援助活动报告的及时性和全面性，以及采购是否与国内承包商挂钩。

评估：衡量援助提供方评估及学习系统的质量。

综上，研究结果引起了人们对改善官方发展援助质量的进展的关注。釜山会议至今，官方发展援助质量提高程度有限，因此也限制了可获得的发展成果。2021 年 QuODA 评估结果显示，多边机构的表现往往优于双边机构：在排前 10 名的机构中有 6 个多边机构。这表明，增加使用多边系统可以提高发展有效性。在后疫情时代，发展援助提供者需要更加努力，把每一分钱都切实用于"重建更美好的世界"。

在一份经过充分研究并为当前版本的 QuODA 奠基的工作论文中，研究团队认为，"似乎很有必要对援助质量措施进行系统性的测量与比较"，以刺激对发展有效性的重新关注（McKee 等，2020）。经修订的 QuODA 框架及其基本措施将为各机构与援助方提供有益参考，让它们比较在一些重要领域的表现；也将为机构考虑改进其做法提供创造性的、积极的激励机制。

研究小组认为，发布评级与排名有利于形成激励机制，在评估所覆盖的机构内部，以及来自授权环境和更广泛利益攸关者的外部压力下，产生改变的动力。事实上，2021 年 QuODA 评估结果展示出一个近乎停滞的状态，尽管此前的 QuODA 和包括《GPEDC 监督报告》在内的类似评估都曾公布过一些成果。

QuODA 结果表明，《巴黎宣言》并未"冰消瓦解"：毕竟 QuODA 指标正是由《巴黎宣言》制定的监控框架演变而来的，且 QuODA 在提供证据、支持改善援助质量方面做出的努力很大程度上也是对巴黎精神的传承。但是，传统援助方提供的官方发展援助质量并未提升，《巴黎宣言》的"雄心壮志"也并未实现。

五 前景与展望

在过去 20 年间，为提高发展援助实效而付出的努力受到政治、经济和社会动荡及随之转变的发展合作政策与做法的影响。

《巴黎宣言》发布后不久，政策重点便从援助管理和援助实效转向一系列全球危机的应对工作，同时寻求解决"可持续发展目标"与《2030 年可持续发展议程》所涉及的广泛的、实质性的发展问题。同期，新兴援助提供者不断出现，不仅导致实际的发展过程进一步碎片化，还在发展重点、利益、价值和进程方面呈现出新的格局，出现了新的理念、新的方法和其他的资金来源，触发了各类关系变化，"旧世界"的传统援助方和常规官方发展援助也因此受到了挑战。

在技术层面，巴黎原则缺乏充分的一致性，无法提供明确的改进方案。原则之间的紧张关系导致预期混乱、执行工作前后矛盾等。无论如何，这些原则的范围是有限的，既没有得到广泛应用，也没有调整自身以适用于脆弱环境或人道主义紧急状况——而近年来这些领域的需求却最迫切。

尽管如此，援助实效议程仍在潜移默化地影响着行动者，特别是通过 GPEDC 达到这一目的。各式各样的"成果议程"确实在关于援助管理的讨论和发展合作的政策中占据核心地位。IATI 在提高援助透明度方面已取得一些成效，但仍有许多援助提供者尚未向 IATI 汇报。在技术层面，基于援助实效原则与措施形成的援助质量衡量标准仍在为关于发展合作的辩论提供信息支持。因此，与一些评论人士的观点相反，援助实效议程并未完全消失，对话仍在继续，只是更加低调且没有达到《巴黎宣言》那么高的期望罢了。

援助实效原则是否切实引起了变化？大多数研究将焦点投向援助实效原则的应用情况，Benfield 和 Como（2019）研究评估了发展有效性原则在实践中在多大程度上促成更好的发展成果的取得。这项由欧盟委托开展的评估回顾了数百项研究，以期寻找到相关证据。研究结果令人振奋。遵循发展有效性原则——"只要方法正确"（when done right）——确实取得了更好的发展成果；这些原则可以在加快实现"可持续发展目标"方面发挥重要作用。

这些积极成果激励了对发展实效议程的创新。那么，是否有切实可行的方法促使该议程重焕活力，以鼓励援助方与受援方重新承诺开展有效的发展合作呢？

QuODA 评估人员肯定了发展有效性的重要性，称"对伙伴国和纳税人而言，援助有效性仍然是关键问题……QuODA 既凸显了优先开展改进工作的难度，也为其提供了出发点"。QuODA 的证据表明，自釜山会议以来，该议程实际上几乎没有取得进展，评估人员敦促援助方持续努力。为此，QuODA 评估人员建议，援助提供者应优先利用多边体系，努力提升伙伴国与受援国自主权。并强调数据的重要性，应积极参与 GPEDC，并向 IATI 汇报，"需要高质量的官方发展援助和及时进行的汇报来支持伙伴关系和相互问责"（Mitchell、Calleja 和 Hughes，2021）。

QuODA 评估要求持续重视发展有效性原则，但尚不清楚哪些激励措施能够促使官方发展援助的提供者或接受者更加重视发展实效。QuODA 数据表明，这一局面还处于停滞状态，并且似无变化的迹象。评估人员并未就如何推陈出新、改善工作、提高援助质量提出切实可行的建议。

同样，如上文所述，Lundsgaarde 和 Engberg-Pedersen（2019）承认《巴黎宣言》"已丧失可见度"，"它在规范援助方行为方面的作用减弱"。尽管如此，他们认为援助实效原则仍具有现实意义。尽管证据表明援助实效承诺的执行力不足，但他们呼吁发展伙伴"重新将自主权与成果管理原则作为有效性议程的中心思想"。他们认为"可持续发展目标"与《2030 年可持续发展议程》为"建立一个合法的自主权框架和更加注重结果的实践提供了基础"。

Benfield 和 Como（2019）同样敦促继续推广这些原则：鉴于这些原则

与发展成果之间存在联系，且对它们的关注度正在逐渐减弱，显然有理由继续努力推广它们。随着发展格局不断变化，这类需求只会增加，援助提供者（许多几乎没有接触到这些原则）的碎片化、工作方式更新以及与伙伴国政府以外的权责机构的伙伴关系加强，意味着发展合作不够自主、不一致、不协调、不问责且不注重成果的风险也随之增加。与此同时，雄心勃勃的"可持续发展目标"要求尽可能有效地利用有限的资源。

然而，在提倡继续遵循这些原则的同时，Benfield 和 Como 也警告，不要"固守窠臼"。传统的援助管理形式需要辅以适应性管理、经验学习，如"另辟蹊径搞发展"（Doing Development Differently）、"问题驱动型迭代方法"（Problem Driven Iterative Approaches）等更灵活的形式。[1] 这种"从干中学"（Learning by Doing）的方法，要重视具体的环境，不能泛泛而谈。他们呼吁应注重分享关于实践的知识——"学会学习"（Learning to Learn）——并呼吁分享失败的经验——从失败中吸取教训。他们还主张加强可见性和问责，如开展评级与排名、完善改进激励机制。

Lundsgaarde 和 Engberg-Pedersen 强调应在推广发展有效性原则的过程中注重借鉴具体实例经验。为了解决"援助方与执行情况之间持续存在的差异"，他们呼吁"应注重结合具体情况给出有效性建议，并根据各国自身条件有差别地权衡有效性问题"。DIIS 持相同观点，认为适当的研究与评估能够发挥重要作用。

David Booth（2011）强调通过研究了解当地情况的重要性，特别是要通过分析来了解增强政治领导者提高"国家自主权"的动机。这些知识能够提供一种更复杂、更微妙的方法，支持特定发展背景下以发展为重心的工作，促进有效发展。但他也警告，这种方法与援助管理、发展合作的传统方法相去甚远。

"可持续发展目标"与《2030 年可持续发展议程》为行动者提供了总

---

① "另辟蹊径搞发展"参见 https：//buildingstatecapability.com/the-ddd-manifesto/，"问题驱动型迭代方法"（PDIA）。

体框架，但上述观点表明，要取得有意义的进展，需要在各个层面做出努力。这就要求所有相关方尊重地方多样性，并通过适当开展研究与评估工作、制定"从经验中学习"的方法、分享"这种基于经验"的知识来实施有效的行动。应开展技术工作，衡量、监督和评估进展，并分享和比较证据。Booth 坚称，有必要通过一种政治知情的方式来影响发展合作，认识到发展本质上是一个政治过程。

回顾 2011 年《巴黎宣言》评估中提出的呼吁：援助实效工作应当由国家牵头并"本地化"；援助国和伙伴国以现实的政治选择为依据；需要良好的国际伙伴关系为之提供保障（Wood 等，2011）。釜山会议之后，发展合作环境发生了很大变化，但"艰难的政治选择"仍是症结所在。因此，难点并不在于针对发展合作提出技术要求，而在于如何通过在体制方面采取激励措施，促进援助改革。

面对当前复杂多样且不断加剧的全球危机，有必要关注有效发展的协调问题。新冠疫情不仅造成卫生紧急状况，而且引发一系列经济和社会危机，需要立即采取有效行动。其中，外来援助将发挥作用。很难反驳这样一种观点，即应尽一切努力确保以有效果和有效率的方式解决这一问题。2015 年，全球关于实现"可持续发展目标"与《2030 年可持续发展议程》的承诺，似乎标志着发展合作在态度和关系上出现重大转变，并就发展作出了令人信服的、新的阐释。随着各国所受新冠疫情影响逐渐减小，为"重建更美好的世界"，现在是时候重新承诺发展有效性原则，以实现地方和全球目标了。

参考文献

2011. "Busan Partnership for Effective Development Co-operation," December.

African Development Bank Group. 2020. "Annual Development Effectiveness Review 2020: Building Resilient African Economies." Abidjan.

Andrews Matt, Lant Pritchett, Michael Woolcock. 2017. *Building State Capability*:

Evidence, *Analysis*, *Action*. Oxford University Press.

Benfield Andrew, Nevila Como. 2019. "Effectiveness to Impact: Study on the Application of the Effectiveness Principles." Brussels: European Union.

Birdsall Nancy, Kharas Homi. 2010. "Quality of Official Development Assistance Assessment." Centre for Global Development, Washington.

Booth David. 2011. "Aid Effectiveness: Bringing Country Ownership (and Politics) Back." in Working Paper 336, Overseas Development Institute (ODI), London.

Brown Stephen. 2020. "The Rise and Fall of the Aid Effectiveness Norm." *European Journal of Development Research*, Vol. 32, No. 4.

B. Wood, J. Betts, F. Etta, J. Gayfer, D. Kabell, N. Ngwira, F. Sagasti, M. Samaranayake. 2011. "The Evaluation of the Paris Declaration, Final Report." Copenhagen.

Constantine Jennifer, Alex Shankland. 2017. "From Policy Transfer to Mutual Learning?" *Novos Estudos – CEBRAP* 36 (1).

Clemens Peter, Leonard Wilbertz, Tobias Sølver Rehling. 2014. "China in Africa: Exploring the Influence of China's Involvement in Southern Africa on the Changing Nature of the OECD Aid Regime." Master's Thesis, Copenhagen Business School.

Department for International Development (DFID). 2006. "Eliminating World Poverty: Making Governance Work for the Poor." White Paper on International Development, London.

David Booth. 2011. "Towards a Theory of Local Governance and Public Goods Provision." IDS Bulletin, 42, https://doi.org/10.1111/j.1759-5436.2011.00207.x.

Gulrajani Nilima, Rachael Calleja. 2019. "Principled Aid Index." Overseas Development Institute (ODI), London.

Glennie Jonathan. 2011. "Yes, the Paris Declaration on Aid has Problems but It's Still the Best We Have." The Guardian, Fri. 18 Nov. 2011, London.

Gulrajani Nilima, Emily Silcock. 2020. "Principled Aid in Divided Times Harnessing Values and Interests in Donor Pandemic Response." Working Paper 596, Overseas Development Institute (ODI), London.

HM Treasury/Department for International Development (DFID). 2015. "UK Aid: Tackling Global Challenges in the National Interest." London.

Independent Commission for Aid Impact (ICAI). 2018. "DFID's Approach to Value for Money in Programme and Portfolio Management." London.

I. Ohno, K. Ohno. 2008. "Ownership of What? Beyond National Poverty Strategies and Aid Harmonisation in the Case of Vietnam." in Aid Relationships in Asia: Exploring Onwership in Nordic and Japanese Aid, edited by A. M. Jerve, Y. Shinomura, A. S. Hansen, Basingstoke.

Jon. Lomøy. 2021. "Aid Effectiveness Revisited: Why a New Discourse on Aid Effectiveness is Needed." Lomøyblog 19 January.

Lundsgaarde Erik, Lars Engberg-Pedersen. 2019a. "Has the Paris Declaration Disappeared? DIIS Policy Brief." Danish Institute for International Studies (DIIS), Copenhagen.

Lundsgaarde Erik, Lars Engberg-Pedersen. 2019b. "The Aid Effectiveness Agenda: Experience and Future Prospects." Danish Institute for International Studies (DIIS), Copenhagen.

L. He, M. Söderberg. 2008. "China: How Size Matters: A Comparative Study of Ownership in Japanese and Swedish Aid Projects." in Aid Relationships in Asia: Exploring Onwership in Nordic and Japanese Aid, Edited by A. M. Jerve, Y. Shinomura, A. S. Hansen, Basingstoke.

L. Whitfield. 2009. "The Politics of Aid: African Strategies for Dealing with Donors." Oxford.

Mitchell Ian, Sam Hughes, Rachael Calleja. 2021. "QuODA 2021: Aid Effectiveness isn't Dead Yet." Centre for Global Development, Washington.

Mitchell Ian, Rachael Calleja, Sam Hughes. 2021. "The Quality of Official Development Assistance." Centre for Global Development, Washington.

McKee Caitlin, Catherine Blampied, Ian Mitchell, Andrew Rogerson. 2020. "Revisiting Aid Effectiveness: A New Framework and Set of Measures for Assessing Aid 'Quality'." Working Paper 524, Center for Global Development, Washington.

OECD. 2005. "Paris Declaration on Aid Effectiveness." OECD Publishing, Paris.

OECD. 2007. "Principles for Good International Engagement in Fragile States and Situations." Paris.

OECD. 2019a. "Managing for Sustainable Development Results-OECD DAC Guiding Principles." OECD, Paris.

OECD. 2019b. "Development Co-operation Report 2019-A Fairer, Greener, Safer Tomorrow." OECD Publishing, Paris.

OECD. 2020. "Six Decades of ODA: Insights and Outlook in the COVID - 19 Crisis, OECD Development Co-operation Profiles 2020." OECD Publishing, Paris.

O. Winckler Andersen, O. Therkildsen. 2007. "Harmonisation and Alignment: The Double-Edged Swords of Budget Support and Decentralised Aid Administration." DIIS Working Paper No. 2007/4, Copenhagen.

Prada Fernando, Casabonne Ursula, Bezanson Keith. 2010. "Supplementary Study on 'Development Resources Beyond the Current Reach of the Paris Declaration'." Copenhagen.

P. Mosley. 1985. "The Political Economy of Foreign Aid: A Model of the Market for a Public Good." *Economic Development and Cultural Change* 33 (2).

United Nations Office for the Coordination of Humanitarian Affairs (OCHA). 2017. "New Way of Working." New York.

21世纪的多边发展机构：
演进、挑战与展望

多边发展机构（MDIs），特别是基于布雷顿森林体系成立的仍属联合国的常设机构（世界银行与国际货币基金组织），自第二次世界大战以来一直在国际发展合作中发挥着核心作用。本文致力于考察全球治理体系的多边化演进及其应对当代挑战的能力。过去 70 多年来，该体系不断吸纳新的行动者，协调新的利益方，应对新的挑战，发展理念、援助或发展合作的方法也发生了变化。该体系面临着以下重大挑战：近几十年来，全球重大危机正在考验着多边发展机构的能力。发达国家或援助国（通常是前殖民国家）与发展中国家或受援国之间的"南北"对比正在发生转变，新兴经济体以及私人或非国家行动者的影响力不断提升。中国的参与格外醒目——不仅加入了现有多边机构，还积极参与新机构的组建工作并牵头推动双边和区域发展合作。联合国和多边发展体系面临新的挑战的同时，这些新的行动者及其利益方必将在塑造多边发展合作关系中发挥至关重要的作用。

---

* 萨拉·库克（Sarah Cook），联合国社会发展研究所前所长，曾担任联合国儿童基金会研究办公室主任、新南威尔士大学全球发展中心主任、福特基金会北京代表处项目官员等，主要研究领域包括中国发展与福利变迁、社会政策与保护、性别权利和发展、全球价值链和劳动标准等。

一　引言

联合国成立 78 周年之际，关于它的历史演进、在当代全球局势下的适应能力与应对能力，再次成为讨论的焦点。在全球爆发毁灭性冲突后，联合国系统于 1945 年成立，与基于布雷顿森林协议而成立的世界银行（WB）和国际货币基金组织（IMF）一道成为维护和平与安全的多边架构的核心，旨在以《联合国宪章》所阐明的"普遍"原则与愿望，维护人权，解决共同利益问题。

许多分析人士和观察家认为，这一系统有助于维护和平、促进经济和社会进步、减少贫困并改善民生。它曾推动去殖民化进程，为刚刚独立的国家提供技术和资金援助用于消除发展瓶颈、推动经济增长，并积极应对人道主义危机。但许多人也认识到，这一系统——或至少是其中的一部分政策与实务——在提供解决方案的同时，也引发了新的问题：不平等的权力关系、依赖心理和欠发达现象不减反增；受制于强国的政治利益诉求；在官僚主义影响下，未能完成任务，无法解决冲突和应对饥荒、气候变化和大流行病等新的威胁。以下观点日益成为主流：我们生活的时代正在对全球治理体系以及支撑该体系普遍性与合法性的核心价值观提出挑战，当务之急是寻找多边解决方案以应对全球挑战。

关于多边主义面临的挑战，即对其系统合法性、代表性、适用性、能力和问责制的质疑，早已屡见不鲜。然而，全球发生的这场由新冠疫情触发，继而波及经济和社会所有领域的危机，令这些质疑愈发凸显——尤其是低收入国家，忙于应对疫情和经济危机造成的影响，同时获取疫苗的渠道有限，更没有财政空间用于适度刺激经济。

尽管以联合国为代表的基础广泛的多边主义在理论上能够动员所有国家参与并代表所有国家，但实际上，其更多地受到发达国家或援助国（大部分情况下是前殖民国家）利益和优先事项的影响，而非发展中国家或受援国。事实上，在全球援助、贸易和金融机构的干预下两者之间的关系进一步固化。无论如何，这一体系都在不断演进中反映了各国及其他利益相关方的诉求：（人道主义）援助的任务和方式、治理和问责机制都发生了巨大的变化，也成立了许多新的机构。它面临的压力既来自气候变化等当代全球危机，也来自南方国家的影响力日益提升，"南方主导型"多边机构的出现改变着发展格局，并对联合国及其机构的应对能力带来挑战。

本文将探讨多边发展机构（MDIs）取得的成就及其不足，主要关注全球（而非区域）机构过去 20 年来发生的变化与面临的挑战，这并不是否认其他多边与双边发展机构作为架构的一部分在共同制定议程、共享知识与资源以及影响政策和实践等方面的重要性。本文结构如下，第二部分概述多边发展机构的关键机构及其演进，如理念、行动者和利益的变化及其对系统形态的持续影响。第三部分重点讨论当代全球发展中的困境，包括多边发展机构面临的挑战，以及新援助方与机构如何重塑该体系或对其规范提出质疑。第四部分审视多边发展机构对这些挑战的反应，并讨论其改革的局限性。本文在结语部分着重关注南方国家的代表性，并提出一些改革建议，探讨新的行动者在促进塑造国际发展合作与多边体系时如何平衡各种利益方未来可能面临的挑战。

二　多边发展机构：体系及其演进

（一）传统的多边发展机构

关于多边发展体系及作为其成员的政府间机构尚无统一的定义。[1] 从广义上讲，多边发展体系涵盖联合国（包括联合国大会、秘书处、基金与方案）、世界银行和国际货币基金组织等专门机构，[2] 以及世界贸易组织等其他相关机构和数量不断增长的区域性及其他多边开发银行。此外，各种区

---

[1] 例如 Burley 和 Lindores（2019）、Browne 和 Weiss（2014）质疑"体系"一词与联合国的关系。
[2] 专门机构是根据关系协议与联合国合作的国际组织。有关所有联合国机构的详细信息参见 https：//www.un.org/en/about-us/un-system。

域性组织或其他多国集团也有一定的参与度或影响力，包括确定双边发展援助标准的经合组织发援会（OECD-DAC）①、区域或次区域实体［如非洲联盟（AU）、东南亚国家联盟（ASEAN）等］，以及其他集团，如七国集团（G7）、二十国集团（G20）和由发展中国家组成的 77 国集团（G77）②等。

联合国可持续发展集团是重点关注发展议题、发展中国家或将发展作为自身核心任务一部分的机构的代表，同时也负责组织高级别政策论坛。③ 发展集团包括秘书处机构（如经济及社会理事会、各区域委员会等）、基金与方案（如开发计划署、儿童基金会、妇女署）以及技术或专门机构（如国际劳工组织、世界卫生组织、粮食及农业组织）。专门机构在制定规范标准或国际法规方面发挥着带头作用，并应各国的要求，在特定领域提供技术援助或业务支持。基金与方案的任务包括向低收入或欠发达国家提供资金、技术援助和政策建议，支持项目实施，并在某些情况下提供紧急人道主义援助。

在布雷顿森林体系下，IMF 的成立是为了在国际经济合作的框架内维持全球经济稳定。随着发展理念的改变，各组织的职责范围扩大，就 IMF 而言，其当前宗旨是"促进高水平就业和可持续经济增长，以及减少贫困"。④世界银行的主要任务是通过国际开发协会分支机构以优惠条件向发展中经济体提供贷款支持。⑤ 在此过程中，世行经常与其他联合国机构（及双边方

---

① 经合组织成员国包括高收入的"援助国"，常被描述为"俱乐部"模式。其发援会（DAC）设定的发展援助条件不是必须得到发展中国家援助方的认可。有关经合组织的详细信息参阅本书杜伊文的报告。

② 成立于 1964 年的 77 集团第一届部长级会议促成贸发会议期间，当前宗旨是"提供渠道帮助南方国家阐明其集体经济利益诉求，增强其在联合国系统内就所有重大国际经济问题进行联合谈判的能力，促进南南发展合作"，参见 https：//www. g77. org/doc/。

③ 由联合国可持续发展集团取代的原发展集团、代表有 37 个，其在促进发展方面发挥作用，是得到发展协调办公室支持的联合国机构、基金与方案，有关联合国可持续发展集团的详细信息参见 https：//unsdg. un. org/about/who-we-are。另 Jenks（2014）分析了联合国发展系统作为一个利益共同体从建立、业务交付、实现具体目标的各个阶段。

④ https：//www. imf. org/en/About.

⑤ 世界银行集团由 4 个机构组成。

案）合作，支持贷款项目的实施。它还拓展了自身使命，积极打造"知识银行"的形象，发挥强大的政策咨询作用，也通过贷款条件等对相关政策施加影响。约30家多边（通常是区域性）开发银行先后成立，如由日本牵头、成立于1966年的亚洲开发银行（最初遭到美国反对），以及由中国牵头成立的亚洲基础设施投资银行（AIIB）和新开发银行（NDB）①。

发展中国家和不结盟国家从一开始便积极参与多边治理，推动新的制度安排以更好地反映自身发展的需要。替代需求重点集中体现在不平等的贸易体制②上，另外在金融和发展方面，布雷顿森林体系未能将多边原则制度化（Lake等，2021）。1955年，非洲和亚洲国家在万隆召开的会议促成"不结盟运动"（NAM），继而又设立了一个常规组织来满足这些国家对"国际经济新秩序"（NIEO）的需求：发展中国家组成77国集团，并在1964年的第一次部长级会议上提出制定常规机制来解决问题，联合国贸易和发展会议（UNCTAD）由此成立，但直到1994年关税与贸易总协定（GATT）才被世贸组织（WTO）取代。

近几十年来，联合国陆续成立了相关组织，以应对新的挑战，创新融资和交付模式。特别是在卫生领域，全球这类组织相继成立：1996年成立的联合国艾滋病规划署（UNAIDS）是由多个联合国机构为应对艾滋病危机而结成的伙伴关系；全球疫苗免疫联盟（GAVI）、国际药品采购机制（Unitaid）和（抗艾滋病、结核和疟疾）全球基金（Global Fund）开创了新的筹资和伙伴关系模式，包括与私营部门合作。其他例子包括由多个机构合并而成的联合国妇女署，以及1988年成立、旨在向决策者提供有关气候变化及其影响的最新信息的政府间气候变化专门委员会（IPCC）。

（二）多边发展机构的治理与融资

多边发展机构形成了一系列治理结构，有各自的任务、成员和其他团体

---

① 参见 Buzbauer 和 Engels（2021）对多边开发银行作用的重要评估。
② 反映在1947年关税与贸易总协定（GATT）中。

或利益相关方。在这种情况下，联合国的独特之处在于几乎所有国家都可享有成员资格，由 1945 年成立之初的 50 个成员国现已增至 193 个成员国，联合国大会执行一国一票原则，被普遍认为是唯一具有广泛合法性的政府间机构，是"一个讨论《联合国宪章》涵盖的各种国际问题的独特多边论坛"。① 在治理结构方面，联合国允许其他团体的参与，即民间社会和私营部门组织——现在经常被称为"第三联合国"②。

基金与方案基于同一种理事会结构，即在成员国代表之外，也允许经授权的非政府组织参与。专门机构（其中一些机构历史比联合国更久远）的治理结构反映了其使命。例如，国际劳工组织成立于 1919 年，由国际劳工大会管理，由国家、雇主和工人组织组成，强调各方之间的对话。由所有成员国代表团出席、每年召开一次的世界卫生大会（WHA）是世卫组织的最高权力机构，其地区办事处（也反映了其起源）有着相当大的自主权。

金融机构中的代表权或投票权取决于成员国的经济情况。IMF 根据成员国在全球经济中的地位赋予其相应"份额"的表决权；这一赋权还决定了它们获得 IMF 融资或特别提款权的机会。世行采取股东形式，根据成员国拥有的股份赋予表决权。③ 这些制度安排不可避免地会引起几乎甚至完全没有正式代表的发展中国家的不满。然而，发展中国家即使以平等的成员身份参与正式治理结构、非正式治理结构，并通过"集团""团体"的形式参与决策，对实质性成果的影响也可能会减小。④ Hoffman（2012）对这种"影响力—平等差距"提出质疑，认为它破坏了那些声称具有普遍代表性的机构的威信。

联合国的机构融资模式不断演变，进一步加剧了权力与影响力的失衡，一些分析人士认为，这冲击了多边主义的原则及其实践（Jenks，

① https：//www.un.org/en/ga/.
② 除了作为会员国政府间机构的联合国（第一联合国）和秘书处（第二联合国）外，Weiss 等（2009）主张将非政府组织、民间社会或私营部门利益相关方视为"第三联合国"。
③ https：//www.brettonwoodsproject.org/2020/04/imf-and-world-bank-decision-making-and-governance-2/.
④ Woods 和 Lombardi（2006）描述了 IMF 董事会中的"片区"和非正式联盟及其对决策的影响。

2014；Browne，2017）。Jenks 认为，联合国在发展过程中越来越注重国家级发展计划，导致联合国基金与方案、专门机构需要的业务预算不断增加，已超出由联合国系统分配、通过募集成员国分摊会费得到的最低必要额度。越来越多的资金通过援助国或私营部门的额外自愿捐款而筹集：这类捐款大部分是由援助国指定资金用途。这导致机构和受援国政府在资金使用或确定发展优先事项方面，甚至在资金可用于哪些国家上，都没有发言权；大型（国有或非国有）援助方也可能因此获得不当的主导权，如垂直型基金，特别是在卫生领域（如全球疫苗免疫联盟和全球基金）受到的这类诟病尤甚。Browne（2017）在谈及世卫组织开创了从不同来源吸引资金的机制时指出，尽管与联合国其他组织一样，世卫组织具有普遍成员资格的优点，每个国家在世界卫生大会上都有发言权，但世卫组织由援助国驱动的趋势越来越明显，其方案越来越多地倾向于援助国感兴趣的领域。

（三）多边体系的演进：理念、行动者与执行方法

多边发展体系演进的一个重要驱动力是就"发展"的理念、规范和实践展开的争论。联合国创始成员国旨在吸纳所有国家参与，并希望通过扩充成员国使《联合国宪章》的价值和规范得到普及，但接受《联合国宪章》并非进入联合国的门槛。然而，冷战期间，在联合国和布雷顿森林体系的引导下，"发展项目"和对"去殖民化"的支持与两极世界关于意识形态的霸权之争紧密相连，其关注重点从最初的全球治理项目逐渐转向国家层面支持的"第三世界"发展项目。这些措施旨在调动基础设施建设资源，帮助低收入国家消除经济增长中的制约因素；金融支持、技术转让等将使这些国家走上现代工业化发展道路。

殖民列强和（前）殖民地之间的关系，或更笼统的依赖心理与欠发达状态之间的关系，从一开始就不可避免地塑造了这个体系。发展中国家或"第三世界"国家组织"不结盟运动"（NAM），呼吁替代性的制度安排——一种可以解决结构性不平等，特别是贸易条件不平等的"国际经济

新秩序"（NIEO）——这些要求至今仍是发展中国家的核心利益诉求。在此期间，不结盟国家还通过"南南合作"框架互相提供互惠型财政援助和技术援助。

20 世纪六七十年代，多边机构关于国家发展战略的重点从基础设施建设逐渐转向满足"基本需求"，注重发展农业农村，在经济增长的同时关注收入再分配，以解决收入不平等问题。然而，20 世纪 70 年代的石油冲击及紧随其后的债务危机使许多发展中国家经济遭受重创，再加上新自由主义作为经济政策"正统"在西方国家兴起，极大地改变了发展重点。在世行和 IMF 的推动下，一项新的"共识"出现，即必须将"结构调整"作为实现市场主导型经济增长的先决条件。东亚发展中国家经济发展取得了成功，但国家干预，包括大多数社会投资，被认为会对市场造成扭曲；融资与政策相挂钩，损害了国家的自主权，并往往会削弱国家治理能力。许多国家在 20 世纪 80 年代出现了人类发展和社会进程的倒退。

这些巨大的负面影响导致联合国系统饱受非议，1987 年联合国儿基会开展了一项有里程碑意义的研究，① 催化了从"华盛顿共识"一揽子政策向国家在市场主导型增长中发挥作用的更微妙的观念转变，并重新将发展援助重点转向减贫这一核心议题。联合国将这一转变归结为一套旨在减少贫困、改善低收入国家生计状况的有时限的目标。然而，在国际金融机构中占主导的宏观经济政策的立场基本没变。

近年来，发展援助日趋技术化、专业化，对此双边发展机构贡献较大。方案设计及其监督、证据、问责制、结果和资金价值等获得越来越多的关注，侧重点也从由援助国决定援助条件转向强调受援国对方案的自主权；然而，更灵活的预算支持形式寿命相对较短，有利于"基于项目"的融资，对援助方有更明晰的责任要求。随着许多发展中国家经济恢复增长，新的援助方出现了——其中许多曾参与不结盟运动中的南南合作——提供了发展援

---

① Cornia，et al. 1987. "Adjustment with a Human Face."

助的新原则与机制。

总之，"发展"制度与理念及其实践都在不断演进。多边机构在形成理念与价值观、塑造体系的过程中发挥了关键作用。在这一进程中发展中国家一直是关键（且经常被低估的）部分：它们作为创始成员国呼吁替代性制度安排，它们作为援助国向其他不结盟国家提供互惠援助，然而，它们在决策和治理结构中一直没有被赋予与之相匹配的代表性。

三 来自21世纪的挑战：它们对 多边发展机构意味着什么

（一）全球发展挑战

"我们正处于深渊的边缘，而且正朝着错误的方向前进……我们面临着最严重的危机。"

——联合国秘书长安东尼奥·古特雷斯 2021 年 9 月 21 日在联大上的讲话

进入 21 世纪，动荡和危机频发并引发严重后果，暴露出高度全球化与金融化的经济模式的缺陷，如未能创造充足的"体面"就业机会、财富不平等加剧、环境破坏和社会福祉减少等。[①] 全球经济体系长期忽视外部性、环境退化、生物多样性丧失、污染和气候变化（这些问题均是由资源密集型发展模式引起或是因其而加剧的），发达国家不对历史排放负责，影响了低收入国家的发展。经济和金融冲击、气象灾害及其他环境灾害对最贫穷国家和人口的影响尤甚。这导致许多方面的进展——如消除贫困、饥饿和不健康，确保水、保健、教育和基本基础设施的供应——都遭受阻碍且前景堪忧，也使得性别平等及其他发展目标的实现受到影响。在卫生基础设施缺乏

---

① 这些与发展有关的挑战在这里不进行深入探讨，在联合国、学术和民间社会组织发布的众多报告中都有涉及。

充分投资的情况下，与健康有关的风险造成严重后果的可能性日益增加，包括慢性病人数增加以及传染病蔓延。当前全球新冠疫情蔓延带来的相关经济和社会危机，凸显了全球挑战的复杂性以及应对这些挑战的机制或承诺的局限性。

技术创新为应对许多挑战提供了潜在的解决方案（从获得银行和金融服务、向农业生产者及时提供信息、提供社会援助到开发新药和保护环境的能源替代品）。但它们也可能强化依赖心理，催生新的问题——例如"数字鸿沟"和获得技术或知识产权的机会不平等，滥用数据和控制信息，以及"数字经济"和自动化对就业和工作条件造成的影响。[①] 目前迫切需要制定新的国际法规和标准，但这还不足以解决结构性失衡和权力失衡问题，新冠疫苗的分配严重不平等恰恰反映了这一问题。

生计冲击、资源竞争以及日益加剧的社会不平等成为新的冲突根源，造成潜在的人道主义危机，迫使移民和难民寻求安全与机会。政治体系对于这类问题的回应是不断增加限制条件（在许多全球北方国家尤其如此）。与此同时，"援助疲劳"导致母国减少对海外援助的预算，而一些疲于应对国内财政和政治压力的政府会发现，减少援助预算，甚至退出多边承诺不失为权宜之计。

解决这些复杂、相互关联且日益紧迫的问题需要全球领导者的承诺与协调，而这只能通过推进包容的多边进程来实现。联合国及其机构的任务是发挥领导作用，协调全球采取应对行动。与此同时，它面临着巨大的压力，需要改革和调整自身机构，以应对全球挑战，并兑现促进低收入国家发展的承诺。

（二）多边发展机构面临的挑战

上述挑战使多边发展机构面临的改革压力进一步加大，无论是出于提高现有体系实效还是寻求更根本变革的目的，都对改革提出了要求。部分质疑

---

① 例如，关于数字工作的深入探讨参见劳工组织（2021）。

多边体系适用性的人，针对其重复、低效和高成本，以及组织的灵活性、适应性和响应能力等问题，在相当长的时间里持批判态度。援助国考虑到国内选民诉求，质疑其是否"物有所值"，能否产生可量化的结果。其他国家（特别是全球南方国家）则质疑机构的问责制，且担忧是否存在过度政治化，或对个别成员国或援助国过度迎合。

新冠疫情席卷全球，各国严阵以待，批评的声音也随之指向责任机构，加剧了系统内部的困境。世卫组织作为负责领导全球突发公共卫生事件响应工作的机构首当其冲，不仅如此，其他组织也因对发展中国家的需求准备不足或应对不力而受到批评。这些需求涉及对弱势群体（包括受暴力威胁的妇女和女童）的保护，以及经济复苏所需的经济和财政支持等。呼吁建立全球社会基金（这一要求在此前全球金融危机期间已被提出）、争取专利保护和"疫苗外交"，以及探讨 IMF 特别提款权的分配与使用，都凸显出多边行动的不足。

世卫组织的困境反映了联合国的许多机构共同面临的问题，新冠疫情激化了关于其任务二元性的争论，及其作为世界主要公共卫生机构与作为成员国政府间组织在技术作用方面的潜在矛盾（Lee，2020）。要发挥其作为提供公共卫生指导、制定标准和执行国际条例的技术机构的作用，就需要提升其以公正、公认的规范价值为基础的合法性。还需要能够充分控制财政和其他资源以履行其任务，以及在必要时执行决策的自主权与机制。与此同时，它必须对成员国的诉求做出回应。"政治化"是国家或国家集团目前对不公平现象的一项指控。与其他组织一样，世卫组织经常被要求进行改革，以回应质疑，其也经常根据利益相关方及理事机构的要求开展改革。目前的关键问题是世卫组织（及其他类似机构）作为一个有自主权的机构，能否围绕关键全球公共产品制定规范，确保协调和执行合规（Agartan 等，2020）[①]。大流行病防范和应对独立小组在主张获得更多权力

---

① 另 Erondu 等（2020）也认为需要把重点放在机构赋权上，而不是进行更多的改革。

与资金时指出，"成员国没有给予机构足够的权力来完成对其的要求"。[①] 成员国面对预算的压力，以及随之而来的针对指定活动向替代资金来源的转移（如上所述），进一步降低了多边机构的自主性。

面对这些批评，联合国各机构及其历任秘书长都曾为改革做出努力。Mueller（2016）指出，大多数联合国秘书长都曾在任期的早期阶段推动改革。因此，联合国自 1945 年成立以来一直在不断改革。[②] 这类改革往往进展缓慢，并且会遭遇源自体制和官僚主义方面的障碍。然而，更重要的是，改革很少涉及结构性问题，如权力失衡，以及援助国/发达国家与受援国/发展中国家之间的关系。事实上，一些分析人士认为，这是为保护某些强权利益或国家利益而建立的体系的必然结果，或者如马凯硕（Mahbubani，2013）所言，这是一种以削弱联合国能力为目的的刻意做法，其目的并非从根本上改变现状以使全球南方国家在治理结构中的领导角色得到更多的体现。

这些批评以及接连发生的危机，无疑削弱了多边机构的权威，而针对该体系的理念与价值观的质疑也越来越激烈——一些人认为这暴露出该体系面临的更深层的危机。在新冠疫情期间，这个问题变成——为什么如此严重的危机未能催生特别是针对低收入和高度脆弱国家及人口的更加团结一致的应对措施。对于第 26 届联合国气候变化大会（COP26）和气候变化，我们也可以提出同样的问题——需要扫清集体行动中的哪些障碍，才能至少帮助到那些最脆弱、受影响最大或享有资源最少的人？与此同时，地缘政治、贸易紧张局势加剧，美国在特朗普执政期间放弃长期以来的多边领导角色，对此，批评人士在指出领导层真空状态时，表达出对如何和由谁来填补这一空缺的担忧（Chorev，2020）。这些不确定性为全球南方国家（重新）扮演重要角色、其他国家或国家集团更自信地参与塑造未来的发展议程和实践创造了空间。

---

① https://theindependentpanel. org/wp-content/uploads/2021/05/Summary_ COVID‐19‐Make‐it‐the‐Last‐Pandemic_ final. pdf.

② 关于 1945~2015 年联合国改革倡议的详细内容见 Mueller（2016）。

（三）全球南方国家对多边发展体系而言是挑战还是机遇？

国际发展合作，无论是双边还是多边合作，其转型的动力都来自一些影响力正在提升的全球南方国家，其通常被称为"新兴经济体"——已成为重要的援助国或发展伙伴。这些行动者占全球人口的很大一部分，其经济总量所占份额逐渐增大，有自己的一套议程、模式与关系。与那些在发援会框架内扩大双边合作范围的国家（如日本以及最近的韩国、墨西哥）不同，这些新的援助国倾向于在发达国家建立的框架之外开展工作。它们往往仍然是受援国，或是发展中国家，本着不结盟运动所阐明的互惠互利、伙伴关系和"南南合作"（SSC）原则，与其他发展中国家开展技术合作。①

无论是作为发展援助中新的援助国还是受援国，这些国家都与多边发展机构密切联系，促使其调整工作方式，倡导开展更加多元化的实践。例如，联合国通过新的机制、资金和知识共享服务为南南合作提供支持，并由专门办公室负责协调工作（联合国南南合作办公室）。② 由发展中国家向低收入国家提供技术援助，且通常由传统的双边或联合国伙伴提供资金与其他支持的三边合作日益增加。联合国认识到"南南合作正在促进国际合作准则与原则的改变"。对双边援助国而言，这种方式为继续影响那些不再有资格接受发展援助的国家并与之合作创造了机会；③ 对于联合国机构而言，这种机制有助于增加低收入国家用于发展经济的资源。"南南合作战略 2020~2024年"指出，"联合国系统努力促进南南合作和三方合作：支持和促进对话，提供技术援助，提供规范支持，建立协作联盟、知识中介，发展多利益相关

---

① 关于南南合作的研究文献越来越多。Esteves 等（2014）分析了其演变，最初是对援助方制定的发展议程使最不发达国家在国际体系中处于从属地位的一种回应。南南合作是改变该现象的一种方式，在"在规则内玩游戏的同时，挑战其模式，并促使其既有边界发生一些改变"。参见 Gray 和 Gills（2016）。

② https://www.unsouthsouth.org/.

③ 例如，Abdenur 等（2013）强调了北方捐助方的战略，即"参与南南合作、向南南合作学习并最终影响南南合作"，以便"在发展合作领域内外扩大自身影响力，应对在全球南方国家影响力减小的挑战"。

方伙伴关系，并调动各方发展资金"。

除了参与双边或三边伙伴关系，全球南方国家之间还结成了一些联盟或集团，金砖国家（BRICS）和印度—巴西—南非对话论坛（IBSA）是最突出的例子。总体而言，这些集团有潜力在联合国或 G20（包括所有金砖国家）的谈判中提升自身的发言权与影响力——代表自身及更广泛的最不发达国家的利益。代表全球南方行动者的这种"新区域主义"引起了来自"全球北方/发达国家中心视角"的担忧，认为全球南方国家团结对全球北方国家设定的发展援助条件，以及多边原则、权力结构和决策构成了挑战。然而，也有人质疑这些国家是否拥有足以组成联盟或集团的利益基础。Browne（2017）指出，基于 2013 年的调查数据，"大多数观察人士认为，新兴经济体将在联合国系统中发挥更大的作用，但它们更有可能是协调相互利益，而不是协调发展中国家与发达国家之间的利益……然而，在联合国的谈判论坛上，它们倾向于与发展中国家的利益保持一致"。越来越多的关于新兴援助国与机构在多边领域的行为研究表明，它们目前并未与多边主义"竞争"（Knoerich 和 Urdinez，2019），也并不渴望以完全不同的方式运作（Kring 和 Gallagher，2021）。事实上，Nel 和 Taylor（2013）在评估 IBSA 内部团结情况后认为，这种形式的南南合作是对南北合作的补充而非替代，多边发展机构也将其作为推动最不发达国家经济增长的核心工具。Reddy（2017）在提交给新开发银行的报告中则更乐观地指出，这些经济体在多边发展中发挥着重要作用——表现在为全球减贫和相关目标的实现做出贡献、提供全球公共产品，以及创造最不发达国家经济发展所需的条件等方面。

（四）中国在国际发展合作中的作用

在这些新行动者中，中国的参与度最高、影响力最大，中国不仅活跃于双边和区域活动中，还积极加入现有多边机构，并探索新的模式。

中国进入中等偏上收入国家行列，并成为联合国第二大会费贡献国，表现令人瞩目。与其他新兴经济体一样，中国发挥了相应的作用，既是联合国创始成员国，也在不结盟运动中对摆脱殖民化的发展中国家提供了支持。自

20 世纪 70 年代末以来，中国在减贫方面取得了显著进展，为低收入国家提供了一个参考样本甚至是一种"模式"。① 中国的经济发展重新引发了关于不同经济增长方式的讨论，由国家主导的东亚经验，特别是基础设施投资、产业政策和定向发展融资等再次成为关注的焦点。在发展合作方面，中国一贯支持在南南合作框架下的一系列援助原则，② 包括不附带条件、伙伴之间平等和追求发展（而非援助）实效（Pan，2015）。与其他全球南方国家一样，中国强调自身发展中国家的地位，并与其他发展中国家团结一致。

近年来，中国努力积累在国际发展合作方面的经验。在多边或双边援助方③的支持下，中国乐于分享自己的经验，并与经合组织共同设立中国—发展援助委员会研究小组，建立研究、交流和学习机制。中国与联合国以及双边伙伴提出了三方合作倡议，并与联合国实体合作，将"可持续发展目标"融入国内政策。在这些经验的推动下，2018 年中国成立了国家国际发展合作署（CIDCA），负责国际发展合作协调工作。④

在全球层面，中国在多边体系内的影响力也得到提升，不仅在许多领域成为援助方，并且处于领导地位。中国是第一个获得世界银行首席经济学家职位任命的发展中经济体，另外，2007 年以来，中国官员一直担任联合国经济和社会事务部副秘书长，并在联合国 15 个专门机构中的 4 个机构担任负责人，包括粮农组织（FAO）、工发组织（UNIDO）和国际电信联盟（ITU）等（Foot，2021）。2015 年，中国在 IMF 的投票权跃居至第三，使新兴市场和发展中国家的总份额从 39.5% 增加至 42.3%。中国与其他发展中国家一道，争取在多边机构治理中更公平的代表权。

---

① 关于中国经验是否提供了另一种"模式"引发了争论，特别是"北京共识"是不是对"华盛顿共识"构成挑战。然而，对于这种模式究竟是什么，甚至这个争论是否有价值，几乎没有达成共识（Babones 等，2020）。

② http：//english. www. gov. cn/archive/whitepaper/202101/10/content_ WS5ffa6bbbc6d0f72576943922. html.

③ 例如，中国国际减贫中心（IPRCC）是中国与联合国开发计划署（UNDP）合作建立的，而国际发展知识中心（CIKD）则得到了英国国际发展部的支持。

④ 中国的援助制度和政策概述见 Kitano（2018）。

与此同时，中国更是积极创建新的多边机制，如亚洲基础设施投资银行（AIIB）和多边开发融资合作中心（MCDF），为基础设施和互联互通提供融资，其举措也不免遭到严苛的审视。[①] 与发援会的标准和规范相比，一些分析人士认为中国的发展融资缺乏透明度和一致性。但也有一些实证分析反驳了这些观点。[②] 就融资而言，中国无疑是新兴经济体中影响力最大的，且中国的国家开发银行"在规模、发展方式、商业模式和治理方面都不同于西方"，这可能被西方视为"挑战"（Chin 和 Gallagher，2019）；然而，AIIB 在治理和方法上更接近于世界银行及其同行，且与现有金融机构广泛合作。Babones 等（2020）同样认为，（与新开发银行一样）新成立的由中国主导的机构在很大程度上可以被视为支持而不是挑战，而 Wang（2019）则认为，中国并未就多边发展融资推进连贯的替代方法，而是"跨越全球金融治理领域的不同传统"。

总之，为应对当代复杂的全球挑战需要形成一个强有力的多边体系。多边发展机构在自治、权力和实现任务所需的资金等方面也面临挑战。发展中国家正成为多边体系中的援助方，与其他"新兴"私人或非国家行动者（包括商业和企业慈善机构）一起，在充斥着混乱与分裂的全球格局中发挥着越来越大的作用，带来不同的想法和做法，建立新的多边发展机构并提出将其纳入机构治理的新要求。

四　从援助和发展到全球公共产品：多边发展体系如何有效应对世纪挑战

（一）改革与重新定位

自 20 世纪末以来，关于多边和双边发展体系是否有能力在满足发展中

---

① 对全球南方国家急需的基础设施投资的关注，也引发了七国集团（G7）的关注，从而发起了一项新的全球基础设施倡议。

② 例如，Dreher 和 Fuchs（2015）通过实证反驳了"中国的双边援助是由获取自然资源的动机驱动的"观点。Singh（2021）认为，在与中国交往中非洲国家的选择权与能动性得到了保障。

国家需求的同时解决全球性问题的质疑不断，促使发展体系在定位上做出了重大调整。推动宏观经济稳定和市场导向型增长的"华盛顿共识"对发展中国家施行的结构调整计划、政策条件和紧缩措施——虽然没有被摒弃——但已有所弱化。国家在经济发展中的关键作用再次得到承认，减贫成为发展援助的首要目标。

援助国与受援国之间的关系——由援助国掌握绝大部分权力且往往由援助国的"专家"主导——日益受到挑战，特别是来自新的发展伙伴的挑战。新的原则与机制强调国家自主权、伙伴关系、实效与结果，反对附加条件。① 随着全球南方援助国的出现，联合国机构加强了对南南合作的支持，多边和双边援助方开始尝试三边合作形式。雇用当地雇员，减少对外国专业知识的依赖，发展援助计划"本地化"的呼声也越来越大，并且越来越强调形成学习和分享知识的机制以及"最佳实践"。实际上，各国在实践中都更坚定地承诺与最不发达国家建立伙伴关系，以实现发展目标。

联合国的《千年宣言》强调减贫，并以此为基础，推动国际社会围绕一套新的有针对性和时限性的发展目标，为国际社会设定了可衡量的目标，包括将极端贫困人口减半，改善粮食安全，获取清洁水、卫生保健和教育机会，以及到 2015 年促进两性平等。尽管重新重视最贫穷国家和人口的需求受到了欢迎，但这一议程也忽略了一些重要的领域，例如，贸易和宏观经济政策在很大程度上仍属于国际金融机构的关注领域，对于稳定和财政紧缩的强调也没有改变。"千年发展目标"确实取得了重大进展但并不均衡，其缺点（包括未涵盖在内的方面）以及在执行和衡量方面的不足也日益暴露出来；为此，联合国吸取经验与教训，构建了一套更加"雄心勃勃"的全球目标，即"可持续发展目标"。

关于"千年发展目标"的一个关键"教训"是在确定新议程及其目标时需开展广泛磋商。于是在全球范围内出现了一个前所未有的磋商进程，鼓励所有国家都参与，也使发展中国家和非政府利益相关方在决策中拥有了更

---

① 参见本书 Taylor 和 Kirk 等的报告中关于改变发援会规范和原则以及援助有效性的讨论。

大的发言权。新的国家集团围绕共同关注的问题发出了一致的声音，如小岛屿发展中国家（SIDS）受到气候变化和海洋健康的影响。① 由此，基于共识的《2030 年可持续发展议程》及其相关目标——尽管不可避免地遭到许多批评——获得了全球性认可，企业、学术和民间社会组织乃至政府都在努力实现这些目标。

关于"千年发展目标"的另一个教训是，发展目标要从传统的"援助方—受援方"模式向全球合作方式转变。这对目标的内容、行动的责任和执行手段都产生了影响。"可持续发展目标"注重"千年发展目标"所缺失的、往往在许多发展援助中被边缘化的结构性和系统性问题（如不平等和贸易），并强调投资全球公共产品以促进发展、为和平与安全创造环境的重要性（SDG 16）。"可持续发展目标"关注发达国家和发展中国家均面临的全球性挑战，同时也认识到应区别其应对责任，如在减缓气候变化方面的责任差别。

监测和跟踪与实现目标有关的数据——这方面的不足往往限制了对"千年发展目标"实现进度的了解。为此，大量资源被用于实现特定目标，特别是在低收入国家，由联合国专门机构牵头。在新冠疫情期间这类活动的优点得到凸显，各机构能够快速评估疫情对弱势群体的影响，机构之间能够通过共享数据来创建"数据跟踪器"并制定应对措施。②

这种达成共识的进程不可避免地对议程的连贯性以及对执行情况的协调和监测提出挑战。联合国可持续发展集团正是在原先的发展集团（UNDG）的基础上改革而成的全球层面共同制定政策的高级别论坛（合作机制）。它"指导、支持、跟踪和监督 162 个国家和地区的发展活动的实施情况"。对

---

① 可持续发展目标 13 涉及气候变化，关于"水下生命"的可持续发展目标 14 涉及海洋可持续管理。

② 许多机构通过创建关于不同问题的此类跟踪器，并共享现有数据来达到这一目的。例如，劳工组织的社会保护监测，https：//www. social – protection. org/gimi/ShowWiki. action？ id = 3417；世界银行的社会保护和就业应对措施实时审查，https：//openknowledge. worldbank. org/handle/10986/33635；开发署/联合国妇女署 COVID – 19 性别应对跟踪项目，https：// data. undp. org/gendertracker/。

核心价值观以及"执行手段"的关注引导着各行动者在联合国的领导下实现共同目标。因此，"可持续发展目标"是多边体系针对全球挑战的复杂性和联系性、应对全球经济发展挑战的紧迫性，以及将可持续发展作为工作核心的必要性，做出的回应。

既然有了如此宏大的议程，接下来的关键就在于联合国系统能否在向（特别是）低收入国家提供服务的同时做到成本控制——这正是主要援助国关心的问题。秘书长安东尼奥·古特雷斯在 2017 年上任之际便发起了旨在提升联合国"适用性"（fit for purpose）的改革议程：对于发展职能而言，这意味着能够更加"团结一致"地实现"可持续发展目标"。改革侧重于通过加强驻地协调员[1]的领导力和联合国各机构之间的协调，对国家发展方案进行管理。联合国指出，"2019 年 1 月 1 日是联合国发展系统及其履行《2030 年可持续发展议程》承诺的里程碑时刻。我们推出了新的驻地协调员制度，开启了发展协调的新时代"。加强协调的重要意义体现在"能够大规模交付成果"、减少重复工作、提高效率和减轻"多个联合国实体向受援国政府施加的负担"，并赋予系统"一致性"——从而消除针对该系统的许多质疑。

（二）改革的局限性

尽管要评估这些变化对联合国在国家层面的协调与交付方式起到了哪些影响、产生了哪些成效还为时尚早，但对此联合国已在一份早期评估报告中探讨了其在国家层面的协调优势，同时指出财务等方面的挑战。[2] 还有一些问题涉及多边发展机构在关键领域的政策目标和方法的差异要如何在国家层面得到协调。规模较小的机构，尤其是那些规范授权较强、业务能力较弱的机构，有可能在优先次序制定或规划过程中受到排挤——无论是在机构之间

---

[1] 在很长一段时间，驻地协调员由联合国开发计划署驻地代表兼任。

[2] 关于联合国系统的初步评估，参见联合国秘书长 2021 年 6 月所作的报告，https://www.un.org/ecosoc/sites/www.un.org.ecosoc/files/files/en/2021doc/RC_ system_ review_ SG REPORT_ FINAL_ 07June2021.pdf。

还是在与政府谈判时。拥有较多预算或贷款来源的组织通常更容易接触到关键的政府部门，而大型援助方（包括私营部门行动者）可能继续影响资金的投向和方式，且可能忽视需求分配标准或需求本身。双边或其他（传统或新的）援助方在联合国系统之外采取行动也可能导致议程之间出现分歧，进而阻碍联合国加强在国家层面的协调的努力。

更重要的是，这些（以及以往）改革的局限性指向联合国系统在解决结构性和财政问题时的不足。事实上，联合国秘书长在联大 75 周年纪念讲话中承认，以往进行的改革都是具有可行性的，是由秘书处统筹的，且是满足主要援助方"费用中立"要求的。相比之下，重大的结构性改革需要成员国协调一致，这就引出了一个问题：各国基于这个体系想得到什么。同样，2021 年联合国秘书长所作报告《我们的共同议程》（Our Common Agenda）也呼吁各国团结一致，建立"更具包容性的多边主义……让所有地区和国家都有可能参与集体行动，尤其是让发展中国家在全球性问题上拥有更大的发言权"。这类问题需要成员国就多边发展机构的治理与资金筹集做出决定，并解决各国（特别是提供最多资源的国家）愿意给予多边发展机构多大的自主权，以便就全球利益和全球公共产品供给采取行动。[1]

实现"可持续发展目标"的另一个重大制约因素是发展融资体系。如上所述，许多发展融资体系已经丧失了多边性质，捐款用于指定用途，且与项目结果密切相关，或是为满足私人或企业援助方的利益，或是出于双边援助机构对国内政治需求的回应。然而，为实现"可持续发展目标"，需要转变方法，原先的"以项目交付逻辑为主导"的方法主要针对最贫穷国家，而这部分国家数量逐渐减少，因此需要提升"政策支持、协调、倡导、规范和标准推广的重要性"（Jenks，2014）。还需要"大幅提高投资的质量，特别是投资于国家一级的可持续基础设施和人类发展"（Bhattacharya 等，2018），其规模应是此前从未达到的。需要在富国和穷国之间重新分配大量资本——不仅仅是通过援助——而目前这类资金的主要来源是新兴国家和发

---

[1]　例如，Baumann（2018）对成员国未能支持更深入的结构性改革提出了批评。

展中国家。① 因此，Kring 和 Gallagher（2021）指出，旨在支持联合国"可持续发展目标"的"全球发展融资正在逐步增加"，它们主要来自新机构——亚投行和新开发银行。它们推动实现了基础设施投资的长期回报。这可能"提升它们在发达经济体占主导地位的传统国际金融机构中的发言权"，但也可能造成新的不平等，加剧分化——"要在全球范围内实现金融稳定和经济发展，需要提高融资和协调水平"。此外，多边开发银行还需要在更广泛的层面（包括社会和环境层面）更好地将"可持续发展目标"纳入其贷款决策。

总而言之，为了应对全球危机，以及多边发展体系面临的挑战，联合国已采取措施重新定位全球发展议程，并就与各国政府合作以实现"可持续发展目标"和提供全球公共产品的程序发起内部改革。许多变化反映了针对全球南方"新兴援助方"要求与利益的调整，包括重新关注南南合作，视伙伴关系为一种途径。然而，要取得进一步进展，就需要成员国在治理、机构赋权和为实现"可持续发展目标"提供充足资金方面引领改革。

五　结语：建议及未来展望

"我呼吁达成一项新的全球协议。权力、资源和机会必须得到更好的管理和更公平的分享。发展中国家必须在全球机构中发挥适当的作用，并建立更强的相关性。"

——联合国秘书长在联合国第 75 届大会上的讲话

要解决全球性问题，确保低收入国家的发展权以及增进人类的福祉，一个有效运作的多边体系至关重要。这需要包容的多边机构，以及对其合法性和公正性的广泛信任。当前世界机构威信不足，贫富两极分化，公共财政紧

---

① 根据 Kring 和 Gallagher（2021）的研究，63%的流动性融资增长和90%以上的发展融资增长来自新兴市场和发展中国家。目前，63%的流动性融资和80%的开发性银行融资涉及新兴市场发展机构。

缩，鉴于此，联合国秘书长发表《我们的共同议程》，呼吁成员国支持达成一项新的全球协议和新的社会契约，以及包容的、网络化的多边主义——这一呼吁也回应了在支持最不发达国家和贡献全球公共产品方面缺乏团结和集体行动的问题，如应对全球新冠疫情等。

联合国和多边发展体系应继续施行的改革包括：促进（大会包容性和安全理事会的狭隘性之间）① 更有效和更具代表性的新型决策机制演进，弥合支持发展的融资缺口，对特别提款权（Ocampo，2021）和全球公共投资机制进行改革，承诺为"可持续发展目标"提供资金，设立全球其他危机响应基金。② 这类改革的目的并非重大转型而是使多边发展体系在动态的、渐进的（有时可能是不连贯的）过程中做出调整。正如 Münch 等（2018）所言，改革是"一个政治过程，本质上由组织成员国引导，有众多利益需要考虑、拒绝与调整。这一进程谨慎地开展，旨在达成共识。然而往往要付出一些代价，如屈就于最低标准"。在这种情况下，多边架构保持相对稳定，但由于需接纳更多不同的利益和集团——既有国家（从新兴大国"金砖国家"到"小岛屿发展中国家"）也有非国家行动者，如强大的企业和私人利益集团——权力也逐渐被分散。

就转型程度而言，目前的关键转变是少数全球南方国家快速发展，成为有影响力的发展行动者，并直面当前系统中南北力量失衡问题。截至目前，它们日益增长的作用似乎并不像某些人担心的那样会构成威胁，并且——尽管游离于发援会框架之外——它们并未从根本上挑战多边发展体系，相反，它们使发展格局优化，它们带来的新资源可以增强最不发达国家在追求自身发展中的能动性与选择权。

新兴援助方或发展伙伴在发挥越来越大的影响力的同时，也面临挑战，即如何平衡自身（个体或集团）与其他低收入发展中国家之间的利益（尽

---

① https：//globalchallenges. org/library - entries/reforming - the - un - for - the - 21st - century/和 https：//www. stimson. org/2017/reforming-the-un-to-address-21st-century-threats/.

② Sumner 等（2021）提出了替代方案，以应对目前经合组织国家大部分都未能实现的承诺"0.7% 的 GDP"。其他建议包括建立"全球社会基金"，以应对可能发生的危机。

管声称与这些国家团结一致，但它们之间还存在各种各样的利益和复杂的权力关系），同时也要与权力和利益可能受到挑战的传统援助国进行磋商。

尽管发援会的成员方认为自身发展合作规范受到了挑战，但其他国家特别是全球南方国家认为，新兴援助方在争夺经济秩序主导权方面做得还不够，这正与上文提到的要求建立"国际经济新秩序"和更平等的贸易、知识产权制度相呼应。在当代全球经济金融化、财富极端化的背景下，新兴援助方可能被敦促采取更强硬的立场来反映全球南方的要求——既包括与国家的关系也包括与企业利益的关系，如新冠肺炎疫苗实施计划（COVAX）未能向大多数发展中国家提供疫苗，由此出现了关于改革知识产权制度、支持最不发达国家生产疫苗的呼声，就是例证之一。

尽管不同行动方在实践方面存在差异，但通过与联合国合作，并遵守共同的规范能为其互动提供正当性。这也为在既定准则下重新平衡权力、推动发展创造了空间。维护多边发展战略的合法性要求发展伙伴反映其准则和价值观，遵守《联合国宪章》中的平等和人权原则。在合作中，这些理念也应被要求——保持透明，纳入社会、环境和治理标准，允许外部监督和尊重各种声音，如来自民间社会团体的倡导。与合作伙伴（包括传统援助国与受援国）一道，全方面提高发展合作与融资活动的标准和透明度，从而增强新兴行动者的合法性。

总而言之，尽管关于战后多边主义是否仍适用于当今世界仍存在质疑，但大多数分析人士和利益相关方都在寻求破解之道，即使需要进行根本性改革。全球南方国家，尤其是一些新兴经济体以及相关机构日益提升的影响力，无疑将在塑造未来体系方面发挥特别重要的作用。

参考文献

2021. "Reforming the UN for the 21st Century." The Global Challenges Foundation，https：//globalchallenges. org/library-entries/reforming-the-un-for-the-21st-century/，October 1.

2021. "Common Agenda Report English." https：//www. un. org/en/content/common - agenda-report/assets/pdf/Common_ Agenda_ Report_ English. pdf, September 23.

2021. "Ocampo-Rethinking the Special Drawing Right Could Bolster." https：//www. imf. org/external/pubs/ft/fandd/2019/12/pdf/future-of - the - IMF - special - drawing - right - SDR - ocampo. pdf, October 25.

Agartan Tuba I. , Sarah Cook, Vivian Lin. 2020. "Introduction：COVID - 19 and WHO：Global Institutions in the Context of Shifting Multilateral and Regional Dynamics." *Global Social Policy* 20 （3）.

Adrian Robert Bazbauers, Susan Engel. 2021. "The Global Architecture of Multilateral Development Banks：A System of Debt or Development?" London：Routledge.

Abdenur Adriana Erthal, João Moura Estevão, Marques da Fonseca. 2013. "The North's Growing Role in South-South Cooperation：Keeping the Foothold." *Third World Quarterly* 34 （8）.

A. Erondu Ngozi, Iya Saidou Conde, Afifah Rahman-Shepherd. 2020. "WHO has been Reformed：How Can It be Empowered to Lead Global Public Health?" *Global Social Policy* 20 （3）.

Babones Salvatore, John H. S. Åberg, Obert Hodzi. 2020. "China's Role in Global Development Finance：China Challenge or Business as Usual?" *Global Policy* 11 （3）.

Bhattacharya Amar, Homi Kharas, Mark Plant, Annalisa Prizzon. 2018. "The New Global Agenda and the Future of the Multilateral Development Bank System." *International Organisations Research Journal* 13 （2）.

Bretton Woods Project. 2020. "IMF and World Bank Decision-Making and Governance." Bretton Woods Project, https：//www. brettonwoodsproject. org/2020/04/imf - and - world - bank-decision-making-and-governance-2/, October 17.

Browne Stephen, Thomas G. Weiss. 2014. "The Future UN Development Agenda：Contrasting Visions, Contrasting Operations." *Third World Quarterly* 35 （7）.

Browne Stephen. 2017. "Vertical Funds：New Forms of Multilateralism-Browne - 2017 - Global Policy-Wiley Online Library." https：//onlinelibrary. wiley. com/doi/full/10. 1111/1758-5899. 12456? campaign = woletoc, October 5.

Burley John, Lindores Douglas. 2019. "What's in a Name? That Which We Call a Rose by Any Other Name Would Smell as Sweet." https：//linkinghub. elsevier. com/retrieve/pii/S0022522319302752, October 1.

Cornia Giovanni Andrea, Richard Jolly, Frances Stewart, UNICEF. 1987. *Adjustment with a Human Face.* Clarendon Press, https：//digitallibrary. un. org/record/4629, October 19.

Chorev Nitsan. 2020. "The World Health Organization between the United States and China." *Global Social Policy* 20 （3）.

Dreher Axel, Andreas Fuchs. 2015. "Rogue Aid? An Empirical Analysis of China's Aid Allocation." *Canadian Journal of Economics/Revue Canadienne D'économique* 48 (3).

Durch William, Ponzio Richard. 2017. "Reforming the UN to Address 21st Century Threats." Stimson Center, https：//www. stimson. org/2017/reforming-the-un-to-address-21st-century-threats/, October 1.

Ekpenyong Aniekan, Mariana Soto Pacheco. 2020. "COVID-19：Reflecting on the Role of the WHO in Knowledge Exchange between the Global North and South." *Global Social Policy* 20 (3).

Esteves Paulo, Manaíra Assunção. 2014. "South-South Cooperation and the International Development Battlefield：Between the Oecd and the UN." *Third World Quarterly* 35 (10).

Foot Rosemary. 2021. "Beijing and the UN, 50 Years On." https：//magazine-thediplomat-com. wwwproxy1. library. unsw. edu. au/#/issues/-MkDJ1FMiRaPunY5-kyb/read, October 4.

Gray Kevin, Barry K. Gills. 2016. "South-South Cooperation and the Rise of the Global South." *Third World Quarterly* 37 (4).

Gu Bin. 2020. "MCDF：A New Beacon of Multilateralism in Development Finance." *Journal of International Economic Law* 23 (3).

Gulrajani Nilima, Liam Swiss. 2019. "Donor Proliferation to What Ends? New Donor Countries and the Search for Legitimacy." *Canadian Journal of Development Studies / Revue Canadienne D'études du Développement* 40 (3).

G. Reddy Sanjay. 2017. "The BRICS and a Changing World." Developing Economics, https：//developingeconomics. org/2017/09/27/the-brics-and-a-changing-world/, October 7.

G. Weiss Thomas, Roy Pallavi. 2016. "Full Article：The UN and the Global South, 1945 and 2015：Past as Prelude?" https：//www-tandfonline-com. wwwproxy1. library. unsw. edu. au/doi/full/10. 1080/01436597. 2016. 1154436, June 10.

Hongying Wang. 2019. "The New Development Bank and the Asian Infrastructure Investment Bank：China's Ambiguous Approach to Global Financial Governance." *Development and Change* 50 (1).

ILO. 2021. "The Role of Digital Labour Platforms in Transforming the World of Work." https：//www. ilo. org/global/research/global-reports/weso/2021/lang--en/index. htm, October 24.

Jenks Bruce. 2014. "Full Article：Financing the UN Development System and the Future of Multilateralism." https：//www-tandfonline-com. wwwproxy1. library. unsw. edu. au/doi/full/ 10. 1080/01436597. 2014. 971597, June 10.

J. Hoffman Steven. 2012. "Mitigating Inequalities of Influence among States in Global

Decision Making: Mitigating Inequalities in Global Decision Making." *Global Policy* 3 (4).

Knoerich Jan, Francisco Urdinez. 2019. "Contesting Contested Multilateralism: Why the West Joined the Rest in Founding the Asian Infrastructure Investment Bank." *The Chinese Journal of International Politics* 12 (3).

Kitano Naohiro. 2018. "China's Foreign Aid: Entering a New Stage." *Asia-Pacific Review* 25 (1).

Kring William, Gallagher Kevin. 2021. "Strengthening the Foundations? Alternative Institutions for Finance and Development-Kring－2019－Development and Change-Wiley Online Library." https: //onlinelibrary－wiley－com. wwwproxy1. library. unsw. edu. au/doi/10. 1111/ dech. 12464, October 22.

Lee Kelley. 2020. "WHO under Fire: The Need to Elevate the Quality of Politics in Global Health." *Global Social Policy* 20 (3).

Lake A. David, Lisa L. Martin, Thomas Risse. 2021. "Challenges to the Liberal Order: Reflections on International Organization." *International Organization* 75 (2).

Mahbubani Kishore. 2013. "Why the United Nations Is Kept Weak." The Globalist, https: // www. theglobalist. com/why-the-united-nations-is-kept-weak/, October 1.

Mueller Joachim. 2016. "Reforming the United Nations: A Chronology." BRILL.

Münch Wolfgang, Joachim Müller (ed.) 2018. "Reforming the United Nations: A Chronology." *European Journal of International Law* 29 (1).

M. O. Baumann. 2018. "Forever North-South? The Political Challenges of Reforming the UN Development System." *Third World Quarterly* 39 (4).

Nel Philip, Ian Taylor. 2013. "Bugger Thy Neighbour? Ibsa and South-South Solidarity." *Third World Quarterly* 34(6).

Ocampo José Antonio. 2021. "Rethinking the Special Drawing Right Could Bolster the IMF's Role in the Global Financial Safety Net."

Pan Yaling. 2015. "China's Foreign Assistance and Its Implications for the International Aid Architecture." *China Quarterly of International Strategic Studies* (2).

Roy Pallavi. 2016. "Economic Growth, the UN and the Global South: An Unfulfilled Promise." *Third World Quarterly* 37 (7).

State Council. 2021. "Full Text: China's International Development Cooperation in the New Era." http: //english. www. gov. cn/archive/whitepaper/202101/10/content ＿ WS5ffa6bbbc6d0f 7257 6943922. html, October 11.

Sakurai, Mami Yamada. 2015. "The Post－2015 Development Agenda and South-South and Triangular Cooperation: How the Partnership Model Should Be?" *Global Social Policy* 15 (3).

Singh Ajit. 2021. "Full Article: The Myth of 'Debt-Trap Diplomacy' and Realities of Chinese Development Finance." https: //www－tandfonline－com. wwwproxy1. library. unsw.

edu. au/doi/full/10. 1080/01436597. 2020. 1807318？ src＝recsys，June 10.

Sumner Andy, et al. 2021. "A Proposal for a New Universal Development Commitment-Sumner – 2020 – Global Policy-Wiley Online Library." https：//onlinelibrary – wiley – com. wwwproxy1. library. unsw. edu. au/doi/10. 1111/1758–5899. 12844，September 21.

T. Chin Gregory, Kevin P. Gallagher. 2019. "Coordinated Credit Spaces：The Globalization of Chinese Development Finance." *Development and Change* 50 （1）.

Woods Ngaire, Domenico Lombardi. 2006. "Uneven Patterns of Governance：How Developing Countries are Represented." in the IMF, Review of International Political Economy.

Weiss Thomas G. , Tatiana Carayannis, Richard Jolly. 2009. "The 'Third' United Nations." *Global Governance* 15 （1）.

"一带一路"倡议与全球
基础设施发展合作

谷靖　基尔·麦克唐纳[*]

一　引言

中国国家主席习近平 2013 年提出的"一带一路"倡议，对于推动落实《2030 年可持续发展议程》而言意义巨大。"一带一路"倡议这一跨越时空的宏伟议程可覆盖全球 70% 以上的人口（Frankopan，2019；Xi，2019），涉及贸易投资与金融合作、基础设施及连通性建设、区域治理及民心相通等内容；其建设既借鉴了中国发展经验，也参考了南南合作的国际经验。"一带一路"倡议代表着一种立足中国、面向世界的发展愿景；但同时，美国和欧洲老牌工业强国的轨迹却与此相反，至少是暂时性地退缩至民族主义。"一带一路"倡议是发展的倡议、合作的倡议、开放的倡议，并已成为各种计划和目标的共同标签。这种内涵丰富的倡议既面临机遇，也面临挑战。

[*]　谷靖（Gu Jing），英国国际发展研究院新兴大国与全球发展研究中心主任，曾担任联合国开发计划署驻华代表处高级经济顾问、世界银行驻华办事处高级经济学家、欧盟委员会驻华代表处经济与贸易顾问、英国驻华大使馆经济与贸易顾问等，主要研究领域包括新兴大国对全球发展的影响、中国与其他新兴大国对外援助和投资、中非经济合作与转型、全球治理与多边合作等；基尔·麦克唐纳（Keir MacDonald），英国国际发展研究院研究员。

"一带一路"倡议实施之初主要覆盖欧亚大陆，2016 年以来扩展到非洲、拉丁美洲、大洋洲和北冰洋的部分地区。2019 年 6 月，"一带一路"六大经济走廊所涉及的 71 个国家人口占全球人口的 60%，GDP 之和占比已超全球的 30%（World Bank，2019）。随着 140 个国家签署双边谅解备忘录，该倡议覆盖面已达到与"可持续发展目标"相近的水平。包括 2020 年 6 月"一带一路"北京高峰论坛声明在内，近期发布的一系列高级别论坛声明都强调，要使"一带一路"与"可持续发展目标"等国际观点和全球主流议程融合在一起。

"一带一路"倡议确实可以为实现全球基础设施发展目标提供机会，并有助于解决资金长期短缺、机构发展不足和伙伴关系薄弱等问题。但围绕"一带一路"倡议，以及该倡议的各种行动者（从国家政府到私营部门投资者），将在多大程度上能推动其成果与可持续发展目标保持一致，仍然存在不确定性。此外，尽管在这些方面，有越来越多的研究，但还需做更多的工作，探讨经济、金融、环境和社会风险及其对相关国家和社区的影响。

各国政府和国际机构越来越强调投资基建的重要性，从最近的 G20 峰会就可以看出这一点。在过去几年的 G20 倡议中，我们能发现一些围绕着改善基础设施的承诺，以及强调其重要性和潜在影响的主题。《G20 高质量基础设施投资原则》提到了许多被重点关注的领域，如可持续性、透明度和标准化等，这些领域也被各种倡议文件所提及。然而，正如 T20 报告（Görlich、Stein-Zalai 和 de Miranda，2020）所指出的那样，各方在推进变革、改善全球基础设施投资流程和标准方面缺乏凝聚力。同样的议题在各年情况介绍会上被反复陈述，这表明政策落地落实难度大。

然而，基础设施建设所需资金无法只靠政府，尤其是在受经济冲击各国财政支出压力加大的情况下。2015 年大宗商品价格下跌（PwC，2020），导致脆弱国家及低收入国家（LICs）的公共资金不断减少（Gurara 等，2018）。全球基础设施投资不足，需要新的资本参与其中，并促进行动者携手合作。践行"一带一路"倡议有助于应对全球基础设施领域的挑战，但要最大限度地发挥其潜力就不能孤军奋战。中国积极为解决基础设施投资问题做出贡献，并已在 2016 年推动实施互联互通倡议方面发挥了带头作用。但是，为更好地应对这些挑战，全球基础设施投资者与建设者（包括"一带一路"参与者）之间仍需进一步加强合作。

本文将对"一带一路"倡议与基础设施建设方面的合作做出综合分析，余下结构安排如下：第二部分将概述全球基础设施融资情况和践行"一带一路"倡议面临的挑战；第三部分将介绍全球基础设施现有投资模式，以及"一带一路"建设中采用的模式；第四部分将阐述通过上述分析得出的结论；第五部分为总结。

二　全球基础设施融资和"一带一路"倡议面临的挑战

（一）全球基础设施面临的挑战

据估计，全球基础设施融资需求每年高达数万亿美元。麦肯锡（2016）的数据显示，截至 2016 年，每年全球基础设施融资需求为 3.3 万亿美元，其中新兴市场和发展中经济体（EMDE）占 60%。

但是，要填补这一资金缺口面临挑战。首先，新冠疫情全球蔓延，各国政府进一步收紧财政，减少海外项目支出（PwC，2020）。开发性金融机构是全球基础设施的老牌投资方，为投资者提供了重要的融资来源（World Bank，2017），但直接投资金额历来就较少（Miyamoto 和 Chiofalo，2015）；亚洲基础设施投资银行和新开发银行等新兴开发性金融机构虽然正在兴起，但仍难弥补上述资金缺口。2014 年，国际货币基金组织称亚洲基础设施资金缺口高达 7300 亿美元，而亚洲开发银行表示只有能力填补 100 亿美元（Huang，2016），而亚投行截至 2021 年的资本总额也只有 1000 亿美元（AIIB，2021）。此外，公共和私人基础设施投资一直呈下降趋势（见图 1 和图 2）。由此可见，基础设施资金需求方面的压力仍然很大。

这些投资不能全部依赖于援助者，还必须动员私人投资者。然而，投资建设基础设施面临内在风险，在新兴市场和发展中经济体中表现得尤为突出；面对有限的资金和资源，私人投资者必须充分权衡基础设施投资的风险与收益（Hansen、Le 和 Too，2018）。然而通常情况下缺乏决策所需信息，难以通过评估确定投资新兴市场和发展中经济体的项目能否获得足够回报、与其他机会成本相比是否划算。监管法规通过约束可用于风投项目的资本量，对全球许多投资者形成了阻碍——欧盟"偿付能力监管标准Ⅱ"和国际"巴塞尔协议Ⅲ"分别为保险公司和银行套上了投资"紧箍咒"（Gardner 和 Henry，2021；McKinsey，2016）。这样一来，资本就只会追逐那些投资者认为合适的项目（McKinsey，2016）。

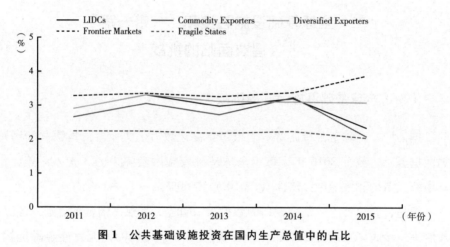

图 1　公共基础设施投资在国内生产总值中的占比

资料来源：公开资料整理。

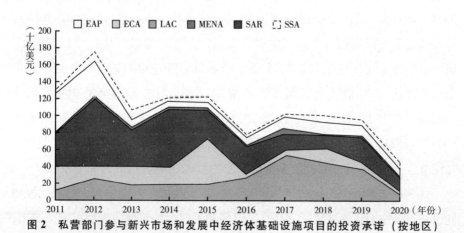

图 2　私营部门参与新兴市场和发展中经济体基础设施项目的投资承诺（按地区）

资料来源：根据世界银行资料整理。

除了考虑财务回报，越来越多的投资者还将资金投向环境可持续性或社会友好性基础设施，与开发性金融机构之间的关系更为密切。这是在本已艰难的环境下做出资本配置决策时必须考虑的另一个因素：投资所面临的风险必须要与之匹配的经济或社会回报，并且不能产生负面的环境或社会影响（Gardner 和 Henry，2021；Hansen 等 2018）。

更重要的是，环境可持续性已成为基础设施投资领域的一个主要议题（Mell，2016）——据预测，全球未来碳排放增长的 70%将来自新的基础设施项目（PwC，2020）。经合组织制定的高质量基础设施投资标准着重强调可持续性——基础设施建设既加剧了气候变化、生物多样性丧失和环境污染等问题，也会成为环境问题的"受害者"，如气候变化引发的山火、干旱和洪水等（OECD，2020）。因此，投资环境可持续性基础设施，确保项目不会陷入上述恶性循环，成为一种常用经济指数。然而，对基础设施新建项目难以进行碳排放预测，全球基础设施投资者要想确保未来项目的可持续性显然不易。

有趣的是，地缘政治竞争也会成为基础设施投资的推进剂——一些欧盟和美国人士将"一带一路"建设视为一种地缘战略威胁，纷纷开始讨论如何通过投资来抗衡（French，2021）。除了能力问题外，这还引发了另一个问题：这将对全球基础设施标准产生怎样的影响；人们关注基础设施项目的标准对环境和社会的影响，担心可能会引发"逐底竞赛"。

对于这种风险，Hughes 等（2020）指出美国和欧洲正处心积虑对抗"一带一路"倡议，可能会用力过猛，从而牺牲了环境和社会效益。他们还举例说明：在电网基础设施投资方面，美国、澳大利亚、新西兰和日本全然不顾负面生态预警，纷纷出资兴建电网。同样，1997 年世界银行因担忧环境影响而停止了资助建坝工程，但面对此类项目的不断增加，20 年后其又改变了决定。

影响全球基础设施投资格局的另一个因素是新冠疫情。在后疫情时代，全球对某些特定类型项目的需求发生变化，物流项目受到的关注有所减少，而数字基础设施项目吸引了更多的目光（PwC，2020）。数字基础设施项目涉及多种形式，从人工智能与技术到制造业与建筑业，或者改善互联网连接、助力工作方式转变，这一浪潮也同时席卷新兴市场经济体和发达国家。这些国家对电信、宽带和云数据等数字基础设施的投资力度历来不足（PwC，2020；Strusani 和 Houngbonon，2020），升值潜力巨大（Strusani 和 Houngbonon，2020）。但是，这也存在一种风险：供给侧投资不足，加上需求侧受到冲击，从而影响中小企业和农村人口之间的连接性。

总而言之，全球基础设施项目的现状是：投资与需求之间的缺口不断扩大，而政府资金有限，民间投资者举棋不定；随着社会对环境效益的重视，额外的限制因素越来越多。在这种局面下，"一带一路"倡议至少促进了全球其他行动者就如何拓宽基础设施融资渠道展开了讨论。然而，在后疫情时代，公共和私人资本能在多大程度上得到有效调动，仍有待观察。

（二）"一带一路"倡议面临的挑战

"一带一路"倡议成为协助填补亚洲基础设施投资赤字的一种方式——在某种程度上看，在非洲和东欧情况也的确如此。这一倡议获得了大量资本支持，但同样面临着诸多挑战（Nedopil，2021；Soong，2021；Vu、Soong 和 Nguyen，2021）。

部分"一带一路"项目可能会因业绩不佳而面临风险，危及其财政可持续性。由"一带一路"财政可持续性引发的担忧——在该倡议下有些新兴市场和发展中经济体因负债严重而无力偿还贷款（Nedopil，2021；Soong，2021）。一个众所周知的例子是，2017 年斯里兰卡政府因政局不稳定和过度拖欠债务而给投资者造成了经济损失（Nedopil，2021）。这个事例表明，在缺乏政治、经济稳定性的国家投资商业，必然会面临风险（Brautigam，2020；Carmody，2020）。委内瑞拉因油价下跌而无力偿还债务，借款方也无法要求其以石油储备作为担保来代替偿还债务，这种债务困境最终给借款方造成财务损失（Vasquez，2019）。

"一带一路"建设面临的另一个挑战是项目规模过于庞大，但缺少足够的灵活性来实现各种目标。一些合作伙伴国家缺少可靠、透明的投资管理数据，这给分析相关项目实施成效造成困难（Narins 和 Agnew，2019；Soong，

2021；Vu、Soong 和 Nguyen，2021）。有文献认为"一带一路"建设缺乏协调性，Hameiri 和 Jones（2018）指出"一带一路"建设缺乏集中化战略。"一带一路"建设应更具灵活性，这样的好处是能使多个机构在不同环境下展开投资管理，以便及时把握机会、应对问题。

然而，为此美国和欧盟等采取相应行动（尽管这也有好处，就是能促使它们的基础设施支出增加），"一带一路"投资国也会更加谨慎。Soong（2021）以及 Vu、Soong 和 Nguyen（2021）指出，鉴于还贷的可持续性，一些国家一方面不希望受到较大的外部影响，另一方面又想寻求合作。这些问题的破解之道为：提高该倡议透明度，随之中国也就更有能力与受援国及其他全球行动者展开合作。

"一带一路"倡议的一个特点是，相比于私人投资者，国有企业占主导地位。国有企业在中国经济发展中一直处于重要地位。近年来，随着私营部门贡献了更多的国民收入份额，国有企业在某些领域的重要性有所下降，但其作用对中国经济而言仍至关重要（Hong，2013）。因此，它们能在"一带一路"项目融资中占主导地位就不足为奇了。不过，一些文献指出，国有企业的参与可能会抑制民间资本，使"一带一路"建设无法充分释放其潜力。

随着私营部门的参与越来越多（Oh 和 No，2019），有关中国政策对私人投资者的影响也引发了广泛讨论。Shen（2018）将这种关系称为"复合型联盟"：私人投资者的决策会受到国家政策的各种影响。Oh 和 No（2019）强调，私营部门——尤其是在技术密集型行业——常会得到国家财政政策支持。然而，Oh 和 No（2019）认为这种关系实际上可能会影响私营部门的活动。私人投资者可能会通过自我限制或调整自身行动来与国家政策优先事项保持一致；还可能主动减少更易受到市场风险影响的活动，以寻找机会获得经济租金。

从投资接受国的角度来看，在某些情况下，人们认为中国企业更善于交付基础设施等大型项目；并且得益于政策支持，国有企业在项目竞标中比私营企业更具竞争力——Elliot、Zhu 和 Wang（2019）引用非洲作为例子，称正是上述因素为中国国企赢得了正面形象。另外，与私营企业形成对比的是，国有企业缺乏与当地社区的接触。此外，在认为私营企业与国家政策相联系的情况下，人们会对其动机产生误解，这反过来又可能增加"一带一路"沿线国家对投资的质疑（Soong，2021；Vu、Soong 和 Nguyen，2021）。

在围绕"一带一路"投资影响的讨论中，"数字丝绸之路"问题尤其引人注目。宽泛地讲，"数字丝绸之路"是指在电信、人工智能、互联网通信及其他数字技术领域进行项目投资。它因新冠疫情的暴发而广受关注，全球电信基础设施需求也逐渐成为焦点。但在此之前，就已有人认为数字基础设施是发展的关键。此外，一些早期分析也表明，新兴市场和发展中经济体的互联网普及率与经济增长息息相关——特别是在"集约型"国家（发展计划注重人力资本与技术进步），而非"粗放型"国家（发展计划注重资源投入）（Li，2019）。

"一带一路"建设项目中数字技术领域的投资较少，这可能是因为其资本成本往往低于其他类型的基础设施；数字技术领域也就因此成为利用融资来获得发展的最佳领域（Gong 等，2019）。此外，也有观点认为中国自身的发展经验——尤其是技术发展经验——更接近于其他新兴市场和发展中经济体，因此与其他发达国家相比，其技术出口更符合这些市场和国家发展的需求（Gong 等，2019；Ly 和 Tan，2020）。

在"一带一路"建设中，海外数字投资似乎是由私营企业主导（Ly 和 Tan，2020）。2020 年，"一带一路"投资企业前十四强都是国有企业，以交通、电力和采矿为主，但排第 15 位的是民营企业阿里巴巴。而阿里巴巴是数字和技术领域的最大投资者（Nedopil，2021）。然而，鉴于私营企业正在寻求扩大市场份额和向海外出口技术，因此有人怀疑私营企业参与"数字丝绸之路"建设是受到了政策影响（Shen，2018）。Ly 和 Tan（2020）指出互联网普及率的提升可能会引发"解放效应"，民众将能更有效地向权威发起挑战。讨论"数字丝绸之路"影响的文献并不多，不过已有人提出这种怀疑反过来又会阻碍"一带一路"建设及其对数字基础设施资金缺口的填补。

"一带一路"倡议的主题之一是绿色和可持续投资。中国国家主席习近平提出要保护环境，建设生态文明（Geall 和 Ely，2018），并承诺中国在2060 年前实现碳中和的目标。这些承诺已获联合国认可，联合国称中国的可持续发展和减排努力与其目标不谋而合（Guterres，2017）。但是，各种复杂因素的存在，使得"一带一路"倡议面临挑战。首先，上述风险涉及"一带一路"参与方数量众多，且缺少集中化战略；其次，"一带一路"环境可持续性投资标准落实难。

气候变化和可持续发展等主题具有地缘政治敏感性，因此中国能在多大程度上解决这些问题会影响到"一带一路"倡议的实施情况。随着各方对可持续性的重视，不符合某些标准的项目可能会遭到反对。美国退出《巴黎气候协定》后，中国成为实现可持续发展和减排目标的领导者（Teese，2018），但成功打造绿色"一带一路"难度较大。为此，"一带一路"建设应大力倡导多边主义，并鼓励私营部门积极参与。

"一带一路"遇到的挑战与全球基础设施投资面临的挑战类似，即资本要充足，投资机会要诱人，同时还应与可持续发展目标保持一致。下文将评估全球基础设施投资者和"一带一路"倡议行动者可在多大程度上加强合作、实现互惠互利，从而化解其中一些挑战。首先评估当前全球基础设施投资模式及其与"一带一路"倡议的异同点；其次讨论如何通过优化投资模式来应对"一带一路"倡议所面临的挑战。

表 1　全球基础设施投资者和"一带一路"倡议面临的挑战

项目	挑战
全球基础设施面临的挑战	尽管多边开发银行不断增加,但仍缺乏充足的资金来满足全球基础设施投资需求
	投资机会对私营部门缺乏吸引力
	需确保基础设施建设和投资与"可持续发展目标"中的社会环境目标保持一致
"一带一路"倡议面临的挑战	现有项目存在财务/商业风险,造成资金短缺
	"数字丝绸之路"担忧
	"一带一路"项目的环境可持续性担忧

资料来源：公开资料整理。

三 当前全球基础设施投资模式如何？与"一带一路"倡议有何关系？

为了讨论基础设施投资模式，首先评估一般行动者群体范畴，其次分析进行基础设施项目投资时其如何相互影响。"一带一路"项目和活动涉及众多技术供应商、承包商、"绿地"投资和"交钥匙"工程，获得了大型政策性银行的支持，并且融资渠道多种多样——优惠融资、债券、股权投资、公私合营等。考虑到数据可得性，下文将已知的"一带一路"基建模式与更广泛的全球基建模式进行比较。

新兴市场和发展中经济体的基础设施投资是由众多的行动者提供的。这些行动者主要来自公共部门（World Bank，2017），既有从事国内投资的本国政府，也有以官方发展援助形式进行投资的外国政府；多边和双边开发银行往往是这些公共投资的载体（World Bank，2017）。私营部门与公共部门投资者相比虽然规模较小，但近年来其提供的全球基础设施投资有所增多；最近，国有企业也在公共部门和私营部门投资者之间搭建起了桥梁（Fay 等，2019；Gu 和 Carey，2019；World Bank，2017）。这些行动者的主要区别在于风险偏好和资金存量不同。这些特征也会影响其投资方式。

截至 2015 年，据估计发展中国家的大多数基础设施都是由本国政府建设（Chan 等，2009；Miyamoto 和 Chiofalo，2015）。这些资金来自政府借款或税收收入，还有一部分来自外国政府的官方发展援助。用于基础设施项目的官方发展融资在过去 20 年有所增加；2008~2013 年，发援会成员方提供的基础设施官方发展融资年均增长 13%（Miyamoto 和 Chiofalo，2015）。截至 2014 年，此类资金的最大提供者包括日本、韩国、德国、法国和美国。截至 2013 年，与发援会国家相比，非发援会援助方在基础设施资金中的占比要小得多，主要援助国是中国、印度和土耳其（Miyamoto 和 Chiofalo，2015）。

国有企业是国际基础设施投资的主要行动者。世界银行估计，2017年，55%的基础设施项目是由国有企业资助建设，在亚太地区这一比例更高（74%），与拉丁美洲和加勒比地区形成了鲜明对比，其只有9%的基础设施投资来自国有企业。国有企业投资占据主导地位的地区还有欧洲和中亚。在大型项目投资中，国有企业似乎占据着主导地位（通常与公共部门并驾齐驱），并且主要是由公共银行和开发性金融机构提供资金。这些大型项目通常集中在能源和运输领域，特别是公路和铁路方面。在"一带一路"倡议下，国有企业已成为实施大型交通项目的融资工具，比如主要由中国进出口银行供资60亿美元的中老铁路项目（World Bank，2017）。中国国企在"一带一路"基础设施投资中发挥着重要作用（Carrai，2021）。

显然，"一带一路"建设主要依赖公共部门和国有企业对基础设施项目的融资，而私人贷款机构通常不具备相关条件。国家通常比其他投资者更愿承担风险，因为其拥有更多可用资本，且与私人投资者不同，它并不只是追求市场回报率。这一现状不仅会增加国家在投资失败时面临的风险，而且限制了可筹集的资本量。此外，投资集中于国有企业不仅会让低效或濒临倒闭的公司产生依赖，而且还会人为地抬高私营企业的投资成本，无助于发挥其在某些领域的优势（OECD，2018）。

政府资助基础设施投资的另一个渠道是开发性金融机构。这些机构针对海外机会进行公共资金投资，并经常将资金分配给基础设施项目，寻求获得投资回报和提升发展影响力。开发性金融机构愿意承担投资中的先亏风险，常会瞄准其他投资者认为不可行的项目或机会，并能够通过提供优惠融资和其他定制性工具来为其他投资者降低项目风险（Griffith-Jones等，2020）。多边开发性金融机构的任务与双边机构类似，不过是由国家联合体提供资金。大型多边开发性金融机构利用的资金规模庞大，已成为最大的全球基础设施投资者群体之一。截至2013年，多边开发银行已成为新兴市场和发展中经济体基础设施领域最大的投资者群体之一，排名仅次于双边官方发展融资，2017年为私人基础设施项目提供了约30%的融资，为公共资助项目提供了约 30% 的融资（World Bank，2017）。仅世界银行集团就提供了 117 亿美元，该集团由世界银行、国际金融公司和支持机构组成（Miyamoto 和 Chiofalo，2015）。

开发性银行通常能通过在全球金融市场融资将资产负债表杠杆化，借此扩大基础设施融资规模（OECD，2020）。此外，这些机构还会调动其他资金来源——比如私人或机构投资者；这是因为它们本身虽持有大量资本，但仍不足以满足所有基础设施融资需求（Regan，2017）。它们是投资者可合作或寻求融资的有价值的机构，多边开发性银行一般都拥有不同地区的信息：世界银行和国际金融公司在各地区都有丰富的经验，而亚洲开发银行和非洲开发银行等机构在特定地区拥有经验。凭借这一点和能降低项目风险的事实，它们成为商业投资者的最佳合作伙伴——这是因为商业投资者可能在某个地区或行业缺乏专业知识，或认为投资风险过大。

包括企业及其他机构投资者在内的私营部门行动者对于基础设施投资而言也至关重要，它们能帮助满足全球基础设施投资需求（McKinsey，2016）。私营部门行动者旨在通过投资获得市场回报，往往比国有企业、开发性金融机构或其他公共部门投资者更注重规避风险，因此会选择成熟市场——如许多国家的可再生能源市场——或政府有意帮扶的市场进行投资。它们对货币风险和政治风险等更加难以缓解的因素也更为敏感。

虽然相关文献强调国有企业在"一带一路"建设中的作用，但在某些领域私人投资——特别是基础设施类公司——显然正在发展壮大。与"数字丝绸之路"相关的电信部门尤其如此。2016 年，中国移动、中国联通和中国电信对外投资总额达 8 亿美元左右，并进入了巴基斯坦、泰国和新加坡等国的市场（Gong 等，2019）。在非洲 50 多个国家，华为负责建设了一半以上的无线基站、70% 的 LTE 移动宽带网络以及 5 万多公里的光缆网络。华为和阿里巴巴还在科技项目中发挥了主导作用，如帮助建设智慧城市项目"智能迪拜"、支持新加坡发展电子商务。此外，阿里巴巴还与阿根廷政府就打造"世界电子贸易平台"达成合作意向（Gong 等，2019）。

私募股权基金、养老基金和保险公司等机构投资者越来越被视为潜在的资本池，全球体量估计已达 120 万亿美元（McKinsey，2016）。机构投资的方式各不相同。大多数私营部门对基础设施采用的是债务投资，即为基础设施项目融资：在 2020 年所有利用私营投资或融资的项目中，估计有 24% 的资金来自私募股权融资，35% 的来自机构或企业债务融资，其余来自公共部门或开发性金融机构合作伙伴（World Bank，2021a）。

表 2 描绘了全球基础设施投资主要模式。重要的是，虽然可以对不同类型的投资进行分类（通常包含一个主要行动者），但各种投资方式一般都会涉及多个行动者。我们必须重视国家和行动者的作用、开发性金融机构对不同类型项目的支持，以及私营部门在特定领域的作用。

表 2　基础设施投资主要模式

模式	说明	行动者
国家支持的大型项目	国家利用自己能比其他资本提供者筹集更多的资金、承担更大风险的特性，为海外大型项目提供债务和/或股权融资	国家发展机构、双边和多边开发性金融机构、公共银行
国有企业对公司投资	国有企业在其经验丰富的领域对海外基础设施公司进行投资，通常依靠公共融资或开发性金融机构融资	国有企业、双边开发性金融机构、公共银行
私营企业对公司投资	类似于国有企业，但融资主要来自开发性金融机构或私人贷款机构	私营企业、多边开发性金融机构、私人贷款机构
公私合营项目	政府和私人投资者共担风险。私人投资者代表政府经营基础设施项目；基于需求的——私营部门代表政府经营和拥有资产，有时也会负责建设，从中获得回报；基于可用性的——代表政府进行资产经营，按约定获得报酬	政府对应方、私营企业或机构投资者、私人贷款机构

资料来源：笔者根据麦肯锡（2016）、世界银行（2017）和世界银行（2021a）数据归纳整理。

四　综合分析："一带一路"建设如何协助应对全球性挑战，并与全球行动者互动

"一带一路"建设可通过采用不同的基础设施投资模式来缓解其面临的一些挑战。首先，更广泛地吸引多边开发性金融机构参与。与多边开发性金融机构合作有助于分散风险，吸引其他行动者参与基础设施建设，同时可确保"一带一路"建设项目达到全球环境标准。可使用的模式包括开发性金融机构提供直接股权投资的同时，作为股权保荐人对基础设施项目或公司进行投资，或使用自有资金；多边开发性金融机构以股东身份对基础设施项目展开投资，由此扩大其投资规模。中国作为亚投行创始股东就是一个例子，这是更传统的"一带一路"基础设施投资模式（Wang，2019）。亚投行拥有 100 多个成员，与亚投行合作有助于减少人们对"一带一路"建设中的双边行动的担忧，（Hameiri 和 Jones，2018）。然而，中国还与其他金砖国家（巴西、俄罗斯、印度和南非）共同成立了新开发银行——该银行被认为是促进南南合作的一种工具，并有可能推动一项不同的议程，或至少是一项不受其他国家影响的议程（Wang，2019）。这样一来，中国与多边开发性银行合作能表明其愿意与更广泛的全球行动者开展合作。

与多边开发性金融机构合作的同时，它们在环境和社会事务方面的标准可以为"一带一路"建设提供指引。上文已经提到，中国针对项目工程制定了环境标准，并与其他多边开发性金融机构的投资相结合，有利于融合这些机构的标准。比如，世界银行与日本合作基于投资与合作原则（World Bank，2021b）确立了"高质量基础设施投资伙伴关系"；欧洲复兴开发银行设立了"多边开发银行基础设施合作平台"。

此外，与多边开发性金融机构加强合作也有助于提高"一带一路"建设中项目的透明度。2012 年成立的基础设施透明度组织（CoST）与世界银行合作发布的《基础设施透明度指数手册》成为评估透明度和指导基础设施建设项目的重要文件。以下引述的是该手册的基本思路和方法。

基础设施透明度组织开发的"基础设施透明度指数"是一种国家或地方性评估工具,旨在衡量基础设施建设的透明度,以及参与及问责程序改善的程度。对于来自政府、私营部门和民间社会的利益相关者来说,该指数将能帮助他们了解该部门在透明、参与和问责等方面的相对优劣势。该指数是以合作方式设计,并吸纳了国际上良好的做法及有益的经验。(Padilla 和Ramirez,2020)

该手册试图通过创建一套指数来了解和分析基础设施项目。这些指数是基于对项目整体化及参与方式的认知,考虑了所有利益相关者的诉求,在项目透明度,以及了解透明度对利益相关者的影响方式上,值得"一带一路"投资者借鉴,包括如何收集投资信息、在加强与多边开发性金融机构合作的过程中应对哪些因素展开评估、如何追求更高的透明度。

除此之外,其他开发性金融机构和多边机构的标准也值得"一带一路"投资者认真研究,以便借鉴在透明度、项目监管和标准遵从等方面的国际实践经验。《国际金融公司投资评估框架》是国际金融公司的总体发展评估框架,旨在了解项目的财务、经济、环境和社会绩效及其对私营部门发展的贡献(IFC,未注明日期)。2017 年,国际金融公司还开发了"预期影响衡量监测系统"来衡量投资对发展的影响,以加强渠道管理。该系统已投入使用。它为特定领域制定了框架,包括基础设施与自然资源。世界银行还发起了"发展影响评价倡议",就大型基础设施项目评估和"世界银行绿色基础设施框架"(Australian AID 和 The World Bank,2012)开展多项研究。国际影响评估倡议组织还制定了一项计划来评估基础设施项目对"可持续发展目标"的贡献(3ie,2021)。同样,这些标准也有助于增进"一带一路"建设参与者对相关知识的了解,推动其实现可持续性发展目标。如上所述,"可持续发展目标"已成为全球的共同框架,其重要性得到"一带一路"高峰论坛的认可。了解其他国家如何将各种标准应用于基础设施投资,确保与"可持续发展目标"保持一致,这不仅有利于"一带一路"倡议的实施,而且能与遵守这些标准的国家在基础设施项目上开展更多的合作,推动实现"可持续发展目标"。

在众多可持续性基础设施投资的倡议中，高质量基础设施、透明度、项目准备、风险、债务、基础设施（作为一种资产）、标准化和合作都是交织在框架之间的主题。这些框架在一定程度上展现了合作的重要性：一些组织合作开展研究；一些领域——如影响评估框架和风险评估框架等——高度依赖于援助国、东道国和现有项目。不过，各类组织的发展影响评估中也存在共同主题。这些报告和倡议表明，各方就应对基础设施建设中的挑战达成共识，并分享类似的应对方法，包括：通过降低壁垒和提高法律及合同框架的标准化程度，筹集更多来自民间和机构的资金；加强全球行动者合作；提高透明度；加快东道国能力建设；加强数据生成与共享，为政策制定和决策提供支持。

与多边开发性金融机构合作，有助于深入了解如何吸引私人资本。上述框架有一个共同特征，即将积极利用民间资金作为评估多边开发性金融机构的关键指标。比如，"世界银行绿色基础设施框架"指出，公共资金必须在可持续基础设施项目融资方面发挥引领作用，这对于促进民间资金流动而言至关重要（Australian AID 和 The World Bank，2012）。实现这个目标离不开国家政策的支持，并且必须与私营部门共同制定这些政策，更多地鼓励私人投资。此外，这些投资还必须保证财务稳健，为私人投资者提供短期及中期财务回报。2018 年，国际可持续发展研究院发布《基础设施银行：解决方案与最佳实践》，根据对欧洲几家基础设施融资银行的研究，提出了基础设施融资方面的最佳实践模式。这些模式的重点包括为具有财务可行性的项目提供融资支持，确保投资不会对私营部门产生挤出效应。

我们已讨论了激励私营部门参与"一带一路"建设所面临的障碍。要消除这些障碍，就要与多边开发性金融机构加强协调。私人投资有助于实现全球基础设施投资目标，也是推进"一带一路"建设的关键。

"一带一路"倡议已成为全球经济和可持续发展中的关键组成部分，其重要性日益提升。对国际社会而言，最有效的行动方式是通过专门的、定期的对话机制与中国积极接触。当前，"一带一路"建设正处于发展的关键节点，建立有效的对话交流机制非常重要。人们普遍认为，这一大型项目在帮助落实《2030 年可持续发展议程》和实现"可持续发展目标"方面潜力巨大。"一带一路"倡议强调基础设施建设,重视加强与市场及民众之间的联系,这一理念得到了国际发展界的广泛支持,联合国安理会、联合国大会、世界银行、国际货币基金组织、联合国开发计划署、世界气象组织(WMO,2018)和区域政府间组织等都与中国就共建"一带一路"倡议达成了协议。有关"一带一路"倡议的讨论重点,已从"为什么要这么做"转变为"目前正在做什么"以及其影响。

"一带一路"倡议和"可持续发展目标"在投资和实践方面的一致性在很大程度上取决于其所涉及的系列问题。投资环境同样重要——"一带一路"投资所在国家和地区的社会、经济和政治环境会对投资成效、结果以及"可持续发展目标"的实现产生影响(Gu,2015)。"一带一路"投资收益在不同社会群体之间的分配方式也会深刻影响到其能否对实现"可持续发展目标"做出贡献——如在贫困、不平等、性别、"不让任何一个人掉队"的总体性原则方面。中国与大多数"一带一路"参与国都有着悠久的交往历史,如果抛开这些盘根错节的历史渊源,我们将很难理解这一大规模合作倡议的影响。就"一带一路"倡议和"可持续发展目标"的差异而言,无论是政府、中国企业还是表示支持的国际机构都在官方层面表态已为"一带一路"倡议注入正确的愿景、承诺、框架、标准和技术专业知识,能够确保"一带一路"投资与国家可持续发展优先事项保持一致,同时规避风险。然而,无论在哪个具体国家或具体问题上,都可能出现更加复杂的情况,当地具体的进展、实践和能力建设都在尽力去满足这些诉求。与此同时,"一带一路"倡议为各国发展提供纯粹技术资金解决方案的追求,往往与更复杂的社会问题及利益纠葛的现实相矛盾。

就推动落实《2030 年可持续发展议程》和帮助实现"可持续发展目标"而言,"一带一路"倡议是一种潜在的重要工具。该倡议非常重视基础设施能力建设和加强市场互联互通,为落实上述议程提供了一种可行机制。"一带一路"倡议的优势在于相关政策和功能非常完善、具有全球影响力,并已成为全球可持续发展和包容性增长机制架构的重要核心。

　　"一带一路"倡议是填补全球基础设施发展巨大资金缺口的有效途径，尤其是在经济实力较弱的"一带一路"沿线国家。联合国贸发会议进行的一项研究表明，电力和能源基础设施、运输、电信、水供应、环境卫生和个人卫生、粮食和农业、气候变化、卫生和教育等领域的投资缺乏问题尤为严重，而这些都是"一带一路"倡议关注的事项（UNCTAD，2020）。2013 年1 月至 2020 年 6 月，中国已向"一带一路"沿线国家投资了约 7550 亿美元（Nedopil，2020）。而"可持续发展目标"有助于推动"一带一路"倡议的落实，强化其可持续性，确保将社会和环境等方面的风险降至最低（Lewis等，2021）。来自柬埔寨、老挝、肯尼亚、埃塞俄比亚等发展中国家的证据表明，中国的基础设施建设正在为提高这些国家的生产能力做出贡献。

　　"一带一路"的建设规模和涉及范围十分巨大，充满挑战，令人担忧的还有财务可行性问题，以及可能对"一带一路"合作伙伴的经济、金融、环境、社会、文化、治理、企业及众多全球发展议题产生的影响。"一带一路"建设面临的主要挑战，可通过创新基础设施投资模式在一定程度上得到缓解。其目前的投资模式较单一，应进一步分散风险、筹集更多资本、寻求与国际投资者及机构合作等，以确保投资的可持续性。尽管后疫情时代对数字基础设施的需求增加，但中国在推动绿色"一带一路"建设的过程中，也有可能因地缘政治而被疏远。因此，要充分释放"一带一路"倡议的全部潜能，实现"可持续发展目标"，就必须解决上述问题。比如，正如 Eder（2018）所指出的，许多接受中国贷款的"一带一路"国家债务水平过高……引发了各方对其财务可持续性的担忧。这些担忧表明，"一带一路"建设需要配套有效的保障条款，并与现有国际规范、规则和规章制度保持一致。为实现这一目标，中国制定了更严格的海外贷款和投资法规，并将筹集私人资金和商业贷款列为优先事项；中国和国际私营银行建立了新的伙伴关系来为"一带一路"建设提供支持。

　　上述解决方式的关键是推动"一带一路"倡议与 ESG 对接，特别是ESG 保障措施的制定和采用。为与绿色气候基金（GCF）保持一致，我们将保障措施定义为：一套管理过程和程序，旨在促进各类机构识别、分析、避免、组织和减轻其活动对环境和社会造成的任何潜在不利影响，实现环境和社会效益最大化，随着时间的推移不断增加各类机构及其活动产生的环境和社会绩效。总体框架用于确保环境和社会成果的取得，并减少机构资助活动产生的任何不利影响。它为机构提供了将环境和社会因素纳入决策和运营过程的机会，即不仅要采取"不伤害"的保障措施，还要确定机会来保障"有利原则"，并增加环境效益和社会效益（Green Climate Fund，2018）。

与国际政策和监管制度保持同步的方法之一就是"一带一路"合作伙伴和传统援助国之间形成常态化、可持续的对话程序。人们已就环境和健康问题以及绿色"一带一路"展开了对话。这种对话不仅能促进知识交流，还可加深各方之间的了解，有利于促进低收入国家基础设施建设，通过推进"一带一路"建设实现"可持续发展目标"。

目前，一些传统援助国仍对"一带一路"倡议持保留态度——这是出于其对权力关系、公共透明度以及将合同授予中国企业的投标公平性的担忧。一份中文评论引用的美国相关研究发现，89%的"一带一路"建设项目的承包商是中国企业（Jin，2018）。这也是"受监管国家基础设施项目公开招标程序及融资能力"研讨会的议题之一。

其他政府已经决定探索自建框架的可能性，特别是由"四国联盟"（澳大利亚、印度、日本和美国，QUAD）提出的"亚非增长走廊"（Sun，2018；Yue，2018）。2021年6月，七国集团（G7）提出了"重建更美好的世界：满足中低收入国家巨大基础设施需求的积极倡议"（White House，2021）。即使替代方案在一定程度上具有可操作性，但与"一带一路"相比，其在领域、范围和影响力上都相形见绌。2018年9月，英国议会跨党派"一带一路"和中巴经济走廊小组正式成立，这也体现了"一带一路"倡议的重要性（Duan，2018）。

"一带一路"倡议能否得到全球发展共同体的认可，将在一定程度上影响其中长期实施成效（Gu和Kitano，2018）。要促使各经济走廊伙伴国最大限度地为"一带一路"建设提供支持，认可是一个重要因素。"一带一路"倡议的一个显著特点是注重利用全球投资、贸易和企业等经济增长手段，为地方切实创造经济和社会效益，增加就业机会，加强能力建设。中国在"一带一路"倡议实施前就致力于加强次区域民间跨境关系，这也是通过"一带一路"建设实现经济共同发展和建立战略伙伴关系的重要基础。正如习近平主席所言：发展的目的是造福人民。要让发展更加平衡，让发展机会更加均等、发展成果人人共享，就要完善发展理念和模式，提升发展的公平性、有效性、协同性（World Economic Forum，2017）。

前联合国驻华协调员、联合国开发计划署驻华代表尼古拉斯·罗塞里尼明确指出了进一步行动的要点："该倡议的成功将在很大程度上取决于为实现国家和地方发展目标做出贡献的能力，尤其是通过创造就业机会、提高发展能力及整体生活水平等方式来改善区域社会的生活面貌"（Rosellini，2016）。为满足这一需求，"一带一路"合作伙伴需发起一场重大的国际宣传活动，展示"一带一路"沿线民众所能获得的发展利益，同时在项目开发、实施和影响评估过程中主动加强与民间团体和社区组织的交流。

五　总结

在"一带一路"倡议与"可持续发展目标"的关系上，尤其是在倡议实施和项目开发所能产生的发展收益上，存在巨大的认知"缺口"。然而，有关这两项举措相互关系的研究并不多见。显然需要进一步进行政策导向研究，从具体目标、发展和实施现状及其实现"可持续发展目标"方面的有效性和影响力（这一点最为重要）等角度，对日益增多的"一带一路"建设项目展开调查和评估。

放眼未来，显然需要更多的证据来辩证地看待"一带一路"倡议与"可持续发展目标"之间的协同效应。我们需进行案例研究并在全球广泛传播，探索如何发掘上述关系，并利用最佳做法和示例来说明如何在不同情况下最大限度地发挥其协同作用。我们还需要提供更多的证据分析如何才能有效协调金融和实现可持续发展、了解和管理风险、实施和应用标准，以及提高政府、地方社会和私人承包商的项目管理及合作能力。此外，我们还需要在磋商和能力建设方面加大投资。多边机构以及开发性银行应根据可持续发展目标，思考如何加强"一带一路"沿线国家的必备能力建设，以便更有效地管理投资事项并为其排列优先次序；明确如何提供支持，推动"一带一路"建设中政府、民间组织、地方社区和项目投资者的磋商和合作，赋予直接受影响者更大的发言权。

从范围和规模来看，"一带一路"建设在提供全球公共产品和促进基础设施建设方面潜力巨大。然而，发达国家和发展中国家政府、投资者和私营部门组织、多边机构以及区域性开发银行合作伙伴需共同努力，研究如何实现这一目标。为使投资及其成果与"可持续发展目标"保持一致，各国政府应在制定与"一带一路"建设相关的发展战略方面发挥作用。确立覆盖"一带一路"建设的多部门、多层次和多维度政策导向研究项目，收集和评估与"可持续发展目标"和《2030年可持续发展议程》相关的绩效、成果和影响证据，极大地弥补这一认知"缺口"，同时为实现"可持续发展目标"提供支持，加强循证决策和未来战略发展合作。

参考文献

3ie. 2021. "Infrastructure." Accessed 10 October 2021.

Australian AID, The World Bank. 2012. "Green Infrastructure Finance: Framework Report." Washington DC: The World Bank, DOI: 10.1596/978-0-8213-9527-1, Accessed 10 October 2021.

AIIB. 2021. "Financing Operations." Accessed 10 October 2021.

A. Hughes, A. Lechner, A. Chitov, A. Horstmann. 2020. "Horizon Scan of the Belt and Road Initiative." *Trends in Ecology & Evolution* 35 (7), DOI: 10.1016/j.tree.2020.02.005, Accessed 12 October 2021.

A. Gelpern, S. Horn, S. Morris, B. Parks, C. Trebesch. 2021. "How China Lends: A Rare Look into 100 Debt Contracts with Foreign Governments." Williamsburg VA, AidData, Kiel: Kiel Institute for the World Economy, and Washington D.C., Center for Global Development and Peterson Institute for International Economics, Accessed 12 October 2021.

A. Guterres. 2017. "Meeting the Prevention Challenge." *UN Chronicle* 54(3), Accessed

12 October 2021.

B. Ly, A. W. K. Tan. 2020. "Challenge and Perspective for Digital Silk Road." *Cogent Business & Management* 7（1）, DOI：10. 1080/23311975. 2020. 1804180, Accessed 12 October 2021.

C. Nedopil. 2021. "China's Investments in the Belt and Road Initiative in 2020." Beijing：Green BRI Center, International Institute of Green Finance（IIGF）, Accessed 12 October 2021.

C. Yue. 2018. "Japan Strengthens its Strategy of Confronting the Belt and Road Involvement in ASEAN Infrastructure Projects." DW News, 13 March, Accessed 12 October 2021.

C. Chan, D. Forwood, H. Roper, C. Sayers. 2009. "Public Infrastructure Financing：An International Perspective." Productivity Commission Staff Working Paper March, Melbourne：Productivity Commission, Australian Government, Accessed 10 October 2021.

C. Gardner, P. B. Henry. 2021. *The Global Infrastructure Gap：Potential, Perils, and a Framework for Distinction.* New York：NYU Stern School of Business.

C. Nedopil. 2020. "Green Belt and Road Initiative（BRI）Lab." Shanghai：Green Finance & Development Center, Fanhai International School of Finance（FISF）, Fudan University, Accessed 5 July 2021.

C. Shearer, N. Mathew-Shah, L. Myllyvirta, A. Yu, T. Nace. 2019. "Boom and Bust 2019：Tracking the Global Coal Plant Pipeline." San Francisco CA：Global Energy Club, Oakland CA：Sierra Club, and Amsterdan：Greenpeace, Accessed 21 April 2021.

D. Görlich, J. Stein-Zalai, K. L. de Miranda. 2020. "Infrastructure Investment and Financing：T20 Recommendations Report." G20 Insights, 16 January, Accessed 21 April 2021.

D. Brautigam. 2020. "A Critical Look at Chinese 'Debt-trap Diplomacy'：The Rise of a Meme." *Area Development and Policy* 5(1), DOI：10. 1080/23792949. 2019. 1689828, Accessed 10 October 2021.

D. Gurara, et al. 2018. "Trends and Challenges in Infrastructure Investment in Developing Countries." International Development Policy, Revue Internationale de Politique de Development 10. 1, DOI：10. 4000/poldev. 2802, Accessed 12 October 2021.

D. Strusani, G. V. Houngbonon. 2020. "What COVID-19 Means for Digital Infrastructure in Emerging Markets." IFC Note 83, Washington D. C. ：International Finance Corporation, Accessed 12 October 2021.

D. J. Lewis, et al. 2021. "Dynamic Synergies between China's Belt and Road Initiative and the UN's Sustainable Development Goals." *Journal of International Business Policy* 4（1）, Accessed 12 October 2021.

Embassy of the People's Republic of China in the United Kingdom. 2018. "Share the Opportunities of the Belt and Road Initiative and Create a Splendid Future for the China－UK

'Golden Era'." Keynote Speech by H. E. Ambassador Liu Xiaoming at the Launching Ceremony of the All-Party Parliamentary Group for the Belt and Road Initiative and China-Pakistan Economic Corridor, 11 September, Accessed 12 October 2021.

E. A. Elliot, Z. Zhu, F. L. Wang. 2019. "Inter-firm Trust between Emerging Markets: Chinese Firms in Africa." *Journal of Macromarketing* 39 (3), DOI: 10.1177/0276146719 842225, Accessed 12 October 2021.

G20. 2019. "G20 Principles for Quality Infrastructure Investment." Proceedings from the G20 Osaka Summit, 28-29 June, Accessed 21 April 2021.

Green Climate Fund. 2018. "Environment and Social Safeguards." Accessed 12 October 2021.

Hong Yu. 2013. "The Ascendency of State-owned Enterprises in China: Development, Controversy and Problems." *Journal of Contemporary China* 23 (85), DOI: 10.1080/ 10670564. 2013. 809990, Accessed 12 October 2021.

H. Padilla, G. Ramirez. 2020. "Infrastructure Transparency Index Manual." London: The Infrastructure Transparency Initiative (CoST), Accessed 12 October 2021.

H. Shen. 2018. "Building a Digital Silk Road? Situating the Internet in China's Belt and Road Initiative." *International Journal of Communication* (12), Accessed 12 October 2021.

H. Wang. 2019. "The New Development Bank and the Asian Infrastructure Investment Bank: China's Ambiguous Approach to Global Financial Governance." *Development and Change* 50 (1), DOI: 10.1111/dech. 12473, Accessed 12 October 2021.

H. W. French. 2021. "Is a Belated Western Rival to China's Belt and Road too Late?" *World Politics Review* (31), Accessed 21 April 2021.

IFC. 2021a. "IFC's Evaluation Framework for Investments." Washington D. C. : International Financial Corporation, World Bank Group, Accessed 18 April 2021.

IFC. 2021b. "How IFC Measures the Development Impact of Its Interventions." Washington D. C. : International Finance Corporation Asian Development Bank Institute, Accessed 12 October 2021.

I. Mell 2016. *Global Green Infrastructure: Lessons for Successful Policy-Making.* Investment and Management, London: Routledge.

J. Gu, R. Carey. 2019. "China's Development Finance and African Infrastructure Development." in A. Oqubay, J. Y. Lin (eds.) *China-Africa and an Economic Transformation,* Oxford: Oxford University Press.

J. Gu, Z. Chuanhong, A. Vaz, L. Mukwereza. 2016. "Chinese State Capitalism? Rethinking the Role of the State and Business in Chinese Development Cooperation in Africa." *World Development* (81), DOI: 10. 1016/j. worlddev. 2016. 01. 001, Accessed 12 October 2021.

J. J. Soong. 2021. "Perception and Strategy of ASEAN's States on China's Footprints under Belt and Road Initiative (BRI): Perspectives of State-Society-Business with Balancing-Bandwagoning-Hedging Consideration." *The Chinese Economy* 54 (1), DOI: 10. 1080/10971475. 2020. 1809813, Accessed 12 October 2021.

J. Gu, N. Kitano (eds.) 2018. "Emerging Economies and the Changing Dynamics of Development Cooperation." IDS Bulletin 49. 3, DOI: 10. 19088/1968 – 2018. 143, Accessed 12 October 2021.

J. Gu. 2015. *China's New Silk Road to Development Cooperation: Opportunities and Challenges.* New York NY, United Nations University Centre for Policy Research (UNU – CPR), United Nations University Press, Accessed 12 October 2021.

J. P. Xi. 2019. *The Belt and Road Initiative.* Beijing: Foreign Languages Press.

K. Miyamoto, E. Chiofalo. 2015. "Official Development Finance for Infrastructure: Support by Multilateral and Bilateral Development Partners." OECD Development Co-operation Working Papers 25, Paris: OECD Publishing, Accessed 12 October 2021.

K. Kaska, H. Beckvard, T. Minarik. 2019. "Huawei, 5G and China as a Security Threat." Tallinn: CCDCOE, Accessed 12 October 2021.

K. Miyamoto, E. Chiofalo. 2016. "Official Development Finance for Infrastructure: With a Special Focus on Multilateral Development Bank." OECD Development Cooperation Working Papers 30, Paris: OECD Publishing, Accessed 12 October 2021.

McKinsey Global Institute. 2016. "Bridging Global Infrastructure Gaps", Accessed 21 April 2021.

M. A. Baloch, J. Zhang, K. Iqbal, Z. Iqbal. 2019. "The Effect of Financial Development on Ecological Footprint in BRI Countries: Evidence from Panel Data Estimation." *Environmental Science and Pollution Research* (26), DOI: 10. 1007/s11356 – 018 – 3992 – 9, Accessed 10 October 2021.

M. A. Carrai. 2021. "Adaptive Governance along Chinese-financed BRI Railroad Megaprojects in East Africa." *World Development* (141), DOI: 10. 1016/j. worlddev. 2020. 105388, Accessed 10 October 2021.

M. Han, J. Lao, Q. Yao, B. Zhang, J. Meng. 2020. "Carbon Inequality and Economic Development Across the Belt and Road Regions." *Journal of Environmental Management* 26 (2), DOI: 10. 1016/j. jenvman. 2020. 110250, Accessed 12 October 2021.

M. Fay, S. Han, H. I. Lee, M. Mastruzzi, M. Cho. 2019. "Hitting the Trillion Mark – A Look at How Much Countries Are Spending on Infrastructure." World Bank Policy Research Working Paper 8730, Washington D. C. : Sustainable Development Practice Group, World Bank Group, Accessed 12 October 2021.

M. Regan. 2017. "Infrastructure Financing Modalities in Asia and the Pacific: Strengths and Limitations." ADBI Working Paper Series 721, Tokyo: Asian Development Bank Institute,

Accessed 12 October 2021.

N. Inkster. 2019. "The Huawei Affair and China's Technology Ambitions." *Survival* 61 (1), DOI: 10. 1080/00396338. 2019. 1568041, Accessed 12 October 2021.

N. Renwick, J. Gu, S. Gong. 2018. "The Impact of BRI Investment in Infrastructure on Achieving the Sustainable Development Goals." K4D Emerging Issues Report, Brighton: Institute of Development Studies.

N. Rosellini. 2016. "Great Expectation along the Silk Road." Inter-Press Service News Agency, 17 November, Accessed 12 October 2021.

OECD. 2015. "Development Co-operation by Countries Beyond the DAC." Paris: OECD Development Cooperation Directorate, Organisation for Economic Co-operation and Development, Accessed 21 April 2021.

OECD. 2018. "China's Belt and Road Initiative in the Global Trade." Investment, and Finance Landscape, Paris: Organisation for Economic Co-operation and Development, Accessed 23 July 2021.

OECD. 2020. "OECD Reference Note on Environmental and Social Considerations in Quality Infrastructure." 2019 G20 Presidency of Japan Infrastructure Working Group, Accessed 21 April 2021.

PwC. 2020. "The Global Forces Shaping the Future of Infrastructure." London: PricewaterhouseCoopers, Accessed 21 April 2021.

P. Carmody. 2020. "Dependence not Debt-trap Diplomacy." *Area Development and Policy* 5 (1), DOI: 10. 1080/23792949. 2019. 1702471, Accessed 11 October 2021.

P. Frankopan. 2019. *The New Silk Roads: The Present and Future of the World.* London: Bloomsbury Publishing.

P. I. Vasquez. 2019. "China's Oil and Gas Footprint in Latin America and Africa." International Development Policy, Revue Internationale de Politique de Développement, DOI: 10. 4000/poldev. 3174, Accessed 20 July 2021.

P. Teese. 2018. "Exploring the Environmental Repercussions of China's Belt and Road Initiative." Washington D. C. : Environmental and Energy Study Institute, Accessed 12 October 2021.

Q. Jin. 2018. "US Think Tank: 89% of the Belt and Road Contractors are Chinese Enterprises." Boxun, 25 January, Accessed 12 October 2021.

Q. Sun. 2018. "Has the United States Got a Knockoff Version of the 'Belt and Road'? But the Down Payment is too Little…" China News, 2 August, Accessed 12 October 2021.

R. Mahadevan, Y. Sun. 2020. "Effects of Foreign Direct Investment on Carbon Emissions: Evidence from China and its Belt and Road Countries." *Journal of Environmental Management* 27 (6), DOI: 10. 1016/j. jenvman. 2020. 111321, Accessed 12 October 2021.

R. McMorrow, Y. Yang. 2021. "Chinese Regulators Fine Alibaba Record $2.8bn." Financial Times, 9 April, Accessed 23 July 2021.

Swiss Re Institute and GIF. 2021. "Closing the Infrastructure Gap." Washington D. C., Global Infrastructure Facility, Accessed 12 October 2021.

S. Hameiri, L. Jones. 2018. "China Challenges Global Governance? Chinese International Development Finance and the AIIB." *International Affairs* 94(3), DOI: 10.1093/ia/iiy026, Accessed 12 October 2021.

S. Geall, A. Ely. 2018. "Narratives and Pathways towards an Ecological Civilization in Contemporary China." *The China Quarterly* 23 (6), DOI: 10.1017/S03057410180 01315, Accessed 12 October 2021.

S. Gong, J. Gu, F. Teng. 2019. "The Impact of the Belt and Road Initiative Investment in Digital Connectivity and Information and Communication Technologies on Achieving the SDGs." K4D Emerging Issues Report, Brighton, Institute of Development Studies.

S. Griffith-Jones, S. Spiegel, J. Xu, M. Carreras, N. Naqvi. 2020. "Matching Risks with Instruments in Development Banks." Research Papers 170, Paris: International Research Initiative on PDBs and DFIs, Agence Francaise pour le Développement, Accessed 12 October 2021.

S. Hansen, T. Le, E. Too. 2018. "Developing a Conceptual Framework for Making Decisions During Front-end Planning Phase to Select Infrastructure Projects." Paper Presented at the 14th IRNOP Conference and Doctoral Symposium, Melbourne, 10 – 12 December, Accessed 12 October 2021.

T. P. Narins, J. Agnew 2019. "Missing from the Map: Chinese Exceptionalism, Sovereignty Regimes and the Belt Road Initiative." *Geopolitics* 25 (4), DOI: 10.1080/14650045.2019.1601082, Accessed 12 October 2021.

T. S. Eder. 2018. "Mapping the Belt and Road Initiative: This is Where We Stand." Mercator Institute for China Studies, 7 June, Accessed 12 October 2021.

UNCTAD. 2020. "World Investment Report 2020: International Production Beyond the Pandemic." Geneva: United Nations Conference on Trade and Development, Accessed 18 July 2021.

V. H. Vu, J. J. Soong, K. N. Nguyen. 2021. "Vietnam's Perceptions and Strategies toward China's Belt and Road Initiative Expansion: Hedging with Resisting." *The Chinese Economy* 54 (1), DOI: 10.1080/10971475.2020.1809818, Accessed 12 October 2021.

WMO. 2018. "New Trust Fund Underpins China's Belt and Road Meteorological Support." 23 June, Geneva: World Meteorological Organization, Accessed 12 October 2021.

White House. 2021. "Fact Sheet President Biden and G7 Leaders Launch Build Back Better World (B3W) Partnership." Washington D. C., The White House, Accessed 22

June 2021.

World Economic Forum. 2017. "President Xi's Speech to Davos in Full." World Economic Forum, 17 Jan, Accessed 12 October 2021.

World Bank. 2017a. "Who Sponsors Infrastructure Projects? Disentangling Public and Private Contributions." Washington D. C. , Public-Private Infrastructure Advisory Facility (PPIAF) and World Bank, Accessed 12 October 2021.

World Bank. 2017b. "Contribution of Institutional Investors: Private Investment in Infrastructure 2011-H1 2017." Washington D. C. , World Bank, Accessed 12 October 2021.

World Bank. 2019. "Belt and Road Economics: Opportunities and Risks of Transport Corridors." Washington D. C. , World Bank, Accessed 11 July 2021.

World Bank. 2021a. "Private Participation in Infrastructure (PPI) Database." Washington D. C. , World Bank, Accessed 12 October 2021.

World Bank. 2021b. "Quality Infrastructure Investment Partnership." Washington D. C. , World Bank, Accessed 16 July 2021.

X. Duan. 2018. "New UK Parliamentary Group Seeks to Boost Belt and Road Cooperation." Belt and Road Portal, 12 September, Accessed 12 October 2021.

Y. Li. 2019. "Influence of the Internet on the Economic Growth of the Belt and Road Region." *Global Journal of Emerging Market Economies* 11(3), DOI: 10. 1177/0974910119887054, Accessed 12 October 2021.

Y. A. Oh, S. No. 2019. "The Patterns of State-firm Coordination in China's Private Sector Internationalization: China's Mergers and Acquisitions in Southeast Asia." *The Pacific Review* 33 (6), DOI: 10. 1080/09512748. 2019. 1599410, Accessed 12 October 2021.

Y. Huang. 2016. "Understanding China's Belt & Road Initiative: Motivation, Framework and Assessment." *China Economic Review* (40), DOI: 10. 1016/j. chieco. 2016. 07. 007, Accessed 12 October 2021.

官方发展援助、双边援助者和国际发展合作

杜伊文*

一　官方发展援助概览

（一）官方发展援助与发展合作框架

官方发展援助（ODA）是传统发达国家与发展中国家之间的一种国际关系，发援会围绕这种关系设计了一套概念、指标、标准和方法，对援助情况做出评议。随着非传统援助者不断增加，这种援助体系开始发生变化。非发援会援助者的作用日益凸显，加上亚投行和新开发银行等开发性金融机构的出现，对援助治理体系造成影响。

发援会对援助的特性、目的、对象和提供者等要素进行了明确。[①] 除了

---

*　杜伊文（Evan Due），中国发展研究基金会高级项目顾问，加拿大英属哥伦比亚大学亚洲研究所高级研究员，曾任职于加拿大国际开发署（现并入外交部）和国际发展研究中心，任联合国、挪威国际合作开发署顾问，为斯里兰卡政府提供咨询服务，作为加拿大代表出席经合组织发展援助委员会及各种多边论坛，主要研究领域包括公共政策、政治经济学、国际贸易和经济治理。

①　数十年来，就援助工作而言，发援会一直是其法律框架与体制框架的制定者。在过去半个世纪，发援会制定了一套全面的援助统计系统，实现了对系统功能及效用的全覆盖。参见 https://www.oecd.org/dac/financing-sustainable-development/development-finance-data/statisticsonresourceflowstodevelopingcountries.htm。

关注双边成员提供的官方发展援助，发援会也关注新兴非发援会援助者、基金会以及其他私人部门的援助，并连同发援会成员方的相关信息一起对外发布。

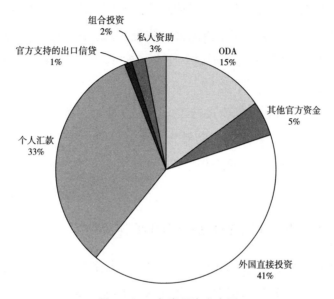

图 1　2019 年发展资金来源

发援会官方发展援助是指以促进经济和社会发展为导向，以减少贫困和增进福祉为目标的非商业性交易。这既不包括"其他官方资金"（OOF），因具有商业性而与发援会官方发展援助的标准不符，[①] 也不包括非发援会国家提供的援助，即"南南合作"或"三方合作"等官方发展援助。总体来说，就发展中国家而言，官方发展援助虽在发展融资总额中占比不大，但作用至关重要——这是因为其目标是减少贫困，并且援助条件非常优惠。

---

① "其他官方资金"包括：出于代表性或商业性目的向发展中国家提供的赠款；旨在促进发展，但赠款份额低于 25% 的官方双边交易；以促进出口为主要目的，不考虑赠款份额的官方双边交易。根据定义，这一类别包括：由官方部门或机构直接提供给受援者的出口信贷（官方直接出口信贷）；政府和中央货币机构按市场条件，购买多边开发银行所发行证券的净额；对私营部门的补贴（赠款），推动其为发展中国家提供信贷；为私人投资提供的资金。参见 https://data.oecd.org/drf/other-official-flows-oof.htm#indicator-chart。

发援会主要关注官方发展援助，[①] 但来自非发援会援助者的发展融资方式越来越多元化，由此改变了官方发展援助格局。为此，发援会正在对其报告结构进行改进，以便更好地适应新的发展形势，鼓励援助者加强协调官方发展援助与私人发展资金之间的关系。为实现这一目标，发援会正在探索一种新的统计框架，用于监测官方资源流量，以及官方资金为促进可持续发展所撬动的私人资金流量，也称为"官方对可持续发展总支持"（TOSSD）。[②]

对官方发展援助报告结构进行改进，代表着向更具包容性迈出了一步。然而，国家政策决定着双边援助模式，由援助者主导的援助往往更"排外"，而非包容。此外，发展合作框架还不太符合非发援会援助提供者的利益和特点。[③]

（二）官方发展援助在发展融资中的作用

筹集发展资金是实施《2030年可持续发展议程》面临的长期挑战。实现"可持续发展目标"需制定综合性的发展融资框架，将公共财政、私营部门、民间团体以及外部资金均包括在内。然而，发展中国家最重要的资金来源是政府预算，约是所有外部资金之和的3倍。

官方发展援助是公共财政的重要组成部分，对于实现可持续发展，尤其是提供卫生、教育和社会保护等公共产品而言至关重要。然而，此类援助在发展资金总量中的占比很小，仅为7%~8%。[④] 私人资金，包括外国直接投资、汇款及其他私人资金流（证券投资、银行及其他贷款），约占87%，其

[①] 发援会成员国已就报告标准达成一致意见，以确保结构的同质性和可比性。援助者各不相同的利益导致这一过程相当复杂，但援助者俱乐部常常会通过设立规章来确保行动一致。

[②] 参见 http://www.oecd.org/dac/tossd/。

[③] 包括非发援会援助者该如何为援助支出分类（如中国）；一种更可取的方法是建立更庞大的多方利益相关者体系，以便按照"可持续发展目标"和《2030年可持续发展议程》展开集体行动。

[④] 流向低收入国家资金的数据有多个来源，如世界投资报告和经合组织的报告等，因此并不准确。

中外国直接投资是最稳定的私人资金来源。但是，私人资金主要流向投资环境更友好、收益更高的发展中国家，而急需援助的最不发达国家和脆弱国家往往被忽视。

表 1　2013~2019 年向发展中国家发展资金流出量

单位：百万美元

项目	2013 年	2014 年	2015 年	2016 年	2017 年	2018 年	2019 年
ODA	151138	161729	146741	158810	165089	166540	168440
OFD	172225	182299	179055	182871	184623	191284	192767
Private flows from DAC	250566	411896	115933	127947	234706	96118	216319
−to LDCs	2300	10377	3518	4043	3033	—	2445
−to LMICs	36921	45954	50693	29405	54764	33412	80567
−to UMICs	149545	183687	114674	95874	111672	89959	103221
unallocated	55497	164532	—	—	72663	—	30155
Philanthropic	2664	2822	3200	3716	5828	6320	6456
All Sources	441338	598459	313641	316641	421746	292665	404687

资料来源：根据 OECD 公开资料整理。

　　官方发展援助只占发展资金总额的一小部分，且份额还在减少，这不免引起发展分析人士的质疑——官方发展援助是不是已变得过于分散且无足轻重了？出于国家利益的考虑，双边援助是否有利于受援国取得发展成果？

　　对全球公共产品和服务进行投资，如饮水安全、医疗保健、教育、儿童发展、环境保护和应对气候变化等，是实现"可持续发展目标"的重要领域，但这些领域一般不会吸引国际金融投资。① 在资源有限的贫穷国家，这些领域被认为是公共财政支持的范畴，也是官方发展援助的特殊细分领域。官方发展援助在支持国内融资、帮扶特定发展领域方面发挥着直接作用，但如今越来越多地被视为一种吸引私人投资的手段。

　　人们对筹集非官方发展援助资金——尤其是外国直接投资——的兴趣日

---

① 虽然出现了绿色债券和社会影响力投资等新工具，但其在国际金融中的作用直到现在才开始显现。

渐浓厚，为此发援会还探索了"混合融资"模式。① 从许多最不发达国家的情况来看，私人发展资金所占国内生产总值的比重，已经变得与官方发展援助不相上下，甚至有所超越。但是，在流向最不发达国家的外部资金中，无论是直接提供发展支持还是增加公共财政，官方发展援助仍然占据着重要位置；只有官方发展援助专门针对减贫议题提供援助。因此，它在满足全球贫困人口需求方面发挥着至关重要的作用，特别是在最贫穷地区。

（三）双边官方发展援助资金（按部门和目的划分）

2018 年，全球提供的官方发展援助约为 1500 亿美元，其中约 87%采用赠款形式。大约 1/3 是通过多边机构和全球基金（如全球环境基金）提供的。全球大约一半的官方发展援助资金流向最不发达国家，即最贫穷、最脆弱的国家；而据联合国统计，这些国家数量为 47 个左右，大都位于非洲。② 撒哈拉以南非洲得到的人均官方发展援助资金最多，此外也包括一些战后国家，如阿富汗和伊拉克。双边援助者提供的援助以赠款为主，包括基于项目和计划的财政直接支付、技术合作等实物转移，以及直接预算支持。

双边官方发展援助包括多个组成部分，并且交付方式和使用目的多种多样：有些是针对项目、预算支持或其他目的的直接融资（国家定向援助）；有些是交付商品，如粮食援助；有些是提供技术援助。通过对全球公共产品进行投资，双边官方发展援助可直接或间接使国家或地区受益。

双边官方发展援助主要以赠款形式交付（约占总额的 2/3），但过去20 多年来在非发援会援助者的推动下，优惠贷款大幅增加。大多数赠款都会按照受援国的双边政策框架，专门用于支持特定类型的项目和计划。社会领域是发援会的最大官方发展援助类别（约占支出的 50%），其次是

---

① https：//www.oecd.org/dac/financing-sustainable-development/blended-finance-principles/.

② https：//www.un.org/development/desa/dpad/least-developed-country-category/ldcs-at-a-glance.html；https：//data.worldbank.org/country/XL.

对经济基础设施及服务的援助（约占该领域支出的 1/3）。① 从受援国的角度来看，直接预算支持和其他无条件赠款是主要形式，这样一来公共支出会更具灵活性——但援助者通常也会对受援助领域做出规定（如教育或卫生）。

双边官方发展援助所支持的发展活动非常广泛，发援会也按领域、目的和模式对各援助者的此类活动做记录。援助者按类别提交的报告虽不一定能反映实际开支，但成员之间在很大程度上具有可比性。流向各领域的官方发展援助随着时间的推移而增加，只不过在发展趋势和权衡需求的影响下，社会基础设施及服务、经济基础设施及服务、债务减免等领域的增长率明显高于其他领域。② 援助者也常会为不同地区和领域进行优先排序，而这取决于其如何权衡需求、评估风险，以及如何满足公共利益。

发援会按照援助类型、援助实效、各领域拨款（按援助用途和主要目的划分）、地域分配和其他参考指标，汇总了各援助者的官方发展援助支出情况。③ 这些数据显示了援助者如何分配援助资金，以及将其用于何种目的，有助于了解双边援助的流向国家及分配方式。根据发援会的《发展中国家资金流向地理分布》，可了解发援会官方发展援助净支出流向各发展中国家和特定领域的情况、多边机构和其他援助者提供的资金情况。该报告还列出了各援助者的首选国家，及其在全球层面向发展中国家提供援助的广度。

---

① 参见联合国《2019 年可持续发展融资报告》。

② 每个领域又会细分多个子领域，如卫生、教育、供水、运输等。https：//www.oecd - ilibrary. org/development/data/oecd - international - development - statistics/official - bilateral - commitments-by-sector_ data-00073-en。

③ https：//www.oecd.org/dac/financing - sustainable - development/development - finance - data/ statisticsonresourceflowstodevelopingcountries. htm； https：//read. oecd － ilibrary. org/development/ geographical－distribution－of－financial－flows－to－developing－countries－2019_ fin_ flows_ dev-2019-en-fr#page11。

表2　2019年双边官方发展援助支出情况（按领域和地区划分）

单位：百万美元

领域	Least Developed	LMIC	UMIC
Social Sector	13330	12989	7014
Education	2614	3306	2324
Health & Population	4533	2595	851
Water Supply & Sanitation	1621	2339	842
Economic Infrastructure	5239	10521	2006
Energy	3034	4295	756
Transport & Communication	1761	5365	721
Production	2275	1769	2001
Agriculture，Forestry，Fish	1826	1164	688
Industry，Mining，Construct.	358	467	1275
Trade&Tourism	91	138	39
Multisector	1503	2854	1231
Program Assistance	920	876	263
Humanitarian Assistance	8147	4014	2540

资料来源：根据OECD公开资料整理。

在双边官方发展援助发展的同时，私营部门发展支出增加，[①] 然而结果却喜忧参半，尤其是在获得私人发展资金最少的最不发达国家。[②] 在实现减贫目标和"可持续发展目标"方面，最不发达国家的治理能力最差、国内融资水平最低，同时面临着援助依赖度高、援助碎片化（缺乏协调）和国内资源筹集能力弱等问题。官方发展援助是最不发达国家解决减贫问题的重要资金来源，但也需要通过加强协调来提高援助实效、增加国内支出和弥补私人投资不足，最终促进经济发展。

（四）新冠疫情期间的发展融资

新冠疫情暴发前，"可持续发展目标"的实施进展喜忧参半。官方发展

[①] 参见《2018援助现实：发展援助与合作的变化面貌》。

[②] 2012~2018年，采取发展融资干预措施筹集的私人资金中只有6%被用于最不发达国家，其中大部分集中在能源和金融等创收领域，而不是其他对减贫至关重要的领域。参见OECD《2020年最不发达国家的混合融资》。

援助资金保持相对稳定，但缺口仍然较大，许多关键领域的进展不如预期。从全球来看，极端贫困人口规模虽然一直在缩减，但粮食危机却在加剧，不平等状况进一步恶化，陆地和海洋生物多样性丧失情况恶化。① 新冠疫情暴发对各国的经济发展都产生了负面影响，尤其是最不发达国家。所有可用资源（国内、外部、公共、私人）都处于紧张状态，严重限制了可持续发展资金的增加。随着发达国家将资源重新分配用于国内经济刺激计划和卫生领域，发展中国家的外部发展资金估计 2020 年减少约 7000 亿美元，2021 年进一步降低。②

总体而言，新冠疫情暴发以来，双边官方发展援助资金额就远低预期。面对国内财政压力，一些发援会国家大幅削减了国际援助预算（如英国）；还有一些国家仅能勉强履行承诺，或为应对新冠疫情仅小幅增资（如荷兰）。③ "发展倡议"监测小组指出，与上年相比，约一半的双边援助者削减了 2020 年援助预算，其中英国的降幅最大，接近 45%。同时，多边机构却增加了以贷款形式提供的援助比例。④

经合组织指出，在发展中国家，随着贸易领域的就业机会和收入减少，加上社会保障体系不完善，新冠疫情极大地放大了这些国家面临的经济和社会困难。据估计，将有超过 1 亿人口陷入极端贫困，不平等状况会进一步加剧，对实现"可持续发展目标"产生负面影响。在动员和协调双边援助者为实现"可持续发展目标"提供支持、协助提高援助实效的过程中，经合组织呼吁官方发展援助资金提供者为实现"可持续发展目标"调整融资战略，同时提高援助资金使用透明度，以免损害债务可持续性和宏观经济管理效果。

---

① 参见《2020 年可持续发展报告：可持续发展目标和新冠疫情》。

② 参见 OECD/DAC《2021 年全球可持续发展融资展望》、观察家研究基金会《新冠疫情对国际发展体系的影响》。

③ https：//donortracker.org/countries.

④ 参见发展倡议《新冠疫情期间的援助变化》（file：//Users/evandue/Downloads/How_ is_ aid_ changed_ in_ the_ Covid-19_ pandemic.pdf）。数据参照了"国际援助透明度倡议"（https：//iatistandard.org/en/）。然而，即便最不发达国家的公共资源极其缺乏，双边援助者和国际金融机构也没有提高对这些国家的援助份额，反而一些双边援助还转向多边机构。

（五）非发援会的官方发展援助提供者与发援会双边援助者：二者需进一步协调一致

经合组织一直致力于收集援助提供者相关数据，如慈善组织、基金会、多边机构和非发援会成员国等；2020 年统计的援助提供者共计 121 个，其中 59 个为官方提供者，29 个为发援会成员方。

重要的是，其他向发援会报告的非发援会官方援助提供者增加了官方发展援助拨款，来自私人慈善机构和基金会的捐款也增加。这些拨款大部分为双边性质，只有约 10% 的流向多边机构（专项捐款）。私人提供者的资金几乎全部来自非政府组织、民间团体和研究组织，主要用于实施特定的项目和计划。

过去十年间，发援会一直在努力将其他非成员国和私人援助者的数据纳入其数据库，同时鼓励各方加强合作，确保政策一致性。发援会认识到，其成员方可以从非发援会发展伙伴那里学到很多东西，反之亦然。《阿克拉行动议程》（2008）和随后举办一系列的国际合作论坛（包括 G20）等都明确提出要加强发展战略和融资方式的协调。与其他援助提供者携手合作，争取发展成果最大化，① 已成为发援会的优先事项。

发援会认识到，确保协调一致的前提是提高发展合作计划的透明度，并培育注重交流学习和分享成果的文化。发援会成员方有不同的方法与政策框架，但都在围绕共同商定的指导性原则开展援助，实现有效发展、优化管理成果。通过促进成员方和非发援会援助提供者之间的经验交流，发援会正在努力提高组织治理能力，促进各方更好地展开合作。

（六）发援会与成员国的互动②

发援会定期会对成员国的发展合作情况展开审查，以提高发展政策与计

---

① http://www.oecd.org/dac/dac-global-relations/.
② 笔者1990~2003年在加拿大国际开发署任职，1986~1990年为挪威国际开发署的技术合作者。

划的透明度，同时增强援助实效，建立良好的发展伙伴关系。此外还会通过同行评议来评估政策效果和实施情况。这些政策工具有利于优化发展规划、公共政策及支出问责机制；也是援助提供者（发援会国家和非发援会国家）与受援伙伴国相互学习，将各种方法用于发展规划、政策设计和全面合作的比较工具。

当今的发展合作涵盖了发援会双边援助者与非发援会援助提供者（官方和私人行动者）之间多样的关系。这个体系不拘一格，由众多援助行动者组成。然而，就官方发展援助拨款总额而言，发援会成员方仍占主导地位，其中贡献最大的是美国、德国、英国、法国、北欧国家（挪威、瑞典和丹麦）、日本、加拿大、荷兰、意大利和澳大利亚。

发援会成员方在很多方面并不相同，包括如何制定援助政策、优先关注哪些国家和地区，以及怎样与受援伙伴互动等。每个成员方在发展合作计划的管理和实施方面独具特色，包括：体制和法律框架，如何在总部和外地开展行动，将资金分配给哪些国家、哪些领域和哪些援助主题，如何管理、监测和评估援助成果。

尽管在如何处理发援会的各种问题上存在很大差异，但"志同道合"的援助者总能通过共同采取某些方法来应对挑战。援助者群体——如北欧国家、英国、荷兰和加拿大——经常就性别、治理和社会保障等问题达成一致意见；同时，根据受援国需求提供援助的观点也获得了普遍认同。但是，发援会成员国也因各自的经济利益、社会和文化价值观、政治立场差异而产生了不同的利益诉求，这对发展援助各方的协调一致性提出了挑战。

发援会认识到，为了减少援助碎片化和增强援助实效，援助者需进一步优化援助方法，并与受援伙伴国及其他援助者加强计划管理协调。从发援会同行评议来看，政策一致性对于实现发展与解决社会、经济和环境问题而言极其重要，[①] 也有助于更好地与受援国需求保持一致。

---

① 参见 OECD《加强援助管理：发援会成员国的做法》。

表 3 发援会成员方的官方发展援助净支出

单位：百万美元

成员方	2018 年	2019 年	2020 年
United States	34762	33492	35071
Germany	24210	24198	27511
United Kingdom	18961	19376	17434
European Union	16798	14937	18730
Japan	14429	15588	15771
Sweden	5663	5205	6096
Netherlands	5526	5292	5143
Canada	4657	4725	5091
Norway	3919	4298	4657
Italy	4957	4411	4062
Switzerland	3049	3099	3371
Australia	3021	2888	2582
Denmark	2470	2554	2567
All DAC Members	150761	151721	157123
Selected Non-DAC			
Turkey	8363	8667	8905
Saudi Arabia	4361	1944	1774
UAE	3790	2240	1805
Russia	1007	1227	1119
Chinese Taipei	292	312	396

资料来源：https：//data.oecd.org/oda/net-oda.htm。

二 加拿大的发展援助

加拿大是发援会成员国中的第九大援助者，2019 年官方发展援助支出约 47 亿美元，占其国民总收入的 0.27%，该份额在发援会国家中位列第 16。通过联合国、七国集团和二十国集团等多边机构和论坛可看出，作为发援会的中间层援助国，加拿大所制定的发展援助计划聚焦社会问题、减少贫困和加强合作等。

（一）历史和目标

1951 年，加拿大成为最早提供国际援助的西方国家之一，基于《科伦坡计划》为新独立的英联邦国家提供发展援助，目的有二：一是为后殖民时代的发展提供支持，二是在全球重新结盟的"冷战"时期建立联盟。该援助规模不大，但其政治动机却非常明确——借助外交途径、外交政策以及国际经贸宣扬西方价值观。

1961 年，加拿大作为十位创始成员之一加入发援会，并扩大了对英联邦以外发展中国家的援助规模。1968 年，艾略特·特鲁多当选加拿大总理后设立了加拿大国际开发署（CIDA），并于 1970 年成立了国际发展研究中心（IDRC）。加拿大对国际发展事业的兴趣日益浓厚，这也反映在其外交政策上——当时主要受到前任总理莱斯特·B. 皮尔森的影响，而皮尔森后来曾是世界银行发展援助计划评估国际委员会的负责人。[①]

加拿大国际开发署的成立，是加拿大国际活动中的重要里程碑事件。该机构被授权为加拿大的国际发展合作部门，并在议会授权下负责资金分配和外援计划管理工作。然而，加拿大国际开发署的成立缺少立法支持，并且从未与外交和国际贸易部（DFAIT）分离开来。1993 年，国际开发署经内阁特批成为一个独立的部门，但其政策和规划仍会受到行使内阁级权力的外交和国际贸易部优先事项的影响。

外交部自设立发展合作机构以来招致的政治压力加大，2013 年该署最终被合并，其发展合作职能被并入了外交、国际贸易和发展部（DFATD）。2015 年，贾斯汀·特鲁多当选为加拿大总理，DFATD 更名为加拿大全球事务部。如今，加拿大的国际援助计划连同外交政策、国际贸易和投资由同一部门负责，下设三名内阁部长，分别负责外交事务、

---

① 皮尔森报告呼吁国际援助者将国内生产总值的 0.7% 用于对外援助，该基准一直沿用至今。

国际发展，以及促进小企业出口、国际贸易，[1] 其中外交部部长是加拿大全球事务部的内阁首脑。

（二）加拿大官方发展援助和发展合作体系

加拿大基于国际援助总计划（IAE）开展官方发展援助，[2] 由财政部、外交部和国际发展部共同管理。国际援助总计划为"整体化政府"提供了规划及预算框架，协调参与国际援助活动的政府机构。约97%的"国际援助总计划"属于加拿大官方发展援助，对和平与安全活动的拨款不计入官方发展援助项目。

加拿大约88%的双边国际援助都是由"国际援助总计划"提供资金，[3] 其中大部分（64.9%）分配至加拿大全球事务部，20.9%分配至财政部，5.3%分配至加拿大移民、难民和公民部，2.6%分配至国际发展研究中心（IDRC），其余分配至其他部门。除官方发展援助之外，加拿大还向经合组织提供了"官方对可持续发展总支持"文件，包括额外对国际公共产品、发展推动者和应对全球挑战提供的财政支持，以及为社会影响投资提供的拨款。[4]

（三）援助金额和分配方式

加拿大的援助预算在早期增长迅速，而后一直稳步提高。20世纪90年代后拨款缓慢增长或保持不变。然而，从援助占国民总收入的比重来看，在1975~1976年达到0.52%的高位后，20世纪70年代末以来持续下降。尽管加拿大政府承诺该比重要达到0.7%，但这一目标从未实现。在削减赤字措

---

[1] https：//www. international. gc. ca/global-affairs-affaires-mondiales/home-accueil. aspx？lang = eng.

[2] https：//www. international. gc. ca/department-ministere/open_ data-donnees_ ouvertes/dev/understanding_ international_ assistance-comprendre_ aide_ internationale. aspx？lang=eng.

[3] 剩余12%被用于加拿大难民援助、债务减免和其他预算支出等方面。

[4] https：//www. international. gc. ca/gac-amc/publications/odaaa-lrmado/sria-rsai-2018-19. aspx？lang=eng#a1_ 5.

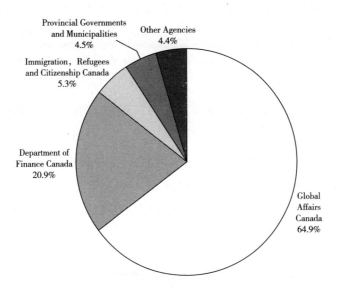

图 2　2019 年加拿大官方发展援助总额：根据政府机构

资料来源：根据 OECD 公开资料整理。

施的影响下，官方发展援助于 20 世纪 90 年代大幅减少，之后未能恢复。应该指出的是，正如财政审查所示，加拿大官方发展援助减少的真正原因是出于预算拨款方面的政治考虑，而不是经济或财政能力。[①] 加拿大的官方发展援助总额约 47 亿美元（2019 年按赠款等值计算），仅约占国民总收入的 2.7%。从官方发展援助占国民总收入的比重来看，加拿大在发援会国家中排第 16 位。

　　加拿大关于"国际援助总计划"有详细而全面的报告，并且是公开发布的。[②] 该报告从政府资金来源和渠道、领域类别（如卫生、教育）和子领域、受援国及援助渠道、援助类型等方面，显示了加拿大国际援助的分配情况。此外，该报告还详细说明了加拿大官方发展援助流向了哪些多边机构。

---

① https：//www. progressive-economics. ca/2017/05/a-tale-book-ended-by-2-trudeaus-canadas-foreign-aid-since-1970/.

② https：//www. international. gc. ca/gac - amc/publications/odaaa - lrmado/sria - rsai - 2018 - 19. aspx？ lang＝eng#a2_1.

经合组织发布的《加拿大发展合作同行评议（2018）》分析了加拿大援助金额、分配方式及发展趋势等信息，并将加拿大列为6个"优秀"发援会成员国之一，因为其不仅向经合组织债权人报告系统（CRS）提交了统计报告，还提出了改进建议。

双边援助总额约占加拿大官方发展援助总额的76%，其中超过1/3的是通过多边组织提供（专项捐款）。通过多边组织（主要是联合国、世界银行和地区开发银行等）提供的官方发展援助多年来一直稳步增长，其中大部分被用于特定项目和计划。经合组织指出，2018年国家定向援助仅占加拿大官方发展援助总额的32%，而发援会的该平均值为49%。

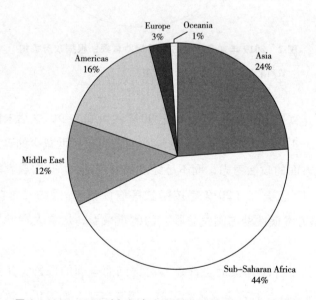

图3 2019~2020财年加拿大官方发展援助区域分配情况

注：资金排前15名（单位为百万美元）：阿富汗（189.07）、埃塞俄比亚（175.88）、孟加拉国（166.85）、刚果民主共和国（150.49）、马里（125.14）、尼日利亚（123.21）、坦桑尼亚（120.83）、伊拉克（117.06）、肯尼亚（109.23）、莫桑比克（108.15）、约旦（107.16）、叙利亚（106.93）、南苏丹（98.05）、海地（96.57）、也门（92.3）。

资料来源：加拿大政府公开资料。

表 4   2013~2019 年加拿大官方发展援助区域分配情况

单位：百万美元

Area	2013 年	2014 年	2015 年	2016 年	2017 年	2018 年	2019 年
Europe	40.3	273.6	273.7	82.5	64.5	72.4	—
North Africa	20.2	20.0	18.6	17.6	12.4	14.0	13.1
Sub-Saharan Africa	1402.6	1361.9	1086.2	973.5	1139.6	1328.1	1080.5
Central America/Carib	210.9	188.8	159.6	158.1	172.2	198.9	189.7
South America	112.1	104.4	97.8	103.8	104.4	92.6	148.2
Middle East	266.1	300.4	379.4	283.2	407.0	416.4	379.7
South/Central Asia	312.3	225.7	296.2	228.3	174.2	272.7	271.3
Southeast/East Asia	129.2	98.7	53.2	58.9	36.7	45.4	41.9
Oceania	3.2	1.7	2.5	2.7	9.5	10.0	11.9
All Developing Countries	3511.6	3278.4	2971.9	2660.7	3126.9	3493.6	3040.2

资料来源：根据 OECD 公开资料整理。

加拿大将约 70% 的官方发展援助分配给了非洲（主要是撒哈拉以南非洲）和亚洲（主要是南亚）。非洲也是通过加拿大向多边组织提供专项捐款而受到援助的主要地区。在加拿大官方发展援助的十大受援国中，有 7 个属于脆弱国家或战后国家。[①] 人道主义援助在加拿大国际援助总计划中所占比重越来越大。从历史来看，加拿大经常向因饥荒、战争、自然灾害或其他冲击而陷入危机的国家提供人道主义援助。该国应对国际人道主义危机的方式包括为多国提供支持、通过加拿大政府和国际非政府机构提供支持，以及向受影响地区直接提供支持。2019 年，这类援助在援助预算中的占比略高于 14%。

加拿大大部分双边官方发展援助都分配给了社会领域（基础设施及服务），占 42.8%。在该领域，卫生（包括生殖健康）和教育获得的资金占比接近 59%。人道主义援助被单独归为一个类别，分配给经济基础设施及服务的官方发展援助约占 10%，生产领域（农林渔业、工业/贸易）约占 7%，环境保护领域约占 3.5%。[②]

---

① 包括阿富汗、叙利亚、埃塞俄比亚、刚果（金）、约旦（收容叙利亚难民）和马里。

② 参见加拿大全球事务部《国际援助统计报告（2018~2019）》。

表5　2019年加拿大国际援助领域分配情况

单位：百万加元

领域	合计	双边援助	多边援助	其他政府部门**
教育	457.44	379.15	31.78	46.50
健康与人口	1057.36	603.3	387.36	66.71
水资源与卫生	106.94	38.48	24.80	43.66
政府与民间社会	633.50	492.07	56.03	85.40
预防冲突与治安	302.02	241.03	39.95	21.05
其他社会基础设施	139.44	52.95	29.70	56.79
运输与储存	114.99	2.40	45.87	66.72
沟通与交流	20.53	4.46	0.52	15.56
能源	385.39	271.77	38.51	75.10
银行与金融服务	50.66	35.16	3.58	11.92
商业服务	61.58	45.43	2.10	14.05
农林渔业	426.77	281.93	78.34	66.50
工业	100.05	76.53	14.91	8.62
贸易政策	18.10	9.80	2.82	5.48
环境保护	105.18	37.19	43.77	24.23
跨领域合作	403.81	93.11	78.08	232.62
人道主义援助	875.52	756.23	92.52	26.77
其他援助支出*	1365.47	369.39	83.74	912.35
总计	6624.75	3790.36	1054.39	1780.01

注："＊"其他援助支出包括行政费用、难民费用（食物与庇护所、健康、临时生计）、非特定领域与用于增强发展意识的费用；"＊＊"其他政府部门包括加拿大发展与研究中心、加拿大财政部、其他联邦部门或省市等。

资料来源：Government of Canada, Statistical Report on International Assistance (2019/20)。

　　几十年来，加拿大发展合作所关注的主题和地域已发生变化，而这与政治环境的变化以及各国政府的外交优先事项密切相关。加拿大起初将援助瞄准了经济基础设施和商品转换，但从20世纪80年代起将重心转向人力资本与社会领域，涉及特定外交政策利益的国家（如法语国家）也在这一范围。随后的各种政策框架也在这方面发生变化，对加拿大援助体系的性质和治理产生了影响。

（四）结构和治理

加拿大全球事务部是加拿大援助体系的责任部门，并通过其在巴黎的常驻经合组织代表团以及驻多边机构执行董事办公室与发援会保持联系。加拿大全球事务部负责管理双边援助，以及向多边组织提供支持。不过，负责与国际金融机构——欧洲复兴开发银行打交道的是财政部，该部还承担着债务减免方面的工作。

2013年，随着加拿大国际开发署并入外交、国际贸易和发展部，其管理方式也发生了变化。许多人认为负责国际发展的角色将会导致其失去原有的地位，但到目前为止尚未发生这种情况。事实上，这种合并有助于采取更一致的政策方法与全球展开互动，以前由各部门分担的职能也被整合在一起。① 发展援助已完全融入了外交政策、贸易和安全事务，并由一个部门负责。

该部门从治理结构上简化了问责职能，非常适于所谓的"全政府"（Whole of Government）框架，规划和交付系统变得更加协调，同时也提高了发展合作报告的透明度。根据"援助透明度指数"中的标准，加拿大发展援助透明度在双边援助者中排名第4。

加拿大全球事务部每年都会按照《官方发展援助问责法》中的规定，向议会报告国际援助的分配方式和所取得的成果。② 提交给议会的报告不仅列出了国际发展资金拨付情况，而且会说明已取得的成果和实效。

加拿大审计长办公室（OAG）是最高审计机构，致力于通过绩效评估来衡量政府对国际发展活动及资源的管理情况。此外，它还会履行议会所赋予的立法审计职责，开展特别审查。这些绩效审计在政府提供援助、加强援助治理的过程中发挥着重要作用。比如，2009年，加拿大审计长办公室发布加拿大国际开发署援助实效报告，在改进该机构的管理过程中，加强援助

---

① 参见发援会《发展合作同行评议：加拿大（2018）》。
② 参见《向议会提交的报告：加拿大政府国际发展援助报告》，https://www.international.gc.ca/gac-amc/assets/pdfs/publications/odaaa-lrmado/report-rapport-18-19-vol1-en.pdf。

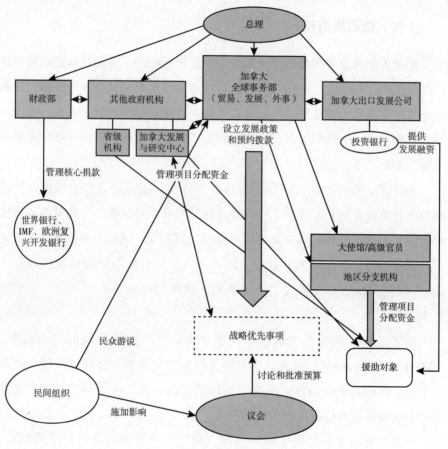

图 4　加拿大的援助组织结构

协调和监测，与受援国优先事项保持一致，为进一步提高绩效等提供建议。同样，有关通过多边组织提供官方发展援助的报告，也在完善捐款管理方面提出了重要建议。①

　　除了监督政府机构、发布加拿大官方发展援助情况外，加拿大全球事务部的评估理事会还会定期对该部捐款的有效性展开审查。这些审查通常都是独立完成的，委托给加拿大熟悉援助体系的专业国际发展咨询公司负责具体

---

① 参见《2013 年加拿大审计长春季报告》，https：//www.oag-bvg.gc.ca/internet/English/parl_ oag _ 201304_ 04_ e_ 38189. html；《加拿大审计长秋季报告（2009）》（第 8 章 "加强援助实效"）。

实施。

对援助体系进行监督和问责，是加拿大整体性治理结构的关键特征。负责绩效衡量、评估及审计的委员会为加拿大援助决策提供了重要信息，并在指导加拿大制定政策框架、完善运营与管理系统方面发挥了重要作用。正如其整个援助管理系统所示，加拿大的援助方式是以如何提供援助资金以及如何与政策目标保持一致为核心。

（五）政策框架

长期以来，加拿大的国际发展援助计划是以政策为导向，最初强调基本工程项目和资源开发，利用自身在工程和农学等领域的专业知识帮助较贫穷的英联邦及法语国家发展。20 世纪 70 年代，随着加拿大国际开发署五年政策框架《国际发展合作战略（1975—1980）》的发布，其投资重点也开始从"硬"基础设施转向"软"社会领域。这一战略是在政府与民众长期协商的基础上制成的，强调发展在于满足"基本需求"。这种方法与当时其他许多发援会成员国保持了一致。

长期以来，加拿大的援助计划与该国非政府部门及私人咨询公司有着密切联系。加拿大非政府组织（所占比重更大）和其他地方企业合伙人很早就成为加拿大国际开发署的主要交付渠道，许多群体反过来又成为积极的政策参与者，引起了民众对帮助较贫穷国家减少贫困和培养人才的兴趣。到20 世纪 80 年代中期，加拿大国际开发署已为 2400 多个由加拿大组织牵头的项目提供了支持，这些组织被称为"加拿大执行机构"（CEA）；这个规模到 80 年代末翻了一番，涵盖由加拿大高校、工会、宗教团体、合作社和众多咨询团体实施的混合项目。

在 20 世纪 70、80 年代，得益于媒体对非洲饥荒、债务、内战及其他人道主义危机的关注，加拿大民众对全球南方地区贫困问题的认知水平显著提高。这促进了该国发展组织的迅速壮大，以及推动了民众就一系列政策问题与政府展开互动，如粮食安全与人类安全、民主权利与发展、妇女与发展以及其他社会问题。这对加拿大的国际发展产生了重大影响，对援助交付方式发挥了导向作用。这个时期的一个指导原则出现在 1988 年发布的《共享我们的未来》中，"加强加拿大公民和机构与第三世界的联系——简而言之，就是构建伙伴关系"。① 除了以行动为导向的民间团体与联邦政府展开合作外，省级政府也在"非洲—加拿大伙伴关系""南亚伙伴关系""加拿大国际合作委员会"等非营利组织的推动下积极参与这项事业，增加了援助力量，影响了联邦政府的政策与战略方向。

多年来，加拿大发展合作政策体制有一个明显特点，即民间团体的作用显著。《官方发展援助宪章》提出了与加拿大"伙伴"加强合作的原则，并长期受到立法机构的高度重视。加拿大社会参与援助计划不仅是其交付系统的标志，而且是其政策导向和价值观的特征。②

加拿大援助政策的制定，历来是建立在执政党、选民和广大利益相关者相互协商的基础上的。右翼保守党所采取的不同方法就能反映出这一点：与左翼自由党相比，该政党通常不会将援助作为一种重要的政策工具。然而，尽管政治体制在观点和议程方面存在差异，但加拿大的援助政策和战略与发援会其他成员方相当一致，都将重点放在消除贫困、解决不平等问题和推动实现"可持续发展目标"上。这受到了加拿大民众所倡导的价值观影响，包括推进"基于权利的发展方法"和民主发展。③

2015 年，由贾斯汀·特鲁多领导的自由党政府当选，加拿大在国际发展援助中提出促进性别平等与赋予妇女和女童权力是实现发展平等的最有效方法。《加拿大女权主义国际援助政策》（FIAP）调整及优化了加拿大的援助体系，将性别平等明确纳入了所有发展倡议。这项政策于 2017 年推出，更直接地将该国援助定位为基于权利的、具有包容性的国际发展；以民主价值理念为指导，并与"可持续发展目标"保持一致。长期以来，性别平等

---

① 参见下议院对外事务与国际贸易常务委员会《共享我们的未来》（1988）和《为了谁的利益》（1987）。

② 参见对外事务与国际发展常务委员会报告《回顾加拿大在支持国际民主发展中的作用》（2019）。

③ 参见《向议会提交的报告：加拿大国际援助报告》（2019）。

一直是加拿大发展援助计划的优先事项，但其带有"女权主义"色彩的政策框架对该国援助计划作出了明确定位，确定了其运作方式以及如何将援助视为一种外交政策工具。

《加拿大女权主义国际援助政策》将性别平等与妇女和女童赋权放在了发展战略和重点事项中的优先位置，所有援助规划都必须围绕这一主题展开。《加拿大女权主义国际援助政策》中的其他优先事项或行动领域包括：人格尊严（包括卫生教育、人道主义援助、营养和生殖健康、粮食安全等领域）、包容性经济增长（包括可持续农业和绿色增长等领域）、环境和气候行动、包容性治理（包括民主、人权、法治和善治干预等）、和平与安全。①

自该政策推出以来，加拿大便将国际发展援助瞄准了以下五个"可持续发展目标"：性别平等（目标5）、不平等（目标10）、卫生（目标3）、气候变化（目标13）和贫困（目标1）。这些领域获得的官方发展援助占比已超过90%。该政策还将最贫穷和最脆弱国家列为帮扶对象，超过50%的官方发展援助流向撒哈拉以南非洲。加拿大全球事务部利用与"可持续发展目标"相关的关键绩效指标对该政策落实情况进行了密切监测。

加拿大总理对性别平等的承诺反映在政府制定政策的过程中，这使得加拿大在国际发展中独树一帜，也引起了发援会其他援助者的共鸣。加拿大应对新冠疫情的举措也反映了这一点，其将弱势群体和妇女、儿童作为主要关注对象。这直接影响到加拿大的发展共同体、在发展项目中的伙伴关系及其与多边机构和国际合作伙伴的交往性质。

（六）运营与管理

加拿大约48%的官方发展援助是通过双边渠道，这与发援会的平均水平大致相当。其中，大约一半的属于国家定向援助，其余通过加拿大非政府组织和私营部门、国际非政府组织及受援国民间团体交付。加拿大约36%的官

方发展援助提供给了多边组织（联合国、世界银行、地区开发银行），用于指定的项目和国家（高于发援会 14%的平均水平）。加拿大将注意力从官方发展援助转向所谓的创新发展融资，即通过加拿大新成立的开发性金融机构"FinDev"①，为主权贷款、混合融资等模式提供资金支持。

在管理和交付官方发展援助时，加拿大会在项目交付中与多方伙伴展开合作，其中许多项目都与加拿大企业和民间团体密切相关。这些合作伙伴不仅包括由非政府组织、教育机构、私营部门咨询公司和发展联盟组成的加拿大国际发展共同体，而且包括国际和受援国组织、基金会、联合国系统和多边银行等。

加拿大全球事务部主要采用以下方式来提供官方发展援助：全球问题和国际援助、地理（信息）项目、发展创新伙伴关系。如前所述，加拿大有鼓励各种组织（非政府组织、私营部门、基金会、教育机构）参与援助计划的优良传统；最近随着"民间团体伙伴关系"政策的实施，以及政府更直接地与私营部门展开合作，这种模式再次得到强化。加拿大全球事务部会定期征集有关执行机构的建议，并受理主动提出的、符合区位优先事项和《加拿大女性国际援助政策》的提案。该部官方网站还就如何参与发展援助项目的问题为加拿大民众提供了明确的指导意见。②

加拿大向受援国提供援助是基于双边国家框架，这些框架界定了伙伴国的优先资助领域。这些框架旨在与伙伴国优先发展事项保持一致，同时也要符合加拿大外交政策目标，包括贸易、外交、安全和其他问题。这些框架还可作为与其他发展伙伴和国家——尤其是志同道合的发援会援助者——开展对话的基石。

加拿大援助计划的日常管理工作由加拿大全球事务部总部的干事与受援

---

① 是加拿大出口发展公司的全资子公司，而不是加拿大全球事务部。尽管 FinDev 不提供官方发展援助资金，但与其行动方向保持了一致，致力于为私营部门投资提供支持。https://www.findevcanada.ca/enFinDev。

② https：//www.international.gc.ca/world-monde/funding-financement/funding_ develop ment_ projects - financement _ projets _ developpement.aspx? lang = eng& _ ga = 2.46928871. 1915578808.1622395063-1705653233.1622395063。

伙伴国外交使团的现场代表共同负责，包括与加拿大的执行机构、多边机构代表以及发援会常驻代表团的定期接触。

（七）监测和评估

加拿大主要按照"结果导向管理"框架（RBM框架）对国际发展援助计划进行管理。RBM框架是政府用于衡量和管理公共部门绩效和支出的一种工具。[1] 正如加拿大全球事务部的政策和程序所述，RBM框架旨在"从头到尾"管理发展援助，包括规划、实施、评估、报告，以及基于经验制定计划。

加拿大的RBM框架与国家的问责立法[2]、财政委员会的管理问责框架密切联系在一起。按照财政委员会的指令，加拿大全球事务部必须严格按照《加拿大女性国际援助政策》中的目标来衡量和管理发展援助计划的结果。加拿大还开发了公司级、计划级和项目级指标综合系统，用于管理对外援助及其与执行机构和发展伙伴的合作情况。

加拿大全球事务部的国际援助年度统计报告旨在全面介绍全球官方发展援助支出情况，以及向发援会报告"官方对可持续发展总支持"信息。这份公开报告是向议会提交的年度报告的补充，详细说明了根据RBM框架和问责法执行的发展援助计划的情况。加拿大全球事务部还要求发展援助合作伙伴和执行机构严格遵循RBM框架，向其报告加拿大的援助交付情况和所获成果。

加拿大的发展援助计划严格遵循RBM框架，一些合作伙伴和执行机构认为其是一种严格的合规机制，是对加拿大负责的必要条件；而不是一种可交付成果的固定不变的弹性工具，可能适应受援国不断变化的发展利益或需求。加拿大全球事务部花费了大量精力指导相关执行机构使用RBM框架，并将其视为一项重要管理职能。

---

[1] https：//www. international. gc. ca/world - monde/funding - financement/results _ based _ management-gestion_ axee_ resultats. aspx？lang＝eng.

[2] https：//laws-lois. justice. gc. ca/eng/acts/O-2. 8/index. html.

在积极推行 RBM 这种管理工具的同时，加拿大全球事务部还要求对援助计划进行定期评估。这些独立评估是由加拿大全球事务部的评估部门负责，旨在改善内部援助管理，确保对议会负责。发援会和一些受援伙伴国发现，虽然加拿大全球事务部的监测和评估流程非常严格，为取得成果提供了保障，但还需进一步将这些学习目标与其他国际伙伴——特别是受援国——融合在一起，为促进合作和加强协调创造条件。[①]

（八）一些观察结果

加拿大在发援会援助者俱乐部中属于中间层援助国。它既是发援会的核心成员，也是其所属委员会的积极参与者。借助其常驻经合组织代表团，加拿大正在努力确保自己的援助政策与经合组织其他部门协调一致。加拿大经常与其他志同道合的援助者合作，共同解决系统性发展问题，主要包括性别和发展、平等和人权、人道主义问题、健康、教育和社会保障等。

加拿大的援助计划以政治考量和外交政策目标为指导，因此执政党如何看待自己选区的发展问题始终影响着政策导向。加拿大在官方发展援助原则、最佳实践和报告方面严格遵循发援会的标准与规范，并通过其援助交付体系鼓励加拿大民众积极参与，弘扬本国价值观，推动实现基于权利的发展理念。在这方面，加拿大的大部分国家定向援助都是通过执行机构和受援国行动者来交付的。此外，加拿大承诺在 2013 年完全取消发展援助的附加条件，从而与发援会为国际社会提出的建议保持一致。

虽然加拿大在发援会中保持原则性立场，并且支持伙伴关系和发展实效等规范（其中包括无条件援助和以受援国为主导的发展方法），但实际上其援助问责机制以及鼓励加拿大行动者参与的做法，体现的是 Nilima Gulrajani[②] 所说的原则性民族主义——从国家利益和价值观的角度来阐述援

---

① 参见经合组织《发展合作同行评议：加拿大（2018）》。

② Nilima Gulrajani. 2021. "Supplementary Study on is Principled Nationalism a New Niche for Canada?" Policy Options Politiques，https: //policyoptions. irpp. org/magazines/january - 2021/is-principled-nationalism-a-new-niche-for-canada/.

助。这在下述两个方面达到了微妙平衡：一方面是追求合作发展的理念，与受援伙伴加强合作，推动实现以伙伴国为主导的发展目标，同时鼓励加拿大人参与发展援助，维护国家利益和价值观；另一方面是从法律层面对加拿大纳税人负责。

三 挪威

挪威在发援会中属于中间层援助国，官方发展援助支出约 46 亿美元（2019），与加拿大大致相当。不过，挪威是发援会援助国中最慷慨的国家之一，援助资金已达到其国民总收入的 1.11%，就经济规模而言其已成为第二大援助国。挪威的发展计划侧重于社会发展（卫生和教育）、气候变化和环境等。作为挪威优先事项的一种反映，其官方发展援助在多边项目上投入较大，其中约 25% 的官方发展援助属于捐款，41% 以上的双边援助流向多边项目。该国的援助计划由挪威开发合作署（NORAD）负责，该署隶属于外交部。

（一）历史和目标

1962 年，挪威加入发援会，开始提供官方发展援助。不过，该国的对外援助历史可追溯至 1952 年，挪威议会设立印度基金会时（即欠发达地区援助基金会），提出"从帮助到自助"的口号，并制定了三个目标：协助印度实现自主；在全球反共产主义的斗争中，提升西方国家在亚洲的地位；树立挪威外交政策的正面形象，赢得公众支持。[①] 早期，挪威在外交部的指导下通过该基金会进行了多种援助尝试，并于 1962 年成立挪威开发合作署。

与美国、加拿大、英国及其他战后西方国家相比，挪威遵循了一种不同的援助轨迹——这种援助受殖民政权自身利益的影响较少，更多的是从道德责任和政治利益的立场来为自治发展提供帮助——这是北欧国家支持国际发

---

① https：//www. norgeshistorie. no/velferdsstat - og - vestvending/1858 - indiafondet - norsk - bistands - begynnelse. html.

展的共同特征。在某种程度上，这也体现了挪威早期基督教人道主义组织对援助政策的影响。

挪威援助计划的结构和方向在 20 世纪 60 年代逐渐确定下来，其性质至今基本未变。到 20 世纪 70 年代初，议会和民众普遍认为挪威应达到联合国的官方发展援助目标：1% 的国民总收入。挪威发展援助的目标和结构是在国内公开讨论和国际社会参与的基础上形成的，反映了该国对社会发展、平等主义和减少贫困的高度重视。值得注意的是，在挪威援助计划的制定过程中，挪威很少或根本没有向发展中国家提出经济利益诉求，由此反映了这个国家的人道主义、慈善和社会民主理想。[①]

到 20 世纪 60 年代后期，挪威开发合作署发展成为一个成熟机构，负责通过联合国和银行提供双边及多边援助，并根据外交部授权为挪威制定全面的援助计划。挪威的援助体量到 20 世纪 70 年代急剧增加，其原因包括国内选民将援助视为这个新兴石油富国的道德责任，以及发援会和多边组织所施加的国际压力。挪威在石油经济的助推下，不仅实现了发展援助资金达到国民总收入的 1% 的目标，而且成为发援会和国际社会中具有影响力的行动者。

随着在这一时期援助日趋制度化，挪威援助的基本意识形态越来越趋近于发展中国家和国际经济新秩序，为更有序的世界经济发展提供支持。正如挪威学者所言，[②] 这反映的是一种社会主义、平等主义和福利主义援助模式，具有强烈的社会正义感和崇高的道德标准。[③] 作为一种应用广泛的人道主义方法，挪威发展援助反映了其社会普遍存在的一种价值观，即使在保守派执政时期也是如此。

---

① H. Pharo, 2003,《利他主义、安全和石油的影响：挪威的对外经济援助政策（1958~1971）》,《当代欧洲历史》第 4 期。

② H. Pharo, 2003,《利他主义、安全和石油的影响：挪威的对外经济援助政策（1958~1971）》,《当代欧洲历史》第 4 期；J. Simensen. 2003. "Norsk Utviklingshjeps Historie: Norge Moter den Tredje Verden"。

③ 正如 Pharo 所言，这背后的塑造力是挪威对世界政局的态度，尤其是对越南战争和其他国家的后殖民主义做法持反对态度。H. Pharo, 2003,《利他主义、安全和石油的影响：挪威的对外经济援助政策（1958~1971）》,《当代欧洲历史》第 4 期。

（二）挪威的官方发展援助与发展合作体系

挪威的发展援助由挪威开发合作署负责，但需在外交部的授权和政策指导下进行。外交部负责制定外交政策、援助政策及安排援助预算（需向议会提交）。外交部还负责管理所有的人道主义援助，以及大部分支付给多边机构的款项。[①] 外交部会将援助预算的一部分（约15%）交付给负责向伙伴国拨付资金的大使馆。

挪威几乎所有（96.6%）的官方发展援助都是通过外交部和挪威开发合作署交付的，其余分配给气候与环境部（2.6%）、FK Norway 挪威和平公司及其他机构（0.3%）。由议会设立的私募股权公司 Norfund 隶属外交部，作为一种投资基金，其目的在于通过提供股权资本和其他风险资本，推动发展中国家工业可持续发展。这一非官方发展援助工具，是挪威为实现"可持续发展目标"而采取的各种外交和发展政策的重要组成部分。

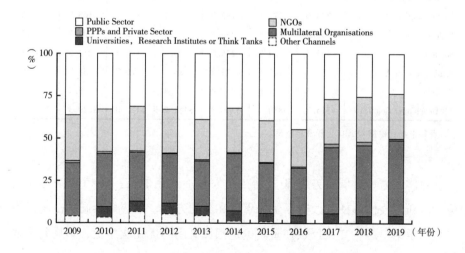

图5 挪威双边官方发展援助：根据交付渠道

---

① 参见挪威开发合作署《挪威援助管理指南》。

（三）援助金额和分配方式

挪威的援助预算不断增长，实现了其将官方发展援助水平维持在国民总收入的 1% 左右的政治承诺。2020 年，挪威超越这一目标，支出总额（约42 亿美元）占国民总收入的 1.11%，成为发援会第九大援助国，从国民总收入占比来看其排名第二。2013 年以来，挪威成功实现了每年 1% 的目标（2018 年除外，为 0.94%）。

表 6　2013~2019 年挪威按区域的官方发展援助支出情况

单位：百万美元

Area	2013 年	2014 年	2015 年	2016 年	2017 年	2018 年	2019 年
Europe	98.5	99.5	93.9	55.3	66.8	75.2	78.5
North Africa	4.9	4.4	9.4	9.7	14.3	21.1	22.0
Sub-Saharan Africa	946.7	831.9	614.3	580.7	677.4	707.2	714.4
Central America/Carib	74.0	59.2	37.8	29.2	28.2	21.5	17.9
South America	728.6	272.4	195.0	173.7	139.1	168.0	175.3
Middle East	285.9	266.4	295.6	396.4	439.3	392.2	398.7
South/Central Asia	305.4	284.2	236.6	194.8	199.5	211.2	193.1
Southeast/East Asia	131.4	115.5	73.7	88.9	70.7	54.7	76.9
Oceania	1.6	1.6	2.4	1.4	1.1	1.7	1.7
All Developing Countries	4315.8	3889.0	3306.8	3451.2	3127.0	3229.3	3315.3

资料来源：根据 OECD 公开资料整理。

总体而言，挪威官方发展援助在强大政治承诺的支持下持续保持在高位，但新冠疫情迫使其改变了优先事项和分配方式，以履行共同抗击流行病的全球承诺。这种变化反映在重新确定预算支出的优先次序上，影响到了难民支出等项目，卫生和贫困相关支出有所增加。

正如其核心捐款所反映的，挪威历来是多边组织的坚定支持者。[①] 挪威大约 1/4 的官方发展援助是以捐款方式交付的，45% 的双边官方发展援助是

———————

① 参见挪威外交部《挪威在多边合作中的作用和利益》。

通过多边组织提供的，属于专项捐款。这使挪威成为使用多边渠道的主要援助者之一，同时凸显了其官方发展援助目标和推动实现"可持续发展目标"的政策承诺，以及为卫生、教育、气候和环境领域（比如绿色气候基金）的全球公共产品提供发展援助的优先事项。

挪威的双边官方发展援助水平不断提升，与其承诺的总体支出水平保持一致。大部分双边官方发展援助划拨给了多边项目，但也通过民间团体将7%的援助用于实施由本国发起的项目。通过这种方式，挪威为该国国际发展团体提供了支持。挪威非政府组织长期以来一直作为合作伙伴参与发展援助，并在制定政府援助政策和实施援助项目方面发挥着作用。

从地域上看，挪威的官方发展援助主要集中在撒哈拉以南非洲、中东和亚洲。与其他发援会国家一样，挪威也对发展援助的伙伴国家和优先领域进行了精心挑选。2018 年挪威在提交给议会的白皮书中提出一项"新伙伴国倡议"，以便把援助集中用于其选定的伙伴国家。① 因此，两类伙伴关系逐渐形成：一类是长期发展合作伙伴（哥伦比亚、埃塞俄比亚、加纳、马拉维、莫桑比克、缅甸、坦桑尼亚、乌干达和尼泊尔），另一类是稳定和冲突预防合作伙伴（阿富汗、马里、尼日尔、巴勒斯坦、索马里和南苏丹）。

从优先领域来看，挪威共选择了五个主题：教育，卫生，商业发展、农业和可再生能源发展，气候变化和环境，人道主义援助。该国援助计划还确定了四个跨领域的发展问题：人权、妇女权利和性别平等、气候变化和环境、良好的治理和反腐败。按照推动实现"可持续发展目标"的总体愿景，挪威的发展政策旨在实现减贫，为最贫困和最边缘化人群提供帮助。挪威近30%的双边官方发展援助用于为处于边缘化和脆弱环境的人群提供人道主义援助。

自 2013 年以来挪威高度重视教育，并将女童和妇女作为重点援助对象。该国是世界第三大"全球教育合作伙伴关系"援助者，通过多边机构为该

---

① 参见《挪威发展政策中的伙伴国家》。

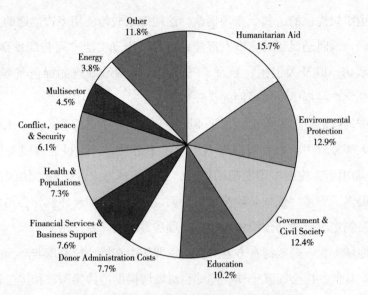

图 6　2019 年挪威按领域双边官方发展援助

注：OECD CRS. Gross disbursements（cash-flow），in 2019 prices.

* Includes agriculture, foresty, fishing, and rural development.

Due to rounding, numbers may not add up accurately and percentages may not be precise.

资料来源：https：//donortracker. org/country/norway。

领域提供的专项资金不断增加。卫生也是挪威长期以来的优先事项，[①] 受全球防控新冠疫情的影响，挪威在该领域的贡献进一步增加。

2019 年，挪威近一半的双边官方发展援助分配给社会领域（基础设施及服务），约占双边资金总额的 45%。双边人道主义援助约占 14%，用于经济基础设施及服务的官方发展援助约占 16%。挪威为环境和气候变化活动提供的双边援助约占 22%，低于发援会国家 35% 的平均水平；但鉴于该国的重点是缓解、适应和其他可持续发展投资，该占比对其来说仍意义重大。

多年来，无论哪个政党执政，挪威都保持了援助主题和地域与整体政策环境的高度一致。政府承诺将援助维持在国民总收入的 1% 的目标在很大程

---

① https：//donortracker. org/country/norway.

度上成为典范，挪威与其他北欧邻国一起成为发援会的重要成员以及国际社会中受尊敬的援助伙伴。

（四）结构和治理

多年来，挪威援助计划体制和治理特征变得越来越复杂。外交部在援助决策和管理方面发挥着主导作用，但挪威开发合作署在援助计划实施方面承担了越来越多的责任。挪威的援助体系由外交部、挪威开发合作署和气候与环境部（负责"挪威国际气候与森林倡议"）共同管理。发援会对挪威援助计划开展的同行评议（2019）指出，[①] 挪威的援助体制存在重叠和低效问题。不过，该国目前正在通过改革来简化流程，明确援助管理责任，以及推动实施"整体化政府"方法，以此确保政策的协调性及与"可持续发展目标"保持一致。

尽管挪威开发合作署仍然是外交部下属的一个局，但其立法职能已有所提升，并拥有一名负责国际发展的内阁部长。不过，挪威的大部分援助是由外交部和驻外大使馆负责的，挪威开发合作署主要负责援助咨询服务、质量保证和监测、援助预算评估及公共交流和统计报告等。挪威开发合作署还负责向发展中国家的民间团体、研究机构和行业合作伙伴提供赠款，也包括技术指导。外交部代表政府对援助计划全面负责，包括投资组合的结构、管理和预算等。[②]

挪威的援助预算法律框架由议会制定，外交部和挪威国际气候与森林倡议组织负责拨款。审计长办公室对拨款进行监督，挪威开发合作署评估司负责报告援助支出的类型及其成果。《赠款管理手册》对外交部和挪威开发合作署的援助程序做了规定，确保赠款管理符合法律法规及相关的风险管理要求。[③]

---

① 参见经合组织《经合组织发展合作同行评议：挪威（2019）》。

② https：//www.regjeringen.no/en/dep/ud/organisation/id857/.

③ https：//www.norad.no./en/toolspublications/guidelines-for-quality-assurance/.

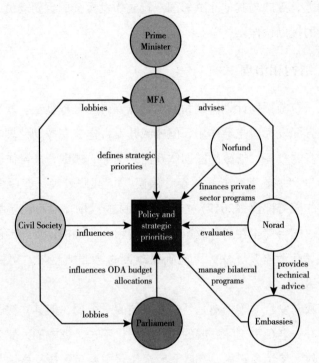

图 7　挪威的援助组织结构

资料来源：https://donortracker.org/country/norway。

（五）政策框架

多年来，挪威的援助政策一直是由历届政府制定的，这反映了挪威的人道主义和社会福利价值观。[①] 该国的援助政策已融入外交政策，并逐渐成为多边合作和双边关系的关键工具。因此，这些政策受到国内利益（涉及从非政府组织到商界的各种支持者）、国际援助和外交政策团体的影响。

挪威早期实施援助的驱动力是援助欠发达国家的道德责任，而民主主义

---

① Olav Stokke，1989，《挪威援助政策的决定因素》，载斯堪的纳维亚非洲研究所和挪威国际事务研究所《西方中产大国与全球贫困》。

基督教价值观是提供国际援助的主要动力。① 挪威议会在 20 世纪 70、80 年代发布的援助白皮书中明确阐述了这种做法，并不断予以改进，强调世界环境与发展委员会（由挪威首相格罗·布伦特兰担任主席）提出的民主发展、经济独立和可持续发展等目标。布伦特兰在推动挪威发展合作多边化上发挥了极大作用，认为通过共同和公开承诺可产生更大的影响力。

从挪威发布的各种援助政策白皮书可以看出其对援助发展中国家所作出的承诺及其如何更好地利用援助来推动实现减贫和可持续发展等共同目标。挪威的援助政策在《共同担当，共创未来》（2016～2017）和《挪威发展政策中的伙伴国家》（2017～2018）这两份白皮书中得到了阐述。白皮书《挪威在多边合作中的作用和利益》（2018～2019）进一步阐明了挪威对多边主义的重视，并指出多边合作与自身外交政策和实现"可持续发展目标"这一全球共同责任密切相关。

2019 年，发援会对挪威的同行评议特别关注了为减少贫困和实现可持续发展，该国如何制定具有连贯性的政策，包括进一步确保援助政策与联合国"可持续发展目标"保持一致、通过与国际社会密切合作来实现这些目标。过去十年来，挪威的核心战略愈发突出，将人道主义问题视为优先援助领域，为那些因动荡、危机和冲突而被边缘化的人群提供帮助，包括采取行动管理难民流动等。此外，更加关注自身感兴趣的国家，认识到了发展援助过于分散的局限性。挪威不断完善的援助政策，不仅在其白皮书中有所阐述，而且体现在该国与发援会及其他国际论坛的合作中——目的在于以最有效、最协调的方式指导援助，利用其他援助者和私营部门的金融投资。

挪威规定，"气候与环境、全球卫生、和平与安全是其发展政策中最重要的全球公共产品"，安全、发展和外交等应在全球伙伴关系和国际发展合作中齐头并进。② 挪威的发展计划逐渐向多边融资倾斜，利用全球基金支持的多边倡议的情况越来越多，这是其援助政策的重要决定因素之一，也是支

---

① Olav Stokke，1989，《挪威援助政策的决定因素》，载斯堪的纳维亚非洲研究所和挪威国际事务研究所《西方中产大国与全球贫困》。

② 参见《发援会同行评议：挪威》。

持挪威社会积极参与的决定因素之一。除了多边倡议，挪威还非常重视国内及国际非政府机构对援助工作的支持，并与慈善基金会和组织积极合作，为实现"可持续发展目标"提供支持。

挪威援助政策的重要特性是，私人资本、外国直接投资与公共投资共同在发展援助中发挥了关键作用；伴随着对私营部门的重视，挪威政府也非常支持挪威公司参与公私合作并在国际层面发挥作用。在该国的援助与外交政策工具箱中，挪威发展中国家投资基金也是一个重要工具，有助于为发展中国家的私营部门提供帮助，为扩大就业和增加财富创造条件。①

随着对国际问题与发展的深入了解和对体制知识的不断积累，挪威在多边系统中的地位也得到了巩固。挪威表示要努力"确保发展政策以知识为基础，以'知识库'等举措为辅助，更好地为援助工作提供支持"。② 这种更加注重循证式政策和干预措施的战略性转变，凸显了挪威对援助项目和国际合作中能力建设的重视，从而推动发展中国家发展知识经济。

挪威发布的白皮书阐述了其是如何通过促进知识转移和数字经济发展从而努力减少贫穷和不平等现象的。《向议会提交的报告：数字转型与发展政策》（2019~2020）为挪威在发展中采用数字经济解决方案、协助发展中国家利用数字技术帮助贫困人口指明了方向。该政策阐述了挪威以知识为基础的新方法，旨在将数字经济解决方案纳入核心战略以及多边与双边发展倡议。

（六）运营与管理

如前所述，挪威的援助体系和政策框架紧密相连，外交部负责管理大部分多边及人道主义援助，而与多边及双边伙伴的战略政策和国际交往由其驻外使团管理。挪威开发合作署在外交部的指导下，负责拨款管理工作以及实施该国的大型卫生和教育计划。对于发援会在挪威援助体系同行评议中指出

---

① https://www.norfund.no/.
② 参见《发援会同行评议：挪威》。

的重叠领域和行政低效问题，参与国际发展工作的各个部门和部委正在加速精简流程和明晰职责，以便采用"整体化政府"方法来处理国际事务和发展合作问题。

挪威通过多边组织、非政府组织，以及国际、国内和受援伙伴国的民间团体，以专项资金的形式输送了大部分双边官方发展援助。挪威援助正在加速从双边转向多边伙伴关系，民间团体行动者发挥的作用既关键又重要；其与挪威开发合作署、挪威发展中国家投资基金、挪威国际气候与森林倡议组织建立的这种关系，为挪威国内的发展合作提供了政策支持。

挪威援助计划的大部分管理工作由挪威开发合作署和外交部共同负责。大使馆在这一过程中发挥着重要作用，既是与合作伙伴对话的一线代表，也是财政拨款、监督和质量保证的责任者。这反映出挪威在援助管理中采用了权力下放的方式，并且非常重视在国家层面与发展行动者的合作。挪威注重在发展中国家建立和加强援助伙伴关系，凸显了与该国优先事项和程序保持一致的原则。在战略伙伴国家的大使馆负责发展工作的职员成为在援助交付中加强了解、积累知识、强化问责制与透明度的关键。

（七）监测和评估

与其他援助国一样，挪威也将 RMB 框架作为管理援助计划的核心。挪威 2017 年发布的白皮书《共同担当，共创未来》对此做了阐述，并且由挪威开发合作署牵头实施，以确保质量控制和问责到位。挪威开发合作署的《赠款管理手册》列明了如何监测和评估、受援组织怎样报告结果等事项。[①]
挪威援助计划所取得的成果每年由挪威开发合作署发布，并向公众公开。

与许多援助机构一样，挪威也基于 RMB 框架就项目结果进行沟通。从问责角度来看这么做非常有用，有助于纳税人了解已取得的成果。然而，挪威也面临着挑战：如何才能从项目离散迈向更高层面，对计划实施结果进行

---

① 参见挪威外交部《VO4 成果及风险管理评估指南（包括跨领域问题）》、挪威开发合作署《挪威援助管理指南》。

测量。根据发援会同行评议的建议，挪威正在寻求从更高层面汇总监测信息，不断积累知识，为实现"可持续发展目标"提供支持。

挪威开发合作署定期会对发展合作展开评估，并确保与发援会评估原则保持一致。挪威还在发援会评估附属委员会中发挥了关键作用，并按照挪威开发合作署的《知识促进发展》（2016），建立了评估结果分享与学习机制，以提升发展统计和报告能力。此外，该国还在2018年创建"知识库"，目的在于通过知识共享和技术合作来提升发展中国家的公共机构能力。

（八）一些观察结果

挪威虽属于发援会的中间层援助国，但在提供援助方面相当慷慨，援助资金占其国民总收入的比重高于其他援助者。长期以来，其援助计划一直遵循着平等和道义劝告的原则，为贫穷人群提供帮助。此外，挪威一直以自我发展和独立自主的理念为指导，成为许多受援伙伴国的重要合作伙伴。与大多数北欧国家一样，挪威也是人道主义援助、人道主义原则以及多边系统的坚定支持者。

挪威与伙伴国家保持着密切的联系，民间团体与国家之间也是如此。该国历来注重保护人权，这既是民众情绪的反映，也体现了其对民主发展方式的追求。这与一些西方援助者所倡导的民主发展方式有所不同。北欧在人道主义和平等方面有着更细微的差别，国家及非国家行动者为实现这一目标而进行的能力建设也是如此。

四 日本

日本是发援会的第四大援助国，2020年官方发展援助支出约163亿美元，占其国民总收入的0.31%。在日本所有官方发展援助中，约44.5%为赠款，55.5%为主权贷款、多边贷款、股权投资及对私营部门的贷款；技术合作占比为10%。

日本77.6%的官方发展援助属于双边援助（其中只有约7.9%是通过多

边组织划拨），其余则通过多边组织渠道，这一比例远远低于发援会的平均水平。日本大部分的双边援助都是通过公共部门交付的，主要流向亚洲的中等偏低收入国家。这些投资主要用于经济基础设施及服务领域。日本的援助和协调、多边捐助由外务省（MOFA）管理，而日本国际协力机构（JICA）负责实施双边官方发展援助。

日本官方发展援助的特征鲜明。日本的观点与众不同，在发援会中发挥着重要作用，并扮演着"传统"发援会成员国和"新兴"援助者之间桥梁的角色。① 日本一直是"南南合作"的积极倡导者，长期致力于"超越援助"，并在减少灾害风险和应对气候变化等领域发挥了作用。日本的官方发展援助不同于西方的"传统"援助者，因此为研究官方发展援助和发展合作提供了一个有趣的视角。

（一）历史和目标

日本在接受和提供外援方面有着悠久历史，可追溯到 20 世纪 50 年代的支付赔款以及早期对《科伦坡计划》的参与。外务省将日本官方发展援助历史分为五个阶段，每个阶段都与日本从支付赔款到向亚洲国家提供官方发展援助的演变有关。② 然而，对此日本国内出现了争论：许多人认为不应将支付战争赔款视为其援助史的一部分，但发援会的观点却截然相反。不过，日本直到 20 世纪 60 年代才从净受援国转变为援助提供国。

日本战后重建贷款占其资本流入的很大一部分，主要用于经济基础设施方面。与此同时，日本对东南亚的赔款在其成为最大援助国的过程中起到了决定性作用。作为解决战争问题的一种方式，日本赔款（和准赔款）成为 20 世纪 60 年代中期的援助主流，此后提供的赠款和优惠贷款与此无

---

① 参见海外发展研究所《预测日本官方发展援助的未来》。

② 参见外务省《日本的官方发展援助》。第一阶段（1945~1953 年），战后经济结构调整；第二阶段（1954~1963 年），战后赔偿；第三阶段（1964~1976 年），援助多样化和形成性援助提供；第四阶段（1977~1988 年），援助系统性扩展；第五阶段（1989 年至今），发布新的援助指南，内容进一步扩展。

关。不过，在日本构建地区和国际关系的过程中，这也属于其做出承诺和履行义务的关键。日本在 1966 年亚洲开发银行的成立过程中发挥了主导作用，这得益于其经济的迅速发展，包括 20 世纪 60 年代初加入发援会和世界银行国际开发协会。

经济合作是日本与发展中国家建立关系的基础。这种合作源自内阁有关赔偿的政策指令，并指明官方发展援助是公共和私营部门的一种合作手段。随着日本海外经济协力基金（OECF）和日本国际协力机构的成立，财务省、外务省和通产省（2001 年与经济企划厅合并为经济产业省）强化了其援助职能。1999 年海外经济协力基金与日本输出入银行合并，创建了日本国际协力银行（JBIC）。① 最初，日本放贷和建立经济合作关系主要是为了发展出口导向型经济。20 世纪 70 年代石油危机后，日本经济合作开始以促进外国直接投资为主，旨在推动企业向海外扩张。

日本援助早期显然受商业利益（kokueki，即"国家利益"）的驱动。从历史上看，日本的官方发展援助政策受到了商业利益——尤其是通产省——的影响，但随着日本发展成为经济强国并获得了国际地位，其处理全球发展问题的方式也进行了调整。从 20 世纪 80 年代末到 90 年代，日本官方发展援助平台和投资组合迅速增加，成为最大的官方发展援助（双边援助）国。1992 年日本的《官方发展援助宪章》首次对援助发展中国家贫困人口做出全面阐释。

到 20 世纪 90 年代中期，日本已开始在国际金融机构中发挥关键作用。与此同时，日本也采取了更多样化的发展合作方式，重点从基础设施融资转向为人道主义、环境和社会/人类安全发展需求提供支持。然而，日本援助朝着更具"软实力"特性的方向发展，并不是畅通无阻。尽管官方发展援助组合表明要为解决全球问题提供多边支持，但其政策仍然强调以国家商业利益为重。

---

① 日本国际协力银行是 1999 年由海外经济协力基金与日本输出入银行合并而成的公共金融及信贷机构。不过，2012 年日本国际协力银行按照议会法案进行重组，兼并了日本金融公司。该银行属于日本政府全资银行，是日本官方发展援助和外交政策的重要推进机构。

日本的官方发展援助集中在亚洲，一直是该地区最大的援助者。与此同时，日本还将官方发展援助范围扩大到非洲及其他地区，并逐步扩展到与自己或盟友没有战略利益关系的国家。

日本先后于 2003 年和 2015 年修订《官方发展援助宪章》，为进一步与发援会其他援助者保持一致，日本对援助目标做了优化，但仍坚守着传统的援助理念，为基础设施建设和人类安全提供支持。日本对"自由和开放的印太地区"（FOIP）的关注进一步强化了该做法，这也反映了其在亚洲地区开展合作的战略利益。

（二）日本的发展合作体系

日本的发展合作基于复杂的内部治理体系展开。2006 年，小泉政府成立海外经济合作委员会，下设三个独立省厅在制定官方发展援助战略方面发挥着关键作用：外务省、财务省和经济产业省。外务省利用官方发展援助为国际外交和多边发展提供支持，财务省利用援助来参与全球金融市场，经济产业省则借助援助来维护本国经贸利益。

财务省管理着 75% 以上的日本官方发展援助，其中主要是优惠贷款，包括日本国际协力机构提供的资金，该机构负责管理绝大部分官方发展援助，并且需要在实施援助组合方面对外务省负责。外务省管理的官方发展援助占比超过 20%，包括用于赠款和技术援助的双边资金（通过日本国际协力机构提供）以及多边资金。

（三）援助金额和分配方式

2020 年，日本援助资金达到 163 亿美元，① 同比增长 1.2%，占其国民总收入的比重也有所提高。这反映出日本与国际援助界的其他国家不同，面对新冠疫情及财政压力并没有影响其国际承诺。预算报告显示 2021 年较

---

① 报告给经合组织的初步估计数据。

2020 年增幅更大①，表明日本援助一改过去十年间从未显著增加的局面，开始为官方发展援助承诺加码。可以看出，日本有意增加援助不只因为其对非洲经济发展日益感兴趣，也与其协助全球抗击新冠疫情的承诺有关。

表 7　2013~2019 年日本按区域官方发展援助支出情况

单位：百万美元

Area	2013 年	2014 年	2015 年	2016 年	2017 年	2018 年	2019 年
Europe	14.7	202.6	10.7	303.8	46.3	-6.4	-32.9
North Africa	-44.9	0.2	-23.7	106.1	79.7	178.5	207.1
Sub-Saharan Africa	1990.3	1199.1	1418.8	1108.6	1185.8	1159.0	1572.5
Central America/Carib	4.3	3.9	-27.9	105.9	115.7	170.6	117.1
South America	-43.5	2.7	-1.5	-43.8	-477.6	6.5	27.8
Middle East	814.0	509.0	637.4	955.3	793.1	632.0	526.3
South/Central Asia	4734.5	2240.2	2326.1	2782.9	3874.8	3504.7	4275.7
Southeast/East Asia	-649.1	-161.1	-407.7	-770.8	-422.1	-1901.9	-1309.0
Oceania	121.6	108.9	111.6	163.0	230.6	199.9	206.2
All Developing Countries	8499.0	6128.6	6165.8	7048.4	8080.5	6098.9	7477.5

资料来源：根据 OECD 公开资料整理。

　　日本大多数官方发展援助都是双边性质（2019 年为 78%，而发援会平均水平为 59%），其中大部分经由公共部门提供（2019 年为 86%，远高于发援会 47% 的平均水平）。日本以贷款形式提供的双边官方发展援助占 64%，远高于发援会 8% 的平均水平，并且这些贷款大都是低利率、宽限期的。日本约 63% 的官方发展援助流向中低收入国家（主要是亚洲，占 61%），而发援会平均水平为 24%。不过，对于非洲和处于脆弱环境下的国家，日本也提高了官方发展援助承诺水平。② 2019 年，考虑到日本在"东京非洲发展国际会议"上作出的承诺，及其与非洲发展基金的伙伴关系日益

---

① 编者注：2021 年日本援助资金达到 176 亿美元，同比增长 4.3%，与预测值相符。

② 参见《2020 年发援会发展合作报告：援助者概况》，https://www.oecd-ilibrary.org/sites/
2dcf1367-en/1/3/2/24/index.html? itemId=/content/publication/2dcf1367-en&_ csp_ = 1773
92f5df53d89c9678d0628e39a2c2&itemIGO=oecd&itemContentType=book#section-d1e27948。

增强，时任首相安倍晋三就非洲国家问题提出了新倡议。①

日本对外援助重点是经济基础设施及服务投资，为运输和能源项目提供支持，其次是采矿和建筑等生产领域。对日本来说，用于社会基础设施及服务的官方发展援助变得越来越重要——特别是在供水、环境卫生和教育等领域，这符合其援助组合更加多样化的趋势。不过，基础设施融资仍是其主要关注点。

2019年，双边"国家定向援助"②占日本官方发展援助的81%，而发援会平均水平为48%。2020年发援会同行评议指出，日本非常重视受援国的自主权，并遵循了以受援伙伴为主导的援助规划和援助支出财务管理方法。③从援助制度来看，日本通过民间团体、非政府组织和其他第三方行动者提供的资金非常有限，凸显了其占据主导地位的贷款结构。

技术合作在官方发展援助中的占比仅10%。总体而言，日本的技术合作与基础设施融资密切相关，并与这些融资机制捆绑在一起。人道主义援助仅占双边官方发展援助的3%左右，不过已出现了要求增加这项援助的呼声。

如前所述，日本的官方发展援助主要是通过与发展中国家的合作项目提供的，而未采用非政府组织和民间团体行动者渠道。外务省和日本国际协力机构都为非政府行动者提供了融资便利，但拨款并不多（包括对日本非政府组织的拨款）。日本的交付主要是通过与双边伙伴国家合作的项目投资招标程序进行确定。

双边投资和伙伴关系是日本的关注点，同时其也是多边组织的坚定支持者。2019年，日本向该系统提供了54亿美元的官方发展援助，约占22%，由此成为多边组织的第五大双边援助者；其中，约42亿美元属

---

① https：//donortracker.org/country/japan？gclid = EAIaIQobChMI2M2P24qF8gIVbmpvBB3 f6gPZEAAYASAAEgJYkPD_ BwE.
② 根据经合组织，"国家定向援助"是指向主要由受援国负责的国家发展计划提供的援助。这是发援会有关国家自主权和发展伙伴关系原则的一种重要体现，https：//www.oecd.org/ development/effectiveness/countryprogrammableaidcpafrequentlyaskedqu estions.htm。
③ 参见《经合组织发展合作同行评议：日本（2020）》。

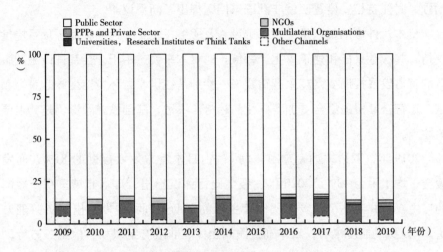

图 8　日本按交付渠道的双边官方发展援助

资料来源：根据 OECD 公开资料整理。

于非专项核心计划资金。此外，日本通过多边机构提供了 **6%** 的官方发展援助作为专项资金，并称这些是双边官方发展援助。[①] 日本约 **55%** 的多边支出直接流向世界银行，**14%** 的提供给联合国机构，**18%** 的分配给地区开发银行（主要是亚洲开发银行）。作为亚洲开发银行的创始成员，日本一直是该行的主要援助者。[②] 日本还加大了对非洲开发银行优惠贷款机构——非洲开发基金——的支持力度，并已成为其第五大援助者。[③] 日本对多边系统提供的支持力度越来越大，可被理解为其对参与全球倡议，解决流行病及卫生、气候变化、贫困等问题愈发感兴趣。

从地域上看，日本官方发展援助主要集中在亚洲，约占 **62%**。印度是日本外援最大的接受国，其次是孟加拉国、菲律宾、缅甸、印度尼西亚和越

---

① 低于 2019 年发援会 14% 的平均水平。

② 参见亚洲开发银行日本情况介绍，https：//www.adb.org/sites/default/files/publication/27772/jpn-2020.pdf。

③ 更多信息可参见 https：//www.afdb.org/en/news-and-events/press-releases/african-development-fund-japan-african-development-bank-group-sign-jpy-736-billion-loan-agreement-42216。

南。亚洲也是多边组织专项捐款的最大接受者。此外，日本对非洲的官方发展援助一直在增加，根据"可持续互联互通和高质量基础设施伙伴关系"①和"东京非洲发展国际会议"精神，日本将撒哈拉以南国家作为其优先考虑对象。

就优先领域而言，日本援助的主要是基础设施和经济项目，倾向于提供优惠贷款，也偏好与受援国建立经贸伙伴关系。不过，为了与发援会援助者的优先事项保持一致，日本也在积极调整双边可分配援助，用于促进性别平等和妇女赋权。日本还与国际援助界一起行动，为气候变化和环境倡议优先提供支持，包括在一些伙伴国家建立环境技术合作中心，促进资源可持续利用，推广环境无害化基础设施项目——将其归类为"高质量基础设施"。② 2019 年，日本承诺 46% 的双边可分配援助将为环境等提供支持，包括应对气候变化，虽与前一年相比略有下降，但仍高于发援会国家的平均水平。③

应该指出的是，日本的官方发展援助制度历来与贸易和商业挂钩，用于发展中国家发展融资的私人资源规模庞大，在发展中国家资源筹集中发挥着重要作用。除了特殊目的工具、集体目的工具和信贷额度外，日本的官方发展援助制度也在发展融资中发挥着重要的杠杆作用。

（四）结构和治理

如前所述，日本援助制度和治理结构相当复杂，与其他发援会援助者有诸多不同。日本国际协力机构负责交付大部分官方发展援助，但决策部门是外务省，日本国际协力机构对其负责。援助政策和战略方向也是由外务省负责，而不是日本国际协力机构。

日本的官方发展援助机构集中分布在东京，由首相办公室和参与国际事

---

① 2019 年与欧盟建立的一种伙伴关系，旨在加强基础设施与通信建设合作，参见外务省声明，https://www.mofa.go.jp/files/000521432.pdf。

② 日本外务省"高质量基础设施伙伴关系"倡议包括按照国际标准进行环境筛选。

③ 参见《发援会发展合作概况（2020）》。

务的各省厅负责。这项工作涉及众多行动者，决策时需各方达成共识。日本
国际协力银行负责日元贷款，但决策权也掌握在各省厅手中。日本国际协力
机构负责项目实施，但需要得到相关省厅（它们会为相关活动派遣专家）
的支持和批准。日本在国际组织援助方面的职责划分更显复杂。比如，日本
对世卫组织的捐助由厚生劳动省负责，对国际金融机构的捐助由财务省负
责，国际劳工组织相关事务由厚生劳动省负责，联合国教科文组织相关事务
由文部科学省负责，大部分联合国机构相关事务由外务省负责。日本援助体
系的各个层级都设有问责机制，由日本国会的各个委员会负责。

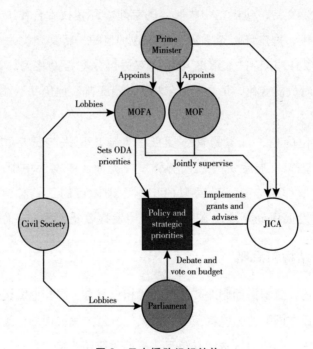

图 9　日本援助组织结构

资料来源：根据 OECD 公开资料整理。

　　或许将日本的援助体系置于更广泛的经济关系背景下，才能更好地予以
理解。尽管日本的援助政策和战略多年来发生了变化，但其交付系统在很大
程度上仍是围绕经济关系而构建的。财务省、外务省和经济产业省拥有官方

发展援助决策权和管辖权。日本国际协力银行是发展融资领域的政策性银行,^① 日本国际协力机构则是执行机构。^②

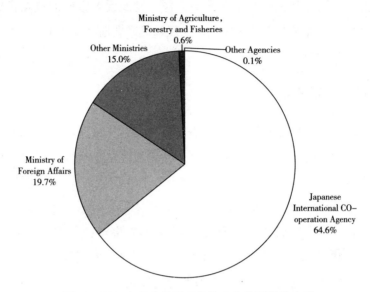

图 10　2019 年日本按政府机构官方发展援助支出

资料来源：根据 OECD 公开资料整理。

　　日本的援助工作得到了日本贸易振兴机构（JETRO）的支持。该机构成立于 1958 年，旨在促进出口和贸易投资。日本贸易振兴机构及其附属研究机构——亚洲经济研究所（IDE），^③ 致力于为在发展中国家开展国际业务的日本企业、参与援助计划的其他省厅提供研究及分析支持。发展中经济体研究所的任务是对发展中国家展开政策研究，促进日本与国际发展界的合作。

　　日本对经济基础设施和贸易相关服务的重视，也体现在治理和基础设施战略管理委员会（MCIS）的职能上。该委员会由首相办公室倡导设立。治

---

① https：//www.jbic.go.jp/en/index.html.

② https：//www.jica.go.jp/english/index.html.

③ https：//www.ide.go.jp/English/Info.html.

理和基础设施战略管理委员会的工作由内阁府、经济产业省及其他主要省厅负责协调，而且会与日本国际协力银行、日本国际协力机构、日本贸易振兴机构以及其他国际利益相关企业开展合作。发展援助方面的决策由国家作出，各大使馆和外地办事处无权代管任何融资或规划事项，国内各职能部门主要负责实施和协调。

（五）政策框架

日本《发展合作宪章》详细阐述了其发展合作政策。该宪章明确了日本发展援助计划的三项基本指导方针：①加强非军事合作，促进和平与繁荣；②促进人类安全；③利用日本经验及专业知识推进援助、对话与协作，加强合作，最终实现自主发展。①

按照这些指导方针，日本确定了以下优先事项：①实现"高质量增长"，并通过这种增长消除贫困；②共享普世价值，实现和平与安全；③努力应对全球挑战，建设可持续和有弹性的国际社会。

该宪章还进一步指出，日本应"根据国内外形势的变化，在平等伙伴关系的基础上与发展中国家建立互利合作关系……同时与私营部门、地方政府、高校及科研机构、非政府组织、国际组织、新兴国家援助者等各方行动者加强伙伴关系建设"。②

该宪章列出的政策目标和愿景从尊重主权、国家自主权和自主发展的立场出发，阐述了日本为安全和繁荣而开展经济合作的理念。这些在每年发布的《国际合作优先政策》文件中都有阐述，所包含的各种优先事项与《发展合作宪章》相同，并强调要通过官方发展援助来维护国家利益。③ 外务省《外交蓝皮书（2020）》指出，官方发展援助是一种重要的外交和经济工具，利用其可以"建立'自由和开放的印太地区'"。日本明确指出，要战略性地利用官方发展援助来维护自身的经济和安全利益，并称"借助发展

---

① https：//www.mofa.go.jp/policy/oda/page_ 000138.html.
② 参见《日本国际协力机构年度报告（2016）》。
③ https：//www.mofa.go.jp/policy/other/bluebook/2020/pdf/3-2.pdf.

中国家的经济增长来振兴日本经济，与这些国家一起发展，也是涉及国家利益的一个重要问题。《基础设施系统出口战略》（2019 年 6 月修订）和《2019 年增长战略后续行动》指出，有必要战略性地利用官方发展援助来进一步促进日本企业向海外扩张。

日本官方发展援助政策的基础，是进一步增加日本在国际层面的经济和战略利益。日本将援助与贸易、经济和安全利益关联在一起，而西方发援会援助者是从价值观和全球承诺的角度来审视官方发展援助政策，这是两者的区别之一。正如西方殖民主义和帝国主义援助国有时所表现出的那样，日本在官方发展援助政策中体现出的自身利益并不一定会转化为剥削关系——其实正如发援会所指出的那样，日本的伙伴关系模式在受援国中得到了认可。

日本的其他优先事项还包括"应对全球挑战""加强外交，促进日本经济发展"。对于全球挑战，日本正在从健康、教育、性别、粮食安全、气候变化、供水和环境卫生等角度出发，寻求通过官方发展援助来推动全球实现"可持续发展目标"。[①] 在全球新冠疫情的背景下，日本已针对人类安全和经济复苏等领域优先采取了应对措施，并正在努力强化卫生系统和加强各方面的健康保障，推动在官方发展援助框架下建立疫苗联盟。在外交方面，日本强调为进一步推动企业和技术向海外拓展，将以赠款、公私合作和高质量基础设施投资等方式来提供官方发展援助和开展技术合作。

与发援会的其他援助国不同，日本没有优先伙伴国家，也从不按照优先主题分配官方发展援助[②]——而是考虑伙伴国家的需求及其在经济合作方面的外交政策。此外，日本的官方发展援助中没有一项压倒性的减贫策略，而是将这些目标（它们决定了发援会其他大多数成员的做法）嵌入促进人类安全的总体目标。针对卫生、教育等的扶持资金以及基础设施投资的目的在于促进市场准入和扩大就业。

日本也不像发援会其他成员那样重视特定领域及主题、战略或指导方

---

① 参见《日本国际协力机构年度报告（2020）》。
② 参见《经合组织发展合作同行评议：日本（2020）》。

针，因此缺乏用于监测或评估这些干预措施的独特基准。在投资项目中，日本认为在"可持续发展目标"下，这些拨款可促进经济增长、增加收入和减少贫困。不过在性别方面，日本国际协力机构借鉴了其他发援会成员的国际指导方针，为项目制定了"将性别观点纳入主流"的准则。这种对性别问题的重视反映了日本在"可持续发展目标"方面的广泛承诺及其在发援会性别网络中的工作重点。同样，日本国际协力机构明确了项目遵循的环境和社会问题指导方针，反映出日本与其他援助者的合作越来越深入。

日本的政策框架虽然侧重于双边发展合作，但也重视多边发展合作。日本没有制定具体的多边战略，但与多边组织和开发性金融机构签订了多项谅解备忘录和合作协议，为项目实施提供指导。[①]事实证明，这些伙伴关系有助于日本在国际合作中获得更大发言权，也有助于建立信任和培养能力。

日本《官方发展援助宪章》指出，应将官方发展援助提供给"南南合作"，为区域合作模式提供支持。然而，从为全球基金提供支持，以及在G20及其他全球倡议中发挥更大作用的角度来看，这并不像它们的多边伙伴关系那么活跃。日本的对外援助非常注重在项目开发和贷款事宜中与私营部门密切合作，这为日本在某些基础设施投资方面展开多边合作开辟了空间，但目前并不多见。[②]

（六）运营与管理

如前所述，日本的援助决策权高度集中，外务省全权负责协调，双边官方发展援助的实施则由日本国际协力机构负责。[③] 该机构根据五年"中期计划"开展工作，当前正在实施的第四个"中期计划"（2017~2021年）严格遵从了《官方发展援助宪章》中规定的优先事项：推动建立"自由和开

---

① 参见《经合组织发展合作同行评议：日本（2020）》。
② J. Sato，2018，《东亚三方合作：日本官方发展援助的挑战和机遇》，IDS Bulletin，49（3）。
③ 参见《经合组织发展合作同行评议：日本（2020）》。

放的印太地区";加强"人类安全",重点是应对新冠疫情、和平、灾害风险管理和气候变化、健康与营养、促进女童和妇女教育、推行日式学校教育等议题;推动日本实现多元文化共存和区域振兴(为中小企业提供支持,反映接纳外国公民的需要);优化项目设计及实施,满足最新需求(如运用数字技术、提高研究能力)。

2019年,日本国际协力机构85%以上的援助都是以贷款形式通过金融投资公司(FIC)提供,主要是为基础设施投资项目提供支持(共计40个,其中81%以上的位于亚洲)。相比之下,只有不足5%的是以赠款形式交付,资助了147个项目。

日本国际协力机构还通过金融投资公司,为发展中国家私营部门的活动提供"私营部门投资资金",只不过在金融投资公司所有贷款组合中占比较小。除了赠款和贷款外,日本国际协力机构还会支持技术合作(约9.8%)、应急救灾、公私合作(通过"私营部门投资")及鼓励公民参与(非政府组织、地方政府、高校等)等。

日本国际协力机构由外务省负责并受其监督,建立了完备的内部控制机制——内部审计、合规、风险管理和信息系统等。该机构还会根据"中期计划"所设定的基准进行内部绩效评估。每年进行运营绩效自我评估后还会编写年度绩效报告,提交给外务省及其他省厅。在合规和风险管理职能方面,日本国际协力机构建立了一系列制衡机制来监督其公共行为,依法治理腐败和不端行为。日本还与国际金融机构、银行及其他省厅密切合作,强化财务风险管理。

在援助管理方面,发援会认为日本遵从了国家自主权、互利共赢等原则。日本对发展中国家的需求作出回应,由官方发展援助特别小组按中期投资计划展开审查。日本利用受援伙伴国的财务管理系统决定贷款事宜(但赠款极少)。在腐败风险指数较高的国家,为加强控制,贷款会被列为预算外资金,或者在通过监测确保合规的情况下将其纳入预算。日本与伙伴国在财务管理方面保持了高度透明,确保公众能够获得信息,并积极开展相互问责评估工作。

（七）监测和评估

从官方发展援助管理方式来看，日本没有遵循大多数发援会援助国所采用的 RBM 框架，而是借鉴了日本制造业的"PDCA 周期"（计划—执行—检查—行动）基本体系。① 所有官方发展援助贷款项目都会根据逻辑框架和成果目标做出事前评估，但并不涉及 RBM 框架通常考虑的更广泛的发展成果。发援会发现，日本的官方发展援助组织对 RBM 框架的采用及其动机都构成了限制。不过，日本以项目为导向的基础设施贷款程序适应于自身的援助体系，更有利于实现特定而离散的目标。发援会同行评议指出，"日本国际协力机构因采用自下而上的管理方法而闻名，这种方法可在地方层面直接产生成果，并且所有利益相关者都参与其中"。②

在整个"PDCA 周期"，日本国际协力机构负责对每个官方发展援助项目进行监督和评估，确保对利益相关者负责。③ 日本国际协力机构还定期开展跨部门主题审查，促进内部学习，同时也会与性别和发展附属机构等其他发援会成员分享经验。该机构还会在分析每个项目结果的基础上改进规划周期、评估相关收益，并与利益相关者就援助实效、透明度和问责制等问题进行讨论。作为内部活动的一部分，日本还聘请第三方专家来提出意见和建议。日本国际协力机构的监测和评估活动、评价、外部评估等级等都会通过年度评估报告的形式发布。

发援会指出，事实证明日本的监测和评估体系是从项目层面跟踪和核查成果的重要机制，但也可以借鉴《可持续发展成果管理指导原则》，在"可持续发展目标"的背景下开展成果评估。④

日本会对项目展开全面审查，并与伙伴国家进行联合评估，其频率可达

---

① 参见外务省《官方发展援助评估指南》。
② 参见《发援会发展合作同行评议：日本（2020）》（第6章）。
③ 参见《日本国际协力机构年度评估报告（2020）》，https://www.jica.go.jp/english/our_work/evaluation/reports/2020/index.html。
④ 参见《发援会发展合作同行评议：日本（2020）》（第6章）。

到其他发援会成员方的平均水平，甚至更高。在这方面日本积累了丰富的经验。日本国际协力机构拥有的完备内部知识管理系统，有利于日本的官方发展援助系统和机构发展，以及与伙伴国家和私营部门伙伴分享经验。日本认为，这有助于促进发展合作创新，[①] 与发展中国家政府和执行机构建立牢固的伙伴关系。

（八）一些观察结果

日本是历史悠久的发援会成员国，也是重要的国际援助提供者；其发展合作的历史不同于传统的西方发援会援助者，因此需要更多地了解其援助体系。《官方发展合作宪章》规定，官方发展援助是日本维护其海外经济、贸易和安全利益的重要工具。日本将官方发展援助目标与国家利益密切关联在一起，而发援会其他成员经常提出这并不是提高援助实效的最佳方法，如取消援助附加条件问题。发援会同时指出，日本的发展合作方式在提升地方在发展伙伴关系中的自主权方面取得了显著成效——这是援助实效的一项重要原则。

日本非常重视提供高质量基础设施项目和技术援助，这是其区别于许多发援会成员国的特征之一——长期以来，发展计划始终是以制度建设和民主发展等领域的价值观和利益为导向。《2030 年可持续发展议程》已成为国际发展界的总体框架，日本《官方发展合作宪章》反映出了对该议程的认同。此外，无论是在双边计划中还是在亚洲开发银行（日本是其主要股东）内部推广这种方法的过程中，日本对伙伴国家的项目需求都能做到积极响应。在这方面，日本的做法与中国存在很多相似之处。

日本对实现"可持续发展目标"的支持，也体现了日本有兴趣参与解决全球问题，并在多边舞台上发挥更重要的作用。然而，日本的官方发展援助体系反映出了其在建立经济伙伴关系和促进人类安全方面出于自身利益的

---

① 参见《发援会发展合作同行评议：日本（2020）》（第6章）。

考虑，并认为可通过双边渠道高效实现这些目标。

日本在发展合作方面的政策协调、援助管理和合作伙伴关系等经验值得借鉴。中国和日本在某些方面相似，如两国都重视基础设施和双边关系，都愿意为区域倡议和融资机制提供支持。中日尽管在发展方式上存在差异，但就援助项目而言存在合作的可能。

私营部门在国际发展中的作用：
为发展中国家提供双边援助

威廉·方达*

一 引言

过去二十年来，全球掀起了公共财政管理改革浪潮，发展中国家表现得尤其突出。改革的驱动因素之一是各国需确保政策、规划和预算与总体目标保持一致，即实现宏观经济稳定、资源有效配置和服务交付等更加宏大的发展目标。援助者对发展中国家的援助成为实现该目标的基础，也是政府的重要收入来源（OECD，2020）。援助者向发展中国家提供支持的主要渠道是发展援助委员会（以下简称"发援会"）。发援会定期向发展中国家提供官方发展援助。不过，人们普遍认识到这种援助已不能满足众多发展中国家的需求，来自私人的捐款

* 威廉·方达（William Fonta），非洲开发银行农业和农用工业部经济学家、气候金融专家，曾任尼日利亚大学经济学教授、西非气候变化和适应土地利用科学服务中心高级资源经济学家、联合国大学非洲自然资源研究所高级访问学者、世界银行公共财政管理专家等，主要研究领域包括非洲农业发展、粮食安全、农村金融等。
致谢：BenNwosu 博士（尼日利亚大学恩苏卡校区发展研究所）、Cynthia Fonta 博士（英国布里斯托大学政策研究学院）、Habib U. Abubakar（沙特阿拉伯吉达伊斯兰开发银行）、Peter Ewei Amaazee（喀麦隆西部地区基础教育部）和 Terfa Abraham 博士（尼日利亚阿布贾国家立法和民主研究所）对本文提出了宝贵意见和建议，在此表示衷心感谢。通常的注意事项适用于本文。

和发展资金——以及经常附带提供的新举措——能够极大地弥补公共投资和援助资金不足。美国国际开发署指出，与私营部门①合作已成为大多数援助机构和行业部门的重要战略选择之一。这种方式既是"面向所有机构发出的行动号召"，也是需要"与私营部门携手合作的使命召唤"，以便设计和交付"横跨所有部门"的发展计划（USAID，2019）。

在此背景下，发援会援助实效工作组于 2011 年启动研究项目，对"私营部门在援助实效方面的作用"进行了分析（Davies，2011）。之后不久，韩国釜山便举办了第四届援助实效高级别论坛（2011 年 11 月 29 日至 12 月 1 日）。②釜山论坛之前，相关计划中甚少提及"私营部门"，包括《罗马宣言》（2003）、《援助实效问题巴黎宣言》（2005）以及《阿克拉行动议程》（2008）（OECD，2008）。釜山论坛之后，针对新兴援助者和多方援助者（如私营部门、私人慈善基金会和民间团体等）的不断增加，各方相继举行了几次重要的高级别会议和研讨会，讨论应如何改进援助实践、提高援助实效。这些行动包括 2015 年的"亚的斯亚贝巴行动议程"、2016 年的"伊斯坦布尔发展实效原则"、2016 年的"内罗毕高级别会议"、2018 年的"民间团体国际援助小组"、2019 年的"发援会民间团体实践社群"和"三方合作国际会议"。此外，还有许多其他高级别政策文件也谈及了这一主题，如《釜山宣言》（2011）、《发展合作报告（2014）》（2014）、《投资政策框架（2015）》（2015）、《第三次发展筹资问题国际会议报告》（2015）、《内罗毕成果文件》（2016）、《坎帕拉原则》（2019）、《通过三方合作吸引民间参与》（2017）、《援助者参与创新金融：机遇与障碍》（2019）、《CED-PSE-WG 运行框架》（2019）、《加强发展合作成效：发展伙伴应如何促进有效的、以国家为主导的伙伴关系》（2019）、《私营部门参与政策》（2019）、

---

① 为便于表述和保持逻辑清晰，本文将私营部门定义为所有从事盈利活动且以私人所有制为主的组织，以及非政府组织、民间团体和私人慈善基金会等非营利组织。请注意，市场条件下的资金量（如外国直接投资）和汇款不在本文的分析范围之内。

② 作为一个共同商定的发展合作框架，《釜山宣言》具有开创性意义，传统援助者、南南合作国家、金砖国家、民间团体及私人资助机构都被包含在内。

《发展援助委员会成员与民间团体》（2020）等。

鉴于此，本文将对 2009~2019 年私营部门（私人慈善基金会、非政府组织/民间团体以及其他私营部门）在国际发展合作中的作用进行全面的分析，① 采用实证的方法评估传统援助者、私营部门和新兴参与者（特别是中国）在协调发展中国家援助协调方面的影响力，进一步丰富关于援助实效的文献。本文其余部分的结构安排如下：第二部分将从传统援助者（发援会成员国、非发援会成员国和多边组织）以及非政府行动者（私人慈善援助者和民间团体/非政府组织）的角度，实证分析其向发展中国家提供援助时与之形成的关系；第三部分将讨论私营部门在制定国际援助政策方面的作用；第四部分将对私人发展资金在促进受援国发展方面的贡献做出评估；第五部分则会在分析传统援助者和非政府行动者协调援助情况的基础上，提出一些启示；第六部分将阐述援助者与私营部门的合作情况；第七部分全面介绍中国对发展中国家的官方发展援助及其与私营部门的合作情况；第八部分将总结这些调查结果可能包含的政策意义。

二 国际援助者携手非政府行动者为
发展中国家提供援助：典型事实②

首先，梳理相关援助文献，以了解过去几年哪些战略政策文件对传统的私营部门援助者产生了影响。其次，利用 OECD-CRS 数据库，对私营部门援助者的参与范围及程度进行实证评估，包括在发展中国家资助领域和子领域的活动情况、援助交付渠道的使用情况、参与国家定向援助的情况。③

---

① OECD-CRS 数据库能够提供在这一时期与私人援助者和私营部门相关的各种数据。

② 本部分将主要分析非政府行动者，特别是私人慈善基金会和民间团体；援助者与私营部门的合作将在后文阐述。

③ 国家定向援助是指在某个国家或地区可由援助方设计方案、伙伴国掌握发言权的援助。这种援助通常会被纳入国家预算范畴，但一般是在年度预算周期之外进行管理。

2011 年，具有开创性意义的《釜山宣言》为国际援助界和私营部门的合作建立了共同框架（OECD，2011），获得了超过 161 个国家和 56 个国际组织的支持（UNDP，2021）。该宣言提出了许多有针对性的措施，以期改善私营部门援助者参与机制，更好地向发展中国家提供援助。这些措施包括：①敦促援助者全面落实各自的承诺，促使民间团体在援助交付中发挥独立行动者的作用；②推进实施民间团体问责机制，引导他们为援助交付做出贡献；③敦促援助者和具有代表性的商业协会、工会等共同努力，不断改善法律、监管和行政环境，促进私人投资；④引导私营部门参与设计和实施发展战略政策，进一步推动可持续增长和减贫；⑤开发和创新"混合融资""影响力投资""成果导向型融资"等金融机制，撬动私人资金为实现共同发展目标做出贡献；⑥解决市场失灵问题，鼓励资本市场准入，通过"促贸援助"等创新机制减小私营部门行动者面临的风险；⑦建立良好的公私伙伴关系，实现发展新突破，促进商业成果落地。

《釜山宣言》孕育的直接成果包括：①2017 年，企业发展援助委员会私营部门参与工作组（DCED-PSE-WG）开展纪念活动，决定在《釜山协议以及与民间社会合作：来自同行评议的 12 条经验》（Heinrich-Fernandes，2019）的指导下推进体制变革，更好地支持企业以战略合作伙伴的身份参与援助。②建立"全球有效发展合作伙伴关系"（GPEDC），旨在促使自政府、多边/双边机构、民间团体、学术界、议会、地方政府、区域组织、贸易联盟、商业部门和慈善机构的发展行动者共同提高发展合作效力。为此，相关方还制定并实施了"四套原则"（《坎帕拉原则》），提高发展伙伴和私营部门合作质量（GPEDC，2019）。

随后，2019 年企业发展援助委员会制定了一个运作框架，以便与私营部门——或通过该部门——加强合作（DCED，2019）。企业发展援助委员会运作框架提出了以下两项一般原则（其部分内容下文也会谈及）：①参与策略的要素，主要包括参与类型和伙伴关系计划、活动领域、参与程度和治理措施（Byiers 等，2016）。②"私营部门参与"的分类，主要包括援助者参与私营部门的机制与方式。一些机构对该子议题下的方法进行了探索，如海外发展研究所（ODI，2013）、南北研究所（NSI，2013）、英国援助影响独立委员会（ICAI，2015）、欧洲发展政策管理中心（ECDPM，2012、2016）以及经合组织（OECD，2016）等。

从 OECD-CRS 数据库（2009～2019）的结果看，私营部门援助者主要是通过以下途径来帮助发展中国家：①在具体领域提供支持，促进这些国家发展；②强化"公私伙伴关系"。在推动发展目标实现方面，来自私营部门的援助资金与其他发展资金日渐融合。这在社会/经济基础设施及服务领域表现得相当突出。2009～2019 年，流向发展中国家的私人发展资金估计超过335 亿美元，其中慈善援助资金独占鳌头，私人慈善援助者也由此成为这两个关键领域的第三大援助者，仅次于发援会成员国和多边组织（尤其是世界银行）。按援助者界别看，社会领域的三大独立援助方分别是美国（2073亿美元）、世界银行（1008 亿美元）、比尔及梅琳达·盖茨基金会（257.6亿美元）。从总体上看，虽然私人基金会（296 亿美元）提供的资金体量无法与这一领域的传统援助者（8519 亿美元）相提并论，① 但从万事达基金会和比尔及梅琳达·盖茨基金会的表现来看，私人基金会能够在教育和卫生等社会领域发挥作用，而这些领域是实现可持续发展目标 3 和目标 4 的关键。2009～2019 年，OECD-CRS 数据库显示，万事达基金会对发展中国家的教育支出超过 4.533 亿美元，而比尔及梅琳达·盖茨基金会在卫生和生殖健康子领域的支出高达 226 亿美元左右，并由此成为发展中国家卫生领域最大的私人慈善援助者。

从经济领域看，在 2009～2019 年筹集的约 5982 亿美元中，仅有大约 28亿美元来自私人慈善援助者——主要包括比尔及梅琳达·盖茨基金会、万事达基金会和 BBVA 小额信贷基金会，三者总计超过 20 亿美元。比尔及梅琳达·盖茨基金会的贡献率最大，超过 44.7%。该领域的股权投资为 138 亿美元，主要由多边组织提供，私营部门融资额达到 166 亿美元左右（占该领

---

① 了解市场条件下的私人援助流量（如外国直接投资），有助于研究私营部门参与发展融资的情况；可惜的是，OECD-CRS 数据库不允许按部门分解外国直接投资数据，无法展开有意义的比较分析。鉴于此，未在分析中考虑外国直接投资。

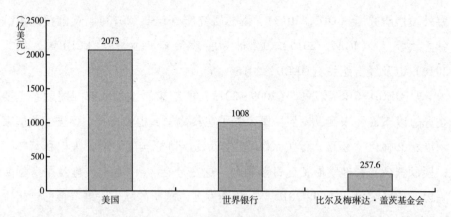

图1 2009~2019年发展中国家社会领域的三大援助者（按援助者界别划分）

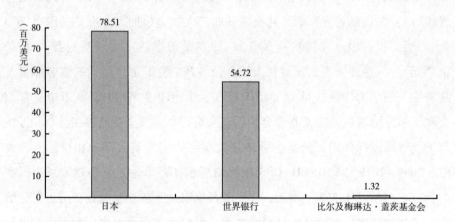

图2 2009~2019年发展中国家经济领域的三大援助者（按援助者界别划分）

资料来源：笔者根据OECD-CRS数据库测算。

域的2.7%）。同样，与这一关键发展领域的传统援助者相比，私人基金会的融资显得微乎其微，但BBVA小额信贷基金会与比尔及梅琳达·盖茨基金会的贡献率表明，私人基金会可以对关键的经济子领域产生影响，如生产、金融领域。2009~2019年，比尔及梅琳达·盖茨基金会和BBVA小额信贷基金会在生产领域的支出超过66亿美元。同期，两家基金会对金融子领域的支出相同，均为9.3亿美元左右。这表明，除传统援助者外，私人慈善援助者能够在促进援助、实现更多的发展目标方面发挥主导作用。

表1 2009~2019年援助者向发展中国家提供的国际援助（按关键领域和援助类别划分）

单位：百万美元，%

资金流	主要援助者	社会基础设施及服务	经济基础设施及服务	债务偿还	人道主义援助	援助者的行政成本	难民/寻求庇护者	未分配领域	累计	占比
官方发展援助	发援会国家（总计）	454261.52	168033.21	30764.85	136751.02	73942.23	90353.83	20911.29	975017.95	
	非发援会国家（总计）	10547.20	10022.92	2295.24	37355.82	648.81	133.13	9113.10	70116.21	
	多边组织（总计）	225991.88	126613.31	7084.28	36961.29	19834.72	46.40	9806.92	426338.81	
	官方发展援助总额（按领域）	690800.60	304669.44	40144.38	211068.13	94425.75	90533.35	39831.32	1471472.97	72.1
其他官方资金	发援会国家（总计）	2551.07	37507.95	16.40	13.99	18.60	258.36	32567.98	72934.36	
	非发援会国家（总计）	0.00	0.00	0.00	0.00	0.00	0.00	10658.97	10658.97	
	多边组织（总计）	158564.48	239346.22	65.10	4492.71	48.37	0.00	34930.00	437446.88	
	其他官方资金总额（按领域）	161115.55	276854.17	81.50	4506.70	66.97	258.36	78156.95	521040.21	25.5
股权投资	发援会国家（总计）	940.13	12637.45	0.00	0.04	20.68	0.00	117.49	13715.79	
	非发援会国家（总计）	0.00	0.00	0.00	0.00	0.00	0.00	0.00	0.00	
	多边组织（总计）	36.59	1227.16	0.00	0.00	0.00	0.00	0.00	1263.75	
	股权投资总额	976.72	13864.61	0.00	0.04	20.68	0.00	117.49	14979.54	0.7
私人发展资金	非营利组织	29646.29	2833.17	75.78	269.28	17.93	5.53	656.75	33504.72	
	私人发展资金总额（按领域）	29646.29	2833.17	75.78	269.28	17.93	5.53	656.75	33504.72	1.6
	总支出	882539.16	598221.39	40301.65	215844.15	94531.33	90797.24	118762.51	2040997.44	100.0
	总贡献率	43.24	29.31	1.97	10.58	4.63	4.45	5.82		100.0

资料来源：笔者根据OECD-CRS数据库测算（http://www.oecd.org/dac/stats/methodology.htm#resources）。

在推动发展中国家实现发展目标方面，传统援助资金与其他发展资金之间的另一种重要协同作用是通过公私伙伴关系来实现资源动员。这对于实现可持续发展目标17"加强执行手段，重振可持续发展全球伙伴关系"而言至关重要。虽然各类援助流量的差异很大，但私人发展资金在动员其他资源、促进在发展中国家建立公私伙伴关系方面发挥了重要作用。如果按主要援助者划分数据集会发现，发展中国家获得的88亿美元公私伙伴关系支持资金中，63%是由发援会成员国基于双边关系提供的，而其中的主要援助者是英国（18亿美元）。这并不奇怪，英国政府是公私基础设施咨询机构（PPIAF）的先驱成员之一——该机构隶属于世界银行，有多个援助方，资金主要来自11个多边及双边援助者。排在双边发援会成员国之后的是私人慈善援助者（24%），其中比尔及梅琳达·盖茨基金会所占份额超过82.8%。传统多边组织排在最末位，其中其他多边组织是主要的贡献者（13%），份额最大的是抗击艾滋病、结核病和疟疾全球基金（以下简称"全球基金"，2.953亿美元）。正如世界银行所指出的，传统多边组织的参与度低，部分原因是缺乏对公私伙伴关系的一致定义，或缺乏一种系统来统计公私伙伴关系中相关活动的占比（World Bank，2015a）。不过，世界银行正在努力提高在这一领域的影响力。比如，世界银行参与创建了公私伙伴关系知识实验室，并启动了多语言公私伙伴关系认证工作来解决能力限制问题。此外，还按地区或行业编制公私伙伴关系项目简报，重点介绍通过世界银行协调而实施的项目，其中一些项目还得到了世界银行公私基础设施咨询机构的支持。此外，世界银行还设立了公私伙伴关系法律资源中心（PPPLRC），为各种基础设施项目，尤其是涉及公私合作的项目提供规划、设计和法律等方面的协助。

在过去几年中，通过动员联合资金来支持"确保包容和公平的优质教育，让全民终身享有学习机会"（可持续发展目标4）和"加强和平、社会正义和问责体制建设"（可持续发展目标16），已成为私营部门援助者的特色之一。私人慈善基金会在动员资源、支持发展中国家实现可持续发展目标4、目标16和目标17方面占据了主导地位。2009~2019年，私人慈善基金会向发展中国家非政府组织/民间团体、研究/教学/智库和私营部门机构提供的资金达 237 亿美元左右①。总体来看，这占私人慈善基金会流向发展中国家总资金的 70.7%以上。与私人慈善基金会相比，以发援会成员国和多边组织为主的股权投资者向发展中国家非政府组织/民间团体、研究/教学/智库和私营部门机构提供（或通过其提供）的援助资金还不足 24 亿美元（16.2%）。在促进行业发展方面，发展中国家通过上述渠道获得的其他官方资金（OOF）约为 191 亿美元，约占发展中国家所获得其他官方资金额的 4.1%。流向发展中国家的官方发展援助资金情况也是如此。所有流向发展中国家的官方发展援助资金中，只有 14.2%通过非政府组织/民间团体、研究/教学/智库和私营部门机构等渠道。

通过仔细观察上述援助流量渠道，便会发现受干预的三大子领域包括私营部门机构（PSI）、人口政策/计划和生殖健康，生产领域，银行和金融。在公私伙伴关系的流量渠道方面，受干预的主要子领域是总体健康、基本健康、多领域/跨领域活动。尽管大多数传统援助者都是利用公共部门来提供援助资金（占 57.2%），但约 33.8%的资金被用于民间团体和治理改革方面。

进一步来看援助者对非政府组织/民间团体的支持，从发展中国家接受的所有双边援助来看，非政府组织/民间团体或许是其中最重要的受援者和交付渠道（约占援助总额的 49%）。2009~2019 年（OECD-CRS 数据库提供了这一时期的数据），传统援助者（发援会和非发援会成员国）向非政府组织/民间团体提供（或通过其提供）的捐款超过 1605 亿美元，占发援会和非发援会成员国捐款总额的 12.7%。同期，多边组织向发展中国家民间团体提供（或通过其提供）了约 663 亿美元，而私人慈善援助者通过这一渠道提供的捐款估计达到 121 亿美元左右（占私人基金会全部捐款总额的 35.1%）。就非政府组织/民间团体作为向发展中国家提供援助的渠道而言，私人慈善基金会做得最好，是这一渠道的最大用户（与传统援助者相比）。然而，从通过非政府组织/民间团体提供的援助来看，私人基金会向非政府

---

① 请注意，其他研究报告中的估值可能更高，本文采用了 OECD-CRS 官方数据，该数据库拥有最可靠的援助者协调数据。

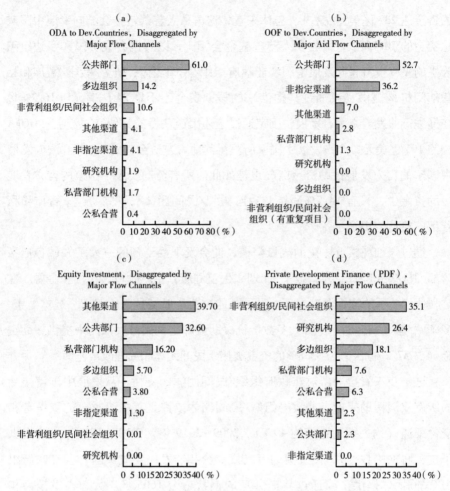

图3　2009~2019年援助者和私营部门在发展中国家的
双边援助占比（按主要流量渠道划分）

资料来源：OECD-CRS 数据库。

组织/民间团体提供（或通过其提供）的资金与传统援助者相比并不多。尽管如此，从比尔及梅琳达·盖茨基金会提供的资金（109亿美元）来看，私人慈善基金会在促进权利导向型方法、体制建设、治理改革、制定发展政策和建立伙伴关系等方面有一定的影响。这些对于实现可持续发展目标16而言至关重要。

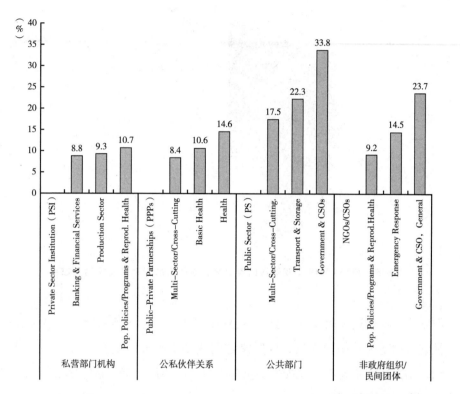

图4 2002~2019年双边援助三大干预子领域的主要渠道

资料来源：OECD-CRS数据库。

仔细观察发展中国家非政府组织/民间团体所干预的三大子领域，非政府组织/民间团体共筹款约121亿美元，其中23.7%被用于治理改革和体制建设，14.5%流向紧急响应相关活动，9.2%被用在人口计划/政策和生殖健康方面。

另一个重要的干预领域是国家定向援助，传统援助者和私人基金会发挥了重要作用。为了便于比较，将分析时期限制于2009~2019年（OECD-CRS数据库有这一时期的私人援助者数据）。图5显示了按援助者划分的占比，图6显示的是三大援助者（按援助者划分）。发援会成员国居总贡献率榜首，其次是多边组织。尽管私人基金会占比与传统援助者相比明显较低，

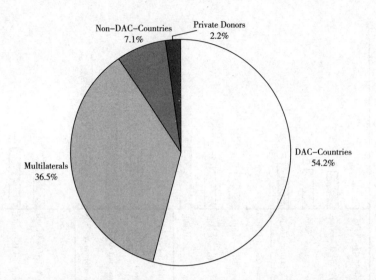

图 5　2009~2019 年双边援助者对发展中国家的国家定向援助贡献率

但比尔及梅琳达·盖茨基金会在该领域的表现仍然突出。事实上，该基金会是继全球基金和美国之后，向国家定向援助贡献最大的私人基金会。这表明，私人慈善基金会正在加快提供各类援助的步伐，努力追赶发展中国家发展议程中的传统援助者。

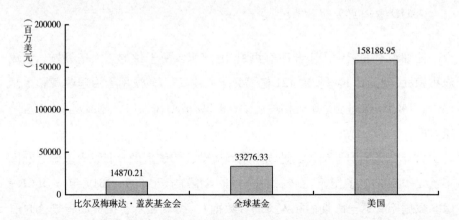

图 6　2009~2019 年国家定向援助的三大援助者（按界别划分）

资料来源：OECD-CRS 数据库。

三　制定国际援助政策：私营部门的贡献

大量资源被动员和输送到发展中国家，尤其是私人发展资金。除此之外，传统援助界也提供了大量资金。鉴于此，相关方就援助协调、援助实效、援助行动议程和有效发展合作举办了多场高级别论坛（HLF）。同样，许多私营部门参与的工作组、民间团体和援助实效咨询组也得以成立，包括制定若干高级别政策来总结和推广这些高级别论坛的主要成果。

2008 年 9 月 2 ~ 4 日，第三次援助实效问题高级别论坛在阿克拉举行，并发布《阿克拉行动议程》（AAA）。该议程历时 18 个月最终出炉，凝结着 5000 多人和 3600 多个组织的辛勤汗水，同时也是多次磋商的成果。在援助审议的历史上，民间团体第一次以官方行动者的身份参与起草文件，而不只是作为观察员（Martini 等，2012）。《阿克拉行动议程》包括四项主要建议，其中一项指出需要改善发援会援助国与发展中国家（包括其他的援助者、基金会和民间团体）之间的"包容性伙伴关系"（OECD，2009；Bigsten 和 Tengstam，2015）。作为 2008 年《阿克拉行动议程》的后续活动，韩国釜山举办了第四次高级别论坛。这次论坛的部分议程是审议《阿克拉行动议程》中的原则的落实情况，并起草新宣言，将主题从"援助实效"转向"发展实效"（Martini 等，2012）。釜山论坛发布的《釜山宣言》（OECD，2008、2011）是非传统援助者取得的又一次成功，反映了其在援助体系中的地位。比如，根据"协调性"原则，所有发展伙伴（包括传统和非传统援助者）都会按照"单一框架、单一评估"［公共开支和财政责任评估（PEFAR）以及公共开支和财政责任框架（PEFA）］进行信用风险评估。为此，世界银行和该框架秘书处制定了严格的框架指南，供国家和地方各级政府使用。该指南包含的自我评估指标，可用以衡量援助者支持国家发展情况。迄今为止，"公共开支和财政责任框架"已在超过 125 个发展中国家被应用 220 多次，进一步推进了公共财政管理改革。①

在"一致性"原则下，无论资金来源（传统和非传统援助者），发展中国家的大多数公共财政管理都已实现了援助支持与国家发展优先事项的一致。比如，2009~2019 年，超过 72% 的援助通过社会/经济基础设施及服务领域的渠道。这对于实现许多可持续发展目标而言至关重要，也有助于推动非政府组织/民间团体成为"发展实效"议程中的关键参与者。2009~2019 年，发展中国家获得的所有援助中，超过 9.8% 是由非政府组织/民间团体提供（或通过其提供）的，与前几年该占比极少超过 2% 相比情况有了显著改善。

私营部门对"发展实效"议程等产生巨大影响的领域还包括以电子方式发布发展合作数据，改善了透明度和问责制。2009 年之前，除了少数中央数据库［如福特基金会和"国际援助透明度倡议"（IATI）］外，有关非传统援助者的信息非常少。鉴于此，私营部门和国际援助界发起联合倡议，要求按照发援会部门分类，采集了 30 多个国际私人援助者向发展中国家提供资金的详细信息，包括按国家、金融工具和交付渠道分类的各领域融资数据。② 特别是在韩国釜山第四次高级别论坛期间，大多数援助机构都承诺要根据通用的 IATI 标准（Quak，2020）发布援助信息。英国国际发展部（DFID）是第一个承诺向"国际援助透明度倡议"发布援助信息的组织。在此之后，同意定期提供援助统计数据的国际和国家民间团体超过 540 个。③ 这是加强援助合作伙伴之间协调的重要里程碑事件，进一步提高了各方行动的透明度，并能有效防止援助伙伴之间出现项目重叠情况。

四 私人发展资金在促进受援国发展方面的作用

2009 年之前，人们对非政府行动者，尤其是私人慈善基金会在促进发

---

① https：//www.pefa.org/about.
② 参见 QWIDS 数据库（https：//stats.oecd.org/wbos/default.aspx）和 OECD - Stat 数据库（https：//stats.oecd.org/OECDStat_Metadata/ShowMetadata.ashx? DataSet = DV_DCD_PPFD）。
③ 参见 codeforiati.org 上的 IATI 相关数据。

展中国家可持续发展方面的作用知之甚少，部分原因在于基金会活动信息匮乏。不过，随着通过 OECD-CRS 数据库定期提供的基金会活动信息越来越多，研究人员和政策制定者现已掌握这方面的信息——作为国际援助舞台上的新兴参与者，慈善机构体量巨大。此外，通过该数据库还能了解基金会主要将资源投向受援国的哪些领域。如此一来，有关基金会不愿与受援国国内机构和政府合作的观点也就不攻自破了。

基于一些实证可了解基金会和非政府组织在推进受援国落实可持续发展议程方面的作用。首先，从私人发展资金流向发展中国家的总体趋势来观察过去几年的变化；其次，评估基金会资源在受援国的五大子领域发挥的作用，这有助于基金会自我评判是否切实为受援国提供了服务；最后，研究基金会在向受援国输送资源时最常使用的渠道。在此过程中，还探索了非政府组织/民间团体在发展成果交付过程中的活动，这些组织也是为受援国提供服务的关键行动者。

2009 年以来流入发展中国家的私人发展资金稳步增长，尤其是 2016 年后不断出现峰值——这可能是因为私人援助者不断增加，抑或是援助者更新了统计数据。比如，在卫生和生殖健康子领域，约 20 个新兴援助者额外注入了 40 多亿美元。2016~2019 年，惠康基金会、大卫与露西尔帕卡德基金会、威廉与弗洛拉·休利特基金会以及儿童投资基金会为卫生和生殖健康子领域提供了大量资金，总计超过 4.5423 亿美元。同样，在银行和金融子领域，资金流入总额超过 8.5925 亿美元——这些资金主要来自新兴援助者，如格莱珉农业信贷基金会和万事达基金会。流向民间团体和政府的资金情况也是如此，总额从不到 1.061 亿美元（2009~2015 年）增加到约 18 亿美元（2016~2019 年）。这要归功于福特基金会等新兴参与者，其在短短四年间便成为发展中国家民间团体的最大援助者（23.93%）。联合邮政彩票基金会（United Postcode Lotteries）成为发展中国家民间团体的第三大援助者（13%），仅次于该子领域的传统援助者——比尔及梅琳达·盖茨基金会。此外，在生产子领域，2016 年 BBVA 小额信贷基金会所占份额达到 33.5%以上。这表明，基金会在落实发展议程中的作用在随着时间的推移而稳步增强。

就发展中国家受到援助的领域而言，卫生和生殖健康、生产、多领域/跨领域、民间团体和政府、银行和金融是基金会在发展中国家投入资源最多的领域。这对于实现可持续发展目标 1、目标 2、目标 3、目标 16 和目标 17 等而言至关重要。不过，这并不是说其他可持续发展目标没有受到基金会的重视。比如，过去主要依赖康拉德·N. 希尔顿基金会与比尔及梅琳达·盖茨基金会提供支持的供水和卫生子领域，现在也会从其他基金会得到各种资金支持。2016～2019 年，该子领域从 20 多个基金会援助者那里获得约 5.293 亿美元的额外资金支持。同样，就连以前基金会没有给予大力资助的能源领域（2016 年前还不到 250 万美元）获得的额外资金支持也超过了 3.979 亿美元。这部分资金主要来自基金会援助者，如麦克阿瑟基金会、联合邮政彩票基金会、荷兰邮政彩票基金会、洛克菲勒基金会、大卫与露西尔帕卡德基金会、橡树基金会、威廉与弗洛拉·休利特基金会、儿童投资基金会。同样，工业领域获得的资金也在增加，从 2015年的不到 2400 万美元上升到 2019 年的 3.051 亿美元以上（2016～2019 年增长率约为 92%）。这表明，基金会正在努力帮助发展中国家实现可持续发展目标 9"建造具备抵御灾害能力的基础设施，促进具有包容性的可持续工业化，推动创新"。

尽管如此，许多学者提出了这样一个关键问题：一些基金会正在将资金集中用于特定的援助子领域，比如卫生和生殖健康子领域获得的资金已超过基金会援助总额的 77.1%以上（258 亿美元）。不过，我们不能忘记的一个事实是，经常性供应缺口是发展中国家大多数卫生系统的典型特征，尤其是在医学研究、卫生政策和行政管理、基本卫生教育、疟疾控制、传染病控制、生殖保健、性病控制（包括 HIV/AIDS 在内）等领域——也是婴儿和儿童死亡、孕产妇死亡等的主要原因。这些子领域成为比尔及梅琳达·盖茨基金会、苏珊·汤普森·巴菲特基金会和惠康基金会等机构的优先援助领域。2009～2019 年，卫生和生殖健康子领域获得的资金总额超过 243 亿美元（94.1%）。

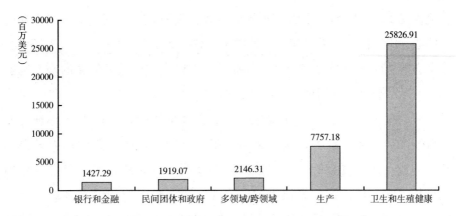

图 7　私人发展资金流向发展中国家各领域的总体趋势

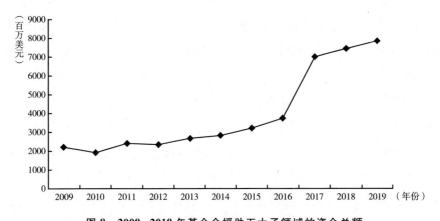

图 8　2009~2019 年基金会援助五大子领域的资金总额

资料来源：OECD-CRS 数据库。

　　农业等其他关键领域是许多发展中国家经济增长的主要引擎，也是提高生产力、实现创收、促进就业等的关键，但与卫生和生殖健康子领域相比很少会受到基金会的"偏爱"（4.7%）。此外，虽然已向非政府组织/民间团体（占总量的 35.1%）提供（或通过其提供）了大量资源，但民间团体和治理改革获得的直接支持约占 5.7%。教育子领域对于实现可持续发展目标 4 "确保包容和公平的优质教育，让全民终身享有学习机会"而言至关重要，但从基金会获得的支持占比不足 4.1%（14 亿美元），其中万事达基金会提供的支持占比超过了教育子领域所获总额的 33%。同样，在很多发展中国家，国家自主贡献（NDC）和国家适应行动计划（NAPA）等跨领域在基金会的资助优先级次序中排名都靠后（0.9%）。交通子领域的情况也是如此，从基金会获得的总资金约占 0.9%。

援助过度集中在特定领域会引发资金聚集风险，从而严重影响援助一致性和协调性。首先，这会影响员工的整体工作表现，许多人只会将注意力放在援助资金的特定用途上。埃塞俄比亚就是如此，大约 10% 的卫生相关服务是由援助者提供的。此外，埃塞俄比亚还得到全球基金和美国总统防治艾滋病紧急救援计划（PEPFAR）等垂直基金支持，其承担了该国一半以上的卫生经费，由此进一步加剧了上述情况。其结果是卫生部门人员配置过多，援助资金成为背后的"罪魁祸首"（Fengler 和 Kharas，2010）。其次，资金聚集还会抑制创新、助长平庸，这在发展中国家的非政府组织/民间团体中表现突出，只愿围绕援助领域开展活动。比如，印度正在申请领取基金会医疗资金的国际非政府组织就有上万个，本地非政府组织有 1600 多个。尼日利亚的情况也是如此，抽样调查发现登记在册的非政府组织中，约 154 个都在围绕卫生、教育和治理改革等领域开展活动——这些都是大多数援助机构在该国的主要援助领域（UNDP，2014）。最后，援助资金聚集，只能表明其支出领域未与受援国优先需求保持一致。比如，肯尼亚和尼日利亚的情况便是如此——基金会向治理和教育领域投入大量资金，却是以牺牲政府的其他关键优先事项为代价的。

就向受援国提供的资源和服务而言，非政府组织/民间团体（35.1%）是基金会最青睐的交付渠道，其次是研究机构（26.4%）、多边组织（18.4%）、公共部门机构（7.6%）和公私伙伴关系（6.3%）。这些资源流量模式与经合组织（2018）早期的调查结果非常一致，彻底打破了基金会总在回避与其他发展伙伴在国家层面的合作的刻板印象。与此相反，基金会正在迅速成为促进发展中国家建立全球伙伴关系的关键参与者（可持续发展目标 17 "加强执行手段，重振可持续发展全球伙伴关系"）。基金会也在

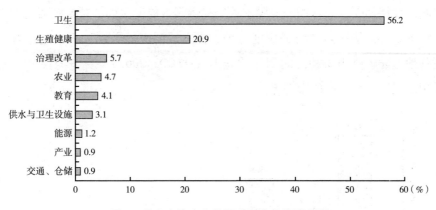

图 9　基金会资金在发展中国家的聚集领域

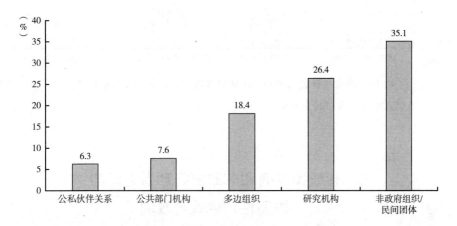

图 10　2009~2019 年基金会资金的五大接受渠道

资料来源：OECD-CRS 数据库。

为各级建立有效、负责和包容的机构方面发挥了主导作用——可持续发展目标 16。

　　然而，需要关注的一个重要问题是，基金会向发展中国家非政府组织/民间团体提供（或通过其提供）的资金总额。向发展中国家民间团体提供（或通过其提供）的资金（约 121 亿美元）中，只有 14.5%是通过发展中国家民间团体，而 85.4%以上选择了援助国/国际民间团体。这会产生明显的影响，如援助交付成本增加、国家缺乏提供服务的自主权、对受援国的知识转让不足、无法按照"协调援助行为，提高援助交付实效"所商定的方式增强地方非政府组织和民间团体的能力（OECD，2003），更多的援助可能采用以援助者为中心的管理方法。

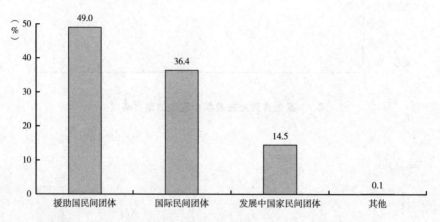

图 11 基金会资金流向民间团体的渠道（按民间团体类型划分）

资料来源：OECD-CRS 数据库。

五 传统援助者和非政府行动者之间的
协调性：经验与教训

援助协调性已引起全球政策制定者的关注。2003 年在罗马举行的第一次援助实效问题高级别论坛上对其有所提及，但直到随后的巴黎论坛（2005）、阿克拉论坛（2008）和釜山论坛（2011）才达成共识。这个议题同样出现在许多高级别政策文件中，如欧盟相关文件、《劳动分工行为准则》、《援助实效运作框架》、《阿克拉行动议程》、《釜山宣言》、《内罗毕成果文件》、《坎帕拉原则》、《全球发展总统政策指令》、《四年度外交和发展审议》。其中重要的理念包括：援助活动必须保持一致，尽量减少援助交付中的援助者增多现象；避免重复工作，促使援助活动合理化，尽可能提高其成本效益；加强最佳实践应用，如经过改良的相互问责、透明度和成果管理机制；尽量减少援助者之间以及受援国内部的割裂；采用多领域融资方法；加大预算支持力度；吸引包括私营部门在内的民间团体参与；国家自主权等。

值得一提的是，国际援助界的工作文件、相关报告以及一些同行评议就多个方面展开研究，并获得了非常有意义的调查结果。比如，Bourguignon和 Platteau（2015）研究了援助协调面临的挑战，发现受援国可通过加强协调在成本节约和治理效益方面受益。加强协调可大幅降低援助交付过程中各个环节，如探索任务、谈判、交付、监测、跟进和评估等的交易成本。无论是更有效地履行附加条件，更好地监测援助情况，还是进一步加强援助自主权和提高透明度，这些举措都能让政府受益。关注国际协调和援助实效的研讨会文件（Bigsten 和 Tengstam，2015）指出，加强援助协调，比如使注意力集中在更少的伙伴国家，或从项目援助转向定向援助，可有效降低交易成本。Fengler 和 Kharas（2010）在对 6 个发展中国家的调查中也发现了类似情况。此外，在所调查的 6 个发展中国家中，有 4 个国家缺乏统一的援助项目数据收集及发布机构，由此导致中央政府援助协调工作效率不高。Gulrajani（2019）指出巴西、南非、印度和中国在援助领域的影响力和经济实力日益增强，显著影响了发援会为这些国家选用工具、部门和模式时的决策。Rahman 和 Sawada（2010）认为，"搭便车"问题使援助国向受援国交付援助的效率不高。

此外，许多发展机构还面向学术界、私营部门和援助界的传统和非传统合作伙伴开发了一些新的互动平台，其中比较突出的包括美国国际开发署的发展重大挑战系列（Grand Challenges for Development Series）、高等教育解决方案网络（Higher Education Solutions Network）、发展创新企业（Development Innovation Ventures，DIV）、粮食安全计划新联盟（New Alliance for Food Security Programme）（USAID，2014）。这些举措有助于吸引私营部门、非政府行动者和受援国积极参与，为美国国际开发署提供获益的机会。

从经验来看，大型援助者之间的援助协调工作虽有所改善，但仍有提升空间，特别是在降低资金聚集风险、控制援助管理成本等方面。此外，需要完善援助者交易和数字报告制度，加强相互问责，提高透明度。OECD-CRS和OECD-QWIDS这两个数据库中的官方援助数据差异较大，在同一条目代码下的数据经常互不匹配。此外，在许多援助者和受援国采取的方法中，碎片化问题仍普遍存在，需要给予更多关注，解决援助协调工作低效问题。虽然过去几年遵循《阿克拉行动议程》的建议，将民间团体和非政府组织作为主要交付渠道的情况显著增多，但优先选择援助国非政府组织和国际非政府组织的现象仍非常普遍。因此，需加强与国际非政府组织的沟通，加强地方知识转让和能力建设，加强国家自主权，让所有人都能诉诸司法——可持续发展目标16。

实证结果表明，领域和子领域层面的成果管理有所改善，各领域对援助资金的分配比较透明，从而为跟踪了解发展中国家的援助实效提供了便利。此外，过去十年来，援助者的支出模式趋同，表明援助者的供资决策逐渐协调，受援国的响应能力也有所增强。此外，国家定向援助的方法越来越普及，说明受援国针对国家层面的援助管理和协调有了更大的发言权。同样，研究分析也表明从援助实效向发展实效转变的趋势非常明显。因此，不论是受援国还是援助国都承担了更大的援助协调与管理责任。

一个典型的例子是发援会成员国和非政府行动者——特别是私人慈善基金会——越来越多地将多边组织作为主要交付渠道，以促进发展中国家取得发展成果。由于多边组织是通过地区成员国开展工作，援受双方都会非常积极地参与整个决策过程。此外，多边组织的赠款和贷款审批程序相当严格，涉及项目评估、可行性及环境影响评估、受援国财务管理和能力评估、项目实施详细计划、项目/方案经济及财务可行性等内容。这些都是获得多边委员会审批的前提条件。在特殊情况下，援助会以平行共同融资的形式通过多边组织提供，这样援助者便会绕过严格的审批要求，仅将多边组织作为流动渠道。在这种情况下，多边组织的采购程序便会起作用，因此援助也会受到多边组织严格的财务管控。2009~2019年，通过多边组织向发展中国家提供的双边援助总额占比接近40.9%，表明在援助交付工作中，援助者的重点转向发展实效。

　　还需指出的是，通过多边组织流向民间团体/非政府组织的资金并没有随着时间的推移而发生变化，仍只占其向发展中国家提供的官方发展援助总额的很小一部分。2009~2019 年，从多边组织流向民间团体/非政府组织的官方发展援助总额（269 亿美元）占比不足 5.5%，与发援会成员国和私人慈善基金会（平均支出分别占 12.7% 和 36.3%）相比存在差距。正如Griffin 和 Judge（2010）所言，多边组织以地区成员国为依托开展分散式运作，因此大都缺少清晰的民间团体资助框架。不过，它们的确为中央层面的民间团体提供了一些资金——包括专项赠款资金、政府支持资金和项目资金，但大多数都可通过地区成员国办公室进行评估。如上所述，对于许多民间团体和非政府组织来说，对这些援助项目进行评估不仅要求严格而且流程烦琐，正因为如此，从多边组织流向民间团体的资金有限。

六　私营部门参与援助

　　从援助实效转向发展实效导致援助架构发生了极大改变，援助者认识到与私营部门合作有利于为实现发展目标做出贡献。国际援助界高度重视私营部门的参与——特别是从私人渠道筹集额外的资金，因此专门制定了国际标准来衡量官方发展融资干预所筹集的私人资金情况（Benn 等，2017）。相关方提出了多边和双边发展金融机构联合倡议，并与经合组织的追踪气候私人融资研究合作机构展开了密切合作。[1]

　　重点介绍 2012~2015 年官方发展融资干预从私营部门筹集到的资金。[2] 2012~2015 年，官方发展融资干预通过各种杠杆机制，从私营部门筹集到

---

[1]　比如，参见经合组织追踪气候私人融资研究合作机构，https：//www.oecd.org/env/researchcollaborative/。

[2]　来自 OECD-CRS 数据库中的官方统计数据，http：//www.oecd.org/dac/financing-sustainable-development/development-finance-standards/Amounts-Mobilised-from-the-Private-Sector-2017.xlsx。

811 亿美元，[①] 包括银团贷款、集合投资工具份额、担保、对企业直接投资和特殊目的工具（DIC-SPV）、信贷（LoC）以及简单的共同融资等。总体而言，通过担保动员的私人资金最多，占 44%；其次是银团贷款和信贷，均占 19%；集合投资工具占 12%；对企业直接投资和特殊目的工具占 6%。

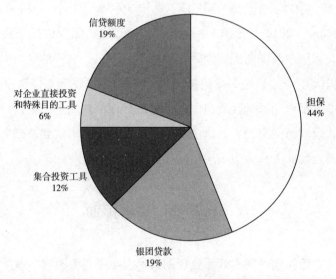

图 12　2012~2015 年各种杠杆机制动员的资金占比

资料来源：https://www.oecd.org/development/stats/mobilisation.htm。

从各种杠杆机制动员的资源的年度表现来看，2012~2015 年通过担保动员的私人资金最多，其次是银团贷款和信贷，集合投资工具以及对企业直接投资和特殊目的工具简直微不足道。

由私营部门动员的资金（按世界银行国别收入分类）可以发现，约42.7%的私营部门融资来自中等偏上收入国家的项目，其次是低收入国家（约占 29%）、未按收入分类的国家（20.2%）；最不发达国家贡献的私营部门融资占比不足 5.6%，而其他低收入国家占比不足 2.5%。

①　可能同样存在低估的情况，一些学术报告的估值更高。这完全基于 OCED-CRS 数据库中的统计数据，也是最可靠的传统援助者私人流量的数据来源。

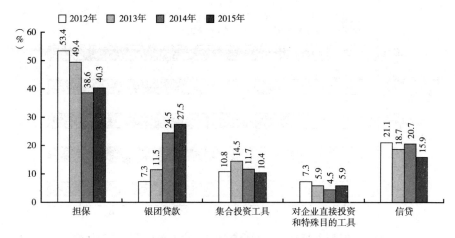

图 13　2012~2015 年各种杠杆机制对私人融资的年度贡献率

资料来源：https：//www. oecd. org/development/stats/mobilisation. htm。

根据世界银行国别收入分类这一杠杆机制，来自低收入国家的担保占比最大（42.6%），而银团贷款主要来自中等偏上收入国家（56.8%）；从集合投资工具来看，大部分来自未按收入分类的国家（53.4%），而对企业直接投资和特殊目的工具主要来自中等偏上收入国家（38.7%）。65.2%的私人融资是通过信贷渠道筹集，主要是中等偏上收入国家（65.2%），其次是低收入国家（23.2%）。

表 2　2012~2015 年私人融资占比（按世界银行国别收入分类）

单位：%

类别	担保	银团贷款	集合投资工具	对企业直接投资和特殊目的工具	信贷	平均值
最不发达国家	10.8	5.0	2.0	8.3	1.7	5.6
低收入国家	42.6	33.1	25.0	21.4	23.2	29.0
其他低收入国家	4.2	0.6	0.5	5.0	2.1	2.5
未按收入分类的国家	8.6	4.6	53.4	26.7	7.8	20.2
中等偏上收入国家	33.8	56.8	19.1	38.7	65.2	42.7

资料来源：经合组织（2017）。

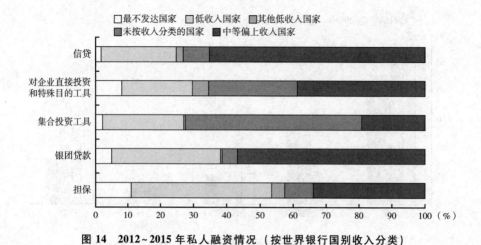

图 14　2012～2015 年私人融资情况（按世界银行国别收入分类）

从提供者来看，在所有动员的私人资金中，只有不足 36.4% 与双边援助者通过各种杠杆机制开展的活动有关。比如，美国动员的资金占比最大，通过担保与对企业直接投资和特殊目的工具约筹集 54.1%；紧随其后是英国（集合投资工具筹集占比在 11.6% 以上）、德国（4.6%，信贷）、法国（4.1%，担保）和丹麦（3.9%，对企业直接投资和特殊目的工具）。这些资金的主要动员双边机构是美国的海外私人投资公司和美国国际开发署、英国政府所有的 CDC 集团、德国复兴信贷银行、法国开发署、丹麦主权基金

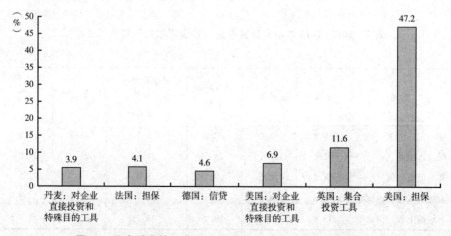

图 15　私人融资的五大双边援助者（按各种杠杆机制划分）

（**IFU**）。此外，超过 63.6% 的私人动员资金与多边行动者开展的活动有关，特别是欧洲投资银行（25.2%）、多边投资担保机构（23.0%）、国际金融公司（19.2%）、欧洲复兴开发银行（8.7%）和泛美开发银行（5.7%）。

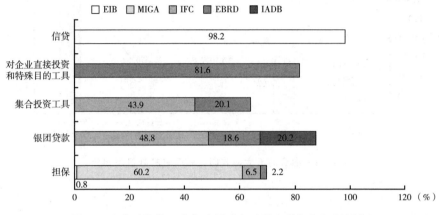

图 16　私人融资的五大多边援助者（按各种杠杆机制划分）

从各领域对私人融资的贡献来看，名列前茅的五大子领域包括：银行和金融服务（33.4%），能源（24.7%），工业、采矿和建筑（20.9%），运输和仓储（4.4%），农林渔业（3.6%）。从五大受援国来看，赞比亚以 9.8% 位居第一，其次是亚洲远东地区（2.9%）、哈萨克斯坦（2.7%）、牙买加（2.7%）、摩尔多瓦（2.4%）。

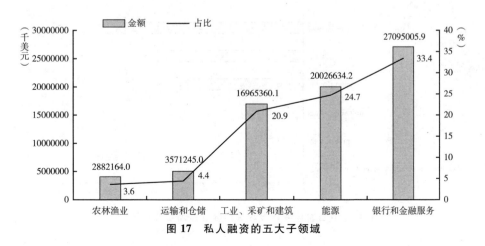

图 17　私人融资的五大子领域

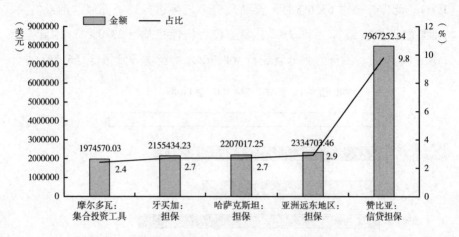

图 18　私人融资的五大接收国（按各种杠杆机制划分）

七　来自中国的非政府行动者和官方发展资金

对许多学者来说，中国的一揽子援助计划能够促进经济发展和基础设施建设，为贫穷地区带来新的发展机遇。同样，大量流入的资金也符合经合组织所界定的官方发展援助的必要条件：以促进发展中国家的经济发展和增进民众福祉为主要目标；具有优惠性质，并至少提供 25% 的赠款。

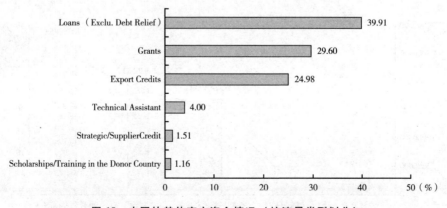

图 19　中国的其他官方资金情况（按流量类型划分）

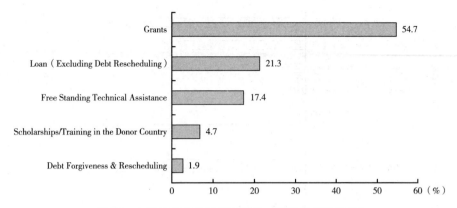

图 20　中国的官方发展援助情况（按流量类型划分）

资料来源：AidData 数据库。

2000～2014 年，约 5172 亿美元作为官方发展融资提供给了发展中国家，其中 1492 亿美元（28.8%）为官方发展援助，3680 亿美元（71.2%）为其他官方资金。[①] 如按照领域和子领域分类，可以发现中国提供的所有其他官方资金中，89.7% 以上的都流向经济基础设施及服务领域，其中运输和仓储占比最大（48.6%），其次是能源（35.9%）；经济生产占 5.3%，其中工业、采矿和建筑的占比为 3.8%；社会基础设施及服务领域获得的支持占 3.9%；多领域/跨领域占 1.1000%，商品援助或一般预算支持占 0.5%，非政府组织/民间团体（占 0.0001%）占比排紧急响应（0.0005%）之后。

从中国流向发展中国家各领域和子领域的官方发展援助来看，经济基础设施及服务领域占 65.3%，其中运输和仓储子领域再次成为最大受益领域（44.200%）；接下来是社会基础设施及服务领域，占 19%，其中获得资金最多的是供水和卫生子领域（13.5000%）；紧随的是生产领域，占 7.5%，其中工业、采矿和建筑占 5.8%；债务减免占 5.8%，其中多领域/跨领域占 1.10%；商品援助、非政府组织/民间团体和紧急响应占比约低于 1.4%。

通过比较上述援助的细分领域情况发现，官方发展援助对非政府组织/

---

① AidData 按经合组织分类代码，提供了这一阶段中国官方发展融资数据。

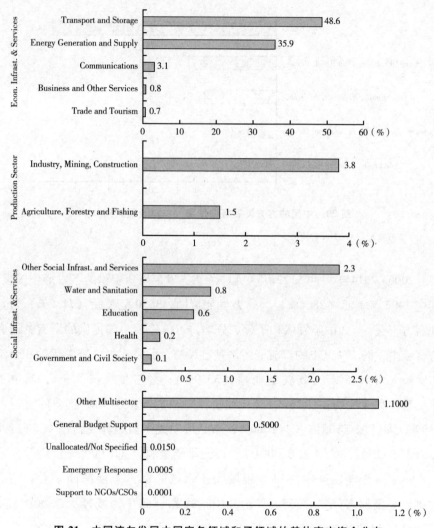

图 21　中国流向发展中国家各领域和子领域的其他官方资金分布

资料来源：AidData 数据库。

民间团体提供的资金总额高于其他官方渠道。不过，中国对非政府组织/民间团体提供的支持（占 25%）大都流向巴基斯坦、孟加拉国、斐济、蒙古和厄瓜多尔。通过比较中国通过非政府组织/民间团体（或通过其）向发展中国家提供的援助，与传统援助者（发援会国家、非发援会国家和多边组织）以及私人基金会所提供的援助，中国已成为发展中国家非政府组织/民

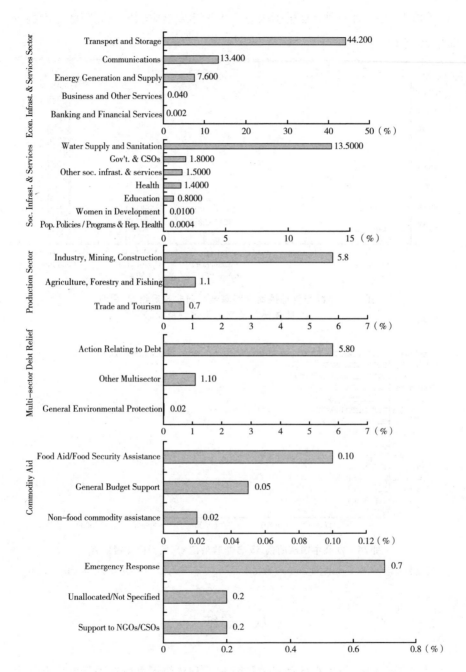

图22　中国流向发展中国家各领域和子领域的官方发展援助分布

间团体第四大援助来源。从国别来看，中国向发展中国家民间团体提供的援助排第 15 位。

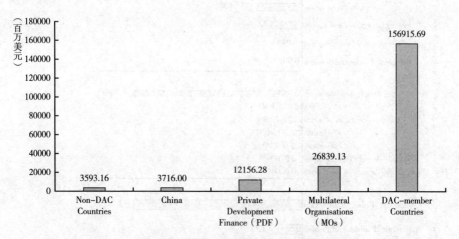

图 23　中国与传统援助者和基金会向非政府组织/民间
团体提供的官方发展融资比较

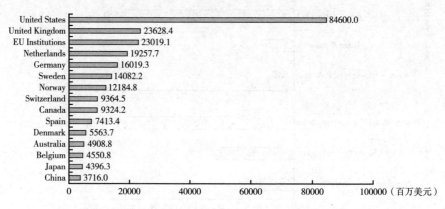

图 24　发展中国家的前 15 名非政府组织/民间团体援助者

资料来源：OECD-CRS 和 AidData 数据库。

八　总结

本文旨在评估非政府行动者、私营部门和传统援助国在国际发展合作中所发挥的作用，重点关注其向发展中国家提供的双边援助情况。通过实证分析，获得了非常有意义的调查结果。首先，在双边援助中，私人慈善援助者与传统援助者一样，都是战略参与方；重点关注的领域是社会基础设施及服务；资金集中用于特定经济子领域，包括卫生和生殖健康、生产、多领域/跨领域、银行和金融等，这对于实现可持续发展目标 1、目标 2、目标 3、目标 8、目标 16 和目标 17 等而言至关重要。分析表明，在双边援助资金中，私人慈善援助者向发展中国家的非政府组织/民间团体提供（或通过其提供）的援助资金占 36%。其次，私营部门的作用越来越重要。2012~2019年，通过官方发展融资干预从私营部门筹集的资金高达 774 亿美元。在通过官方发展融资干预来筹集资金时，担保与对企业直接投资和特殊目的工具似乎是最有效的杠杆机制。此外，美国和欧盟机构是面向世界银行所划分的中等偏下收入国家（33.5%）和未按收入分类的国家（29.9%）的最大的援助资金动员者。再次，援助界向非政府组织/民间团体提供（或通过其提供）支持的目的在于按照 2008 年《阿克拉行动议程》促进发展中国家发展。尽管过去几年间，将地区成员国的非政府组织/民间团体作为主要交付渠道的情况显著增多，但援助国的非政府组织/民间团体仍受到偏爱。此外，研究结果进一步表明，多边组织对发展中国家非政府组织/民间团体的支持并不大。最后，中国在双边援助领域的主要交付中所发挥的作用越来越大，尤其是在经济基础设施及服务领域。中国向运输和仓储、能源和通信等领域提供的官方发展融资最多，占其对发展中国家支持融资的 48.6% 以上。

需要指出的是，尽管实证研究结果表明援助界之间的援助协调工作有所改善，但仍有优化空间，特别是在减少发展中国家私人慈善资金的聚集风险方面。此外，还需进一步控制援助管理成本，尤其是来自传统援助国的官方发展援助流量。OECD-CRS 和 OECD-QWIDS 两个数据库中的官方援助数据差异太大，同一条目代码下的数据经常不匹配，因此需进一步加强数据协调、提高透明度。尽管过去几年来，地区成员国的非政府组织/民间团体被越来越多地作为主要交付渠道，但优先选择援助国的非政府组织/民间团体仍是普遍做法。因此，为了促进地方知识转让、增强建设能力、加强国家自主权、让所有人都能诉诸司法，就必须向非政府组织/民间团体提供更多的支持。

实证结果表明，领域和子领域层面的成果管理有所改善，各领域对援助资金的分配比较透明，从而为跟踪、了解发展中国家的援助支出实效提供了便利。此外，过去十年来，援助者的支出模式趋同，表明援助者的供资决策逐渐协调，受援国的响应能力有所增强。此外，国家定向援助方法越来越普及，说明受援国对国家层面的援助管理和协调有更大的发言权。同样，研究表明从援助实效向发展实效转变的趋势非常明显。由此来看，不论是受援国还是援助国都承担了更大的援助协调与管理责任。

参考文献

AidData Research and Evaluation Unit. 2017. "Geocoding Methodology, Version 2.0." Williamsburg, VA: AidData at William & Mary.

A. Bigsten, S. Tengstam. 2015. "International Coordination and the Effectiveness of Aid." *World Development* (69), http://dx.doi.org/10.1016/j.worlddev.2013.12.021.

A. Rahman, Y. Sawada. 2010. "Can Donor Coordination Solve the Aid Proliferation Problem?" World Bank Policy Research Working Paper No.5251, The World Bank, Washington DC. USA.

B. Byiers, A. Rosengren. 2012. "Common or Conflicting Interests?" Reflecting on the Private Factor (for) Development Agenda.

B. Byiers, F. Guadagno, K. Karaki. 2016. "How to Assess CSO-business Partnerships for Development." ECDPM Briefing Note No.8, European Centre for Development Policy Management, Maastricht, Neitherland.

B. K. Tjonneland, le Pere. 2006. "China in Africa: Implications for Norwegian Foreign and Development Policies." Norwegian Ministry of Foreign Affairs & Norad 2006, http://www.cmi.no/publications/file/? 2438=china-in-africa-implications-for-norwegian.

C. Lancaster. 2007. "The Chinese Aid System." Centre for Global Development Essay, June 2007.

DCED. 2019. "A Categorisation of Private Sector Engagement Strategies and Comparison with Other Approaches for Working with and through the Private Sector: Operational Framework Report." Donor Committee for Enterprise Development, https://www.enterprise-development.org/wp-content/uploads/Operational-framework-for-the-DCED-Private-Sector-Engagement-Working-Group-for-web.pdf.

D. J. Bella, A. Grant, S. Kindornay, S. Tissot. 2013. "Mapping Private Sector Engagements in Development Cooperation." NSI Research Report, The North-South Institute, Canada.

F. Bourguignon, J. P. Platteau. 2015. "The Hard Challenge of Aid Coordination." *World Development* (69), http://dx.doi.org/10.1016/j.worlddev.2013.12.011.

GPEDC. 2019. "Kampala Principles on Effective Private Sector Engagement in Development Co-Operation." Global Partnership for Effective Development Co-operation (GPEDC).

ICAI. 2015. "Business in Development." ICAI Report No. 43, May 2015. UK Independent Commission for Aid Impact. United Kingdom.

J. Martini, R. Mongo, H. Kalambay, A. Fromont, N. Ribesse, B. Dujardin. 2012. "Aid Effectiveness from Rome to Busan: Some Progress but Lacking Bottom – up Approaches or Behaviour Changes." *Tropical Medicine and International Health* 17 (7), doi: 10.1111/j.1365-3156.2012.02995.x.

J. Benn, C. Sangaré, T. Hos. 2017. "Amounts Mobilised from the Private Sector by Official Development Finance Interventions: Guarantees, Syndicated Loans, Shares in Collective Investment Vehicles, Direct Investment in Companies, Credit Lines." OECD Development Co-operation Working Papers, No. 36, OECD Publishing, Paris, https://doi.org/10.1787/8135abde-en.

J. Griffin, R. Judge. 2010. "Civil Society Policy and Practice in Donor." Report Prepared for Governance and Social Development Resource Centre Framework, Department for International Development (DfID), UK.

M. Heinrich-Fernandes. 2019. "Donor engagement in Innovative Finance: Opportunities and Obstacles." DCED Working Paper, https://www.enterprise – development.org/wp – content/uploads/DCEDWorkingPaper_DonorEngagementinInnovativeFinance.pdf.

N. Gulrajani. 2019. "Donors in Transition and the Future of Development Cooperation: What do the Data from Brazil, India, China and South Africa reveal?" ODI Working paper, ODI, London, UK.

OECD. 2003. "Harmonising Donor Practices for Effective Aid Delivery." OECD Publications Service, Paris.

OECD. 2008. "The Paris Declaration on Aid Effectiveness and the Accra Agenda for Action." Paris: OECD.

OECD. 2009. "Civil Society and Aid Effectiveness: Findings, Recommendations and Good Practice." OECD Publishing, Paris.

OECD. 2010. "Civil Society and Aid Effectiveness: Findings, Recommendations and Good Practice." Better Aid, OECD Publishing, Paris, https://doi.org/10.1787/9789264056435-en.

OECD. 2011a. "Aid Effectiveness 2005-10: Progress in implementing the Paris Declaration."

Paris：OECD.

OECD. 2011b. "Busan Partnership for Effective Development Co-operation：Fourth High Level Forum on Aid Effectiveness." Busan, Republic of Korea, 29 November - 1 December 2011, OECD Publishing, Paris, https：//doi. org/10. 1787/54de7baa-en.

OECD. 2011c. "How DAC Members Work with CSOs：An Overview." Paris.

OECD. 2014a. "OECD Guidelines for Multinational Enterprises：Responsible Business Conduct Matters." Paris, https：// mneguidelines. oecd. org/MNEguidelines_RBCma tters. pdf.

OECD. 2014b. "Using Financial Instruments to Mobilise Private Investment for Development." In OECD, Development Co-operation Report 2014：Mobilising Resources for Sustainable Development. OECD Publishing, Paris, http：//dx. doi. org/10. 1787/dcr-2014-15-en.

OECD. 2015a. "Inclusion of the Effort in Using Private-Sector Instruments in ODA：Exploring further the Institutional and Instrument-Specific Approaches." DCD/DAC/STAT (2015) 3, OECD, Paris.

OECD. 2015b. "Policy Framework for Investment 2015 Edition." OECD Publishing, Paris, http：//dx. doi. org/10. 1787/ 9789264208667-en.

OECD. 2016a. "The Holistic Toolbox for Private Sector Engagement in Development Co-operation." Private Sector Peer Learning Policy Brief OCED, Paris.

OECD. 2016b. "Understanding Key Terms and Modalities for Private Sector Engagement in Development Co-operation."

OECD. 2017a. "Dispelling the Myths of Triangular Co-operation：Evidence from the 2015 OECD Survey on Triangular Co-operation." OECD Development Policy Papers, No. 6, OECD Publishing, Paris, http：//dx. doi. org/10. 1787/a8b14341-en.

OECD. 2017b. "Triangular Co-operation." http：//www. oecd. org/dac/dac-global-relations/triangular-cooperation. htm.

OECD. 2017c. "OECD Survey on Private Philanthropy for Development 2013-15." Paris, http：//www. oecd. org/dac/financing-sustainable-development/development-finance-standards/beyond-oda-foundations. htm.

OECD. 2018a. "Private Philanthropy for Development, The Development Dimension." OECD Publishing, Paris, https：//doi. org/10. 1787/9789264085190-en.

OECD. 2018b. "Sector Financing in the SDG Era, The Development Dimension." OECD Publishing, Paris, https：//doi. org/10. 1787/9789264307711-en.

OECD-UNDP. 2019. "Making Development Co-operation More Effective：How Development Partners are Promoting Effective." Country-Led Partnerships：Part II of the Global Partnership 2019 Progress.

OECD. 2020a. "Development Assistance Committee Members and Civil Society, The

Development Dimension. " OECD Publishing, Paris, https: //doi. org/10. 1787/51eb6df1-en.

OECD. 2020b. "Lessons for Development Co-operation in 2020, in Development Co-operation Report 2020: Learning from Crises. " Building Resilience, OECD Publishing, Paris, https: //doi. org/10. 1787/45db2e19-en.

P. Davies. 2011. "The Role of the Private Sector in the Context of Aid Effectiveness. " OECD Consultative Findings Document Final Report, 2 February 2011.

Quak E-J. 2020. "Donor Agencies' Efforts for Improved Transparency of Delivery Chains for Aid Programmes. " Helpdesk Report, Institute of Development Studies (IDS), London, UK.

R. Bluhm, A. Dreher, A. Fuchs, B. C. Parks, A. Strange, M. J. Tierney. 2018. "Connective Financing: Chinese Infrastructure Projects and the Diffusion of Economic Activity in Developing Countries. " AidData Working Paper #64. Williamsburg, VA: AidData at William & Mary.

S. Grosse-Puppendahl, B. Byiers, S. Bilal. 2016. "Beyond Aid in Private Sector Engagement: A Mapping of the Opportunities and Challenges of Development and Commercially Oriented Public support to Private Sector Engagement. "

UNDP. 2014. "Mapping and Capacity Assessment of Civil Society Organizations (CSOs) involved in Anti-Corruption Programming at National and Sub-national Levels in Nigeria. " Report Prepared under the Support to Anti-Corruption in Nigeria (FED/2012/022 - 161) (NGAX60) Project Funded by the European Union under the 10th EDF.

UNDP. 2021. "Improving The Effectiveness of Development Co-Operation Partnerships as a Critical Enabler for the 2030 Agenda. " United Nations Development Programme.

USAID. 2014. "Donor Coordination: An Additional Help Document for ADS Chapter 200. " United State Agency for International Development, USA.

USAID. 2019. "Private-Sector Engagement Policy. " USAID, Washington DC, USA.

World Bank. 2015a. "The Experience of Other Multilateral Development Banks with Public-Private Partnerships. " The World Bank, Washington D. C. , USA.

World Bank. 2015b. "World Bank Group PPP Project Briefs. " The World Bank, Washington D. C. , USA www. oecd. org/officialdocuments/publicdisplaydocumentpdf/? cote = DCD/DAC/STAT (2015) 3&docLanguage = En.

W. Fengler, H. Kharas. 2010. Delivering Aid Differently: Lessons from the Field. Washington, D. C. : Brookings Institution Press, Retrieved June 23, 2021, from http: // www. jstor. org/stable/10. 7864/j. ctt127wks.

W. Smith. 2013. "How Donors Engage with Business Overseas. " Overseas Development Institute, London, United Kingdom.

附　录

附表 1　2002～2019 年向发展中国家提供的官方发展援助细目（按关键领域和主要流量渠道划分）

单位：百万美元，%

资金流	流量渠道	主要援助者	社会基础设施及服务	经济基础设施及服务	债务偿还	人道主义援助	援助者的行政成本	难民/寻求庇护者	未分配领域	总支出
官方发展援助	公共部门	发援会国家（总计）	193652.40	124775.22	29796.77	10032.02	70077.53	86132.96	8125.37	522592.27
		非发援会国家（总计）	8029.05	8089.86	2295.24	32995.29	629.33	132.93	8408.44	60580.13
		多边组织（总计）	142972.51	98584.91	3264.03	7355.26	3990.87	5.89	2828.64	259002.11
		官方发展援助总额（按流量渠道）	344653.96	231449.99	35356.04	50382.57	74697.73	86271.78	19362.45	842174.51
	非政府组织和民间团体	发援会国家（总计）	101586.96	5621.29	2.01	40542.33	633.35	2832.36	5697.39	156915.69
		非发援会国家（总计）	1361.05	734.75	0.00	1449.01	16.87	0.19	31.30	3593.16
		多边组织（总计）	16443.26	462.20	0.00	9542.85	0.76	0.04	389.02	26838.13
		通过非政府组织/民间团体提供的官方发展援助总额	119391.27	6818.24	2.01	51534.18	650.98	2832.60	6117.71	187346.98
	公私合作关系	发援会国家（总计）	3500.96	1934.83	0.00	52.44	0.11	0.00	112.82	5601.16
		非发援会国家（总计）	23.11	1.38	0.00	0.67	0.00	0.00	3.23	28.40
		多边组织（总计）	399.58	141.83	0.00	1.24	0.01	0.00	6.48	549.15
		通过公私合作关系提供的官方发展援助总额	3923.66	2078.04	0.00	54.35	0.12	0.00	122.53	6178.71
	多边组织	发援会国家（总计）	74168.24	13604.04	868.26	83314.06	89.14	1053.43	4911.90	178009.07
		非发援会国家（总计）	659.25	40.25	0.00	2863.52	2.56	0.00	657.69	4223.28
		多边组织（总计）	37473.97	13113.24	935.16	11654.98	2508.62	40.26	473.81	66200.04
		通过多边组织提供的官方发展援助总额	112301.46	26757.53	1803.42	97832.56	2600.32	1093.69	6043.40	248432.39

续表

资金流	流量渠道	主要援助者	社会基础设施及服务	经济基础设施及服务	债务偿还	人道主义援助	援助者的行政成本	难民/寻求庇护者	未分配领域	总支出
官方发展援助	教学研究机构或智库	发援会国家（总计）	28450.16	558.72	0.03	192.30	104.07	0.76	397.72	29703.76
		非发援会国家（总计）	89.97	1.22	0.00	0.49	0.00	0.00	11.81	103.48
		多边组织（总计）	2109.06	77.20	0.00	8.52	1.07	0.00	6.82	2202.66
		通过研究机构提供的官方发展援助总额	30649.19	637.14	0.03	201.31	105.14	0.76	416.34	32009.91
	私营部门机构	发援会国家（总计）	15430.91	5087.35	11.55	668.63	2169.58	45.10	97.54	23510.66
		非发援会国家（总计）	121.65	49.24	0.00	3.18	0.00	0.00	0.00	174.06
		多边组织（总计）	1484.84	3983.29	0.00	307.47	0.00	0.00	87.68	5863.29
		通过私营部门机构提供的官方发展援助总额	17037.40	9119.88	11.55	979.27	2169.58	45.10	185.23	29548.01
	其他	发援会国家（总计）	36169.03	16178.29	67.07	1894.34	63.66	275.46	1361.66	56009.50
		非发援会国家（总计）	185.13	729.79	0.00	43.16	0.05	0.01	0.63	958.77
		多边组织（总计）	5664.73	3706.42	0.00	459.99	4150.62	0.21	387.93	14369.90
		通过其他渠道提供的官方发展援助总额	42018.89	20614.50	67.07	2397.49	4214.32	275.68	1750.22	71338.18
	未标明	发援会国家（总计）	1302.86	273.47	19.16	54.90	804.79	13.76	206.90	2675.84
		非发援会国家（总计）	77.98	376.44	0.00	0.50	0.00	0.00	0.00	454.92
		多边组织（总计）	19443.93	6544.22	2885.09	7630.99	9182.76	0.00	5626.54	51313.53
		官方发展援助总额（未标明）	20824.77	7194.13	2904.25	7686.39	9987.55	13.76	5833.44	54444.29
	共计		690800.60	304669.44	40144.38	211068.13	94425.75	90533.35	39831.32	1471472.97
	支出占比		46.95	20.71	2.73	14.34	6.42	6.15	2.71	100.00

资料来源：根据 OECD-CRS 数据库汇编（最后更新：2021 年 6 月）。

附表 2　1990~2019 年向发展中国家提供的官方发展援助贡献率（按关键领域和主要流量渠道）

单位：%

项目	流量渠道	社会基础设施及服务	经济基础设施及服务	生产	人道主义援助	援助者的行政成本	难民/寻求庇护者	未分配领域	累计
官方发展援助	公共部门	23.42	15.73	2.40	3.42	5.08	5.86	1.32	55.92
	非政府组织/民间团体	8.11	0.46	0.00	3.50	0.04	0.19	0.42	12.32
	公私伙伴关系	0.27	0.14	0.00	0.00	0.00	0.00	0.01	0.41
	多边组织	7.63	1.82	0.12	6.65	0.18	0.07	0.41	16.47
	研究	2.08	0.04	0.00	0.01	0.01	0.00	0.03	2.15
	私营部门机构	1.16	0.62	0.00	0.07	0.15	0.00	0.01	2.00
	其他	2.86	1.40	0.00	0.16	0.29	0.02	0.12	4.73
	未标明	1.42	0.49	0.20	0.52	0.68	0.00	0.40	3.30
总贡献率		46.95	20.71	2.73	14.34	6.42	6.15	2.71	100.00

附表 3　2002~2019 年援助者向发展中国家提供的其他官方资金细目（按关键领域和主要流量渠道）

单位：百万美元，%

资金流	流量渠道	主要援助者	社会基础设施及服务	经济基础设施及服务	债务偿还	人道主义援助	援助者的行政成本	难民/寻求庇护者	未分配领域	总支出
其他官方资金	公共部门	发援会国家（总计）	0.00	0.00	0.00	0.00	0.00	0.00	0.00	0.00
		非发援会国家（总计）	0.00	0.00	0.00	0.00	0.00	0.00	0.00	0.00
		多边组织（总计）	117109.95	151537.39	0.32	3702.45	0.00	0.00	2335.86	274685.97
		通过流量渠道提供的其他官方资金总额	117109.95	151537.39	0.32	3702.45	0.00	0.00	2335.86	274685.97

续表

资金流	流量渠道	主要援助者	社会基础设施及服务	经济基础设施及服务	债务偿还	人道主义援助	援助者的行政成本	难民/寻求庇护者	未分配领域	总支出
其他官方资金	非政府组织和民间团体	发援会国家（总计）	0.00	0.00	0.00	0.00	0.00	0.00	0.00	0.00
		非发援会国家（总计）	0.00	0.00	0.00	0.00	0.00	0.00	0.00	0.00
		多边组织（总计）	0.00	1.00	0.00	0.00	0.00	0.00	0.00	1.00
		通过非政府组织/民间团体提供的其他官方资金总额	0.00	1.00	0.00	0.00	0.00	0.00	0.00	1.00
	公私合作关系	发援会国家（总计）	0.00	0.00	0.00	0.00	0.00	0.00	0.00	0.00
		非发援会国家（总计）	0.00	0.00	0.00	0.00	0.00	0.00	0.00	0.00
		多边组织（总计）	0.00	0.00	0.00	0.00	0.00	0.00	0.00	0.00
		通过公私伙伴关系提供的其他官方资金总额	0.00	0.00	0.00	0.00	0.00	0.00	0.00	0.00
	多边组织	发援会国家（总计）	0.00	0.00	0.00	0.00	0.00	0.00	0.00	0.00
		非发援会国家（总计）	0.00	0.00	0.00	0.00	0.00	0.00	0.00	0.00
		多边组织（总计）	0.00	0.00	0.00	0.00	0.00	0.00	0.00	0.00
		通过多边组织提供的其他官方资金总额	0.00	0.00	0.00	0.00	0.00	0.00	0.00	0.00
	教学机构、研究机构或智库	发援会国家（总计）	0.00	0.00	0.00	0.00	0.00	0.00	0.00	0.00
		非发援会国家（总计）	0.00	0.00	0.00	0.00	0.00	0.00	0.00	0.00
		多边组织（总计）	199.40	6139.91	0.00	47.26	0.00	0.00	264.13	6650.70
		通过研究机构提供的其他官方资金总额	199.40	6139.91	0.00	47.26	0.00	0.00	264.13	6650.70

续表

资金流	流量渠道	主要援助者	社会基础设施及服务	经济基础设施及服务	债务偿还	人道主义援助	援助者的行政成本	难民/寻求庇护者	未分配领域	总支出
其他官方资金	私营部门机构	发援会国家（总计）	0.00	0.00	0.00	0.00	0.00	0.00	0.00	0.00
		非发援会国家（总计）	0.00	0.00	0.00	0.00	0.00	0.00	0.00	0.00
		多边组织（总计）	592.22	12163.15	0.00	0.00	0.00	0.00	1591.05	14346.42
		通过私营部门机构提供的其他官方资金总额	592.22	12163.15	0.00	0.00	0.00	0.00	1591.05	14346.42
	其他	发援会国家（总计）	0.00	0.00	0.00	0.00	0.00	0.00	0.00	0.00
		非发援会国家（总计）	0.00	0.00	0.00	0.00	0.00	0.00	0.00	0.00
		多边组织（总计）	4024.21	24799.83	64.78	64.78	0.00	0.00	7552.97	36506.58
		通过其他渠道提供的其他官方资金总额	4024.21	24799.83	64.78	64.78	0.00	0.00	7552.97	36506.58
	未标明	发援会国家（总计）	2551.07	37507.95	16.40	13.99	18.60	258.36	32567.98	72934.36
		非发援会国家（总计）	0.00	0.00	0.00	0.00	0.00	0.00	10658.97	10658.97
		多边组织（总计）	36638.69	44704.94	0.00	678.22	48.37	0.00	23186.00	105256.21
		其他官方资金金额（未标明）	39189.76	82212.89	16.40	692.21	66.97	258.36	66412.95	188849.54
累计			161115.55	276854.17	81.50	4506.70	66.97	258.36	78156.95	521040.21
支出占比			30.92	53.13	0.02	0.86	0.01	0.05	15.00	100.00

资料来源：根据 OECD-CRS 数据库汇编（最后更新：2021 年 6 月）。

附表 4　2002~2019 年向发展中国家提供的其他官方资金贡献率（按关键领域和主要流量渠道）

单位：%

项目	流量渠道	社会基础设施及服务	经济基础设施及服务	债务偿还	人道主义援助	援助者的行政成本	难民/寻求庇护者	未分配领域	累计
	公共部门	22.48	29.08	0.00	0.71	0.00	0.00	0.45	52.72
	非政府组织/民间团体	0.00	0.00	0.00	0.00	0.00	0.00	0.00	0.00
	公私合作关系	0.00	0.00	0.00	0.00	0.00	0.00	0.00	0.00
其他官方资金	多边组织	0.00	0.00	0.00	0.00	0.00	0.00	0.00	0.00
	研究	0.04	1.18	0.00	0.01	0.00	0.00	0.05	1.28
	私营部门机构	0.11	2.33	0.00	0.01	0.00	0.00	0.31	2.75
	其他渠道	0.77	4.76	0.01	0.01	0.00	0.00	1.45	7.01
	未标明	7.52	15.78	0.00	0.13	0.01	0.05	12.75	36.2
支出占比		30.92	53.13	0.02	0.87	0.01	0.05	15.00	100.00

附表 5　2002~2019 年援助者向发展中国家提供的股权投资细目（按关键领域和主要流量渠道）

单位：百万美元，%

资金流	流量渠道	主要援助者	社会基础设施及服务	经济基础设施及服务	债务偿还	人道主义援助	援助者的行政成本	难民/寻求庇护者	未分配领域	总支出
股权投资	公共部门	发援会国家（总计）	37.15	4495.48	0.00	0.00	11.10	0.00	0.00	4543.72
		非发援会国家（总计）	0.00	0.00	0.00	0.00	0.00	0.00	0.00	0.00
		多边组织（总计）	0.00	341.69	0.00	0.00	0.00	0.00	0.00	341.69
	通过流量渠道提供的其他官方资金总额		37.15	4837.17	0.00	0.00	11.10	0.00	0.00	4885.42

续表

资金流	流量渠道	主要援助者	社会基础设施及服务	经济基础设施及服务	债务偿还	人道主义援助	援助者的行政成本	难民/寻求庇护者	未分配领域	总支出
	非政府组织和民间团体	发援会国家（总计）	0.06	0.91	0.00	0.00	0.00	0.00	0.00	0.97
		非发援会国家（总计）	0.00	0.00	0.00	0.00	0.00	0.00	0.00	0.00
		多边组织（总计）	0.00	0.19	0.00	0.00	0.00	0.00	0.00	0.19
		通过非政府组织/民间团体提供的其他官方资金总额	0.06	1.10	0.00	0.00	0.00	0.00	0.00	1.16
	公私合作关系	发援会国家（总计）	0.00	473.61	0.00	0.00	0.00	0.00	0.00	473.61
		非发援会国家（总计）	0.00	0.00	0.00	0.00	0.00	0.00	0.00	0.00
		多边组织（总计）	0.00	79.99	0.00	0.00	0.00	0.00	0.00	79.99
		通过公私伙伴关系提供的其他官方资金总额	0.00	553.61	0.00	0.00	0.00	0.00	0.00	553.61
股权投资	多边组织	发援会国家（总计）	93.28	506.33	0.00	0.00	0.00	0.00	0.00	599.61
		非发援会国家（总计）	0.00	0.00	0.00	0.00	0.00	0.00	0.00	0.00
		多边组织（总计）	7.90	238.85	0.00	0.00	0.00	0.00	0.00	246.75
		通过多边组织提供的其他官方资金总额	101.18	745.18	0.00	0.00	0.00	0.00	0.00	846.36
	教学机构、研究机构或智库	发援会国家（总计）	0.00	0.00	0.00	0.00	0.00	0.00	0.00	0.00
		非发援会国家（总计）	0.00	0.00	0.00	0.00	0.00	0.00	0.00	0.00
		多边组织（总计）	0.00	0.00	0.00	0.00	0.00	0.00	0.00	0.00
		通过研究机构提供的其他官方资金总额	0.00	0.00	0.00	0.00	0.00	0.00	0.00	0.00

续表

资金流	流量渠道	主要援助者	社会基础设施及服务	经济基础设施及服务	债务偿还	人道主义援助	援助者的行政成本	难民/寻求庇护者	未分配领域	总支出
股权投资	私营部门机构	发援会国家（总计）	178.69	1777.59	0.00	0.00	0.00	0.00	16.03	1972.31
		非发援会国家（总计）	0.00	0.00	0.00	0.00	0.00	0.00	0.00	0.00
		多边组织（总计）	16.68	439.95	0.00	0.00	0.00	0.00	0.00	456.63
		通过私营部门机构提供的其他官方资金总额	195.37	2217.54	0.00	0.00	0.00	0.00	16.03	2428.94
	其他	发援会国家（总计）	630.07	5191.50	0.00	0.00	9.58	0.00	0.00	5831.15
		非发援会国家（总计）	0.00	0.00	0.00	0.00	0.00	0.00	0.00	0.00
		多边组织（总计）	6.89	112.35	0.00	0.00	0.00	0.00	0.00	119.24
		通过其他渠道提供的其他官方资金总额	636.96	5303.85	0.00	0.00	9.58	0.00	0.00	5950.39
	未标明	发援会国家（总计）	0.89	192.02	0.00	0.04	0.00	0.00	101.46	294.41
		非发援会国家（总计）	0.00	0.00	0.00	0.00	0.00	0.00	0.00	0.00
		多边组织（总计）	5.12	14.13	0.00	0.00	0.00	0.00	0.00	19.25
		其他官方资金总额（未标明）	6.01	206.15	0.00	0.04	0.00	0.00	101.46	313.66
共计			976.72	13864.61	0.00	0.04	20.68	0.00	117.49	14979.54
支出占比			6.52	92.56	0.00	0.00	0.14	0.00	0.78	100.00

资料来源：根据 OECD-CRS 数据库汇编（最后更新：2021 年 6 月）。

附表 6　2002～2019 年向发展中国家提供的股权投资贡献率（按关键领域和主要流量渠道）

单位：%

资金流	流量渠道	社会基础设施及服务	经济基础设施及服务	生产	人道主义援助	援助者的行政成本	难民/寻求庇护者	未分配领域	累计
股权投资	公共部门	0.25	32.29	0.00	0.00	0.07	0.00	0.00	32.61
	非政府组织/民间团体	0.00	0.01	0.00	0.00	0.00	0.00	0.00	0.01
	公私伙伴关系	0.00	3.70	0.00	0.00	0.00	0.00	0.00	3.70
	多边组织	0.68	4.97	0.00	0.00	0.00	0.00	0.00	5.65
	研究	0.00	0.00	0.00	0.00	0.00	0.00	0.00	0.00
	私营部门机构	1.30	14.80	0.00	0.00	0.00	0.00	0.11	16.22
	其他	4.25	35.41	0.00	0.00	0.06	0.00	0.00	39.72
	未标明	0.04	1.38	0.00	0.00	0.00	0.00	0.68	2.09
	支出占比	6.52	92.56	0.00	0.00	0.14	0.00	0.78	100.00

附表 7　2002～2019 年援助者向发展中国家提供的私人发展资金细目（按关键领域和主要流量渠道）

单位：百万美元，%

资金流	流量渠道	主要援助者	社会基础设施及服务	经济基础设施及服务	债务偿还	人道主义援助	援助者的行政成本	难民/寻求庇护者	未分配领域	总支出
私人发展资金	公共部门	非营利组织	654.31	97.06	3.27	6.62	0.00	0.00	4.16	765.42
		通过流量渠道提供的私人发展资金总额	654.31	97.06	3.27	6.62	0.00	0.00	4.16	765.42
	非政府组织和民间团体	非营利组织	10465.01	1122.30	0.00	171.01	0.00	5.53	392.44	12156.28
		通过流量渠道提供的私人发展资金总额	10465.01	1122.30	0.00	171.01	0.00	5.53	392.44	12156.28

续表

资金流	流量渠道	主要援助者	社会基础设施及服务	经济基础设施及服务	债务偿还	人道主义援助	援助者的行政成本	难民/寻求庇护者	未分配领域	总支出
私人发展资金	公私合作关系	非营利组织	2052.07	51.18	0.00	2.70	0.00	0.00	4.44	2110.39
		通过流量渠道提供的私人发展资金金总额	2052.07	51.18	0.00	2.70	0.00	0.00	4.44	2110.39
	多边组织	非营利组织	5630.57	287.72	72.51	84.30	0.00	0.00	74.75	6149.85
		通过流量渠道提供的私人发展资金金总额	5630.57	287.72	72.51	84.30	0.00	0.00	74.75	6149.85
	教学机构、研究机构或智库	非营利组织	8587.02	229.22	0.00	0.00	17.93	0.00	77.88	8912.05
		通过流量渠道提供的私人发展资金金总额	8587.02	229.22	0.00	0.00	17.93	0.00	77.88	8912.05
	私营部门机构	非营利组织	1671.77	859.45	0.00	0.753	0.00	0.00	75.411	2607.38
		通过流量渠道提供的私人发展资金金总额	1671.77	859.45	0.00	0.75	0.00	0.00	75.41	2607.38
	其他	非营利组织	585.54	186.25	0.00	0.00	0.00	0.00	27.67	799.45
		通过流量渠道提供的私人发展资金金总额	585.54	186.25	0.00	0.00	0.00	0.00	27.67	799.45
	未标明	非营利组织	0.00	0.00	0.00	3.91	0.00	0.00	0.00	3.91
		通过流量渠道提供的私人发展资金金总额	0.00	0.00	0.00	3.91	0.00	0.00	0.00	3.91
		累计	29646.29	2833.17	75.78	269.28	17.93	5.53	656.75	33504.72
		支出占比	88.48	8.46	0.23	0.80	0.05	0.02	1.96	100.00

资料来源：根据 OECD-CRS 数据库汇编（最后更新：2021 年 6 月）。

附表 8 2002~2019 年向发展中国家提供的私人发展
资金贡献率 （按关键领域和主要流量渠道）

单位：%

项目	流量渠道	社会基础设施及服务	经济基础设施及服务	债务偿还	人道主义援助	援助者的行政成本	难民/寻求庇护者	未分配领域	累计
私人发展资金	公共部门	1.95	0.29	0.01	0.02	0.00	0.00	0.01	2.27
	非政府组织/民间团体	31.23	3.35	0.00	0.51	0.00	0.02	1.17	35.11
	公私伙伴关系	6.12	0.15	0.00	0.01	0.00	0.00	0.01	6.29
	多边组织	16.81	0.86	0.22	0.25	0.00	0.00	0.22	18.13
	研究	25.63	0.68	0.00	0.00	0.05	0.00	0.23	26.37
	私营部门机构	4.99	2.57	0.00	0.00	0.00	0.00	0.23	7.56
	其他	1.75	0.56	0.00	0.00	0.00	0.00	0.08	2.30
	未标明	0.00	0.00	0.00	0.00	0.00	0.00	0.00	0.0
支出占比		88.48	8.46	0.23	0.80	0.05	0.02	1.96	100.00

附表 9 援助者名单 （按类型）

发援会成员方	非发援会成员方	多边机构	私人援助者
澳大利亚	阿塞拜疆	国际货币基金组织	阿卡迪亚基金
奥地利	保加利亚	优惠信托基金	Arcus 基金会
比利时	克罗地亚	地区开发银行	BBVA 小额信贷基金会
加拿大	塞浦路斯	非洲开发银行	伯纳德·范·里尔基金会
捷克	爱沙尼亚	亚洲开发银行	比尔及梅琳达·盖茨基金会
丹麦	以色列	泛美开发银行	纽约卡内基公司
芬兰	哈萨克斯坦	泛美开发银行投资	Charity Projects 公司（喜剧救济基金会）
法国	科威特	亚洲基础设施投资银行	儿童投资基金
德国	拉脱维亚	加勒比开发银行	花旗基金会
希腊	列支敦士登	欧洲委员会开发银行	康拉德·希尔顿基金会
匈牙利	立陶宛	欧洲复兴开发银行	大卫与露西尔帕卡德基金会
冰岛	马耳他	国际投资银行	福特基金会
爱尔兰	卡塔尔	伊斯兰开发银行	盖茨慈善基金会
意大利	罗马尼亚	联合国粮农组织	戈登和贝蒂摩尔基金会

续表

发援会成员方	非发援会成员方	多边机构	私人援助者
日本	俄罗斯	国际原子能机构	格莱珉农业信贷基金会
朝鲜	沙特阿拉伯	国际农业开发基金会	H&M 基金会
卢森堡	中国台湾	国际劳工组织	宜家基金会
荷兰	泰国	联合国艾滋病规划署	雅各布斯基金会
新西兰	东帝汶	联合国开发计划署	麦克阿瑟基金会
挪威	土耳其	联合国欧洲经济委员会	La Caixa 银行基金会
波兰	阿联酋	联合国环境规划署	劳德基金会
葡萄牙		联合国人口活动基金会	乐高基金会
斯洛伐克		联合国难民署	玛格丽特·嘉吉基金会
斯洛文尼亚		联合国儿童基金会	万事达基金会
西班牙		联合国裁军研究所	玛娃基金会
瑞典		联合国建设和平基金	麦克奈特基金会
瑞士		联合国难民救济及工程局	大都会人寿基金会
英国		世界粮食计划署	迈克尔和苏珊·戴尔基金会
美国		世界卫生组织	橡树基金会
欧盟		世界旅游组织	奥米迪亚网络基金公司
		世界银行	洛克菲勒基金会
		国际复兴开发银行	惠康基金会
		国际开发协会	威廉与弗洛拉休利特基金会
		国际金融公司	世界糖尿病基金会
		适应基金	荷兰邮编彩票
		阿拉伯非洲经济发展银行	挪威邮编彩票
		阿拉伯基金	人民邮编彩票
		卓越金融中心	瑞典邮编彩票
		中央应急基金	联合邮编彩票
		气候投资基金	
		全球疫苗和免疫联盟	
		全球环境基金	
		全球基金	
		全球绿色增长研究所	
		绿色气候基金	
		蒙特利尔协议	
		北欧发展基金	
		欧佩克国际发展基金	
		欧洲安全与合作委员会	

资料来源：经合组织（最后更新：2021 年 6 月）。

全球创新发展融资架构及其启示

阿莱马耶胡·盖达*

一 引言

世界各国在努力实现"千年发展目标"（MDGs）和"可持续发展目标"（SDGs）的同时，可用于实现这些全球性目标的发展资金却捉襟见肘——鉴于此，从 2000 年初就开始探索创新发展融资途径。比如，到 2030 年要实现"可持续发展目标"，每年需要为发展中国家提供的资金估计在 4 万亿美元左右，而目前仅能筹集约 1.5 万亿美元，资金缺口估计高达 2.5 万亿美元（Elmer 等，2018）。因此，需要探寻各种可能的发展融资来源，包括制订创新发展融资计划。尽管在 21 世纪初就出现了创新发展融资，以满足相关融资需求，协助应对官方发展援助无力弥补的巨大资金缺口，但七国集团直到近些年才正式承认了这一模式，并在 2018 年提出了"沙勒瓦创新发展融资承诺"。这些国家认识到，仅靠公共财政无法实现"可持续发展目

---

* 阿莱马耶胡·盖达（Alemayehu Geda），埃塞俄比亚亚的斯亚贝巴大学经济学院教授、伦敦大学亚非学院发展政策研究中心研究员、非洲经济研究联合会研究员、肯尼亚中央银行研究员、加州大学伯克利分校有效全球行动中心研究员等。曾担任联合国非洲经济委员会顾问、联合国开发计划署顾问、世界银行顾问，以及埃塞俄比亚、肯尼亚、乌干达等国顾问。主要研究领域包括非洲农业发展、粮食安全、中非关系、应用宏观计量模型等。

标"，并承诺"为创新融资方式提供支持，充分整合众筹、混合融资、风险缓解工具和投资者合作伙伴关系等资源，以获取更大的可持续发展成果"（Elmer 等，2018）。创新发展融资虽然获得认可的时间较晚，但从 21 世纪初就开始以各种形式出现。联合国开发计划署（2012）提及的一些创新发展融资机制包括机票"国际团结税"、国际免疫融资机制（IFFIm）、预先市场承诺（AMC）、债务转换计划（如债务换卫生、债务换环境和债务换教育）、自愿团结捐助（如 ProductRED、MASSIVEGOOD、Digital Solidarity Levy）、天气及商品保险计划、侨民债券、反周期贷款、排放交易、遏制非法资本外流和返还被盗资产、全球彩票、烟草销售团结捐助、碳税、使用国际货币基金组织的特别提款权（SDR）、金融交易税等（UNDP，2012）。为了对创新发展融资展开深入的研究，本文对上述机制进行了系统分析和归类。

分析创新发展融资计划，首先需要思考其强势兴起的原因，以下两个合理假设可以对此加以解释：一种可能是发展融资需求随着全球化发展日益增多，传统型发展融资计划已无力应对。同时，这也凸显了公共产品的重要性——最近新冠疫情带来的挑战就是一个很好的例子。从这个意义上讲，创新发展融资计划应被视为对官方发展援助这一传统发展融资计划的补充。另一种可能是创新发展融资以竞争者的身份出现，而不是对官方发展援助的补充——官方发展援助受到了许多问题的困扰，不仅资金不足而且实效低。这一观点——正如联合国开发计划署（2012）所言——创新发展融资是援助者发展融资业务的一种新方式，因此预示着发展伙伴开展业务的方式已发生重大转变：官方发展援助在发展融资中的作用减小，而私营部门的作用越来越大。研究文献并没有对这些争议性观点下定论（UNDP，2012；Elmer 等，2018）。这些争议还凸显了在官方发展援助（该发展融资架构在当前仍占据主导地位）背景下创新发展融资的重要性，下一部分将对此展开讨论。

本文其余部分安排如下。第二部分将对比创新发展融资和官方发展援助（即当前占主导地位的发展融资架构）及其主要组成部分——双边官方发展援助和多边官方发展援助；第三部分将深入分析创新发展融资的规模与潜力；第四部分将探讨创新发展融资面临的挑战和机遇。

专栏 1　创新发展融资的各种定义

"创新发展融资涉及对团结、公私伙伴关系和催化机制的非常规化应用，旨在：①开发新的资金来源，吸引不以财务回报为目的的投资者为发展伙伴和利益相关者，从而为筹款提供支持；或②为切实存在的发展问题提供资金解决方案。"

——世界银行，2009，"Innovating Development Finance：
From Financing Sources to Financial Solutions"

"创新发展融资由筹资机制或国际发展支持行动机制组成，而这些机制超越了官方或私营部门的传统支出范畴，比如：①以新的方法汇聚私人和公共收益流，开展有利于伙伴国家的活动；②指定用于多年发展活动的新收益流（如新的税收、收费、费用、债券募集、销售收益或自愿捐款计划）；③新的激励措施（财务担保、企业社会责任或其他奖励或表彰），解决市场失灵问题或扩大正在进行的活动规模。"

——经合组织，2009，"Innovative Financing to
Fund Development：Progress and Prospects"

"创新发展融资机制是一种为发展筹集资金的机制，是对官方发展援助的补充。这些机制具有可预见性和稳定性，而且与全球公共产品理念密切相关，有助于减小全球化的负面影响。"

——创新融资促进发展领导小组（Gelil，2018）

"国际社会对于'创新发展融资'并未给出一致定义。实际上，这一术语是筹资创新和支出创新的多元化组合，也就是说创新发展融资既包括资金筹集方式的创新，也包括将资金用于国际发展事业方式的创新。"

——联合国开发计划署（2012）

创新发展融资解决方案是"利用融资机制，以新的、更有效的方式筹集私营资本供开发项目使用，从而打造更具韧性和包容性的世界"。

——洛克菲勒基金会（2017）

　　"一系列筹集资源和提高资金利用实效与效率的方法，应对社会和环境挑战。"

——Dalberg（2017）

　　书中是这样定义的："创新融资意味着更多和更好：吸引更多的资源用于解决社会问题……采取更好的方式提高现有资金使用效率。"

——Keohane，2017，"Capital and the Common Good：
How Innovative Finance is Tackling the World's Most Urgent Problems"

　　"创新发展融资可被广泛地定义为……一套金融解决方案和机制，旨在创造出可扩展的、有效的筹资方式，把来自全球金融市场的私人资金和公共资源用于解决全球紧迫问题。这个概念包含两个方面：创新发展融资是传统发展融资来源的补充；创新发展融资旨在通过关联融资与结果、重新分配风险、改善营运资金的可用性、技术应用以及投资长度或期限与项目需求的匹配，进一步提高开发项目的效率。"

——国际劳工组织（Elmar 等，2018）

　　创新发展融资是"国际公共财政领域的一种机制，而且具有以下特征：官方部门参与其中；国际合作，资源跨境流向发展中国家；资源性质、资源筹集或治理结构方面增添创新要素；在理想情况下，这种资源是对传统官方发展援助的补充"。

——联合国经济和社会事务部（2012）

二　全球发展融资架构背景下的创新发展融资

　　发展融资的最初模式为西方发达国家（全球北方国家）是援助者，发展中国家（全球南方国家）则是受援者。随着新兴经济体在全球经济中的地位和重要性日益提高，这一模式开始发生变化，南南合作越来越重要。韩国和中国等正在成为非洲、亚洲和拉丁美洲等发展中国家的主要发展促进者。

图 1 对目前占主导地位的全球发展融资架构，即官方发展援助，做了简要总结，以便了解创新发展融资在以"多边"和"双边"发展融资为主导的全球发展融资架构中的地位。经合组织的统计显示，多边发展融资机构数量超过 200 个，包括：联合国系统；世界银行集团；地区开发银行，如非洲开发银行和亚洲开发银行等；气候和卫生问题（如气候基金）、其他多边发展融资计划（如经合组织发展援助计划）相关的垂直基金，以及发援会官方发展援助提供者，如欧盟、国际货币基金组织等（见图 1）。

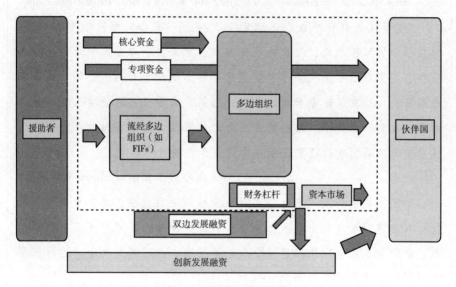

图 1　全球发展融资架构

资料来源：根据经合组织（2020）整理。

这种多边发展融资得到了双边援助者的资助，包括 29 个发援会成员方和一些非发援会援助者——包括大约 20 个向经合组织报告数据的国家或地区。这些援助者通过两种渠道参与：利用上述多边发展融资架构，为相关运营活动提供专项资金（见图 2）；直接扮演双边发展融资提供者的角色（与多边发展融资相关活动协调）。发援会成员方认为，图 1 最底部所示的创新发展融资——包括多边和双边发展融资在资本市场中的杠杆效应——属于一种融资计划，有利于提高传统发展融资计划的实效。

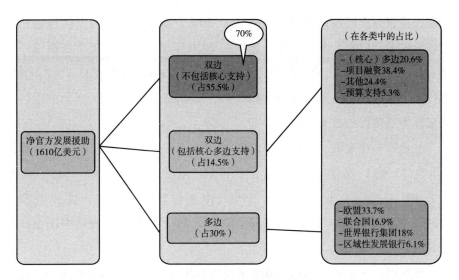

图2　2020年全球官方发展援助

资料来源：根据OECD（2021）整理。

要衡量创新发展融资在全球发展资金方面的相对重要性，就必须简要了解这一主导性融资架构的规模、模式和趋势。根据经合组织数据，2020年净官方发展援助为1610亿美元（总额为1611.7亿美元，差别不大），而2019年为1465亿美元，2016年为1450亿美元，2011年为1247亿美元。由此计算，2011~2020年官方发展援助年均增速为2.3%，2016~2020年年均增速为3%，仍远低于援助者所承诺的水平（国民总收入的0.7%）。比如，2019年援助国的平均支出仅占其国民总收入的0.38%；实现占国民总收入的0.7%这一目标的只有丹麦、卢森堡、挪威和瑞典。由此可见，关注创新发展融资等其他发展资金来源变得非常重要。

如图2所示，双边官方发展援助资金额占官方发展援助净额的70%，其中20.7%（占官方发展援助净额的14.5%）是成员方对核心多边官方发展援助基金提供的捐款。大部分双边发展融资借助了项目融资渠道（38.4%），其次是其他渠道（24.4%）和多边渠道（20.6%）。预算支持渠道通常能给予受援国很大的资金使用自主权，但规模较小，仅占双边发展融资总额的5.3%。

多边发展融资所占份额一般较小，但当与多边专项资金合计时，多边渠道账户在官方发展援助总额中的占比从 30% 升至 44.5%。负责管理这些多边基金的多边机构众多——经合组织在 2020 年报告中称，每个受援国平均拥有 20 个多边机构。欧盟在多边发展融资中所占份额最大（33.7%），世界银行集团和联合国分别占 18% 和 16.9%。非洲开发银行、亚洲开发银行等区域性发展银行约占 6.1%。

从地理分布来看，2015~2019 年流向非洲的官方发展援助所占份额最大，为 33.4%，仅撒哈拉以南非洲的平均份额就达到 28.7%，2019 年总额约为 490 亿美元；亚洲份额为 29%、中东份额为 13.7%、美洲份额为 6.2%、欧洲份额为 4.4% 和大洋洲份额为 1.3%，未指明的发展中国家获得了其余份额，为 25%。

从国民收入来看，2015~2019 年全球大部分官方发展援助都流向了最不发达国家或低收入国家，占 31%；其次是中等偏下收入国家（26.7）和中等偏上收入国家（9.1%）。同期，约 33.2% 的官方发展援助流向其他未归类国家。

官方发展援助的这种分类模式有助于在多边和双边融资计划占据主导地位的背景下对创新发展融资的相对规模和模式做出衡量。

三 全球创新发展融资计划的主要特点

（一）创新发展融资

"创新发展融资"在 2000 年初"千年发展目标"通过后便出现在官方统计口径中，随后在 2002 年举行的蒙特雷发展筹资会议上正式对其展开讨论。该会议旨在就如何促进全球经济增长、实现"千年发展目标"提供所需资源达成协议（Gelil，2018）。这一概念自 2003 年起被世界银行正式承认（World Bank，2009）。

学术界似乎对"创新发展融资"的含义并未达成一致意见，由此形成了多种定义（参见专栏 1 所提供的一些示例）。创新融资促进发展领导小组

（2021）将创新发展融资定义为与全球公共产品密切相关的新兴发展融资来源，是常规性官方发展援助的补充，而且具有一定的稳定性和可预见性。该领导小组（2021）认为，全球化在促使贸易增长的同时也导致不平等加剧，由此受到广泛指责——创新发展融资正是在这种背景下诞生的。创新发展融资也被认为是一种可减小全球化带来的负面影响的机制。创新发展融资计划涉及政府税收、公私伙伴关系等各种机制，并重点关注了卫生和环境等全球公共行动领域。创新发展融资涵盖诸多融资计划，比如"气候融资"和"债务换发展"，以及其他具有创新性的资源筹集及利用方式。

根据专栏1罗列的各种定义及其共同要素，以及世界银行（2009）、联合国开发计划署（2012）、Gelil（2018）和经合组织（2019）等提出的概念，可将创新发展融资定义为一种有别于传统发展融资模式（即官方发展援助）的新兴发展援助模式，其致力于挖掘新的非传统资金来源，同时提高现有资源的利用实效（见图3）。

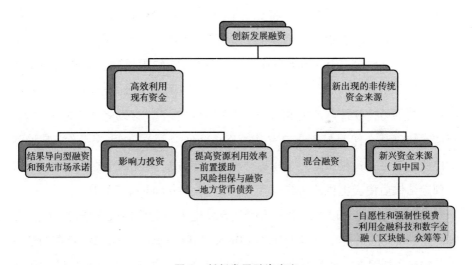

图3 创新发展融资定义

资料来源：根据公开资料整理。

目前，图3所界定和分析的创新发展融资采用了多种实现形式，包括混合融资、影响力投资、前置援助等。

混合融资：战略性地使用来自公共和慈善机构的催化资本，以吸引更多的私营部门投资。按照这一模式，拥有不同目标的组织能够在实现各自目标的同时（无论是财务回报、社会影响还是两者兼而有之），共同参与投资。混合融资有助于解决私人投资者面临的主要障碍，包括：高感知风险和高实际风险；相对于可比风险投资，回报率低。因此，混合融资在发展中国家创造了更多投资机会，继而产生了更深远的影响（Convergence，2018）。通常而言，在此类投资中私营部门更喜欢低风险的投资渠道（即"高级渠道"），而将高风险渠道（即"初级渠道"）留给公共部门或捐助机构（Elmer 等，2018）。

结果导向型融资（RBF）：在这种融资方式下，只有取得了预先商定的一系列结果后，资金提供者才会完成支付。这些金融产品通常是在产出或成果层面进行定义，比如为某项低碳技术的开发提供支持（Gelil，2018）。受援者能够对结果发表意见以及可通过健全机制对结果加以验证，也是结果导向型融资这一模式的重要组成部分（Heinrich-Fernandes，2019）。一些文献还将结果导向型融资视为混合工具，特别是所谓的"发展影响力债券"经常被视为混合融资（Heinrich-Fernandes，2019）。结果导向型融资可采用多种方式加以实现，如"绩效合同"（PBC）。能源服务公司已将这种方式广泛用于提供可持续能源产品和服务。在这种方式下，资助者和实施者之间、资助者和政府（作为服务分包方，如公私合作合同）之间还可签订某种赠款协议。这种融资模式也可采用另一种方式，即提供奖品或经济奖励，当取得预定结果后便会提供给各参与者（Heinrich-Fernandes，2019）。

预先市场承诺：以协议形式为产品开发出来后的价格或市场推广提供保障。这一机制通常应用于卫生领域（Heinrich-Fernandes，2019），旨在加速开发某些产品和服务，如为发展中国家提供新疫苗。私营部门认为发展中国家的某些产品的市场规模小、风险大，为了向这些国家提供特定服务和产品，该机制会在收回相关投资成本方面作出承诺（尽管此类投资在发达国家很容易回本）（World Bank，2012；UNDP，2012）。创新融资促进发展领导小组称，这一机制已被有效应用于卫生领域，意大利、英国、加拿大、挪威、俄罗斯，以及比尔及梅琳达·盖茨基金会都是参与方（资金总额 14.5 亿美元）。

前置援助：这一机制旨在将资源前置，提前为发展提供公共资金，从而确保财政资源能够及时被用于发展事业，其实现方法是通过国际资本市场发行债券。这种将公共资源"前置"用于发展的机制会产生负债；这种债务在到期之前都可被视为援助（UNDP，2012）。国际免疫融资机制便是这样一种运作模式。它旨在对官方发展援助承诺形成一种长期约束力（在实践中为 6~23 年），将这些承诺证券化后把资金提供给全球疫苗免疫联盟（GAVI）等组织使用。债务转换机制，比如"债务换卫生"和"债务换自然"也属于这一类别（UN-DESA，2012；UNDP，2012）。

影响力投资：旨在获取财务回报的同时，产生社会和环境影响力。影响力投资者可以是银行、机构或基金会等。一个极好例子是"绿色债券"（Gelil，2018）。一般而言，影响力投资旨在产生积极的、可衡量的社会和环境影响力，同时获得财务回报。影响力投资的一个标志是投资者承诺对社会和环境绩效以及相关投资的进展进行衡量并报告。此外，它还旨在确保透明度和问责机制，为影响力投资提供信息、拓展实践领域。过去，"影响力投资"主要集中于中小企业融资等小型投资领域，"混合融资"主要集中于基础设施建设，而最近的迹象表明两者越来越相似，只是程度或水平尚不清楚。比如，影响力投资者可通过混合融资来调用更多的资金（Heinrich-Fernandes，2019）。

新兴资金来源：主要涉及非传统援助者（如包括中国在内的新兴经济体）提供的非官方发展援助，以及"气候融资"和"债务换发展"等新型非传统融资机制。气候融资是指利用碳市场等机制，向旨在推进低碳和气候适应性发展的投资所进行的公共和私人融资。该举措包括碳排放交易体系、碳税、抵消机制以及与温室气体排放直接相关的结果导向型融资（Gelil，2018）。同样，"债务换发展"等新的金融产品也可被归入此类创新发展融资。"债务换发展"是指债权国政府或组织免除发展中国家的小部分外债，同时要求债务国政府以本地货币的形式投资卫生、气候等特定发展计划——其中常见的计划是"债务换卫生"（见专栏 2）。

除上述创新发展融资方法外，还有一些可称为"全球公共产品相关融资杂项"的计划。专栏 2 根据创新融资促进发展领导小组 2021 年对此类金融产品的分析，介绍了一些比较重要的杂项融资机制。

除上述模式外，还可以利用金融部门的技术创新进行创新发展融资（金融科技），并利用此类技术来提高当前发展活动的有效性和高效性（如应用区块链技术，以更低的成本和更高的效率、透明度与针对性为受益人发展提供服务）。

专栏 2　全球公共产品相关融资杂项

（1）"国际免疫融资机制"：通过发行由援助国长期担保的债券，从国际资本市场筹集资金。该机制通过采用前置的方法筹集到 34 亿美元，实现免疫支出翻倍。国际免疫融资机制的参与国家包括英国（20 年，19 亿英镑）、法国（20 年，17 亿美元）、意大利（20 年，6.01 亿美元）、澳大利亚（20 年，2.56 亿美元）、挪威（15 年，2.64 亿美元）、西班牙（20 年，2.4 亿美元）、荷兰（8 年，1.14 亿美元）、瑞典（15 年，3800 万美元）、南非（20 年，2000 万美元）、巴西（20 年，2000 万美元），总承诺金额为 51 亿美元。

（2）"债务换卫生"（Debt2Health）：通过债务转换，促使受援国加大对卫生事业的投资力度。

（3）"配捐基金"：三方慈善配捐计划，捐赠者针对客户、会员、员工、企业、基金会及其他组织的捐款进行配捐。

（4）"航空碳排放税"：将航空旅行二氧化碳排放税的一部分分配给全球卫生倡议——UNITAID。

（5）"机票税"：对机票征收小额税款，资助卫生事业（UNITAID 和抗击艾滋病、结核病和疟疾全球基金）。该税开征以来已筹集到 10.9 亿美元。

（6）"拉动机制"：一种公私伙伴关系，公共部门为私营部门获得成功的创新项目提供财政奖励。

（7）"碳市场"：将拍卖碳配额所得的部分收益分配给气候适应性项目。

（8）"红色产品倡议"：与全球知名品牌建立合作伙伴关系，打造更强大的卫生系统来抗击流行病。因此，所创造产品的部分收益将捐赠给多边发展基金。

（9）"彩票"与"降低国际汇款费用"。

注：2021年，本专栏所介绍的这些金融产品资金总额估计为91亿美元，承诺金额约58亿美元。

资料来源：根据领导小组（2021）整理。

（二）创新发展融资：重要性及潜力

创新发展融资自2000年受到关注以来，其规模以及此类金融产品的种类不断增长，本部分将就此进行简要讨论。

1. 早期对创新发展融资规模的估计

2000~2010年有关创新发展融资规模方面的估计值极小（按绝对价值计算）。经合组织估计，2002~2010年创新发展融资计划为卫生事业筹集了约55亿美元，为解决气候/环境问题筹集了310亿美元。将这两个数字相加再除以年数，可计算出年均约为46亿美元。同样，按照Lampert（2014）的估计，创新发展融资计划2000~2013年筹集了约1000亿美元，年均增长率11%，据此计算出来的年均金额约为70亿美元（不包括气候基金）。该基金如果保持这一增速到2021年，那么累计金额将会达到1920亿美元——实际上2021年金额约为160亿美元。根据Lampert的数据来计算，2008~2012年，创新发展融资在官方发展援助中所占份额年均约为6.5%。Lampert（2014）的数据进一步显示，同期，"担保"和"债券"的占比分别约为38.6%和24.8%，其次是"小额信贷"（9.8%）、"投资基金"（8.1%）、"拍卖"（6.9%）、"绩效合同"（5.3%）、"捐税"（2.6%）以及其他六种份额低于1.5%的类似金融产品。该研究还表明，一些结构更简单的成熟创新发展融资机制，如担保、债券和票据等，在可扩展性方面潜力巨大。

Elmer 等（2018）有关创新发展融资规模的调查显示，按照经合组织的定义（见专栏1），2002～2011 年筹集的创新发展融资约为 370 亿美元（每年约 40 亿美元）；若按世界银行的定义（较经合组织的更广义），2000～2008 年估计为 731 亿美元（每年约 90 亿美元）。根据花旗基金会（2014）的估计，创新发展融资 2000～2013 年估计为 940 亿美元（每年约为 70 亿美元，不过花旗基金会进一步指出，2012 年已增至近 90 亿美元）。

Elmer 等（2018）援引普华永道（2016）的一项研究指出，创新发展融资规模尽管与官方发展援助相比是"小巫见大巫"（2017 年仅相当于官方发展援助的 3%～5%），但"具有利用全球资本市场资产池的巨大潜力"。2012 年全球资产管理规模为 63.9 万亿美元，普华永道（2016）预测，2020 年将增至 101.7 万亿美元左右，年均复合增长率接近 6%。

关于创新发展融资的早期研究也表明，创新发展融资计划有可能为发展行动吸引大量资源，解决气候/环境等问题。据估计，2009 年通过实施一致化货币交易税，每年可获得 330 亿美元左右的收入。其间碳税估计每年也能为促进经济发展、应对气候变化增加约 750 亿美元的收入（United Nations，2009）。虽然 21 世纪初的创新发展融资规模较小，但在利用杠杆效应撬动更多资金方面潜力巨大。正如世界银行（2009）所指出的，在评估创新发展融资规模时，与实际筹款同样重要的是其对筹集其他资源的杠杆作用。比如，2000～2008 年世界银行以担保形式提供的创新发展融资已在发展中国家的金融和生产领域成功撬动了 200 亿美元的投资——比率为 2.6（World Bank，2009）。图 4 对不同的估计值做了归纳。

2. 估算本研究中创新发展融资的年度近似规模

从前文的讨论可以明显看出，早期对创新发展融资规模的估算存在三个重要特征。第一，与接下来要讨论的估算相比，创新发展融资的规模极小。第二，以往研究所覆盖的创新发展融资类型非常有限，并根据所采用定义而有所不同。这可能是造成其规模被低估的部分原因。此外，这也可能是因为创新发展融资的上述潜力直到最近才得到挖掘。第三，用于估算创新发展融

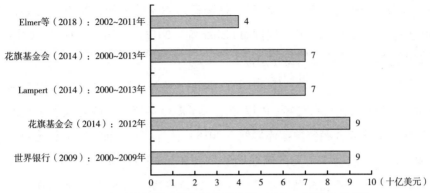

图4　早期对创新发展融资规模的估计（2000~2013年均值）

资料来源：根据公开资料整理。

资的一些金融工具不可避免地出现重叠，可能会导致估值被重复计算。在考虑这些因素的前提下，对创新发展融资做了估算，并在此过程中衡量了各种金融工具下的创新发展融资规模。

"影响力投资"的规模：全球影响力投资网络（GIIN，2020）利用含有1720多个影响投资者的数据库进行"影响力投资"调查，估算该年度的市场规模为7150亿美元。本次调查中，超过半数的受访者（52%）是在过去十年间进行了"影响力投资"，但相当一部分参与者在该领域的活跃时间更长——25%是在20多年前首次进行了影响力投资（GIIN，2020）。

"影响力投资"市场包括一系列投资者类型。2019年，共279名影响力投资者进行了9807项影响力投资，总额达470亿美元。调查显示，2015~2019年，样本中有79家组织的总资产管理规模从520亿美元增加到980亿美元，年均复合增长率为17%。这主要由两大被调查者推动；若将其排除在外，被调查者的影响力投资资产管理规模年均复合增长率仅为9%。

截至2019年底，在资产管理规模达到2210亿美元的受访者中，55%的分配给发达市场，40%的提供给新兴市场。美国和加拿大以30%的份额位居榜首；其次是西欧（15%）；紧随其后的是拉丁美洲和撒哈拉以南非洲，分别为12%和11%；世界其他地区占32%，各个地区所占份额从2%到6%不等（GIIN，2020）。166位受访者于2019~2020年完成了投资活动调查，其中两次均参与的有155位。2019年总投资为468亿美元，2020年计划投资480亿美元（GIIN，2020），根据Mudaliar等（2017）的另一项估计，2016年为220亿美元——由此可见增速惊人。

"混合融资"的规模：Heinrich-Fernandes（2019）指出，经合组织的数据显示，23个发援会成员方中17个进行了混合融资，并成功吸引了私人资本参与。全球混合融资数据库网络（2018）估计，平均而言，1美元的优惠性混合资本可撬动4美元的商业性资本（Heinrich-Fernandes，2019），根据与300多笔已完成混合融资交易相关的2500多项财务承诺估计，2017年总交易规模超过1000亿美元——平均每25项承诺可带来10亿美元的混合融资。这个市场规模几乎是上年的两倍，不过相关研究人员称这仍是一种保守的估计。与2005年不到100亿美元的水平相比，这种增速堪称夸张。当市场规模从2013年的600亿美元增长到2017年的1000亿美元时，年均交易规模为100亿美元左右。混合融资交易规模从不足500万美元到超过10亿美元，交易规模中位数为5600万美元。"基金"（包括股票基金、债务基金等）仍是最常见的交易类型，占交易量的55%。46%的混合融资交易受益于催化援助者提供的优惠资本，42%受益于同时提供的技术援助资金，还有12%来自优惠资本和技术援助。担保/风险保险在混合融资市场也越来越重要。2018年，21%的混合融资交易出现了担保/风险保险。撒哈拉以南非洲是最受欢迎的目标地区，占混合融资交易的42%，平均交易规模为1.25亿美元。混合融资交易主要集中在金融服务和基础设施领域——两者合计占所有交易的62%。

混合融资的潜力很大。比如，Convergence（2018）估计，将10%的官方发展援助分配给混合融资结构（7倍的平均杠杆率），每年可为发展中国家的可持续发展事业带来1050多亿美元的私人投资——相当于多边开发银行和开发性金融机构每年向发展中国家私营部门所提供资金总和的3倍（Convergence，2018）。Convergence（2018）研究发现，担保仅占财务承诺的5%左右，但在投资组合中产生了近45%的私营部门资金调动量（7倍杠杆率）。同样，欧盟拨付的47亿美元也撬动了500亿美元的混合融资——膨胀了约 10 倍。这说明混合融资的巨大潜力在于能为发展活动筹集更多的私营部门资金。还需要指出，一些影响力投资者也是重要的混合融资投资者，其有能力缩小全优惠回报和全商业回报之间的差距（Convergence，2018）。

"气候融资"的规模：经合组织（2021）的数据表明，2019 年，发达国家为发展中国家——用于气候变化适应和减缓（减缓占比更大，约 64%）——筹集和提供的气候融资为 796 亿美元，高于 2018 年的 783 亿美元，而 2013 年仅为 522 亿美元，同时尚低于 2020 年达到 1000 亿美元的目标。在这 796 亿美元中，288 亿美元来自双边援助者，多边援助者提供了 341 亿美元——两者之和为 629 亿美元；其余包括 26 亿美元的官方出口信贷，以及从私营部门筹集的 140 亿美元气候融资——这也代表了 2017 年以来由私营部门提供的年均气候融资水平。这种私人融资是通过双边和多边气候融资计划利用各种杠杆工具共同实现的，包括对公司和项目的直接投资、简单的联合融资计划、提供信贷额度、公共担保和银团贷款（OECD，2021）。2016~2017 年，私营部门提供的气候融资组合达到 245 亿美元，上述杠杆工具的相对重要性可见一斑。大部分（52%）用于应对气候问题的私人资金是通过"对企业和特殊工具直接投资"来筹集，其次是"担保"（21%）、"信贷"（12%）和"银团贷款"（9%）（OECD，2019）。

"非传统发展资金来源"的规模：涉及新兴经济体提供的非传统融资计划。根据向经合组织报告和未报告的数据，2019 年，此类非发援会成员方提供的官方发展援助约为 295 亿美元，基本相当于发援会同期官方发展援助的 16.4%，2014 年达到高峰（307 亿美元），而 2015 年最少（177 亿美元）。鉴于 2018 年的水平与 2017 年相比几乎没有变化，可以合理假设 2019 年的非发援会官方发展援助规模可能与 2018 年相当，即 295 亿美元。在这些新兴非发援会援助者中，中国进出口银行的"国际合作贷款"开发性融资表现最突出。这些贷款是面向进出口银行在发展中国家的客户，支持它们与外国政府或当地政府、金融机构和有主权担保的企业开展合作。这些贷款还会提供给中国企业，用于海外工程承包。中国进出口银行 2020 年的年报显示，

2019 年末"国际合作贷款"总额为 9609 亿元人民币（1458 亿美元），与年初相比增加 747 亿元人民币（115 亿美元）。可以看出中国在此类金融活动中的重要性。中国进出口银行的 747 亿元人民币（115 亿美元）流量数据也表明，经合组织可能低估了此类非发援会援助者的流量。

表 1　非官方发展援助流量规模

单位：十亿美元，%

项目	规模						占比
	2013 年	2014 年	2015 年	2016 年	2017 年	2018 年	2018 年
29 个发援会成员方的官方发展援助	134.8	137.5	131.6	144.9	147.2	150.1	83.6
发援会以外 20 个报告国家的官方发展援助	16.8	25.2	12.5	17.2	18.6	22.2	12.4
发援会以外 10 个未报告国家的发展合作流量估值*	6.8	5.6	5.2	6.5	8.8	7.2	4.0
非发援会提供者流量小计	23.2	30.7	17.7	23.7	27.5	29.5	16.4
全球总量估值	158.4	168.3	149.3	168.6	174.6	179.5	—

注："*"由经合组织根据巴西、智利、中国、哥伦比亚、哥斯达黎加、印度、印度尼西亚、墨西哥和南非等国家发展合作计划估算得出。

资料来源：根据经合组织公开数据整理。

旨在促进发展的私营部门融资：通过各种金融工具（如担保、银团贷款等），并利用官方发展融资的杠杆效应获得的资金。根据经合组织的数据，2012~2018 年，官方发展融资干预措施从私营部门筹集的资金为 2051 亿美元。按年度计算，从 2012 年的 153 亿美元增长到 2018 年的 484 亿美元；而整个时期的年均值为 293 亿美元。这一融资机制使用了多种金融工具，最主要的是提供担保，占资金总额（2051 亿美元）的 39%；其次是占比为 18% 的银团贷款，以及对企业和特殊目的工具的直接投资——份额也为 18%。

至于这种私人发展融资的地理分布，利用 2017 年和 2018 年的可用信息发现，其在世界各地的分布相当均衡。欧洲、非洲、亚洲和拉丁美洲四大地区各获得总筹资额的 20%（其余 20% 用于未进行地理分类的国家，这与数据中的国际金融公司投资组合保密性有关）。然而，最不发达国家和其他低收入国家从这一资源获得的份额非常小，约占5.3%（2017~2018年的年均值仅为23亿美元，其中近60%是以担保为杠杆；双边和多边援助者对此作出了同等贡献）。① 中等偏下和偏上收入国家约占年均值（275亿美元）的64%。就援助领域而言，大部分资金流向能源、金融和银行服务领域（55%）；其次是生产部门，占14%；社会部门仅占5.6%。2017~2018年的大部分资金也是由多边援助者提供（75%），如国际金融公司（IFC）、多边投资担保机构（MIGA）、欧盟机构、欧洲复兴开发银行、世界银行集团（这些机构共占此类多边资金的74%）以及地区开发银行；其余的25%来自双边援助者。

总之，尽管最不发达国家和其他低收入国家获得的这种私人资金规模有限，但从全球和中等收入国家的角度来看，它都属于一种重要的创新发展融资组合。这些数据并未清楚显示这一资金是否涉及了上文所讨论的其他创新发展融资计划（但很有可能已经包含）。出于这个原因，下文对创新发展融资的总年度估算将其排除在外，以免重复计算。

私人慈善融资：2013~2018年，私人慈善融资从2013年的61亿美元增长到2018年的78亿美元，年均值为70亿美元（OECD，2020b）。这些基金会通常偏好资助卫生（占年均值的42%）、农林渔业（11%）、政府和民间团体（6.5%）、教育（4.7%）等领域。在此期间，比尔及梅琳达·盖茨基金会发挥的作用最大，占此类资金的51%（BBVA小额信贷基金会紧随其后，占15%）。非洲在此期间接受的援助最多，获得年均资金的24%——约18亿美元；紧随其后的是拉美，占19%；亚洲和大洋洲占13%；其余44%未分配。这些资金通常借助的渠道包括非政府组织（33%），大学、研究中心和智库（24%），多边组织（16%）（OECD，2020b）。

结果导向型融资以及高效利用现有资金：很难估计（比如，私人融资

---

① 从这些数据很难看出发达国家每年从私营部门筹集的、用于发展中国家应对气候问题的140亿美元是否属于其中一部分。

可被列入这一类别），因此，在估算创新发展融资年度总规模时未将其计算在内。

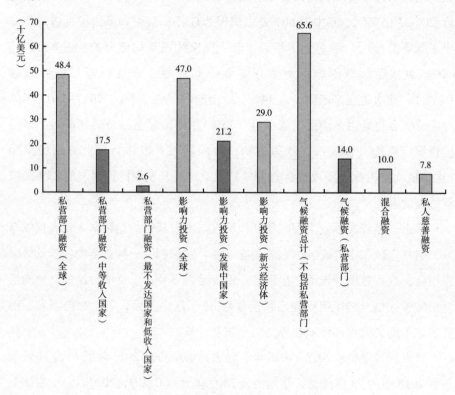

图 5　2019 年创新发展融资年均规模估算

资料来源：笔者使用文中各种来源计算得出。

　　总而言之，根据以上讨论并以 2019 年数据为基准，便能估算 2019 年通过创新发展融资筹集的资金。根据创新发展融资产品清单可计算创新发展融资计划仅在 2019 年就筹集到约 1734 亿美元（假设这些类别彼此独立）。[1] 其中，针对发展中国家的投资约为 1476 亿美元（只包括 2019 年对发展中国家的"影响力投资"的 212 亿美元）。每年为发展中国家筹措的创新发展融

---

① "混合融资"中的一些行动者也可能是"影响力投资者"，由此导致重复统计。考虑到这一点，假设将一半的"混合融资"被当作"影响力投资"处理，创新发展融资估值将会减少50 亿美元。

资金额，与发援会国家同年提供的官方发展援助金额基本持平。这一估值不包括专栏 2"全球公共产品相关融资杂项"中"机票税"等项目筹措的 91 亿美元以及承诺的 58 亿美元。同样，2019 年以来，每年的资金很可能至少与此持平。①

本文的估值要比相关文献的估值大，原因有：第一，从广义角度对创新发展融资进行了定义，覆盖范围更广，尤其是涵盖非发援会援助者和气候融资②（如果不计算后两类，同年为发展中国家提供的创新发展融资将会减至 390 亿美元，全球创新发展融资则会减至 622 亿美元）。第二，大多数估计都是基于十年前的数据，考虑到过去十年间——尤其是近年来——创新发展融资快速增长，这些数据的时效性下降。

鉴于，①创新发展融资每年实际规模极大（如上述估计，可与官方发展援助相媲美）；②官方发展援助对于从私营部门获得创新发展融资有着显著的杠杆效应——世界银行为其担保所估计的杠杆比率约为 2.6，而经合组织和欧盟为"混合融资"估计的杠杆比率分别高达 7 倍和 10 倍（混合融资）；③官方发展援助等传统发展融资计划正在转向创新发展融资和私营部门；④私营部门不断推进的金融创新对创造性地提高创新发展融资的效率有着积极影响，因此创新发展融资已成为一种重要的、快速增长的发展融资模式，既值得当前援助国的政策制定者关注，也值得中国在未来将其用于与其他发展中国家开展的发展合作中。

---

① 此外，如上文所述，2018 年通过杠杆从私营部门获得 484 亿美元，这个数字很可能已被计入图 3 所讨论的各种创新发展融资工具中，从而造成重复计算。鉴于此，这里并未将它计算在内。不过，如果情况与此相反（可以从气候融资数据中推断出来），创新发展融资年度总额将会达到 2218 亿美元左右（包括这一数据）。

② 人们对官方发展援助是否应包括气候融资问题存在争议。一些全球协议指出，气候融资应作为官方发展援助的补充。经合组织按"援助类型"的划分中，并未在官方发展援助项目下明确与气候融资相关的条目。它们可能是被混合计算在一起了。比如，"发展倡议"（2021）根据经合组织 2019 年的官方发展援助数据计算得出，2019 年，明显被援助者标记为气候变化减缓和适应用途的资金分别为 181 亿美元和 120 亿美元——约为同一报告（"发展倡议"，2021b）中官方发展援助总额（等额赠款）的 19%。

四　总结：创新发展融资面临的挑战、机遇

根据官方发展援助原则和《援助实效问题巴黎宣言》（2005）中的关键要素，联合国开发计划署（2012）从以下角度对创新发展融资进行了评估：①能为发展带来多少额外的援助资金；②能否为国家掌握自主权提供支持；③能否交付可预见的资金和取得发展成果；④是否被提供给最需要的国家。根据联合国开发计划署（2012）的这一框架以及创新发展融资方面的研究（Heinrich-Fernandes，2019；Elmar 等，2018；Boussichas 和 Nossek，2018；von Burgsdorff，2014 等），以下挑战会对相关政策产生影响。

（一）创新发展融资的挑战与机遇

实现"可持续发展目标"所需的资金与可用的官方发展援助之间的缺口巨大，凸显了探寻其他资金来源的重要性。大量（正如本研究所估计）创新发展融资及其所具有的潜力，为建立更好的创新发展融资架构提供了机会。应充分把握这些机会，并汲取实践中的教训。创新发展融资提供的机会可分为三大类。第一，鉴于全球金融市场规模估值超过 100 万亿美元，创新发展融资有能力在该市场中通过杠杆效应以惊人速度迅速增加。第二，世界银行和欧盟国家的经验表明，官方发展援助能够以 2.6～10 倍的比率撬动私人投资（以创新发展融资的形式），显示了创新发展融资的巨大潜力。创新发展融资提供的机会及其潜力在于能够将全球"可持续发展目标"（这是目前占主导地位的发展融资来源——官方发展援助关注的焦点），与非常高效的私营部门结合起来——私营部门的目的在于获得财务回报，因此积极参与。第三，如果创新发展融资能在不久的将来克服现有挑战（如下所述）且成功部署，便能在"南南合作"精神和发展/产业化"腾飞"理念的指引下，让发展中国家实现双赢。

创新发展融资虽能提供这么多机会，但也需化解各种挑战以充分发挥其潜力，主要挑战如下。

第一个挑战：联合国开发计划署（2012）研究指出，创新发展融资在官方发展援助之外提供资金的能力非常有限，到底应将创新发展融资视为独立活动，还是应将其看作官方发展援助的一部分（UNDP，2012），这使得实践变得更为复杂。此外，Boussichas 和 Nossek（2018）指出，混合工具在筹集其他（私人）资金方面的有效性是中等收入国家主要关心的问题，这些国家仍然存在中等风险因素。因此，混合融资似乎并不能解决其他国家（如低收入国家）发展中面临的挑战（Boussichas 和 Nossek，2018）。尽管存在这种看法以及对"混合融资"的担忧，本研究分析表明，创新发展融资不仅筹集到可与官方发展援助相媲美的大量资源，而且有很大潜力筹集更多的资金——得益于全球金融市场的巨大规模，以及官方发展援助在筹集私人发展资金方面的强大杠杆作用。后一个特征虽然无法充分证明所提到的挑战已无关紧要，却可能表明其并不严峻；但即便如此，仍需要考虑这一挑战。

第二个挑战：创新发展融资在发展方面的实效通常很难确定，研究结果喜忧参半。此外，联合国开发计划署（2012）认为，一些流行的创新发展融资产品，比如援助者"结果导向方法"，一般只关注"唾手可得的成果"或"快速制胜"，却是以牺牲长期发展愿景（如地方能力建设）或以"风险更高的干预措施"为代价。Boussichas 和 Nossek（2018）指出，这种"结果导向方法"的财务业绩表现不如传统投资，但更符合大多数投资者的预期。另外，投资者对此类能产生高回报的融资机制越来越感兴趣，但其在可持续方面受到质疑。此外，尽管"影响力投资"等创新发展融资的潜力非常大，但私营部门投资者对短期和高财务回报的兴趣浓厚，使得社会影响力投资者难以为继（Boussichas 和 Nossek，2018）。

第三个挑战：受援国的能力建设以及对于受资助项目的自主权，通常被认为是提高发展融资成效的关键。但实际上，这在创新发展融资所资助的项目中普遍被忽视（UNDP，2012），部分原因在于人们希望快速见效，而创新发展融资提供者和援助国的私营部门可以轻松做到这一点，相比于受援国，其在这方面的能力更强。同样，一些研究也指出了要确保"国际金融机构不会取代当地金融机构"，以免在此过程中削弱地方能力（Boussichas

和 Nossek，2018）。

第四个挑战：与上述第三个挑战相互关联，涉及受援国对发展计划的自主权。联合国开发计划署（2012）和 Convergence（2018）指出，大多数创新发展融资项目都是专项拨款，实际上是一种事前附加条件；虽然这么做有助于提升目标的针对性和操作的透明度，但会对国家自主权带来负面影响（UNDP，2012）。一些研究还发现，此类专项拨款项目并不能保证项目优先事项与国家优先事务的一致性（Convergence，2018），这限制了发展援助的成效。

第五个挑战：创新发展融资是否能够满足需求。这方面的研究结果喜忧参半，有时含糊不清（UNDP，2012；Boussichas 和 Nossek，2018；Convergence，2018，Gartner，2015；Heinrich-Fernandes，2019），并且会因领域而异。比如，这种融资在免疫和预防接种等卫生领域呈现出积极影响，但在气候和环境领域情况并非如此。此外，也受到受援国获取此类资源的能力影响。对最不发达国家的关注不够——包括帮助其设计能够满足最贫困和最脆弱人群特定需求的结构，也是创新发展融资面临的一个挑战（Convergence，2018）。

第六个挑战：特别是当利用私营部门资金来促进发展时，如何衡量有关影响力。影响力投资领域的行动者通常表示，社会影响力难以衡量是其面临的最大挑战。对于一些投资者来说，衡量社会和环境影响力的标准五花八门，令人头昏脑涨（Elmer 等，2018；Boussichas 和 Nossek，2018）。与许多商业和非商业活动一样，如果不对一项活动展开衡量，就无法进行有效管理、实现目标和说服他人（如受益者和资助者）——而该活动可能就是创新发展融资活动。比如，投资者发现"社会影响力衡量成熟度低"，是将资源进一步分配给影响力投资的最大障碍（Elmer 等，2018）。这一问题也同样存在于衡量创新发展融资的成效方面，是创新发展融资面临的挑战之一。

从资金接收者的角度来看，创新发展融资所固有的可预见性、稳定性和易遭滥用的脆弱性也会带来挑战。在可预见性和稳定性方面，相关研究结果喜忧参半（UNDP，2012）；而在滥用方面主要涉及创新发展融资容易导致"腐败"，或使其沦为"非法资金外流"的工具。从缺陷来看，创新发展融资是一种私人资金与公共财政的结合体，并且存在影响力可能无法衡量的困扰，因此与官方发展援助（通常是由发达国家相对负责任的民主政府提供）相比更容易滋生腐败，或沦为"非法资金流动"的工具。正如创新融资促进发展领导小组（2009）所言，"打击'非法资金流动'也可被视为一种创新的发展资金来源"。如果受援国和援助国的公共部门都无法解决相关逃税、避税、贪污、非法资金外流和贿赂等问题，那么创新发展融资可能面临巨大挑战。因此，在筹措和使用创新发展资金时，必须制定明确而连贯的国家和国际政策，为这一过程提供支持，同时制定政策来防范非法资本外流（UNDP 2012）。化解这些挑战对创新发展融资而言尤其重要，其涉及的行动者和金融工具多于官方发展援助。

（二）中国创新发展融资架构及其与其他发展中国家合作框架的启示

本研究试图在当前创新发展融资架构背景下，分析创新发展融资的总体格局及其潜力。当前创新发展融资的规模要较十年前大得多，而且前景光明，极具潜力，但也面临着众多挑战。鉴于此，需要在利用机会、挖掘潜力和应对挑战等方面下功夫，为未来打造更完善的创新发展融资架构，从而在与其他发展中国家合作的过程中更好地取得预期发展成果。这种架构还需要创建一种双赢框架，为这种融资机制的受益者的发展提供支持。为实现这一目标，本文现根据相关文献提出以下政策建议。

第一，创新发展融资被认为是成长最快速的发展融资计划之一，潜力巨大。鉴于此，应着眼于长远，更快速、更深入地参与这一发展浪潮。据估计，目前全球创新发展融资市场规模已达数万亿美元，参与者需要拥有丰富的创新发展融资知识和较强的管理能力。相关研究（von Burgsdorff，2015；UNHCR，2020；Heinrich-Fernandes，2019）得出的结论是，一个国家可能很难了解如何从新的融资机会中获取最大利益，如何掌握新的、具有创新性的融资方法，如何设计出一种机制来安排各种资金流，从而有效提高发展影响力，促使援助者和受援者实现双赢。应构建具备这一能力和负责对外发展合作的相关部门，并扮演咨询（包括设计、研究、影响力评估和开发评估工具）、知识平台、培训和能力建设中心的角色，处理各种创新发展融资问题。此外，该部门/机构还应做好与全球创新发展融资任务相关的内部工作，而且可能需要在受援国（或地区/各洲）设立分支机构、配备本地专家，或通过利用发展中国家现有的专家网络来更好地了解当地情况。

第二，创新发展融资能否取得成功，取决于发展计划的结果兑现力，不过这可能会给着眼于长远的可持续发展计划带来挑战。鉴于此，应考虑将创新发展融资与其他金融形式（国内和外部、官方和私人等）相结合和/或作为后者的一种补充，确保短期和长期目标都能实现。反过来讲，需要密切配合受援国制定的发展战略和政策（UNDP，2012）。

第三，国家自主权、包容性和能力建设，决定着创新发展融资所资助项目能否取得成功、是否具有可持续性，以及受援方和援助方能否实现双赢。创新发展资金的"专项"性质对此构成了挑战，另外援助者的短期需求（利润或全球战略利益）与受援者的长期需求（如结构转型、实现可持续性增长和减少贫困）之间也存在矛盾。化解这一挑战的方法是以包容性的方式管理创新发展融资机制，根据客观的标准，在满足国家需求和解决切实问题之间公平透明地分配资源。这便需要受援国加强能力建设，消除可持续发展中的制约，"灵活应对受援国所提出的需求和优先事项"（UNDP，2012）。因此，援助国需要在战略层面与受援国接触，确保创新发展融资所资助的项目组合中的优先事项与国家优先事项和国家自主权保持一致（Convergence，2018；UNDP，2012）。这一点非常重要，它凸显了中国在发展融资方面的"反政策附加条件"立场。不过，如前所述，这需要加强地方能力建设。如果能将技术和管理能力建设纳入创新发展融资所资助项目的设计过程和结果评估过程，援助则会更有效。必须指出的是，大多数发展中国家缺乏谈判、实施、确保技术和管理知识转让的能力。能力建设在体制薄弱（这在许多最不发达国家并不少见）的背景下显得尤其艰难（Alemayehu，2019），却是相关发展计划实现可持续发展的唯一可靠途径。

第四，除了将部分创新发展资金投向市场力量薄弱的国家而可能招致风险并造成资本损失外，还存在 Elmer 等（2018）所称的"影响力洗白"风险，即合作伙伴声称已获得积极影响力，但实际情况截然相反，因此并不会创造额外价值。这可能发生在私营部门行动者借助发展活动进行商业活动的时候，即利用公共资金（包括官方发展援助）为某些私人行动者提供补贴（Elmer 等，2018；Boussichas 和 Nossek，2018），这也是上文所提到的创新发展融资易遭滥用的脆弱性问题。因此，建立透明、专业和负责的运作体系来化解与创新发展融资相关的"影响力洗白"问题和滥用风险，对于中国建立创新发展融资机制、维护这一机制的声誉而言至关重要。

第五，创新发展融资通常需要与私营部门合作，其优势是可以利用私营部门来促进数字化——而这些都是私营部门用以提高创新发展融资有效性的举措。数字化能够快速、有效地解决发展中国家无银行账户人口问题，并能有效瞄准受益者和显著降低投资风险及成本（如区块链技术），这些都是在创建更好的创新发展融资构架过程中，可以探索的重要领域。这些新的交易方式可有效减少中间环节，从而为防止腐败和提高援助附加值做出贡献（Boussichas 和 Nossek，2018；Elmer 等，2018）。

第六，国家发展水平（一些是低收入国家，一些是中等收入国家）、规划和期限（一些是短期，一些是长期）不同，所适用的创新发展融资工具也不相同，因此需要根据这些国家的特定条件和时间期限对本研究中的各种创新发展融资工具进行调整。

第七，尽管全球的创新发展融资规模庞大，但分配给发展中国家，特别是最不发达国家和其他低收入国家的份额极小（如本研究发现，2019 年撬动的全球私人投资总额为 484 亿美元，但只有 5.3% 流向了最不发达国家和其他低收入国家）。对于"外汇"受限经济体和"技术"受限经济体，除了目前进行的基础设施投资外，可以利用国内私人和公共投资为其发展项目提供外汇支持（或技术转让支持），满足特定需求。Lampart（2014）指出，可以从一些结构更简单、更具扩展性的成熟机制入手，如担保和债券。

此外，应阐述需要怎样的指导原则来制定创新发展融资架构和合作框架。需要将创新发展融资作为与其他发展中国家进行战略接触的融资工具，而非简单的市场活动。这种战略接触需要遵循以下三个原则：①促进结构转型，继续打造有韧性和可持续增长的发展中经济体；②创造就业机会，这对于减贫和确保社会稳定至关重要；③以双赢结果为导向，确保中国的战略利益与受援国的目标（即前两个原则）相一致。这种方法非常重要，中国利用创新发展融资工具与其他发展中国家开展简单的市场活动，很可能无法满足这些最不发达国家的愿望——这些愿望已超越目前的市场活动，转化成一种双赢结果。设计和实施这一战略的责任方主要是受援国，但可在双赢的"南南合作"框架下，利用创新发展融资工具对此提供支持。如果将创新发展融资工具的战略设计融入为其他发展中国家提供的援助、贸易和融资支持，效果将更好。这便是在打造新的创新发展融资架构时应遵循的总体原则。不过，这在实践中可能会引发机构层面的问题（地区、国家、政府、私营部门等），因此需要根据特定国家的情况进一步展开研究（Alemayehu，2019；2013）。

联合国开发计划署（2012）、Boussichas 和 Nossek（2018）就创新发展融资计划的实施提出过一些警示，"迄今已实施的创新发展融资计划即使是小型项目，也需要花费时间来进行谈判和取得成果，而且大多数都未能获得更多的政治和/或财政支持。因此，即使许多计划颇具潜力，也不应低估达成、实施和协调相关国际协议的难度"。此外，Boussichas 和 Nossek（2018）指出，"在实施效率方面，非财务要素（即混合融资）的重要性并不低于财务要素，因此将程序标准化有助于加强多方利益相关者的伙伴关系"，从而提高创新发展融资工具的使用效果。

参考文献

Alemayehu Geda. 2013. "Africa's Economic Engagement with the Emerging South." A Background Study for an African Export-Import Bank, Cairo, Egypt.

Alemayehu Geda. 2019. *The Historical Origins of the African Economic Crisis：From Colonialism to China*. Newcastle Upon Tyne, UK：Cambridge Scholar Publishers.

Boussichas Matthieu, Vincent Nossek. 2018. "What's New in Innovative Financing?" Ferdi WP No. 227, Foundation for Studies and Research on International Development.

Convergence. 2018. "The State of Blended Finance 2018. " OECD – GIZ Background Document about the State of Blending Finance, Using Convergence's Database at https: // www. oecd. org/water/OECD – GIZ – Background – document – State – of – Blended – Finance–2018. pdf.

Dalberg. 2014. "Innovative Financing for Development 2014. " at http: //www. citifoundation. com/city/foundation/df/innovativefinancingfordevelopment. pdf 6.

Development Initiative. 2021. "Aid Data 2019–2020: Analysis of Trends Before and During Covid. " at http: //www. devinit. org.

Elmer Patrick, Monica Marino, Patricia Richter, Eileen Zhang. 2018. "Innovative Finance: Putting Your Money to (Decent) Work. " International Labour Office Geneva: ILO, 2018.

Gartner David. 2015. "Innovative Financing and Sustainable Development: Lessons from Global Health Global Health. " *Washington International Law Journal*, Vol. 24, No. 3.

Gelil, Ibrahim Abdel. 2018. "Innovative Financing. " Chapter 3, in *Financing Development in Arab Countries*, at https: //www. researchgate. net/publication/328908908.

Georgia Keohane. 2016. *Capital and the Common Good: How Innovative Finance is Tackling the World's Most Urgent Problems*. Columbia University Press.

GIIN. 2020. "Annual Impact Investing Survey 2020," 10th Edition, Global Impact Investing Network, GIIN at http: //www. thegiin. org/.

Heinrich-Fernandes Melina. 2019. "OECD Donor Committee for Enterprise Working Paper on 'Donor Engagement in Innovative Finance: Opportunities and Obstacles' . " Private Sector Engagement Working Group, at http: //www. enterprise–development. or.

InterAction. 2017. "A Snapshot of InterAction Members IF4D Activity. " This Landscape Assessment Report Presents the Findings of Inter Action's Survey of Its Membership to Identify the State of the Field of Innovative Finance for Development (IF4D) Global Development Policy and Learning InterAction.

Ketkar Suhas, Ratha Dilip. 2008. *Innovative Financing for Development (English)* . Washington, D. C. World Bank Group, http: //documents. worldbank. org/curated/en/20262 1468156251840/Innovative–financing–for–development.

Lampert Sam. 2014. "Landscape Overview for the Leading Group Expert's Workshop. " on Innovative Financing for Development: Scalable Business Models that Produce Economic, Social and Environmental Outcomes, Paris, June 19, 2014.

OECD. 2009. "Innovative Finance to Fund Development: Progress and Prospects. " at http: //www. oecd. org/development/effectiveness/44087344. pdf.

OECD. 2019. "Climate Finance Provided and Mobilised by Developed Countries in 2013–17. " OECD Publishing, Paris, https: //doi. org/10. 1787/39faf4a7–en.

OECD. 2020a. "Innovative Finance." at http：//www. leadinggroup. org/rubrique176. html.

OECD. 2020b. "Private Finance for Sustainable Development Conference 2020：Aligning Finance with the Sustainable Development Goals." February 2020 Update at http：//www. oecd. org/dac/financing － sustainable － development/development － finance － standards/mobilisation. htm.

OECD. 2020c. "Private Philanthropy for the SDGs Insights from the Latest OECD DAC Statistics." Private Finance for Sustainable Development Conference 2020：Aligning Finance with the Sustainable Development Goals.

OECD. 2021. "Climate Finance Provided and Mobilised by Developed Countries：Aggregate Trends Updated with 2019 Data, Climate Finance and the USD 100 Billion Goal." OECD Publishing, Paris, https：//doi. org/10. 1787/03590fb7-en.

Price Water House Coopers. 2016. "Asset Management 2020：A Brave New World." https：//www. pwc. com/gx/en/assetmanagement/publications/pdfs/pwc － asset － management － 2020-a-brave-new-world-final. pdf.

Rockefeller Foundation. 2017. "Innovative Finance." at https：//www. rockefellerfound ation. org/ourwork/initiatives/innovative-finance/.

UN-DESA (UN Department of Economic and Social Affairs 2012), *World Economic and Social Survey 2012*, in Search of New Development Finance at http：//www. un. org/en/develop ment/desa/policy/wess/wess_current/2012wess. pdf.

UNDP. 2012. "Innovative Financing for Development：A New Model for Development Finance?" Discussion Paper, United Nations Development Programme, Bureau for Development Policy, New York.

UNHCR. 2020. "A Review of Innovative Financing Mechanisms for Internally Displaced Persons." Additional Information by the United Nations High Commissioner for Refugees to the UN Secretary General's High-Level Panel on Internal Displacement, at https：//www. unhcr. org.

von Burgsdorff, Yanis Kuhn. 2014. "The Political Economy of Innovative Development Financing：A Case Study of Donor Funded Risk Capital Financing." PhD. Thesis, University of Cape Town, South Africa.

World Bank. 2009. "Innovative Finance for Development Solution," at https：//olc. world bank. org/.

World Bank. 2012. "Immunization Financing Tools 'Brief 17：Innovative Financing-Advance Market Commitments (AMCs)'", The World Bank and GAVI Alliance, at https：//www. who. int/immunization/programmes_systems/financing/analyses/ Brief_17_AMC. pdf? ua＝1.

World Bank. 2009. "Innovative Finance for Development Solutions：Initiatives of the World Bank Group," at http：//siteresources. worldbank. org/CFPEXT/Resources/IF-for-Development-Solutions. pdf.

附　录

附表 1　官方发展援助与发展中国家官方发展援助收入

单位：十亿美元，%

项目	2015 年	2016 年	2017 年	2018 年	2019 年	2015~2019 年平均份额
撒哈拉以北（共计）	5.10	5.80	4.00	4.60	4.10	2.9
撒哈拉以南（共计）	42.80	41.80	46.80	47.50	52.60	28.7
非洲（区域）	2.20	2.80	3.00	3.20	3.20	1.8
非洲（共计）	50.10	50.40	53.80	55.30	59.90	33.4
加勒比和中美洲（共计）	4.60	6.90	5.10	5.10	4.60	3.3
南美洲（共计）	4.30	3.80	3.00	4.70	3.80	2.4
美洲（区域）	1.30	0.60	0.60	0.70	0.60	0.5
美洲（共计）	10.20	11.30	8.70	10.50	9.00	6.2
中东（共计）	14.10	20.50	23.90	27.40	24.80	13.7
南亚和中亚（区域）	0.10	0.10	0.20	0.20	0.10	0.1
南亚和中亚（共计）	19.80	18.10	19.20	16.60	21.00	11.8
亚洲远东地区（区域）	0.30	0.20	0.30	0.20	0.30	0.2
亚洲远东地区（共计）	5.40	4.50	4.90	4.20	3.00	2.7
亚洲（区域）	1.20	0.90	1.50	1.20	1.10	0.7
亚洲（共计）	40.50	44.00	49.40	49.40	49.90	28.9
欧洲（区域）	1.00	0.90	1.10	1.20	1.20	0.7
欧洲（共计）	6.80	8.20	8.40	6.50	5.40	4.4
大洋洲（共计）	1.90	1.70	2.00	2.30	2.30	1.3
未指明的发展中国家	37.30	43.30	42.70	42.50	42.10	25.8
发展中国家（共计）	146.70	158.80	165.10	166.50	168.60	100
官方发展援助（按收入类别划分）						
最不发达国家	43.40	43.50	49.00	53.90	55.70	30.5
其他低收入国家	0.90	0.80	0.90	0.90	1.10	0.6
中等偏下收入国家	40.70	43.20	44.90	42.20	43.90	26.7
中等偏上收入国家	13.20	17.10	15.60	14.30	12.70	9.1
未分配（第一部分）	48.30	54.00	54.60	55.20	55.00	33.2
更发达的发展中国家和地区	0.10	0.20	0.10			0.0
总计	146.70	158.80	165.10	166.50	168.40	100

注：官方发展援助收入是指来自发援会成员方、多边组织和非发援会援助者的净官方发展援助总额。

受援国的援助发展融资管理：
柬埔寨和尼泊尔案例研究

安西娅·穆拉卡拉[*]

一　引言

　　2021 年 1 月，中国国新办发布的《新时代的中国国际发展合作》白皮书可被视为国际发展合作新愿景——中国在全球舞台上承担着重大责任，不仅是援助提供国，而且是新趋势、新模式的推动者。该白皮书为中国的国际发展合作指明了一条遵循发展实效原则的道路，包括自主权、一致性和透明度等。比如，"一带一路"建设项目要"重视对接各国发展战略规划"，充分尊重受援国在未来三方合作中的主导权（Cichoka，2021）。重申要进一步提高透明度和加强问责，其中涉及加强可行性研究、招标管理和绩效评估等。总的来看，这些改革措施将能进一步提高中国国际援助的实效，更好地遵从国际发展合作标准（Mulakala 和 Ji，2021）。

　　本文将以尼泊尔和柬埔寨为例，旨在展示多样化的援助者图景。具体而言，

安西娅·穆拉卡拉（Anthea Mulakala），亚洲基金会国际发展合作部高级主管，曾担任世界银行项目经理、英国国际发展部高级顾问、澳大利亚墨尔本市政府的社区发展经理、南亚伙伴关系区域主任等，主要研究领域包括冲突预防和和平建设、治理和区域合作等。

本文将分析伙伴国援助管理动态和机制及其对中国的启示，以期增进中国利益相关者对国际合作现状的了解，推动国际社会就建设援助管理体系展开对话。

本文的"发展合作"沿用中国 2021 年白皮书中的概念，即在南南合作框架下，一个国家通过对外援助及其他方式在经济社会发展领域，包括人道主义援助方面开展的多双边国际合作。"其他方式"包括中国国家开发银行或中国进出口银行等政策性银行的贷款，具有广义性，有助于了解中国和印度等非发援会合作伙伴的援助情况。本文主要是对政府和国际组织学术论文和新闻稿的定性分析，外加一些访谈，还探讨了亚洲基金会在柬埔寨和尼泊尔的合作经验。

本文结构安排如下：首先介绍案例国家发展状况及其优先事项；其次讨论其融资状况、援助和融资管理政策及制度；再次根据发展融资与国家计划及体系的一致性、发展伙伴的协调度和一致度、数据的可用性和可及性，评估国家发展融资管理体系的有效性及其对新的、不断变化的发展融资模式的适应性；最后展望未来融资管理发展趋势及其对中国的启示。

二 柬埔寨

柬埔寨人口约 1700 万（Worldometer，2021a），经济指标表现良好。2015 年，柬埔寨处于中等偏下收入国家行列，是全球经济增长最快的国家之一。1990~2018 年，柬埔寨人类发展指数得分上升 51%（UNDP，2021）。世界银行数据显示，柬埔寨的贫困率从 2007 年的 47%降至 2014 年的 13%，但仍有 450 万人"接近贫困"——他们很容易在健康或就业等因素冲击下滑回贫困线下。2018 年，柬埔寨出口增长势头强劲，鞋类和服装行业表现尤其突出，钢铁和汽车进口显著增长，消费者信心增强；外国直接投资占国内生产总值的 13%，创历史新高，其中 75%来自中国（World Bank，2018）。

柬埔寨《矩形战略第四阶段》（RSIV）和《国家发展战略计划（2019—2023）》提出了优先发展事项，即力争到 2030 年建设成为中等偏上收入国家，到 2050 年跻身高收入国家之列。

新冠疫情对柬埔寨经济发展造成影响。疫情前，柬埔寨国内生产总值增长 5.8%~7%，2020 年下调至-1%~5.6%，其中旅游业、出口和外国直接投资受到的冲击最大（UNDP，2021）。柬埔寨经济依赖于中国等发展伙伴的资本流入、汇款和官方发展援助贷款，因此中国经济增速放缓会影响柬埔寨经济前景。新冠疫情对柬埔寨融资的影响较大，2020 年较疫情前减少 36 亿美元。

（一）柬埔寨的发展融资

1. 主要合作伙伴

柬埔寨自 1991 年签署《巴黎和平协定》以来开启"三重转型"：从冲突走向和平，从专制走向民主，从中央计划经济走向市场经济。该国的经济发展和重建工作得到全球的大力支持，包括来自双边、多边及私人援助者的直接援助、发展贷款和基础设施资金。柬埔寨的主要发展伙伴包括中国、日本和亚洲开发银行等。

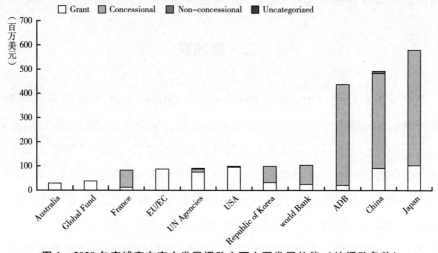

图 1　2020 年柬埔寨在官方发展援助方面主要发展伙伴（按援助条款）

资料来源：根据公开资料整理。

2011 年以来，中国是柬埔寨第一大外国直接投资来源，2017 年投资额达 10 亿美元左右，2019 年跃升至 17 亿美元。与此同时，中柬贸易额稳步增长，2019 年为 94.3 亿美元，2023 年预计将达到 100 亿美元（Zhao，2019）。中国也是柬埔寨最大的债务国，占该国外债总额的 40% 以上（Sarath，2021）。2021 年中国发布白皮书《新时代的中国国际发展合作》，阐述了国际发展合作愿景和框架，其中多次提到柬埔寨，凸显了中国与柬埔寨良好的发展伙伴关系。

20 世纪 90 年代以来日本是柬埔寨最重要的发展伙伴之一，在柬埔寨重建工作中发挥了关键作用。2019 年，日本累计对柬埔寨援助 29 亿美元，主要用于基础设施建设、教育培训、农业和医疗保健等领域。日本"高质量基础设施合作伙伴关系"（PQI）下的一些关键项目包括 8 亿美元的金边轻轨和 2.44 亿美元的西哈努克港升级改造工程——在创造就业以及减小社会和环境影响方面给予了高度重视（Luo 和 Kheang，2021）。

亚洲开发银行在柬埔寨发展中发挥了突出作用，1966 年以来，向柬埔寨提供的贷款、赠款和技术援助总额达 45 亿美元。2020 年，亚洲开发银行承诺再提供 4.772 亿美元主权贷款和赠款，并促成 2.813 亿美元的联合融资——包括为柬埔寨"防控新冠疫情和支出支持项目"提供 2.5 亿美元的优惠贷款和 2.416 亿美元的联合融资。此外，亚洲开发银行还会定期实施发展计划，为柬埔寨的教育、交通和能源事业提供支持。

印度是柬埔寨发展合作舞台上的新兴行动者。2019 年，印度和柬埔寨贸易额为 2.5 亿美元，同比增长 10.24%。然而，尽管印度政府的"东向政策"备受关注，但 2016 年印度在柬埔寨的外国直接投资总额中的占比不足 1%。印度的发展合作机制由印度技术经济合作（ITEC）、信贷额度和赠款三大部分组成。目前，印度在柬埔寨的最大项目是 Stung Sva Hab/Slab 水资源开发项目，印度进出口银行 2018 年为其提供了 3800 万美元信贷支持（Chakrabarty，2019）。印度提供的资金量虽然不大，但有利于其在该地区的发展，这可能得益于与其他援助国构建的三方伙伴关系。

信贷在官方发展援助中的占比增至 53%，而发展伙伴和非政府组织的赠款总额则呈下降趋势。大量官方发展援助资金划拨至基础设施领域，这与

柬埔寨《2015—2025 年工业发展计划》中提出的优先事项保持了一致方向
（Kim，2020）。

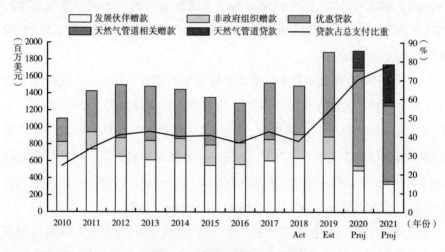

图 2　官方发展援助支出总额

资料来源：根据柬埔寨发展理事会/柬埔寨重建与发展委员会整理。

2. 不断变化的收入趋势

2016 年，柬埔寨退出世界银行划分的低收入国家队列，并开始停止享
受国际金融机构和其他多边贷款机构提供的优惠贷款特权。在此之后，许多
双边援助者重新制定了对柬埔寨的援助分配策略。官方发展援助有所减少，
其占国内生产总值的比重从 21 世纪初的超过 10% 下降到近年来的 3% 左右；
而优惠贷款也是以"较不优惠"的条件获得。因此，吸引私营部门投资和
国内公共融资是增加政府收入、实现国家投资目标的关键。在 2019～2023
年发展周期，公共投资总额为 70 亿美元。柬埔寨《国家发展战略计划
（2014—2018）》提出，国内收入占国内生产总值的比重在 2014 年 15% 的
基础上每年提高 0.5 个百分点（UNDP，2017b）。政府还鼓励采用公私伙伴
关系（PPP）模式，减轻融资压力，并将基础设施投资和国内债券作为公共
融资的主要组成部分。

柬埔寨用于支持发展事业的资金总额将增加，从 2015 年的 118 亿美元

增至 2025 年的 234 亿美元（占国内生产总值的 69.8%）。在不久的将来，柬埔寨的大部分资金将来自国内筹集、外国直接投资和汇款等渠道。2005 年柬埔寨发展合作资金总额（来自官方发展援助、非政府组织和南南合作）大致等于国内收入。而 2025 年，柬埔寨国内收入几乎是援助收入的两倍。图 3 是联合国开发计划署对柬埔寨未来发展融资趋势的预测。

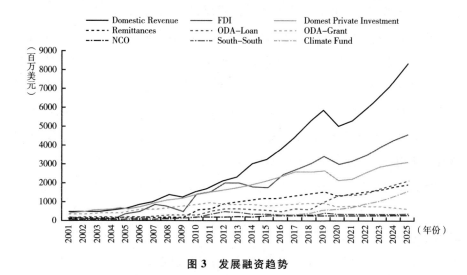

图 3　发展融资趋势

资料来源：根据联合国开发计划署数据（2021）整理。

然而，柬埔寨正在从最不发达国家迈向中等收入国家，这不仅将导致赠款减少、非优惠贷款增多，而且贸易规则也会发生变化，由此上述预测值需要调整。

（二）柬埔寨的援助和发展融资管理体系

本部分将介绍柬埔寨的援助管理实践和相关改革举措。1991 年柬埔寨签署《巴黎和平协定》以来，发展伙伴提供的援助极大支持了其发展。

1. 协调机制

柬埔寨发展理事会（CDC）成立于 1994 年，由首相担任主席，是政府在私营和公共部门投资方面的最高决策机构。柬埔寨重建与发展委员会

（CRDB）是柬埔寨发展理事会的运营机构，负责协调和管理外部援助，并会根据《矩形战略》和《国家发展战略计划》交付项目（CAMHR）。政府通过制定《矩形战略第四阶段》，为《国家发展战略计划（2019—2013）》提供支持。该文件确定了四个优先事项：人力资源开发、经济多样化、促进私营部门发展和就业、包容性和可持续发展。柬埔寨的《国家发展战略计划（2019—2013）》明确了国家可持续发展目标。

政府于 2019 年 6 月颁布了《伙伴关系机制指南和发展合作与伙伴关系战略工具（2019—2023）》，明确了"部门、多方利益相关者对话"的重要性，推动各方就发展融资优先事项达成共识。该文件强调，联合监测指标（JMI）需要"以结果为基础，进一步加强预期结果……产出……以及活动和资源之间的密切关系"，从而尽可能地将外部资金纳入预算。这表明柬埔寨政府希望将外部发展资金与国家优先事项有效整合在一起。

作为 2011 年有效发展合作釜山伙伴关系的签署国，柬埔寨致力于推动与南南合作提供者、私营部门和民间团体建立更广泛的伙伴关系。从21 世纪初开始柬埔寨的发展合作日益多样化，加强与中国和印度等非传统伙伴的合作。中国提供的援助相较而言不设附加条件，因此受到了柬方重视。柬埔寨发展理事会和海外发展研究所（ODI）联合对 29 位高级关键知情人进行的访谈表明，柬埔寨考虑到官方发展援助将可能在其迈入中等收入国家行列后逐渐减少，因此现在非常热衷于寻找替代性资金来源。在柬埔寨，与非传统伙伴相关的合作和贷款主要是由政府部门管理，涉及外交国际合作部（MOFA）和经济与财政部（MEF）。非传统伙伴大多不参与柬埔寨与发展援助者相关的官方援助协调机构（Greenhill, 2013）。

然而，在《国家发展战略计划（2019—2023）》的指导下，大多数外部合作伙伴的发展融资都是与柬埔寨的发展目标保持一致。

（1）中国

作为柬埔寨最大的双边援助者，中国的大部分赠款和贷款都集中在基础设施领域（General Department of International Cooperation and Debt Management,

2021)，这与柬埔寨政府增加公共投资和基础设施支出的目标保持了一致。Vathanak（2021）认为，"交通环境改善项目对于柬埔寨而言至关重要"；为了推动经济不断增长，政府也对这一领域进行了优先投资。截至2020年，中国对柬埔寨官方发展援助金额达到63.8亿美元，其中72.57%（46.3亿美元）被用于交通基础设施领域。柬埔寨利用这些资金建造了3381公里道路、8200米大型桥梁，以及5个机场和港口开发项目——24个道路建设和改造项目耗资23亿美元、8个大型桥梁项目耗资7.6亿美元、5个机场和港口开发项目耗资15.7亿美元（Vathanak，2021）。由此可见，中国的发展融资促进了柬埔寨的基础设施建设。

然而，中国投资为推动柬埔寨经济增长做出了贡献，也获得了柬埔寨政府的赞赏。为弥补熟练劳动力的短缺，中国承包商一般会直接依赖自己的技术和专业知识，这制约了面向柬方的技术知识转让和人力资本开发。2020年尤索夫·伊萨克东南亚问题研究所（ISEAS-Yusof Ishak Institute）的一项研究发现，西哈努克城的蓝湾房地产项目是由几家中国公司按照"闭环商业模式"开发的，使用的是中国的材料、设备和劳动力（Luo和Kheang，2020），其可能的原因是中国工人"要比柬埔寨工人能力更强"，他们"就算加班加点也要按时完成项目"（Keeton-Olsen和Yuan，2019）。西哈努克经济特区（SSEZ）的基础设施项目提供了21000多个工作岗位，并且柬埔寨工人的平均收入是当地人均收入的3倍，但与中方员工收入相比仍有差距（Buckley和Eckerlein，2020）。此外，中国投资在帮助柬埔寨本土企业融入全球价值链方面还有更大的发展空间。中国投资与柬埔寨发展战略所倡导的目标大体一致，但还需进一步推动当地更广泛地参与协商和建设，确保柬埔寨实现可持续和包容性发展（Chheang，2017）。

（2）澳大利亚

根据澳大利亚外交贸易部（DFAT）发布的最新"援助计划业绩报告"，援助重点从直接提供服务和建设基础设施转向"强化机构、政策和治理"。值得注意的是，澳大利亚政府于2019年启动"澳大利亚—柬埔寨公平和可持续服务合作计划"（ACCESS），加强对残疾人和受暴力影响妇女的社会服务，凸显了其对性别平等的承诺。这一行动与柬埔寨《矩形战略》中"人力资源开发"下的"改善性别平等和社会保护"目标保持了一致。

此外，澳大利亚外交贸易部的"柬埔寨农业价值链项目"（CAVAC）也获得了认可。基于该项目柬埔寨成功实施了可持续灌溉计划，为提高农业生产力做出了贡献。"柬埔寨农业价值链项目"正在积极转型为"服务提供商"，在提供高质量专业技术的同时，力求减少预算和投资。为此，澳大利亚与亚洲开发银行携手合作，对一项用于交付优质基础设施的1.3亿美元的大额贷款项目进行融资。相关方还会对"柬埔寨农业价值链项目"等进行例行中期审查，评估项目成果，为澳大利亚调整项目提供信息支撑。然而，这些影响力评估是由澳大利亚外交贸易部组织实施的，而不是柬埔寨政府。"柬埔寨农业价值链项目"显然符合柬埔寨第四大支柱"可持续和包容性发展"下有关促进农业部门和农村发展的目标。

（3）日本

柬埔寨和日本之间的亲密伙伴关系可追溯到20世纪90年代。作为1991年《巴黎和平协定》的主要参与者，日本在发展援助、贸易和投资等方面与柬方积极开展合作。早稻田大学研究人员的《柬埔寨国家援助评估》回顾了日本在柬埔寨全面发展方面提供的援助——包括2012年和2017年推出的"国家援助政策"。2017年日本制定的《柬埔寨发展合作政策》提出，帮助柬埔寨完善基础设施，培育下一代"人力资源"，推动其于2030年迈入中等偏上收入国家之列。日本提供的官方发展援助促进了柬埔寨物流网络建设，并推动了农业发展——对农村人口而言至关重要的产业，并与柬方的"工业发展政策"保持了一致。日本应柬埔寨政府要求增加了近4100万美元的官方发展援助赠款，推动实施改善暹粒省中心医院服务环境、设立人力资源开发奖学金、旨在防控新冠疫情的经济社会发展计划三个项目（Dara，2020）。

此外，日本还提供了总计3.1亿美元的赠款和优惠信贷，用于完善供水系统、清障扫雷和扩建五号国道。柬埔寨外交国际合作部大臣布拉索昆称，这些投资将有助于培养高质量的人力资源，促进经济多元化发展（Dara，2020）。除了通过双边合作来帮助柬埔寨完善卫生系统外，日本还向联合国儿童基金会提供了 3690 万美元的紧急赠款援助，其中 100 万美元将被用于加强柬埔寨冷链能力建设，确保疫苗的迅速交付和接种（UNICEF，2021）。

（4）欧盟

自 2014 年柬埔寨开始与欧洲伙伴拟定行动方案以来，欧盟的发展项目便与柬埔寨的国家优先事项紧密的关联在一起了。双方共同制定联合战略，明确了签署国之间的劳动分工、各部门和各合作伙伴的指示性财政拨款等内容。《2016—2018 年联合战略第二次监测报告》对欧盟所负责的专业性领域的进展进行了跟踪，如公共财政管理体制改革和性别平等等。该报告对政府现有监测系统和流程中的指标进行了审查，尤其是《国家发展战略计划》和"政府和发展伙伴联合监测指标"。通过联合战略的实施，欧洲合作伙伴能够与柬埔寨政府更好地协调优先事项，并通过全面整合环境问题来促进包容性和可持续发展。欧盟与柬埔寨 2021～2027 年的《发展合作战略》侧重于以下优先领域：经济增长和创造就业机会；农业和自然资源管理，其中以渔业为重；行政治理和法治。欧盟还就《发展合作战略》和《欧盟 2021—2027 年多年指示性计划》与柬方进行了商讨，确保与该国的发展目标和优先事项保持一致（Nary，2021）。

通过以上分析可以看出，这些发展计划既与柬埔寨国家目标保持了一致，又得到了柬埔寨领导层的认同。展望未来，还应确保发展融资能惠及当地脆弱社区（Chheang，2017）。

为确保政府与发展伙伴开展建设性的合作，柬埔寨专门成立了柬埔寨发展合作论坛（CDCF）。该论坛先后于 2007 年、2008 年和 2010 年举办，吸引了柬埔寨相关政府部门和包括中国在内的诸多发展伙伴参与。但是，2010 年后该论坛未再举办。根据柬埔寨《2014—2018 年发展合作与伙伴关系战略》，柬埔寨发展合作论坛将会逐步转型为柬埔寨发展论坛，并计划提升国家利益相关者的代表性，关注发展成效与融资问题。然而，柬埔寨发布的《2019—2023 年发展合作与伙伴关系战略》并未就柬埔寨发展论坛展开讨论。

尽管缺乏以受援国为导向的协调机制，一些援助者依然在加强协调方面做出了努力。比如，2008 年以来欧盟就在柬埔寨发展合作方面实施了劳动分工战略。在《2014—2019 欧洲发展合作联合战略》中，欧盟和其他 10 个欧洲发展伙伴（比利时、捷克、芬兰、法国、德国、爱尔兰、意大利、瑞典、瑞士和英国）就统一发展战略以及柬埔寨各部门之间的劳动分工达成了一致意见。在《2020—2024 欧洲发展合作联合战略》中，欧洲合作伙伴还委托柬埔寨发展资源研究所开展研究，分析欧洲和中国在柬埔寨的发展组合，探讨可提高发展协调性的协同互补机制。该战略提出，为柬埔寨提供的援助最多只能集中在三个领域，欧盟在任意一领域的积极合伙人——根据比较优势来确定——最多不能超过三个。确定了成员比较优势后，再划定其职责范围，阐明欧盟主要促进者、积极合伙人和沉默合伙人在每个领域的责任。这种对劳动力和资源的有效配置为发展规模经济提供了保障，并使交易成本降至最低。

从欧盟等案例可看出，多边援助比双边援助可能更需要强调协调。通过研究柬埔寨双边及多边援助中的协调行为，Öhler（2013）发现协调程度只处于"中等水平"。具体地说，如果已有多边援助者在某一领域开展活动，其他多边援助者则不太可能启动新项目。同时，双边援助很难避免发起类似的项目。因此，在多边援助的情况下——以及在政治上不可知的情况下——则不太可能导致项目重复（Öhler，2013）。这种现象并不局限在柬埔寨的发展融资领域。随着全球援助架构愈发复杂，碎片化融资似乎集中体现在双边赠款方面——从 2000 年的 3.5 万笔增加到 2019 年的 15.1 万笔；而从全球范围内按流动类型划分的官方融资活动来看，其平均规模日趋减小（World Bank，2021a）。

Öhler 的研究具有一定局限性，其假设所有双边合作都会在发展援助领域展开竞争。美国和韩国分别推出了"印太战略"和"新南方政策"，韩国国际协力机构（KOICA）和美国国际开发署（USAID）于 2019 年签署谅解备忘录，计划按照《全球卫生安全议程》在柬埔寨卫生领域开展合作

（U. S. Embassy in Cambodia，2020）。此外，澳大利亚、德国、日本和韩国共同为柬埔寨卫生事业发展筹集资金。这与柬埔寨《矩形战略》中加强公共卫生服务和营养管理的目标保持了一致。澳大利亚和韩国共同资助了柬埔寨的采矿业发展（Ingram，2020）。

三方合作是发展伙伴之间进行合作和实现互补的另一种模式。比如，中国与联合国机构积极开展项目试点，2010～2014 年中国—联合国开发计划署—柬埔寨三边开展的木薯项目便是一个例子。此外，中国还致力于提高其在软领域的项目交付水平，如"基层扶贫民生项目"（Zhang，2020）。中国是柬埔寨灌溉领域的主要投资者，澳大利亚就"柬埔寨农业价值链项目"与柬埔寨和中国的专家学者合作，以确保这些对农投资能持续产生影响。2019 年，澳大利亚外交贸易部表示有意与来自柬埔寨和中国的行动者深入开展三边合作。此外，亚洲开发银行与日本经济产业省（METI）也签署了合作备忘录，加强双方在"东盟清洁能源未来倡议"（CEFIA）下在东南亚推广清洁能源的合作。按照该合作备忘录，双方将开展政策研究和能力建设，共享能源领域的数据、知识和经验，加快推进"东盟清洁能源未来倡议"下的旗舰项目实施。

这些例子说明，双边合作和多边援助中的协调也能达到较高水平——发展伙伴通过为相关计划提供资金、资源和知识支持，推动柬埔寨发展项目落地。这些机制还在一定程度上有利于避免重复开发的情况。但是，还需进一步加强援助协调，尤其是在农业等领域。在柬埔寨标准项目的执行和评价阶段，加强监测力度，了解现有项目存量，提高项目之间的互补性。

除了发展伙伴关系日益多元化外，融资也促使柬埔寨开展公共投资管理改革，以便建立更标准化的程序来促进项目实施。1993～2018 年，每年用于柬埔寨公共投资的外部资金增长 16 倍，2018 年达到 15 亿美元；国内公共投资项目规模显著增加，2018 年占比达到国内生产总值的 29.2%。2012 年首次推出的"柬埔寨外部融资项目/计划财政管理标准操作程序"是确保项目管理、采购和财政管理与国际标准相吻合的一道防线。尽管整个项目的投资水平仍有提升空间，但该程序已成为发展伙伴和政府机构的行动指南。该程序适用于柬埔寨所有发展伙伴资助的项目。

然而，虽然柬埔寨制定了发展援助审议与批准程序，但其对决策的实际影响各不相同。这表明柬埔寨未来在项目应用标准操作程序方面仍有优化空间。

专栏　外部资助项目标准操作程序

在世界银行、亚洲开发银行及其他发展伙伴的协助下，政府采用了外部资助项目标准操作程序来确保项目管理、采购和财政管理与国际惯例保持一致。该标准操作程序于 2012 年 5 月 22 日通过（第 74 号子法令），更新时间为 2019 年 12 月，明确了项目周期中的六个步骤，在融资前外部资助项目还需要获得发展伙伴的批准，因此，关于外部资助项目的步骤包括：①项目预选；②项目准备；③项目评估；④贷款谈判和批准；⑤项目实施；⑥项目完成；⑦事后评估。其中针对每一步骤都设有具体标准。

在欧盟和英国国际发展署等发展伙伴的支持下，柬埔寨从 2004 年开始实施"公共财政管理改革计划"（PFMRP），对公共财政管理体系进行改革，进而提高发展援助实效。自 2010 年起，政府开始基于"公共支出和财务问责"（PEFA）框架来评估公共财政管理体系，为改革提供指引。2021年，政府发布的《公共支出和财务问责绩效评估报告》是经济与财政部进行的第三次评估（Open Development Cambodia，2021）。

从公共支出和财务问责评估结果来看，柬埔寨的公共财政管理体系在财政和预算管理方面已得到显著改善，但在财政透明度、公共投资管理、中期预算、薪酬等方面仍有优化空间。从长远来看，政府应分阶段推动所有发展项目和计划都能基于统一的政府财政管理体系。

尽管政府推行了一系列金融改革举措，但一些伙伴国家并未在发展合作中采用柬埔寨的预算或财政管理体系。澳大利亚就是一个例子。根据澳大利亚外交贸易部2019年的一份报告，"澳大利亚为柬埔寨提供的发展合作没有一项直接采用柬方的政府财务体系，但'发展援助的实施经过了密切协商'"。这种声称是为了保护澳大利亚政府援助计划的声誉，但也反映了其对柬埔寨体系透明度的不信任。同样，尽管欧盟在公共财政管理相关改革中积极提升预算的综合性和透明度，但欧盟2016~2018年的联合监测报告指出，在践行发展成效议程方面仍面临挑战，尤其是在采用政府体系和民间团体参与决策方面。贷款和赠款主要是由外交国际合作部和经济与财政部等政府部门管理，非传统伙伴大多并不参与柬方官方援助协调事务（Greenhill，2013）。

2. 监测和整合机制

发展融资数据的透明度和可及性，对于向受援国和发展伙伴强调问责制大有帮助。柬埔寨重建与发展委员会负责协调所有发展援助和投资优先事项。它将官方开发援助分为七大类型：技术合作、独立技术合作、投资相关技术合作、投资项目或方案援助、预算或国际收支平衡支持、粮食援助、紧急和救济援助。

柬埔寨重建与发展委员会/柬埔寨发展理事会官方开发援助数据库包括以下信息：援助条款（赠款、优惠贷款或非优惠贷款）、援助类型、援助领域、援助者（联合国机构、国际金融机构、中国和日本等双边伙伴）身份、援助是否符合主题（即性别、气候变化和私营部门发展）、柬埔寨可持续发展目标。值得注意的是，每一项信息都包含发展成效指标，用于跟踪援助项目是否与政府部门、发展主题或改革方向保持一致，项目结果是否使用政府数据源进行了监测，以及项目管理是否依据财政管理体系。

此外，它还构建了有关非政府组织的资助数据库（2018~2023年）。该数据库包括以下信息：项目基本信息，参与协调的政府机构或技术工作组，每年的预算拨款及开支计划，按援助类型、领域和活动分类的支出和预测，项目是否符合主题和柬埔寨可持续发展目标。这有助于了解为柬埔寨民间团体提供支持的主要发展伙伴情况，以及已实施的各类援助和发展项目情况。

除了柬埔寨重建与发展委员会的数据库之外，柬埔寨计划部的公共投资计划数据库分部门记录了各个项目的类型、名称、起始年份和成本等信息。

总体而言，这些数据库有助于提升项目的互补性，但目前尚不清楚数据缺失情况，以及政府机构和发展伙伴是否充分利用了这些数据库来为发展合作提供信息支持。

3. 监管机制

柬埔寨在发展融资管理方面制定了一些法规和政策，下文将探讨债务管理和环境影响评估方面的改革。

公共债务管理改革方面，面对中国项目及贷款——2021 年下半年在柬埔寨外债中占比为 43.87%——柬埔寨制定了《2019—2023 年公共债务管理战略》。该战略强调，要通过构建优惠融资和加强公私伙伴关系方面的负债风险管理框架来降低债务风险。总体而言，柬埔寨的债务管理水平一直被评为可持续的低风险级。在新冠疫情期间柬埔寨政府仍保持了偿还债务能力，向发展伙伴偿还了总计 3.603 亿美元的债务。根据亚洲开发银行 2021 年的债务可持续性分析，柬埔寨陷入主权债务困境的风险较低。即使新冠疫情造成的财政赤字还需要用借款来予以弥补，预计"可保持至 2024 年的经济稳定增长状态"也足够抵消长期存在的巨额预算失衡，负债比重将稳定在国内生产总值的 39%～40%，其间可能还会保持在适度低位（ADB，2021a）。因此，柬埔寨一直采用可持续和有效的方式管理债务。

然而，一个令人担忧的问题是，贷款工具多样化无益于提高债务报告的透明度，从而对长期债务管理产生影响。根据 AidData 2021 年的报告，柬埔寨要全面改善债务管理状况就应考虑所有的贷款工具、贷款人和借款人等因素。

此外，人们越来越担心发展项目会对环境和社会造成不良影响，为此柬埔寨政府发布了 2002 年以来第一份国家环境计划——《2016—2023 年国家环境战略和行动计划》（NESAP），包含 2.6 亿美元的环境项目资金（ADB，2018）。该行动计划要求所有利益相关者——包括柬埔寨发展伙伴在内——

要做出明确承诺，将环境治理融入投资活动。发展伙伴还被邀请共同实施这一行动计划（ADB，2018）。此外，柬埔寨于 2015 年就开始着手制定《环境与自然资源条例》（ENR，Code），希望彻底改革环境法律框架，提高政府对生物多样性和自然资源的监管、保护及管理能力（Nachemson，2020），但经过多次审议，第 11 份修订草案仍处于待批状态。环境专家认为，在这一立法项目的各个阶段社区的代表性和参与度有限，当地居民的诉求没有得到体现，所使用的术语也含糊不清（Nachemson，2020）。在《环境与自然资源条例》实施之前，必须遵循 1999 年《环境影响评估程序次级法令》中设定的旧程序。

2020 年 2 月，柬埔寨环境部发布有关发展项目环境影响评价分类的第 21 号规定（Prakas No. 21），明确了各种发展项目的影响评估分类等内容。这项新规适用于所有发展项目提案，包括私人或私营公司、合资公司、上市公司或政府部门和机构的现有项目。它根据项目的性质和规模，对需要进行初步环境影响评估或全面环境影响评估的投资项目进行分类。这一改革举措解决了此前环境合规核查不明问题，说明了环境保护合同的适用条件（Open Development Cambodia，2021）。

一些发展伙伴也会就环境和社会问题与柬埔寨积极交流。比如，美国已承诺与柬埔寨政府合作解决气候变化和环境问题，涉及"湄公河—美国伙伴关系"（Prak，2021）。日本在提出寻求替代能源的建议后，柬埔寨推迟了未来十年在湄公河上建造水电大坝的计划（Ratcliffe，2020）。

（三）评估柬埔寨的援助管理机制和做法

2000 年以来柬埔寨的经济增速令人惊叹，这部分归功于政府实施的发展计划及其对现有国家及外部资金的调用。

通过对援助管理和交付情况的评估可总结以下特征。

第一，在与柬埔寨加强援助协调方面，许多发展伙伴都能根据《国家发展战略计划》和《矩形战略第四阶段》组织和实施符合该国优先事项的项目。同时，一些发展伙伴能够直接响应柬埔寨政府增加援助的呼吁，如中国和日本。不过，应注意的是一些援助项目应经过更广泛的磋商，以便惠及更多的地方利益相关者。

第二，公共财政管理改革已进行十年，但由于担心滋生腐败和影响声誉，澳大利亚和欧盟等一些合作伙伴并未采用柬埔寨的财务体系。这表明在推动采用国家财务体系、完全实现发展议程地方自治方面援助缺乏透明度仍是亟须解决的问题。

第三，尽管一些发展伙伴不愿采用柬埔寨的财务体系，但也为优化柬埔寨重建与发展委员会/柬埔寨发展理事会官方开发援助数据库做出了贡献。不过，由于缺乏检索丢失数据的能力或存在腐败，这方面的工作仍存在局限性，影响了援助数据的透明度和可用性，无法更好地为政府和发展伙伴制定发展合作政策提供信息支持。

第四，环境保护措施刚刚推出，《环境与自然资源条例》的实施时间一再拖延。"第 21 号规定"虽提出要对项目进行更严格和全面的环境评估，但其有效性仍有待观察。在这方面，发展伙伴可以从一开始就把国际环境标准纳入项目实践，从而最大限度地减少对合规监测程序的依赖。

第五，援助者之间的协调程度相当高，发展伙伴会为社会部门的联合计划提供资源和资金支持；三方合作情况越来越多，有效避免了在同一领域的重复工作。本文建议将这一模式用于更多领域，如基础设施建设、农业和治理改革等。

三　尼泊尔

尼泊尔是南亚的一个内陆国家，人口约 3000 万（Worldometer，2021a），其经济指标显示出的改善迹象令人鼓舞。2020 年，新冠疫情导致尼泊尔国内生产总值下降 2.1%；不过，据亚洲开发银行估计，2021年和 2022 年其经济分别增长 2.3% 和 4.1%（ADB，2021a）。世界银行的数据显示，该国贫困率从 2010 年的 15% 下降到 2018 年的 9.3%，但估计仍有 1000 万人"接近贫困"，并容易受到健康或灾害等因素的影响

（World Bank，2018）。1990～2019 年，尼泊尔人类发展指数从 0.387 增至 0.602（UNDP，2020）。尼泊尔中西部地区经济仍较落后，与其他地区相比，其公共服务水平和识字率明显较低（UNDP，2017a）。尼泊尔政府对实现"可持续发展目标"做出承诺，希望到 2030 年成为福利国家和中等收入国家（UNDP，2017）。

尼泊尔经济发展取得了长足的进步，但到 2030 年实现"可持续发展目标"所面临的一个重大挑战是筹集所必需的发展资金。尼泊尔财政部 2017 年委托进行的一项发展融资评估表明，到 2030 年实现"可持续发展目标"需要年均融资 177 亿美元，大约相当于 2018～2030 年其国内生产总值的 50%。这一数额比国家年度预算（127 亿美元）高出 50 亿美元，大约是 2017～2018 财年已拨付资本支出（35 亿美元）的 5 倍。随着新冠疫情对国内资源筹集能力的影响，融资缺口进一步扩大。如此一来，寻找新的资金来源和提高发展援助管理成效就显得更加重要。

（一）尼泊尔的发展融资

1. 发展融资的趋势

从图 4 可看出，汇款是尼泊尔的主要资金来源（UNDP，2017b）。近年来传统和非传统发展伙伴提供的官方发展援助保持稳定，但其在融资总额中的占比有所下降，这表明尼泊尔正在减少对援助的依赖。受新冠疫情影响，尼泊尔 2019～2020 财年的官方发展援助支出与上年相比增加 26.9%，达到 20 亿美元，不过这一援助对国家预算的贡献已从 2018 财年的 24.7%降至 2019 年的 23.3%。

从官方发展援助的构成来看，大部分都是贷款。2019～2020 财年，69.9%的官方发展援助以贷款形式支付，18.7%是赠款，11.3%是技术援助。从图 5 可看出，2018～2019 财年和 2019～2020 财年相比贷款大幅飙升，这主要是受到多边开发银行向尼泊尔提供的贷款影响。

为了保持经济增长，尼泊尔将为发展事业筹集更多的资金，特别是有针对性的官方发展援助，比如用于环境和气候变化预防及减缓项目、可再生能

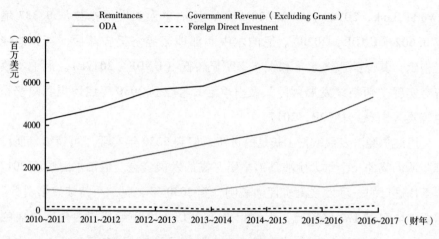

图 4　尼泊尔的资金来源

资料来源：根据尼泊尔财政部数据整理。

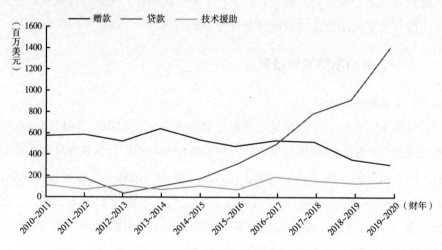

图 5　官方发展援助支出（按援助类型）

资料来源：根据尼泊尔财政部数据整理。

源和教育等领域的全球优惠基金，以及用于其他关键领域的全球基金等（UNDP，2017b）。

2. 主要合作伙伴

2019~2020 财年，前十大发展伙伴对官方发展援助的贡献率约为

94.7%；亚洲开发银行、世界银行、国际货币基金组织、欧盟和联合国等多边发展伙伴提供的援助资金占官方发展援助总额的 71%，其余 29% 是由双边发展伙伴提供，其中，美国、英国、印度、中国和日本已成为最大的双边发展伙伴。图 6 列出了尼泊尔最重要的发展伙伴援助情况。

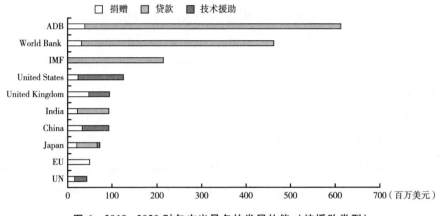

图 6　2019~2020 财年支出最多的发展伙伴（按援助类型）

资料来源：根据尼泊尔财政部《发展合作报告》（2021）整理。

亚洲开发银行是支出最多的发展伙伴，占 2019~2020 财年所有官方发展援助支出的 30.5%；年度支出 6.115 亿美元，比上一财年增长 109.5%；获得援助最多的领域是农业、卫生、城市发展、能源等（按降序排列）。

美国在 2019~2020 财年发展伙伴支出排名中位居第 4，资金主要流向卫生、地方发展、农业和教育等领域（Government of Nepal，2021a）。

在 2019~2020 财年，英国是第五大发展伙伴，年度支出 9520 万美元，但 2016~2017 财年以来一直在下降。英国援助的主要领域是卫生、国内事务、教育和经济改革等。

印度是 2019~2020 财年的第六大发展伙伴，占官方发展援助支出的 4.7%，年度支出达到 9360 万美元，与 2018~2019 财年相比增加 58.7%。印度提供的援助由 77.1% 的贷款和 22.9% 的赠款组成，全部为预算内资金，主要援助的领域为能源、道路交通和地震重建（按降序排列）。

尼泊尔与印度的发展合作可追溯至 1951 年，涉及的主要领域为教育、卫生和基础设施等（Embassy of India，Nepal，2021）。截至 2021 年 1 月，印度已在尼泊尔完成"高影响力社区发展项目"下的 428 个开发项目，涵盖卫生、健康、互联互通和公共事业等领域；引人注目的基础设施项目包括：长达 69 公里的莫蒂哈里一阿马雷克贡伊跨境石油管道，旨在为两国间燃料运输提供便利；修建道路，旨在完善尼泊尔特莱地区的公路网络（Bhattarai，2021）。

中国是 2019~2020 财年的第七大发展伙伴。中国与尼泊尔的发展合作早在 1956 年就开始了，尼泊尔外交部称中国对尼泊尔的资金和技术援助可以追溯到 20 世纪 80 年代中期。2014 年，中国超过印度，成为尼泊尔最大的外国直接投资伙伴。2015 年，也就是在夏尔马·奥利总理第一个任期内，尼泊尔政府采取了许多措施来深化与中国的全面伙伴关系。从那时起，中国的融资水平便随着时间的推移而不断提高。2016 年，中尼双方签署《贸易和过境协定》，2017 年在"一带一路"倡议下签署了铁路互联互通合作谅解备忘录，计划共建跨喜马拉雅立体互联互通网络（Xinhua，2019）。

（二）尼泊尔的援助和发展融资管理体系

尼泊尔政府一直在努力推动援助管理体系改革，以便更有效地利用发展援助资金，实现"繁荣尼泊尔、幸福尼泊尔人"的长期愿景。本部分将探讨援助管理实践中的发展融资协调、跟踪与规范等。

1. 协调机制

在发展融资协调方面，尼泊尔国家计划委员会负责监督经济规划与设计，职能部门负责将可持续发展目标纳入规划，财政部则主要负责协调和推动双边及多边发展合作。

国家计划委员会公布第 15 个"五年计划"（2020~2024 年），标志着为期 25 年的经济发展愿景第一阶段（"创造繁荣和幸福"）开启。该愿景旨在使尼泊尔迈入高收入国家行列，到 2044 年人均收入达 12100 美元（Saptoka，2021）。该计划致力于为将尼泊尔发展成为经济繁荣、社会公正、生活水平显著提高的社会主义福利国家奠定基础。尼泊尔政府的主要量化目标与以下十大发展目标保持一致：①国民收入水平高且公平；②充分开发和利用人力资本；③唾手可得的现代基础设施和密集的互通网络；④较高且可持续的生产力；⑤增进民生福祉和体面的生活；⑥安全、文明和公正的社会；⑦健康和平衡的环境；⑧良好的治理；⑨民主；⑩国家统一、安全和尊严。

此外，该国政府还制定了国际发展合作政策（IDCP），以期在利用发展伙伴的资金和技术的同时使其满足国家优先事项需求。相关的关键战略如下：在被视为国家发展先决条件的领域开展合作；推进基于国家预算体制的发展合作，通过完善"援助管理信息系统"来提高透明度；避免一个发展伙伴或机构代表其他发展伙伴执行计划的合作模式，但共同融资机制和基础设施及技术援助项目的共同融资情况除外。

尼泊尔首选的国际发展合作模式包括：①预算支持，根据国家需求和优先事项，为联邦、各省和地方调配资源；②全领域方法（SWAps）；③以计划为导向提供支持。政府还致力于通过混合融资（商业援助、私人援助、非政府基金和赠款）来推动发展合作，"提高此类合作成效和最大限度地提高合作优惠度"。混合融资有助于弥补某些项目的资金缺口。比如，将所有双边和多边赠款和贷款整合在一起，提高项目的可行性；对于由私营部门主导实施的国家优先项目，尼泊尔政府也可以参与股权投资。

发展伙伴的政策和计划在很大程度上与尼泊尔政府的国家优先事项保持了一致。

（1）中国

中国的发展援助与尼泊尔的优先事项和倡议保持了高度一致，这是因为其主要依靠双边机制来确定援助优先事项——包括每年召开的中尼双边磋商会议，2018 年举行的是第 12 次会谈。2019 年习近平主席访问尼泊尔期间，两国确认将把"一带一路"倡议与尼泊尔国家发展战略衔接在一起，帮助尼泊尔成功转型为"陆联"国家。两国同意加快建设跨喜马拉雅立体互联互通网络，迅速推进包括港口、公路、铁路、航空和通信在内的互联互通项目。中国对基础设施投资的关注，与尼泊尔在第 15 个国家计划中提出的第 3 个国家目标密切关联，即"加强国内及跨国互联互通网络建设，打造可持续的城市"。除了合作打造跨喜马拉雅立体互联互通网络之外，中国还对制造业（水泥）和水电行业进行了投资。尼泊尔政府加快基础设施建设，水电和水泥行业发展需求得到了优先满足，因此这两个领域的发展潜力巨大（Nepal Rastra Bank，2021）。上述发展合作的例子表明，中国在确保与自身战略目标相一致的同时，对尼泊尔的发展需求给予了高度响应。

（2）印度

印度提供的发展援助也与尼泊尔的发展目标密切相关。尼泊尔和印度于 2016 年制定了监督机制，旨在相互了解发展需求，优化印度资助的项目和双边项目。2021 年 8 月，召开第九次会议审议了双边经济发展合作项目的进展，包括铁路、公路和水电基础设施建设，以及农业和文化遗产合作等。水电产业是尼泊尔的主要产业之一，阿伦水电项目三期的实施进一步优化了该国的资源开发格局。2020 年 8 月，双方就延长莫蒂哈里—阿马雷克贡伊石油管道进行了谈判，尼泊尔能源贸易将由此获益。作为尼泊尔政府的核心发展目标之一，印度援助建设了 144 公里的 Rupaidiha-Barabanki 公路和 184 公里的 Sonauli-Gorakhpur 公路，进一步完善其互联互通网络（Nayak，2020）。

印度在尼泊尔实施的卫生发展援助计划主要"以受援方为导向"。卫生发展援助项目通常是由尼泊尔财政部提出需求，印度确定具体项目，以确保所有实施的项目都能满足受援国的迫切需求。印度还制定了卫生保健人员、卫生设施、设备、药品和能力建设等方面的举措，为尼泊尔的"第二个长期卫生计划"（1997~2017 年）的实施做出了贡献（Yang 等，2014）。因此，印度的发展援助与尼泊尔的经济和社会发展优先事项保持了高度一致。

（3）美国

美国发布的《2020—2025 年国家发展合作战略》与尼泊尔第 15 个"五年计划"完全保持了一致，旨在实现以下共同商定的目标：全面贯彻实施宪法；促进经济增长，特别是发展能源、旅游业和农业等领域；减少绝对贫困；统筹推进省级和地方政府协调发展。为满足尼泊尔政府对预算支持的偏好，美国国际开发署大力推进政府间合作，加强公共预算执行管理，将资源向生产性投资引导。此外，国家发展合作战略还为加强尼泊尔政府财政管理提供了支持，确保了责任、权力和预算的落实（USAID，2020）。

鉴于尼泊尔发展融资目前存在的执行不力问题，为预算执行提供支持至关重要。根据联合国开发计划署（2017），尼泊尔长期以来计划投资不足而经常性支出过多，造成这种现象的原因有规划和实施能力不足、政府预算执行过程中存在薄弱环节、采购程序复杂且低效、发展伙伴未遵守官方发展援助承诺、在转账方面的预算监管不足（UNDP，2017b）。2018 年 10 月尼泊尔国家银行的定期审查显示，2018 年第一季度拨给发展援助的预算只占6%，表明负责项目实施及总体监管的机构长期存在效率不高的问题（Wagle，2019）。因此，美国提供的援助计划将能解决尼泊尔发展融资管理方面存在的问题。国家发展合作战略文件指出，其是在与各级政府、援助者和民间团体定期磋商的基础上制定的。

尼泊尔和发展伙伴之间虽然也进行援助协调，但尼泊尔政府利用援助的最终成效喜忧参半。Yang 等（2014）指出在尼泊尔政府的有效指导下，中国和印度提供的卫生援助是对西方相关援助的补充，而不是重复。公共卫生领域的援助虽然是由发援会主导，但中国和印度提供的交钥匙项目有助于加强医疗基础设施建设，填补了该领域的空白（Yang 等，2014）。

除了政府在发展合作方面的定期计划和政策外，尼泊尔 2010 年以来还实施了"全领域方法"——政府和发展伙伴共同为特定部门提供资金，但通过预算机制进行管理。这种机制旨在确保援助方向与国家优先事项保持一致，并利用单一的支付和财政管理体系供资。"全领域方法"支出框架能够提高资源分配透明度，加大对援助者和国家政府的问责力度，从而进一步提高技术水平及分配效率（UNDP，2017b）。这种融资方式在教育和卫生领域特别有效。2010年，尼泊尔的主要援助者达成共识，愿意通过联合融资渠道向新的国家卫生计划提供资金支持（World Bank，2010）。"全领域方法"也被应用于交通等基础设施领域，亚洲开发银行、英国国际发展署、德国国际合作署、日本国际协力机构、世界银行和世界粮食计划署致力于遵守综合性的、协调一致的工作原则，而不再是各自为政。

尼泊尔除了需要在改善援助协调机构方面努力外，还需要解决援助碎片化问题，其关键还在于援助者之间能在多大程度上加强协调。根据世界银行2021年11月发布的报告，官方融资提供者和融资实体数量激增是导致援助碎片化的一个重要原因，并且小规模的独立技术援助还会加剧这一现象（World Bank，2021b）。一些援助者虽然加强了协调，但仍受到援助碎片化的影响，由此阻碍了发展项目取得成效。为降低援助碎片化程度，一些以援助者为主导的协调小组和计划相继出现。若干部门和专题小组以及工作组开始在尼泊尔援助小组领导下开展工作，主要是由尼泊尔政府负责。粮食安全技术工作组（FSTWG）便是一个例子，其目的在于通过加强援助者及其他发展机构在粮食安全规划方面的合作，改善尼泊尔的粮食安全、农业和营养等问题（Government of Nepal）。世界银行也协调设立了"多捐助方信托基金"，由英国、欧盟、澳大利亚和美国等提供捐赠，帮助尼泊尔推进公共财政管理改革——这对于加强政府公共财政管理至关重要（World Bank，2016）。此外，由美国国际开发署、澳大利亚政府、瑞士发展合作署等多个伙伴支持的"国际选举制度基金会"（IFES）计划为促进尼泊尔的包容性选举改革、增强尼泊尔选举委员会的管理能力做出了贡献。不过，美国国际开发署制定的国家发展合作战略也有加强"民主制度完整性"的类似目标，表明在目标领域可能存在重叠现象。

尽管存在"全领域方法"和援助者协调机制，尼泊尔的援助碎片化问题依然普遍。2019～2020 财年，尼泊尔推进的开发项目超过 400 个，每个发展伙伴平均承担了 18.8 个项目，需要与 7 个对口部门合作。这造成大量的资源和劳动重复。Wagle（2019）认为，尽管援助协调在社会部门得到了加强，但还须将"全领域方法"推广至其他将发展援助列为优先事项的领域（Wagle，2019）。从尼泊尔的发展计划来看，这些领域包括能源和交通等。此外，还有相当大的空间来动员更多发展伙伴采用"全领域方法"（UNDP，2017b）。

2. 监测和聚合机制

2009 年，基于援助管理成效及协调能力建设项目，尼泊尔建立了透明且有效的援助信息管理系统。该项目由尼泊尔财政部对外援助协调司（FACD）负责，并由联合国开发计划署、英国国际发展署和丹麦国际开发署提供资助。它搭建的援助管理平台被证明是"非常有效的外国援助流量信息收集传播工具"，已被大多数发展伙伴所使用。该平台很好地解决了发展伙伴的援助分配、预算外援助、援助碎片化和可预见性等问题（Vota，2012）。预算外援助不会通过政府预算进行支付，也不会反映在年度财政计划中；预算外项目可以是技术或人道主义援助、国际非政府组织主导的项目，或由发展伙伴直接实施的项目。

2019 年，该援助管理平台被尼泊尔财政部国际经济合作协调司（IECCD）开发的"援助管理信息系统"（AMIS）取代。该系统是所有官方发展援助相关信息的单一输入窗口，国际经济合作协调司基于这些信息了解援助者在不同领域的参与情况，与发展伙伴定期沟通。尼泊尔《国际发展合作政策》规定，包括双边和多边伙伴、国际非政府组织在内，所有发展伙伴都有责任登录"援助管理信息系统"填报信息。通过该系统可查询发展伙伴和国际或非政府组织的援助数据，包括项目数量、项目名称、协议日期、完工日期、预算类型、承诺及支付金额等（AMIS，2021）。尼泊尔还加入了国际援助透明度倡议理事会。该平台致力于推动向所有利益相关者群体发布与发展事业和人道主义援助相关的信息。尼泊尔财政部还在"有效发展融资与协调"（EDFC）项目团队的支持下，探索将数据从国际援助透明度倡议数据库自动导入"援助管理信息系统"，这有助于减轻数据输入负担。

政府与发展伙伴合作，增强援助数据的可视化和可用性。比如，国际经济合作协调司把发展项目信息提交给 AidData，由其对 1997～2014 年 20952 个地区的 475 个援助项目进行地理编码（AidData，2016）。这项合作得到了美国国际开发署高等教育解决方案网络（HESN）和澳大利亚国际发展署的资助。

"援助管理信息系统"有助于解决援助可预见性问题，提升尼泊尔的发展融资管理水平。财政部报告称，相较于欠发达国家及全球平均水平，尼泊尔发展融资的可预见性在一年、两年和三年场景下都较低（见图7）。这表明该国不能及时提供有关未来援助流量的信息，也无法确定其能在多大程度上依赖援助者承诺并将转化为实际援助流量。Canavire-Bacarreza 等（2015）认为，实际和计划援助流量之间的正偏差，即"支付过度"可能的原因是援助者—受援者关系松散，而小规模援助项目却在激增。虽然这项研究并不只针对尼泊尔，但该国普遍存在的援助碎片化问题对于提高援助的可预见性构成了挑战，并且影响了规划、预算和执行效率（Canavire-Bacarreza 等，2015）。

尼泊尔的发展融资支出缺乏可预见性，意味着如果没有准确的前瞻性信息，将很难完全了解发展成果。《国际发展合作政策》规定，发展伙伴应"提前向财政部的援助管理信息系统提交各类援助信息，提高援助可预见性"。政府如果能获得可靠的官方发展援助信息，就能帮助公共财政管理系统提高资源管理效率。

尽管"援助管理信息系统"已经建立，但尼泊尔在援助监测和跟踪方面仍面临巨大挑战，尤其是在掌握非政府组织和国际非政府组织的预算外项目和计划、发展项目的临时调整等方面。英国国际发展署和亚洲基金会资助开展的一项研究发现，几乎没有证据表明人们会经常使用现有数据平台。尽管可以通过尼泊尔数据平台获取援助数据，但其主要用途似乎是为了编写综合性发展合作年度报告。外部发展伙伴报告称，其主要依赖人际关系网络来

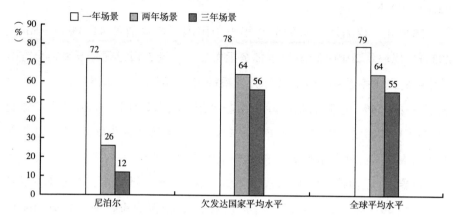

图 7   尼泊尔发展合作的中期可预见性（相比于欠发达国家及全球平均水平）

资料来源：根据尼泊尔财政部数据整理。

获取所需要的援助信息（Zellmann，2018）。

除了获取数据问题外，尼泊尔还应努力提供有助于政府部门和其他发展行动者分析的信息。信息可以包括具有可视性的地理分配信息或可持续发展目标概述内容。数据提供者应主动向双边和多边援助者等不同用户群体进行宣传，这对于帮助其了解和利用关键数据源而言非常重要。

3. 监管机制

为了更好地管理公共债务，尼泊尔政府于 2018 年成立了公共债务管理办公室（PDMO），以便将分散在不同公共机构的债务信息收集在一起（World Bank，2021b）。在世界银行债务管理机构的支持下，尼泊尔政府于 2019 年启动了一项债务改革战略，包括以下内容：审查法律框架、管理结构、记录和报告能力、国内债务发行。受新冠疫情影响，以及当前优先事项的调整，世界银行制定了能力建设计划，重点关注政府的以下优先事项：推导和分析债券和贷款的现金流量、计算成本和风险指标、编制综合债务报告、就中期债务管理战略提供技术援助。2020 年 11 月，公共债务管理办公室发布了第一份公共债务报告，并首次引入与债务组合相关的成本和风险指标。此外，它还制定了该国第一个中期债务管理战略（World

Bank，2021b）。

2020 年，尼泊尔公共债务约相当于国内生产总值的 41.3%（Statista，2021）。尼泊尔 2019~2020 财年债务报告显示，世界银行国际开发协会在其外债中的占比接近 47.9%，亚洲开发银行占 33.83%，日本国际协力机构排名第三（4.54%），其后是国际货币基金组织（3.27%）、中国进出口银行（3.24%）和印度进出口银行（3.09%）。国际货币基金组织对"2020 年第四条款报告"的评估表明，尼泊尔外债份额将下降，而内债份额将持续上升。世界银行预测，由于收入表现不佳，尼泊尔的财政赤字将在短期内保持高位；到 2022 财年，公共债务相当于国内生产总值的 46.7%（World Bank，2021b）。按照亚洲开发银行的基准，尼泊尔公共债务相当于国内生产总值的比例将增加，但到 2025 财年不会超过 50%。不过，与其他低收入国家相比，尼泊尔的公共债务仍处于低位，属于净外部债权国。总体而言，尼泊尔债务风险依然可控，主要风险是低增长、高赤字以及由汇款和出口减少而引发的外汇储备严重不足。

环境保护方面，1997 年尼泊尔颁布的《环境保护条例》（EPR）就环境影响评估提出了强制性要求，明确潜在发展项目应估计影响，开展初步环境影响评估。这些评估的主要区别在于程序——负责环境影响评估的机构是尼泊尔森林与环境部（MoFE），而初步环境影响评估工作是由各部委负责。

2019 年尼泊尔颁布了新的《环境保护法》来推动履行《巴黎气候协定》中的相关承诺。尼泊尔要求，有关部门必须定期公布气候变化对地方社区和生物多样性造成的不利影响；国家和地方各级行政部门有权制定气候适应计划，并优先考虑脆弱及经济贫困社区；应确定采取减缓措施的领域并设定目标；设立环境保护基金，用于支持环境保护、污染防治、气候变化管理和民族遗产保护等领域。

现有环境保护措施旨在减少、避免或抵消发展项目可能对环境产生的不利影响，但存在措施执行不力问题。从尼泊尔针对 8 个水电项目的环境评估提出的 97 项减缓措施来看，其中 28 项为完全合规或基本完合规（C），44 项为部分合规（PC），25 项为基本不合规或完全不合规（NC）。水电项目中，与保护自然环境相关的减缓措施，如淤泥管理的不合规程度最高，而社会经济和文化措施的合规程度最高（Ghimire 等，2021）。尽管这项研究揭示了存在的问题，但仅限于水电项目，并没有考虑减缓措施的充足性，只分析了在环境评估中提出的减缓措施的合规性和实施情况；2019 年《环境保护法》在推动加强环境保护方面的有效性还有待观察。

（三）评估尼泊尔的援助管理机制和做法

总体而言，尼泊尔援助管理体系的有效性表现在利用"全领域方法"加强对援助者计划的协调，以及利用"援助管理信息系统"来记录发展计划方面的数据。

通过对援助管理和交付情况的评估，可总结以下特征。

第一，从中国、印度和美国的例子可以看出，尼泊尔政府能够很好地引导发展伙伴对国家优先事项做出贡献——特别是在南南合作中，尼泊尔会主动利用完善的双边机制，请求邻国提供有针对性的援助。

第二，虽然援助者能够积极响应尼泊尔的发展计划并提供资金支持，但由于自身能力不足，尼泊尔在援助项目交付和实施方面存在不足。

第三，援助者，特别是多边组织和全球北方的合作伙伴已建立了联合供资机制和工作组，以便加强在特定领域的援助协调。

第四，"援助管理信息系统"在增强援助可预见性和应对挑战上做出了尝试，但尼泊尔政府仍面临着跟踪预算外项目或不断变化的项目的困难。该信息平台主要由政府用于发布年度报告，其可用性可通过技术改进来进一步提升。

第五，尼泊尔政府的债务管理能力较强，债务风险在短期内仍可控。为更有效地提供援助，还必须加强公共财政管理中的其他事项——如预算规划和执行。

四　对中国发展合作的启示

　　柬埔寨和尼泊尔的援助管理体系和协调机制不断完善，并得到了援助者的支持——尤其是与《巴黎宣言》中的援助实效原则保持了一致。重要的是，柬埔寨和尼泊尔都有定制化的管理体系，而这些体系是基于特定的援助流量、援助类型、发展伙伴组合演化而成。然而，这些体系并不健全，没有全面考虑当代发展融资的所有要素。

　　2021年中国的《新时代的中国国际发展合作》提出自主权、协调性和透明度等发展成效原则。中国今后将更加注重中长期规划、可行性及环境影响分析、项目跟踪和数据管理，提升国际发展合作能力。

　　首先，研究表明中国援助项目与柬、尼两国的国家发展目标高度契合，中国在制定中长期项目发展规划时应持续深化这一做法。如果能定期更新并公开这些协调一致的计划，则能进一步推动柬埔寨和尼泊尔做好发展融资管理工作，为更多发展伙伴之间的协调工作提供支持。

　　其次，柬埔寨和尼泊尔的援助与发展融资管理体系不断演化，以持续获取援助——不过有时仍会失败。中国在项目实施和提供技术援助的过程中应协助伙伴国建立相关体系。中国应帮助伙伴国了解、跟踪和管理资金流，如向东道国政府提供所有参与项目投资、建设及服务的企业信息。这么做将有助于伙伴国内外更好地了解发展融资情况。

　　最后，王毅外长在2021年可持续发展论坛上指出，习近平主席出席第76届联大一般性辩论时郑重提出的全球发展倡议（Xinhua，2021），为切实推进发展合作和应对全球发展挑战指明了方向。这一倡议基于《新时代的中国国际发展合作》中所作的承诺，即加强与其他发展行动者的合作与协调，以开放务实的态度探讨并开展三方合作。中国可以与柬埔寨和尼泊尔政府展开协商，特别是就以下优先领域持续探讨三方合作的契机：扶贫、粮食安全、发展筹资、气候变化和绿色发展、工业化、数字经济和互联互通。中国可以与柬埔寨、尼泊尔以及其他发展伙伴和融资机构开展合作，促使融资选项多样化。中国在这些领域与其他国家开展合作，将有助于解决援助碎片化问题。

五　总结

柬埔寨和尼泊尔提供的两个来自亚洲的援助管理案例，是其他发展中国家的典型代表。这两个国家都经历了从接受发援会的传统援助，向吸引更多不同行动者的多元化赠款和贷款的转变。发援会的援助管理体系形成于十多年前，各国不得不引入新的系统和政策来指导、管理、跟踪和监测这些新模式——这也需要东道国为这些系统重新配置资源，而研究表明这个过程并不完美，有些资源会被遗漏或未被计算在内。发展合作方面，一个群体或援助组织（如发援会）所遵循的原则和体系不一定能得到其他国家的响应。此外，援助管理体系等技术解决方案，常会受到政局的影响。在这种情况下，国家的自主权和代理权都可能受到影响，能力建设也会受到影响。因此，建立有效的发展融资管理体系的最大挑战在于政治管理，确保遵从国家自身的体系，并为伙伴国遵循这一体系提供支持。

参考文献

Asian Development Bank. 2021a. "ADB, Japan to Strengthen Cooperation on Clean Energy in ASEAN Region." 2 February（Accessed 20 August 2021）.

AidData. 2016. "Nepal AIMS Geocoded Research Release, Version 1. 4. 1." Williamsburg, VA and Washington D. C.：AidData（Accessed on 30 September 2021）.

ANI. 2021. "India Grants NRs 44. 13 Million to Nepal Under Nepal-Bharat Maitri Development Partnership." ANI, 6 January（Accessed 20 October 2021）.

Asian Development Bank. 2021c. "Economic Indicators for Nepal." Accessed 21 July 2021.

Asian Development Bank. 2015. "ADB－Nepal Partnership for Inclusive Development." ADB, Kathmandu：Nepal Resident Mission, Accessed 18 October 2021.

Asian Development Bank. 2021b. "Debt Sustainability Assessment." ADB, Accessed 21

August 2021.

Asian Development Bank. 2018. "Cambodia's Road Map for Sustainable Development: The National Environment Strategy and Action Plan." ADB, Accessed 10 September 2021.

A. Pandey. 2020. "Economics and Influence: Chinese Investment in Nepal." *South Asian Voices* (12), November, Accessed 21 September 2021.

A. B. Khanal. "Security and Geo-strategic Dimensions of Corruption in Development Projects (With Case Studies of Pokhara International Airport and Budhi Gandaki Hydro Power Project)." Unpublished, The Asia Foundation, Accessed 20 September 2021.

A. Mulakala, H. B. Ji. 2021. "Insights on China's 2021 White Paper on International Development Cooperation." Devpolicy Blog, 25 January, Accessed 19 November 2021.

A. Nachemson. 2020. "In Cambodia, A Sweeping New Environment Code Languishes in Legal Limbo." *Mongabay*, 26 August, Accessed 15 October 2021.

BBC News. 2021. "Nepalese PM Calls on UK to Provide Vaccines as Cases Surge." https://www.bbc.com/news/world-asia-57356143.

B. Cichoka, I. Mitchell, E. Ritchie. 2021. "Three Key Shifts on Development Cooperation in China's 2021 White Paper." Center for Global Development, 9 February, Accessed 19 November 2021.

C. Zellmann. 2018. "Aid Data Use at Country Level: The Example of Nepal." Development Initiatives, 11 April, Accessed 20 October 2021.

C. Saptoka. 2021. "Key Highlights from Nepal's Long Term Economic Vision (FY2020 – FY2044) and Nepal's 15th five-year plan (FY2020 – FY2024)." Nepal Economic Forum, 1 March, Accessed 3 October 2021.

C. T. Prak. 2021. "U. S. Ends Cambodia Aid Programme over Deforestation, Targeting of Activists." *Nasdaq* (17), June, Accessed 30 August 2021.

C. Vathanak. 2021. "China's Official Development Assistance: An Implication of the Transport Infrastructure Development in Cambodia." *Open Access Library Journal* (8), DOI: 10.4236/oalib.1107697, Accessed 20 July 2021.

D. H. Zhang. 2020. *A Cautious New Approach: China's Growing Trilateral Aid Cooperation.* Canberra: ANU Press, Accessed 30 September 2021.

D. Keeton-Olsen, S. Yuan. 2019. "In Cambodia, Chinese Workers Earn More, But Pay the Price with Diminished Labour Rights." *Equal Times*, 25 February, Accessed 4 August 2021.

D. Yadav. 2021. "Is the Growth of Sino-Nepal Relations Reducing Nepal's Autonomy?" *China Brief* (21), Accessed 2 October 2021.

Embassy of India. 2021. "About Development Partnership." Accessed 1 September 2021.

EU Joint Programming. 2014. "Cambodia: Asia-South East." Capacity4dev: EU Joint Programming Database, Accessed 27 August 2021.

Government of Nepal. 2018. "Press Release on the 12th Meeting of Nepal-China Bilateral Consultation Mechanism." Kathmandu: Ministry of Foreign Affairs, Accessed 12 September 2021.

Government of Australia. 2018. "Aid Program Performance Report 2017-18." Canberra: Department of Foreign Affairs and Trade.

Government of Australia. 2019. "Aid Program Performance Report 2018-19." Canberra: Department of Foreign Affairs and Trade.

Government of Nepal. 2019a. "The Environmental Protection Act." Kathmandu: Nepal Law Commission, Accessed 15 September 2021.

Government of Nepal. 2019b. "Development Cooperation Report: Annual Report." Kathmandu: Ministry of Finance.

Government of Nepal. 2019c. "International Development Cooperation Policy." Kathmandu: Ministry of Finance.

Government of Nepal. 2020. "The Fifteenth Plan (Fiscal Year 2019/20 - 2023/24)." Kathmandu: National Planning Commission.

Government of Nepal. 2021a. "Development Cooperation Report: Fiscal Year 2019/20." Kathmandu: Ministry of Finance.

Government of Nepal. 2021b. "Press Release on the Ninth Meeting of Nepal-India Oversight Mechanism." Kathmandu: Ministry of Foreign Affairs, Accessed 12 September 2021.

G. Ingram. 2020. "Development in Southeast Asia: Opportunities for Donor Collaboration." Center for Sustainable Development, Washington D. C. : Brookings Institution, Accessed 5 August 2021.

G. J. Canavire-Bacarreza, E. Neumayer, P. Nunnenkamp. 2015. "Why Aid is Unpredictable: An Empirical Analysis of the Gap between Actual and Planned Aid Flows." *Journal of International Development* 27 (4), Accessed 10 October 2021.

G. Murton. 2021. "Geopolitical Gravity and Blanks on the BRI Map; or Why what is Missing Really Matters." *Belt & Road in Global Perspective*, 20 July, Accessed 20 September 2021.

Hindustan Times. 2020. "Nepal Bought 6 Chinese Planes that Dhaka Rejected. Now It Grounds Them: Report." *Hindustan Times*, 14 July, Accessed 21 September 2021.

H. R. Ghimire, S. Phuyal, N. R. Singh. 2021. "Environmental Compliance of Hydropower projects in Nepal." *Environmental Challenges* (5), Accessed 29 August 2021.

H. Yang, et al. 2014. "Development Assistance for Health Given to Nepal by China and India: A Comparative Study." *Globalization and Health* (76), Accessed 30 September 2021.

H. Öhler. 2013. "Do Aid Donors Coordinate Within Recipient Countries?" Discussion Paper Series (539), Heidelberg: University of Heidelberg, Department of Economics, Accessed 21 July 2021.

IANS. 2020. "India, Nepal to Expand Energy Cooperation, Explore New Pipeline."

Business Standard, 24 August, Accessed 21 September 2021.

International Foundation for Electoral Systems. 2021. "Nepal." Accessed 10 September.

J. Buckley, C. Eckerlein. 2020. "Cambodian Labour in Chinese-owned Enterprises in Sihanoukville." An Insight into the Living and Working Conditions of Cambodian Labourers in the Construction, Casino and Manufacturing Sectors. Sozialpolitik. ch, DOI: 10.18753/2297-8224-163, Accessed 30 October 2021.

J. Luo, U. Kheang. 2020. "Cambodia: Hard Landing for China's Soft Power?" *ISEAS Perspective* (111), Accessed 23 July 2021.

J. Luo, U. Kheang. 2021. "Japan Passes China in the Sprint to Win Cambodian Hearts and Minds." *ISEAS Perspective* (59), Accessed 20 July 2021.

Kingdom of Cambodia. 2008. "EU Position Paper on Division of Labour." Phnom Penh: Council for the Development of Cambodia, Accessed 21 August 2021.

Kingdom of Cambodia. 2010. "Third Cambodia Development Cooperation Forum." Phnom Penh: Council for the Development of Cambodia, Accessed 21 August 2021.

Kingdom of Cambodia. 2019a. "Standard Operating Procedures on Financial Management." Phnom Penh: Ministry of Economy and Finance, Accessed 20 August 2021.

Kingdom of Cambodia. 2019b. "National Strategic Development Plan 2019-2023." Open Development Mekong, Accessed 28 August 2021.

Kingdom of Cambodia. 2019c. "Guidelines on Partnership Mechanisms and Tools of the Development Cooperation and Partnerships Strategy (DCPS) 2019 - 2023." Phnom Penh: Cooperation Committee for Cambodia, Accessed 20 August 2021.

Kingdom of Cambodia. 2021a. "Cambodia Public Debt Statistical Bulletin." Phnom Penh: General Department of International Cooperation and Debt Management.

Kingdom of Cambodia. 2021b. "Public Expenditure and Financial Accountability (PEFA) Performance Assessment Report 2021." Open Development Cambodia, Accessed 29 August 2021.

K. D. Bhattarai, A. K. Thakur. 2020. "Reflections on India-Nepal Development Projects." Observer Research Foundation, 3 April, Accessed 2 October 2021.

L. Nary. 2021. "Cambodia and EU Consult on Development Priorities." *Khmer Times* (14), January, Accessed 30 August 2021.

Malik, et al. 2021. "Banking on the Belt and Road: Insights from a New Global Dataset of 13427 Chinese Development Projects." Williamsburg, VA: AidData at William & Mary, Accessed 10 October 2021.

Ministry of Foreign Affairs of Japan. 2017. "Japan's Development Cooperation Policy." Tokyo: Ministry of Foreign Affairs of Japan.

M. Chakrabarty. 2019. "India and CMLV Countries: Investments, Development Cooperation and Sustainable Development." ORF Occasional Paper No. 195, New Delhi: Observer

Research Foundation.

M. Kasztelan, T. Cristofoletti. 2021. "Is Cambodia's Thirst for Sand Putting Communities and the Mekong at Risk?" *Eco-Business*, 2 August, Accessed 19 October 2021.

Nepal Rastra Bank. 2021. "Foreign Direct Investment in Cement Industry in Nepal: A Study on Socio-Economic Impact." Kathmandu: Nepal Rastra Bank.

Open Development Cambodia. 2014. "Environmental Impact Assessments." *Open Development Cambodia* (15), September, Accessed 21 October 2021.

P. M. Shrestha. 2021. "Surging Imports and Decline in Tourism Take Toll on Forex Reserves." *The Kathmandu Post* (27), October, Accessed 25 August 2021.

P. M. Shrestha. 2015. "$4.4 bn Aid Pledged during Donor Conference." *The Kathmandu Post* (25), June, Accessed 30 September 2021.

RSS. 2020. "Nepal's Major Political Parties, CPC Hold First Joint Consultation Conference on BRI." *The Rising Nepal* (20), October, Accessed 12 October 2021.

R. Ratcliffe. 2020. "Cambodia Scraps Plans for Mekong Hydropower Dams." *The Guardian* (20), March, Accessed 30 August 2021.

R. Greenhill. 2013. "The Age of Choice: Cambodia in the New Aid Landscape." London: Overseas Development Institute, Accessed 30 July 2021.

R. Vaidyanathan. 2021. "Nepalese PM calls on UK to Provide Vaccines as Cases Surge." *BBC*, 4 June, Accessed 1 September 2021.

R. Wagle. 2019. "Nepal's Potential for Blended Finance: A Country-level Study." *Southern Voice*, *Occasional Paper* No. 48, Accessed 30 August 2021.

South Asia Monitor. 2020. "Nepal Airlines Decides to Ground Chinese Aircraft for Good to Cut Losses." *South Asia Monitor* (14), July, Accessed 20 October 2021.

Statista. 2021. "Nepal: National debt from 2016 to 2026." Accessed 15 July 2021.

S. Custer, et al. 2019. "Silk Road Diplomacy: Deconstructing Beijing's Toolkit to Influence South and Central Asia." Williamsburg, VA: AidData at William & Mary, Accessed 10 October 2021.

S. Hameiri. 2019. "Two To Tango: Cambodia and Chinese Aid and Investment." Progress in Political Economy, 30 July, Accessed 29 August 2021.

S. Sarath. 2021. "Cambodia's Foreign Debt Tops $9 Billion, with China Accounting for More Than 40 Percent." *CamboJA News* (19), August, Accessed 1 November 2021.

S. Nayak. 2020. "Nepal: Renewed Focus on Growth with Indian Assistance." *Observer Research Foundation* (25), August, Accessed 20 August 2021.

S. Young. 2021. "Cambodia between China and the West." Rosa Luxemburg Stiftung, 6 February, Accessed 19 August 2021.

The People's Republic of China. 2021a. "Wang Yi Talks about the Importance of the Global

Development Initiative. " Beijing: Ministry of Foreign Affairs.

The People's Republic of China. 2011. "China's Foreign Aid (2011). " Beijing: The State Council Information Office.

The People's Republic of China. 2014. "China's Foreign Aid (2014). " Beijing: The State Council Information Office.

The Asia Foundation. 2020. "Community Engagement Along the Belt and Road: Findings from Cambodia and Pakistan. " San Francisco: The Asia Foundation, Accessed 12 September 2021.

The People's Republic of China. 2019. "The Road Ahead is Long and Winding Though, A Start Will Bring An Arrival. " Beijing: Ministry of Foreign Affairs.

The People's Republic of China. 2021b. "China's International Development Cooperation in the New Era. " Beijing: The State Council Information Office.

UNICEF. 2021. "Japan Supports Cambodia's Safe Distribution of COVID-19 Vaccines through Emergency Aid Grant to UNICEF. " UNICEF, 1 April, Accessed 22 August 2021.

UNDP. 2017a. "Development Finance Assessment Snapshot: Cambodia. " Phnom Penh: UNDP.

UNDP. 2017b. "Development Finance Assessment for Nepal. " Kathmandu: UNDP.

UNDP. 2020. "The Next Frontier: Human Development and the Anthropocene. " UNDP (Accessed 30 July 2021).

UNDP. 2021. "Cambodia's Development Finance Assessment. " Phnom Penh: UNDP.

USAID. 2020. "Country Development Cooperation Strategy (CDCS): December 2020 - December 2025. " USAID, Accessed 20 September 2021.

U. S. Embassy in Cambodia. 2020. "Fact Sheet by the USA and the Republic of Korea on Cooperation between the Indo-Pacific Strategy & the New Southern Policy. " Phnom Penh: U. S. Embassy in Cambodia.

V. Dara. 2020. "Japan Gives $ 41M in New Aid. " *The Phnom Penh Post*, 7 June, Accessed 31 October 2021.

V. Kim. 2020. "The Impacts of COVID-19 on Cambodia's Progress Towards the SDGs and on Graduation from the Category of LDCs. " UNESCAP, 18 December, Accessed 16 June 2021.

V. Chheang. 2017. "The Political Economy of Chinese Investment in Cambodia. " *ISEAS Trends in Southeast Asia* (16), Accessed 2 September 2021.

Waseda University. 2018. "Country Assistance Evaluation of Cambodia. " Tokyo: Ministry of Foreign Affairs of Japan.

World Bank. 2016. "Supporting Efficient Public Financial Management in Nepal. " World Bank, 13 April, Accessed 11 September 2021.

World Bank. 2021b. "Amid the Pandemic, Nepal Takes Key Step Toward Debt Transparency. "

World Bank, 15 July, Accessed 15 September 2021.

World Bank. 2010. "Aid Donors in Nepal Agree to Joint Financing of Better Maternal and Child Health." World Bank, 18 August, Accessed 12 September 2021.

World Bank. 2018. "Cambodia Economic Update: Recent Economic Developments and Outlook." Washington D. C. : World Bank Group, Accessed 16 August 2021.

World Bank. 2021a. "A Changing Landscape: Trends in Official Financial Flows and the Aid Architecture." Washington D. C. : World Bank Group, Accessed 16 November 2021.

World Bank. 2021c. "Nepal Development Update." World Bank, 12 April, Accessed 30 August 2021.

World Bank. 2021d. "The World Bank in Cambodia." Accessed 20 October 2021.

World Bank. 2021e. "The World Bank in Nepal." Accessed 20 October 2021.

Worldometer. 2021a. "Cambodia Population." Accessed 19 July 2021.

Worldometer. 2021b. "Nepal Population." Accessed 21 July 2021.

W. Vota. 2012. "Nepal AMP is a 'Very Effective Tool for Government and Aid Planning' According to UNDP." Development Gateway, 18 October, Accessed 20 September 2021.

Xia H. 2020. "The Role and Problems of Environmental Impact Assessment in Governing Hydro-Power Projects in Cambodia." *Beijing Law Review* (11), Accessed 12 September 2021.

Zhao, et al. 2019. "Spotlight: China－ASEAN Trade Continues to Boom Amid Global Growth Slowdown, Uncertainties." Xinhua, 23 July, Accessed 12 August 2021.

2019. "Nepal, China Witness Significant Development in Ties." Xinhua, Accessed 2 October 2021.

2021. "Xi Proposes Global Development Initiative." *Global Times* (22), September, Accessed 9 October 2021.

2021. "Aid Management Information System." Accessed 2 October.

受援国视角的发展援助管理：加纳、尼日利亚、卢旺达和塞内加尔案例研究*

埃利亚斯·阿尤克**

一 引言

本文中发展援助是指"官方发展援助"（ODA），即由最发达国家的公共行动者提供资金，帮助最不发达国家实现发展（OECD，2019）。发展援助具有三大特征：①由政府或官方机构提供；②旨在促进发展中国家经济发展和民生改善；③以赠款或贷款（利率低于市场水平）为主要形式（Keeley，2012）。发展援助也可来自私人慈善机构、非政府组织（NGO）和多边援助机构，有关私人慈善机构和非政府组织的情况另有讨论，本文不再赘述。

就当代的对外援助或发展援助而言，其历史可追溯至英国等殖民时期，以及二战后美国对希腊和土耳其的援助（Lancaster，2009）。大约在同期推出的"马歇尔计划"也是对外援助的先行者，其目的在于推动战后欧洲国家经济

* 本文将交替使用发展援助和对外援助。本文所探讨的发展援助主要来自经济合作与发展组织（OECD）及其30个成员方（包括英国），以及中国。

** 埃利亚斯·阿尤克（Elias T. Ayuk），联合国环境规划署国际资源委员会委员，曾任联合国大学非洲自然资源研究所所长、非洲可持续发展目标中心战略顾问，主要研究领域包括自然资源管理、贫困分析、能力建设和农业经济学等。

复苏。20 世纪 60 年代，非洲国家纷纷独立，对外援助随之大幅增加。官方发展援助总额 2020 年达到 1612 亿美元，同比增长 3.5%。本文所讨论的发展援助主要涉及经合组织，金砖国家不在此列，但是，鉴于过去 20 年来中国提供的援助不断增多，本文特将中国列入了分析对象。

发展援助的主要目的是促进受援国经济发展，改善人民福祉。从经济角度来看，发展中国家储蓄水平相当低，由此限制了基建投资水平。发展援助能够把资源引入发展中经济体，帮助其增加储蓄、扩充资本和促进经济增长（Easterly，2003）。此外，发展援助还可促进受援国的工业和社会发展。

有关发展援助实效问题的争论从未休止过。首先，一些人认为发展援助实效甚微（Easterly，2014；Moyo，2010），称发展援助滋生了依赖思想，助长了腐败歪风，受援国根本无法从全球化机遇中获益。其次，一些人认为发展援助水平太低，无法发挥作用，因此主张大幅扩大援助规模（Sachs，2009；Stiglitz，2002），调整援助支付方式。最后，Collier（2007）认为这些援助暗藏"陷阱"，有可能导致贫困永久化；Banerjee 和 Duflo（2011）则认为必须加强顶层设计，提供有效且明确的援助计划。

发展援助实效问题已成为发援会成员方的关注焦点。对此，援助国采取了多项措施，确保发展援助能够发挥作用。其中以下三方面至关重要：核心战略（探寻合适的法律基础；协调利益；加强发展政策的一致性；增强公众意识）、组织管理（建立有效的组织结构；针对双边援助解决体制不完善问题；加强对多边机构的援助管理；下放管理权）、交付管理（管理不断增多的发展援助项目；始终聚焦国家和行业；加强绩效管理、评估和质量控制；人力资源管理优先事项）（OECD，2008）。受援国达成共识，认为加强发展援助管理对于提升援助实效极其重要。

近年来（至少自 21 世纪初起），中国已成为对外援助领域的主要援助国。中国援助模式不同于西方国家，专家对此已有讨论（Bräutigam，2011）；本文将在简要分析模式差异的基础上，重点探讨案例国家获得的援助及其管理方式。

本文旨在调查受援国的发展援助管理状况，基于四个非洲国家（加纳、尼日利亚、卢旺达和塞内加尔）来探讨受援国的援助管理机制，具体目标包括：探索案例国家参与国际发展计划的历程、管理发展援助的机制；分析案例国家政府部门和机构对应的发展援助的特征、规模、计划和运作情况；评估受援国的总体表现，如所获成就、进展情况、援助管理有效性及挑战；为未来参与国际发展计划总结经验和教训，掌握新的角色和责任转变动向。

加纳和尼日利亚是中低收入国家（LMIC），而卢旺达和塞内加尔是最不发达国家（LDC）。本文旨在分析这些国家的援助管理方式，共有六个部分：第一部分是引言；第二部分将回顾案例国家参与国际发展计划的历程及其建立的发展援助处理机制；第三部分将对政府部门和机构对应的发展援助的特征、规模、计划和运作情况展开分析；第四部分将评估受援国在所获成就、进展情况、援助管理有效性等方面的总体表现及其面临的挑战；第五部分将探讨这些国家积累的经验及未来蓝图；第六部分为结论。

本文主要参考了相关发展援助管理问题的文献综述，所用数据主要来自经合组织、世界银行、非洲开发银行（AfDB）、国际货币基金组织（IMF）统计资料以及 AidData 的全球中国官方金融数据集。

二　发展援助处理机制及发展历程

对外援助的历史可追溯至 19 世纪（Hjertholm 和 White，2000）。不过，对外援助作为一种现代制度化活动，起源于"浸透着美国二战后政治和社会抱负"的马歇尔计划（Williams，2013）。就大多数非洲国家而言，发展援助与前殖民者所提供的援助关系密切——其刚独立时，谋求推动经济发展。

加纳、尼日利亚、卢旺达和塞内加尔参与国际发展计划均受到了重要历史事件的影响。表 1 归纳了发展援助史的重要演变。对各国参与国际发展计划具有深远影响的历史事件，与布朗（1997）所划分的四个援助阶段非常吻合。布朗将全球发展合作历程划分为四个阶段：第一个阶段是 1950~1965年，资本和增长是主题。第二个阶段是 1965~1980 年，主要特征是相互依存和满足基本需求。这一阶段与四个案例国家的利益密切相关——大多数是在这个时期独立，满足自身基本需求是首要任务。第三个阶段是20世纪80年代，特征是结构调整计划和非政府组织兴起。在此期间，包括案例国家在内的许多国家都制定了结构调整计划，由此影响到了其可接受的援助类型（一些行业会被优先考虑，并带有附加条件）。第四个阶段是20世纪90年代，体系的重要性增强。可以说，中国和非发援会国家的发展促使全球发展合作的特性发生了重大变化。

表1　发展援助史的重要演变

时期	主导性或新兴体系	援助国意识形态	援助国关注点	援助侧重点
20世纪40年代	"马歇尔计划"和包括世界银行在内的联合国系统	计划	重建	"马歇尔计划"主要是援助计划
20世纪50年代	1956年开始美国、苏联变得更加重要	具有本国利益考量	社区发展运动（CDM）	粮食援助和项目
20世纪60年代	建立双边计划	为国家的生产领域提供支持	生产领域（如为绿色革命提供支持）和基础设施	双边提供技术援助（TA）和预算支持；多边机构支持的项目
20世纪70年代	扩大多边机构（尤其是世界银行、国际货币基金组织和阿拉伯资助的机构）	在生产活动中继续支持国家政策落实，满足基本需求	贫困［农业和基本需求（社会部门）］	粮食援助减少，开始支持进口
20世纪80年代	80年代中期非政府组织兴起	市场调控（替代了国家的角色）	宏观经济改革	财政计划援助和债务减免
20世纪90年代	东欧和苏联成为受援国而不是援助国，相关机构出现	20世纪末重新回归国家	先是贫穷，后是治理（环境、性别等，关注点变化较快）	20世纪末转为行业支持
21世纪初	中国向非洲提供援助*	主权和互惠互利	减少贫困；基础设施建设和行业项目	基础设施建设、健康和农业项目、高等教育和培训

注："＊"值得注意的是，中国对非洲首次进行重大援助可追溯至20世纪60年代末70年代初，项目为坦桑尼亚和赞比亚之间的铁路线（Tjønneland，2020）。

资料来源：Hjertholm和White（1998）。

总之，这些国家的关键历史时刻都出现在 20 世纪 60 年代，此时其已独立。20 世纪 80 年代是结构调整时期，这些国家需要寻找更多的援助，随后便提出了重债穷国（HIPC）倡议。就卢旺达而言，1994 年发生种族屠杀事件后，人道主义援助的重要性日益增加。其他事件——如艾滋病大流行、"千年发展目标"和"可持续发展议程"的通过、新冠疫情暴发——都引起了非洲国家对援助计划的兴趣。21 世纪初，随着中国的发展壮大，这些国家对中国提供的替代性援助模式产生了兴趣。

如前所述，有关对外援助能否有效实现既定目标的问题一直存在争论。有些人认为对外援助实效甚微（Bauer，1972、1984），也有些人认为这种援助能够发挥作用，从经验证据来看，喜忧参半。提高援助实效一直是援助国和受援国共同关心的问题。近年来更广义的发展实效概念出现了。

从援助国的角度来看，《巴黎宣言》、《阿克拉行动议程》、为建立"全球有效发展合作伙伴关系"（GPEDC）① 铺平道路的釜山论坛，以及自 2008 以来的高级别论坛，都强调了关于伙伴关系自主权的一些基本原则，以及在援助管理方面取得的进展。一些合作伙伴承诺原则也被提了出来，包括自主权、一致性、协调性、结果导向和共同责任。援助管理改革在许多领域都得到了推动，包括完善国家发展战略和相关运作框架；增强援助与伙伴国家优先事项、制度和程序的一致性；加强援助国和伙伴国家对其公民及立法机构的问责；简化流程，促使援助活动合理化，提高效益；优化援助国的政策和程序；确定伙伴国家公共财政管理体系下的绩效和问责规范及标准。下文将主要以加纳、尼日利亚、卢旺达和塞内加尔为例探讨受援国的援助管理机制。

1. 加纳

加纳政府非常重视对援助项目交付的监管，并要求财政和经济规划部（MoFEP）全面负责协调这项工作。近年来，加纳在加强援助/援助国的协

---

① "全球有效发展合作伙伴关系"是第一个共同商定的发展合作框架，为传统援助国、南南合作伙伴、金砖国家、私人资助者和民间组织提供了聚集的平台（McKee 等，2019）。

调性、统一性、国家自主权、伙伴关系和外部资源管理等方面取得了显著进展。

第一，在援助协调方面，财政和经济规划部建立了合作机制，与各个部门和机构以及联合国机构和发展伙伴展开合作，确保各方步调一致。财政和经济规划部建立了联合国驻加纳机构合作机制，采用"单一联合国"运作模式，并积极与发展伙伴合作。第二，加纳通过财政和经济规划部采取各种措施对援助进行协调。发展伙伴建立了三级协调机制：代表团团长、合作机构负责人及 14 个部门工作组。在部门工作组这一级，相关工作由政府和发展伙伴共同负责。此外，为实现统一的目标，加纳统筹负责政府工作人员的津贴和日常生活补助。第三，与发展伙伴定期协商，确保流程统一。这有助于优先事项围绕国家发展议程展开，从而增强国家自主权，最大限度控制交易成本，提高援助实效。通过制定减贫政策，如多次修订的加纳减贫战略（Ghana Poverty Reduction Strategy），加强国家自主权，处理国家优先事项。国家发展计划委员会（NDPC）担负着制定国家发展计划的义务，以确保国家自主权，优先事项能得到充分考虑。第四，为提高援助实效，加纳还构建了指标性框架；加纳统计局（GSS）也深度参与了这项工作，提供大量数据和统计资料支持。

总之，加纳已做出极大地努力来改善发展援助管理工作并建立了各种机制和框架来提高援助实效。此外，该国在发展援助管理中也遇到了挑战，包括加强合作伙伴能力建设、提高其评估国家优先事项的能力。加纳政府还制定了"加纳超越援助"（Ghana Beyond Aid）战略，描绘了发展蓝图。

2. 尼日利亚

财政、预算和国家计划部（MoFBNP）的前身为国家计划委员会，负责发展援助工作。这项工作遵守《巴黎宣言》，以确保自主权、一致性、协调性、成果管理和相互问责等原则落到实处。2007 年经合组织的一项调查发现，尼日利亚在自主权和成果管理方面处于中等水平，而在一致性、协调性和相互问责等方面得分较低。

由于被列为中低收入国家，尼日利亚政府没有直接接受援助国的资金，而是由援助国直接与利益相关者合作，按照项目需求评估结果，为部门和机构以及各州提供相关支持。为推动项目的实施，财政、预算和国家计划部与各援助方签署合作协议，由这些行动者的执行机构负责具体事务。财政、预算和国家计划部还会对项目进行监测和评估，开发了自动化援助信息管理系统，以提供最新的分类数据。这有助于与援助国伙伴增进信任，加强相互问责。

尼日利亚政府认为协调工作对提高发展援助实效非常重要，2020 年专门成立"援助协调工作组"（DCU），负责协调双边及多边活动。该部门由财政、预算和国家计划部部长与国家预算和国家计划部部长共同负责，旨在确保所有发展援助都能符合国家发展需求，最大限度地减少重复建设。除成立援助协调工作组外，未来还将设立由世界银行管理的多方援助国信托基金。该基金将集中管理各种资源，以便提高透明度、加强问责。

3. 卢旺达

卢旺达非常重视援助实效，并且是《巴黎宣言》发表后最早建立机制来加强援助项目交付的国家之一。早在 2006 年，卢旺达政府就制定了援助政策，阐明了实施《巴黎宣言》的若干行动框架。结合援助政策，卢旺达采取了一系列改革措施（如改革公共财政体系）以符合国际最佳实践要求（Abbott 和 Rwirahira，2012）。2008 年，经合组织将卢旺达在落实《巴黎宣言》方面的进展评定为 A 级（Abbott 和 Rwirahira，2012）。2015 年，卢旺达在发展援助资金有效支出方面也获得了 4 分（满分 6 分）（Minecofin，2017）。

2008 年以来，卢旺达政府制定了多项发展议程（"经济发展与减贫战略""愿景 2020"等），以发展国家优先事项。援助政策明确指出，相对于项目援助，政府偏向直接预算支持或行业预算支持。国家绩效评估框架（CPAF）针对预算审查和治理设定了多项指标，积极争取政府和发展伙伴的支持。2008 年，政府还制定了联合治理和评估框架，作为一种监测框架，将其与"经济发展与减贫战略"的监测框架整合在了一起（Abbott 和 Rwirahira，2012）。

在卢旺达，援助项目交付工作由经济计划和财政部（MINECOFIN）全权负责，并制定了"援助协调框架"，内容包括：①发展伙伴退出机制（由MINECOFIN负责）；②发展伙伴协调组（由MINECOFIN和发展伙伴轮流负责）；③部门工作组，即发展伙伴与部门部委的会议；④联合部门审查；⑤国家投资组合绩效评估；⑥发展伙伴评估；⑦"发展援助数据库"，旨在跟踪官方发展援助的规划、支出和项目实施情况（Redifer等，2020）。此外，还建立了外部伙伴关系管理制度来鼓励援助行动（Keijzer等，2020）。比如，当援助国脱离预算支持范围时，卢旺达政府会根据制度限制合作利益，以此来约束捐助国（Keijzer等，2020）。

总体而言，卢旺达采取了多种举措来落实《巴黎宣言》及其他规范，努力提高援助实效。该国政府将国际支持计划与本土解决方案结合在一起，建立了协调、问责和结果监测机制，其中许多做法都值得其他国家效仿。鉴于此，卢旺达在援助项目交付方面获得高分就不足为奇了。

4. 塞内加尔

塞内加尔政府按照2006年《巴黎宣言》、《阿克拉行动议程》和《釜山宣言》开展了援助管理工作。经济、财政和计划部和外部融资局（DCFE）合作对塞内加尔的发展援助进行协调（AfDB，2018）。该国制定"减贫战略"，其中提出的优先事项与"新兴塞内加尔计划"保持了一致。塞内加尔政府偏好的援助方式是预算支持。

与许多国家一样，塞内加尔也是通过协调机构对发展援助进行管理，包括两个新的部门：一个是由5名大使或同级别代表组成的执行委员会（COMEX）；另一个是代表15个双边和多边援助机构的"15方集团"（G15，按轮选方式选出）。这些协调机构由17个部门或专题工作组提供支持。援助协调机构在共享自主权、相互问责和透明度方面发挥着关键作用。

为加强运作协调，并与政府展开有深度的包容性对话，塞内加尔的发展伙伴专门建立了"50方集团"机制（由50位成员组成）。预算支持方面的协调和对话遵守"预算支持框架协议"（非洲开发银行、世界银行、欧盟、法国、加拿大、日本和西班牙），由非洲开发银行主导。"预算支持框架协议"是一种动态框架，以一种通用的、动态的三年政策矩阵为基础，旨在协调技术和资金提供者（TFP）的行动（AfDB，2016）。这种通用矩阵既能促进与政府就重大结构改革持续展开对话，也可协调支付标准，提高所需资源的可预测性。

总之，从这些国家的案例不难发现，受援国拥有多种多样的发展援助管理方式。《巴黎宣言》、《阿克拉行动议程》和"釜山伙伴关系框架"等指南和原则在管理发展援助方面非常有效。如上所述，这些国家采取了多种措施来确保自主权、一致性、协调性、成果管理和相互问责等，并探索了许多可供其他国家借鉴的做法。

三 特征、规模、计划和运作

本部分将研究与案例国家发展援助相关的特征、规模、计划和运作，并尝试解决一些关键问题，包括：援助架构的主要特征是什么？案例国家所获得的对外援助构成如何？从援助量来看，哪些行业或领域最受关注？援助规模相对于特定国家的生产总值有多大？

（一）援助架构的特征

本部分所述援助架构借鉴了两种截然不同的模式，一种是以发援会（由 30 个国家组成）为首的西方传统援助模式，另一种是中国援助模式。① 不过，这两种模式的目标相同，都是为了"改善发展中国家的经济状况，完善其社会福利体系，同时服务于援助国的国家利益"（Cheng，2019）。

1. 经合组织发援会的援助模式

发援会的援助模式非常传统，由经合组织创建于 20 世纪 60 年代初，主

---

① 有人指出，中国对援助的定义与发展援助委员会的官方发展援助定义并不相同。

要目标是为发展中国家经济发展提供资源。尽管"华盛顿共识"对经合组织的发展援助的理念和做法产生了影响，市场改革和附加条件等被视作促进经济增长的关键要素，但这些理念和做法也在演变。经合组织的援助架构更集中、更呆板，也更依赖于市场而非政府手段。正如 Babaci-Wilhite 等（2013）所言，其核心框架提倡自由化、私有化和放宽管制等原则，由此导致交易成本高、政策空间受限，限制了援助的灵活性。

综上所述，有证据表明经合组织国家正在对照中国援助模式做出一些调整（Deyassa, 2019）。近年来，发援会国家借鉴了中国援助模式的某些特征对自身政策和做法进行了改善。[①] 比如，调整了发展援助范围，涵盖基础设施建设，而此前仅限于非生产领域。经合组织国家已从无偿援助模式调整为"赠款加贷款"模式，预算资金也有所变化（Lundsgaarde 和 Engberg-Pedersen, 2019）。

2020 年，经合组织的官方发展援助总额为 1612 亿美元，其中 390 亿美元流向非洲（OECD, 2021）。多年来，发援会主要涉及社会公共设施、经济基础设施、生产行业、多领域、项目援助、债务偿还、人道主义援助和非特定援助。

2. 中国的援助模式

2014 年，中国对外援助总额为 373 亿美元，其中非洲受援 116 亿美元（Dreher 等，2021）。自 20 世纪 50 年代初向越南和朝鲜等邻国提供援助以来，中国的对外援助方式发生巨大变化。[②] 中国援助模式遵循的是八项原则：平等互利；无附加条件；以无息或低息贷款的方式，尽量减轻受援国家的负担；旨在帮助受援国发展经济，而不是造成受援国对中国的依赖；帮助受援建设的项目，力求投资少、见效快；实物援助力求质量最佳，并根据国际市场价格议价；保证受援国人员充分掌握所援助的技术；中国外派专家同受援国专家一视同仁，不允许有任何特殊福利。

---

① https：//france24.com/en/Africa/20210306/france.

② 参见 Bräutigam（1998，2011）、Hyden 和 Mukandala（1999）对中国援助政策早期演变的讨论。

这种援助严格尊重受援国家的主权，并严格遵守平等互利的原则。它提供了一个经济"外交框架，在促进欠发达地区经济发展的同时，也维护了中国的利益"（Matthews 等，2016）。减少贫困是该战略的关键，尤其是关注农业、教育、健康和福利服务等领域。Matthews 等（2016）认为这种模式拥有四大特性。第一，凸显中国"南南合作"模式，强调均等和平等伙伴关系，体现共赢理念。第二，不支持任何以自主决策和国家主权为主要内容的附加条件。① 有反驳意见认为，不干涉和不附加政治条件削弱了传统援助国的援助实效，影响了促进善治的努力。第三，大部分都是双边援助，便于中国就资金使用方式发表意见，从而掌握采购自主权。因此，中国供应链在项目交付中发挥着关键作用。第四，中国对外援助中除了占据绝大份额的赠款、无息贷款和优惠贷款外，还有"其他官方资金"——主要提供给特定政府机构和用于特定行动。中国援助大体上可分为八类（Sun，2014），包括援建成套项目、提供一般物资、开展技术合作和人力资源开发合作、派遣援外医疗队和志愿者、提供紧急人道主义援助、减免受援国债务等，主要通过以下三种渠道交付：贴息贷款（2014 年占比约 55%）、健康和农业领域项目支持（2014 年约占 36%）、无息贷款（2014 年约占 8%）。②

除上述特征外，中国援助主要关注被传统援助国忽视的基础设施和生产领域，并且多是提供成套项目——这样做的好处是可避免加重受援国负担。中国还积极听取合作伙伴的意见，在磋商的基础上每五年调整一次援助政策。

总而言之，中国援助有一些独特之处，是对传统援助的补充。第一，地域和行业侧重点不同。中国援助非常重视小国和穷国以及被忽视的行业，强调地方自主权——按照合作伙伴要求，为没有其他援助方资助的项目提供援助。第二，中国采取了新的方式来解决贪污腐败问题，主要进行实物援助，不会向受援国政府拨付现金，而是像交钥匙工程一样把援建资金直接支付给

---

① "无条件"这一特性遭到了一些学者质疑。参见 Sun（2014）。
② http://en.cidca.gov.cn/documents.html/.

中国企业。[①] 事实上，最近的一项研究（Dreher 等，2021）发现中国援助并不会影响经合组织传统援助的实效。也有新证据表明中国正在拓宽援助内容和领域（Tjønneland，2020）。如除了过去一直重视的农业、基础设施和技术培训外，对气候变化、人道主义援助和健康等领域予以更多的关注。

（二）规模和计划

把经合组织官方发展援助和中国发展援助区分开来，不是为了作比较，而是想从两个视角还原援助工作。从经合组织的数据和类别来看，援助领域主要包括社会公共设施及服务、经济基础设施及服务、生产、多领域、项目援助以及债务偿还和人道主义援助。

1. 经合组织官方发展援助+对案例国家的赠款

图 1 显示了 1966~2019 年四个案例国家双边援助的演变，除第一个节点（4 年）外，其他全为 10 年一个节点。

经合组织国家提供的官方发展援助和赠款总体呈上升趋势。以案例国家来详细说明援助构成，为了解发展援助对这些国家的相对重要性提供帮助。

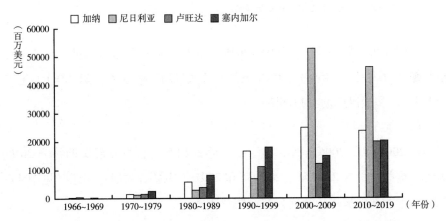

图 1　官方发展援助与向加纳、尼日利亚、卢旺达和塞内加尔提供的赠款

资料来源：笔者使用经合组织数据编制。

---

① 具有中国特色的对外援助，https：//ferdi.fr。

（1）加纳

加纳的官方发展援助+赠款构成如图2所示，可观察到以下特点：第一，针对债务领域的行动2005年最多，随后几年大幅减少。第二，2016年和2019年大量发展援助投向经济基础设施及服务，其中2016年出现峰值。第三，对社会公共设施及服务的援助始终保持稳定。

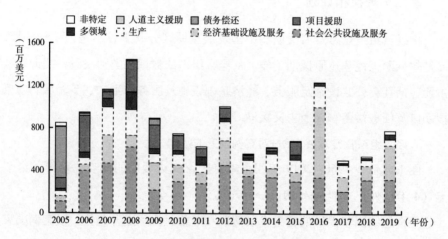

图2 官方发展援助流入加纳的趋势

资料来源：笔者使用经合组织数据编制。

从图3可以明显看出，2005~2019年获得发展援助最多的是社会公共设施及服务（几乎占40%），其次是经济基础设施及服务（21.6%）、生产（14.5%）和项目援助（11.9%）。

（2）尼日利亚

除2005年和2006年外，年均流入尼日利亚的官方发展援助约为20亿美元。这些援助在2005年、2006年和2007年主要针对债务偿还（见图4），随后几年大部分被用于社会公共设施及服务。

从领域来看，2005~2019年针对债务领域的行动占官方发展援助的52.5%（见图5），这主要是因为2005年、2006年和2007年获得的支持力度较大。位居第二的是社会公共设施及服务，约占30.8%；此外排前五的还包括人道主义援助（6.8%）、经济基础设施及服务（5.1%）和生产（2.1%）。

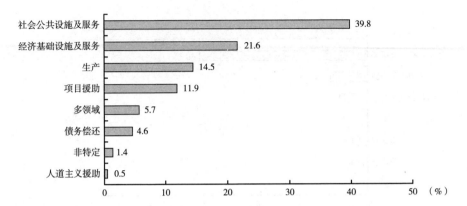

图 3　2005～2019 年官方发展援助流入加纳的占比分布：按领域

资料来源：笔者使用经合组织数据编制。

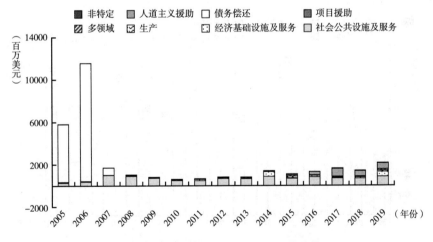

图 4　官方发展援助流入尼日利亚的趋势

资料来源：笔者使用经合组织数据编制。

（3）卢旺达

2005～2019 年，官方发展援助分配给卢旺达社会公共设施及服务的资金保持稳定，除少数情况外几乎达到总量的 50%（见图 6）。项目援助也是重要领域，2006 年和 2009 年等尤其突出。

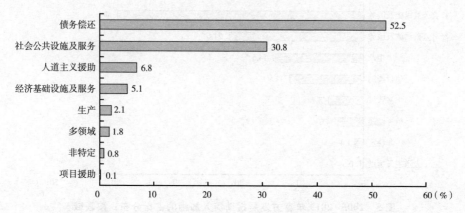

图 5　2005~2019 年官方发展援助流入尼日利亚的占比分布：按领域

资料来源：笔者使用经合组织数据编制。

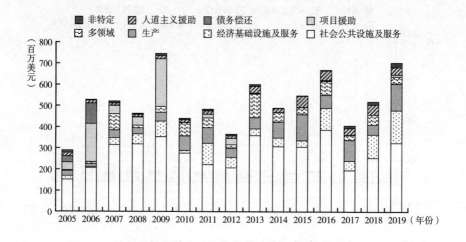

图 6　官方发展援助流入卢旺达的趋势

资料来源：笔者使用经合组织数据编制。

通过研究各领域的受援情况可以发现，2005~2019 年大约 54% 的援助被用于社会公共设施及服务，其次是生产（11.7%）、经济基础设施及服务（10.9%）、多领域（8.0%）和项目援助（7.5%）（见图 7）。

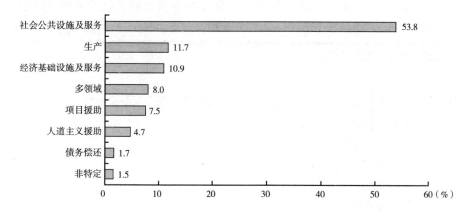

图 7　2005～2019 年官方发展援助流入卢旺达的占比分布：按领域

资料来源：笔者使用经合组织数据编制。

（4）塞内加尔

图 8 显示，2005～2019 年社会公共设施及服务始终属于主导领域，其中2016 年的配额最高。2010 年，经济基础设施及服务获得的援助相当多。就债务偿还而言，塞内加尔在 2005 年、2006 年和 2008 年得到援助。

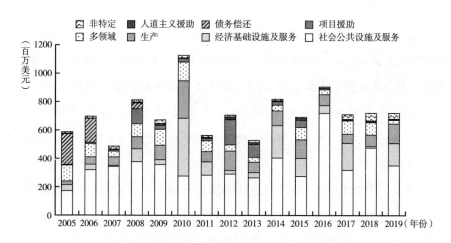

图 8　2005～2019 年官方发展援助流入塞内加尔的趋势

资料来源：笔者使用经合组织数据编制。

从领域分布来看，2005~2019 年社会公共设施及服务以近 49% 的占比位居榜首，其次是经济基础设施及服务（15.3%）、生产（14.2%）、多领域（10.0%）和项目援助（5.6%）。

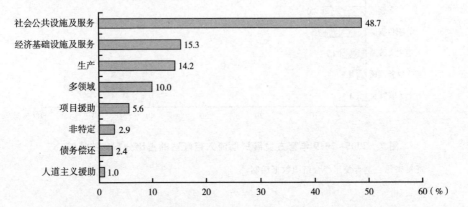

图 9 2005~2019 年官方发展援助流入塞内加尔的占比分布：按领域

资料来源：笔者使用经合组织数据编制。

2. 中国向案例国家提供的官方发展援助

（1）加纳

图 10 显示，中国对加纳的援助始于 2001 年前后。中国为加纳提供官方发展援助资金最多的年份是 2010 年，达 50 亿美元，主要用于经济基础设施及服务和社会公共设施及服务。从 2001~2014 年官方发展援助分项情况来看，排名最前的五个子领域分别是运输和储存（42.0%）、能源生产和供应（22.6%）、供水和卫生（14.7%）、教育（5.0%）和通信（4.1%）（见图 11）。

（2）尼日利亚

2006 年和 2012 年，尼日利亚从中国获得的官方发展援助规模显著——2006 年接近 120 亿美元，2012 年约为 60 亿美元（见图 12）。如图 13 所示，2001~2014 年，90.7% 的官方发展援助用于运输和仓储领域，位居第二和第三的分别是能源生产和供应（5.1%）、通信（4%）。健康和教育排末尾，占比微乎其微（均为 0.1%）。

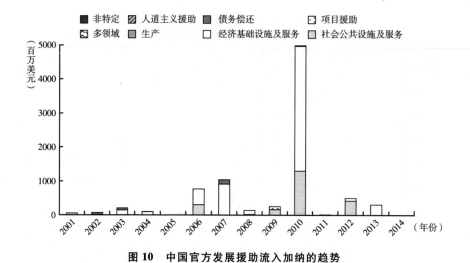

图 10　中国官方发展援助流入加纳的趋势

资料来源：笔者使用 AidData 数据编制（Dreher 等，2021）。

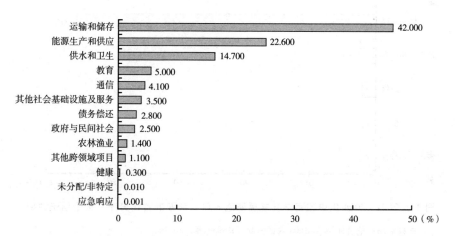

图 11　2001～2014 年中国官方发展援助流入加纳的占比分布：按干预子领域

资料来源：笔者使用 AidData 数据编制（Dreher 等，2021）。

（3）卢旺达

2001～2014 年，卢旺达共获得援助 13.7 亿美元，其中 2008 年就高达 11 亿美元左右（见图 14）。大部分官方发展援助（80.1%）流向了运输和仓储子领域，其次是债务偿还（12.9%）、政府和民间团体（3.1%）、教育

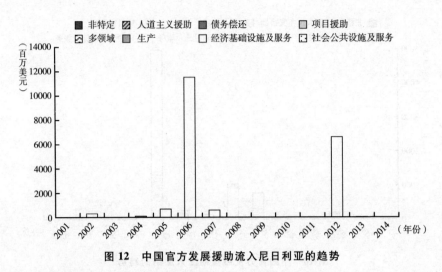

图 12　中国官方发展援助流入尼日利亚的趋势

资料来源：笔者使用 AidData 数据编制（Dreher 等，2021）。

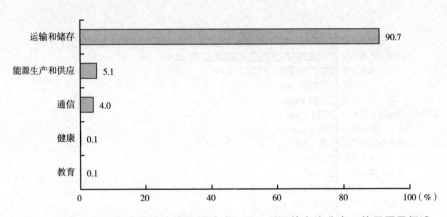

图 13　2001~2014 年中国官方发展援助流入尼日利亚的占比分布：按干预子领域

资料来源：笔者使用 AidData 数据编制（Dreher 等，2021）。

（1.5%）、经贸旅游（1.1%）（见图 15）。

（4）塞内加尔

中国 2005 年向塞内加尔提供的官方发展援助最多，约为 7 亿美元（见图 16），随后几年的赠款数额很小，只有 2007 年和 2011 年略微突出。从图 17可看出，这些官方发展援助被分配给很多子领域，其中农林渔业最多

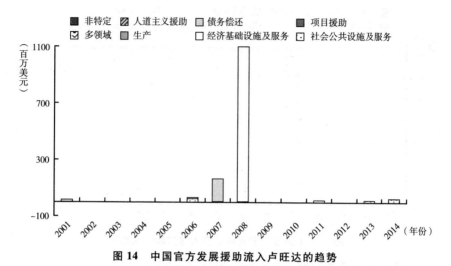

图 14　中国官方发展援助流入卢旺达的趋势

资料来源：笔者使用 AidData 数据编制（Dreher 等，2021）。

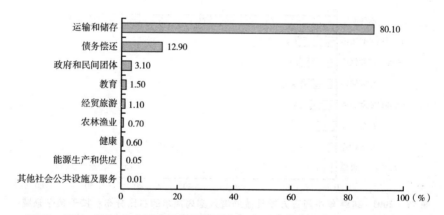

图 15　2001～2014 年中国官方发展援助流入卢旺达的占比分布：按干预子领域

资料来源：笔者使用 AidData 数据编制（Dreher 等，2021）。

（58.3%），其后是政府和民间团体（9.7%）、能源生产和供应（9.5%）、运输和仓储（8.4%）、其他社会公共设施及服务（6.3%）。

图 17 表明，中国援助主要集中在发援会援助国不支持的领域。这个观察结果印证了一些学者的观点——中国援助与发援会援助国的援助具有互补性（Babaci-Wilhite 等，2013；Dreher 等，2021）。

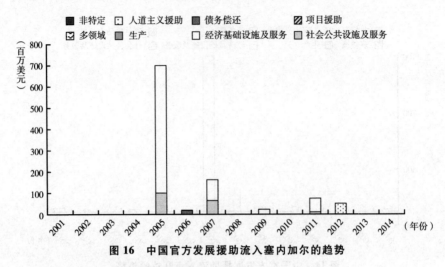

图16　中国官方发展援助流入塞内加尔的趋势

资料来源：笔者使用 AidData 数据编制（Dreher 等，2021）。

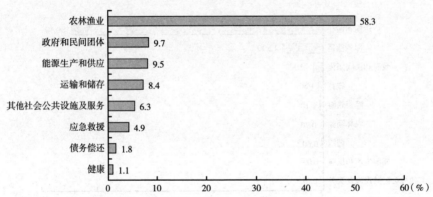

图17　2001~2014 年中国官方发展援助流入塞内加尔的占比分布：按干预子领域

资料来源：笔者使用 AidData 数据编制（Dreher 等，2021）。

　　发展援助行动可以采取双边援助或多边援助的形式，既可不附带条件，也可与特定项目挂钩。如前所述，一些受援国更喜欢一般预算支持的方式。表2显示了在可获得数据的案例国家中，官方发展援助净额在政府开支中所占比重，比如，2018 年该占比从 9.012%（加纳）到 62.177%（卢旺达）不等，塞内加尔为 21.773%。近年来，发援会援助国的援助政策已发生变化，取消了预算支持。

表 2　官方发展援助净额占政府支出的比重

单位：%

年份	加纳	尼日利亚	卢旺达	塞内加尔
2014	11. 276	不适用	72. 065	—
2015	11. 940	不适用	75. 235	26. 729
2016	12. 837	不适用	71. 675	20. 974
2017	12. 053	不适用	71. 265	21. 859
2018	9. 012	不适用	62. 177	21. 773
2019	7. 824	不适用	59. 498	—

资料来源：世界银行，https：//data. worldbank. org/。

从受援国的主要合作伙伴来看，美国和英国成为主要援助国。这两个国家为加纳、尼日利亚和卢旺达提供的援助最多，而塞内加尔的主要援助国是法国和美国。在所有案例国家中，美国都是最大的援助国之一——这并不奇怪，因为其是世界上主要的官方发展援助提供者。在多边援助方面，世界银行明显发挥了领导作用。

四　总体表现评估

（一）总体性

大量文献论述了发展援助对发展中国家的影响，但从现有经验证据来看各方缺少共识。从广义上讲，一些研究表明援助对发展具有积极影响（Papanek，1973；Stoneman，1975；Gupta，1975；Hadjimichael 等，1995；Dalgaard 等，2004）。Kabir（2019）在研究对外援助实效时发现，对外援助"对收入不平等的影响在统计上很显著，但实际上并不太大"。Mc Gillavery（2008）发现这些援助对贫困相关变量有积极影响。但是，也有一些研究显示了负面结果（Appiah-Konadu 等，2016；Burnside 和 Dollar，2000；Alesina 和 Dollar，2000；Griffin 和 Enos，1970；Voivodas，1973）。许多研究专门分析了援助对人类发展指数和其他相关变量的影响。Gormanee 等（2003）发现当援助以社会支出为目标时，其对人类发展指数会有积极影响。MacGillivry 和 Noorbakhsh（2007）对 94 个发展中国家的研究发现，援助也会对人类发展指数产生负面影响。此外，Asongu（2014）对 22 个非洲国家的研究论证了这种负面影响。Alves 和 Couto（2018）通过调查 28 个发展中国家发现，对外援助对人类发展指数和婴儿死亡率并没有影响。Staicu 和 Barbulescu（2017）发现援助对人类发展指数的影响不明显，但对预期寿命有着积极影响。

多年来，经合组织对援助实效的问题非常关注。如前所述，《巴黎宣言》的目的在于确保援助能够产生实效。本部分将探讨多年来受援国所获得的援助实效及其所面临的挑战。按照 McKee 等（2019）的定义，援助实效是指"官方发展援助在促进发展结果取得方面的效力（如提高国内生产总值、减少贫困和不平等、改善人类福祉或提供全球公共产品）"。它主要关注的是如何让钱花得值，重点在于如何加强援助管理，最大限度地发挥其对发展结果的影响——援助在减少贫困和不平等、促进增长、提高能力、改善健康和教育以及加速实现可持续发展目标等方面所产生的影响。

衡量援助实效难度较大，Burall 和 Roodman（未注明日期）就此提出了五种方法，包括：按《巴黎宣言》测评援助国承诺、将援助国的资金价值指数化、了解政府对援助国表现的看法、评估获得援助所需步骤、综合法。本研究并没有尝试使用 Burall 和 Roodman 所提出的这些方法。没有对发展援助的影响展开实证分析，而是剖析了一些可用于衡量援助进展的关键指标。采用 Greenhill 等（2013）、Staicu 和 Barbulescu（2017）的描述性方法，把重点放在贫困相关变量上，比如收入不平等和教育不平等。此外，考虑人类发展指数以及官方发展援助净额在国民总收入中的占比等因素。需要强调的是，本文附录中的数据绝不反映某种因果关系或相互关系，而是为了描绘这些关键变量（人类发展指数、收入不平等、教育不平等和官方发展援助净额占国民总收入的比重）随着时间推移而出现的变化。

表 3 总结了案例国家在《巴黎宣言》援助实效方面的表现，如上所述，截至 2010 年进展各不相同，与 2005 年相比，加纳和尼日利亚从"C"级提高到"B"级，卢旺达从"B"级提高到"A"级，塞内加尔维持"C"级不变，没有任何进展。因此，除了塞内加尔外，其他受援国在自主权方面做得很好，已落实了改进性发展战略。其结果是，援助流量与国家优先事项保持一致，2010 年与卢旺达（71%）和塞内加尔（67%）相比，加纳（93%）的表现尤为突出。从国家公共财政管理系统使用率来看，2010 年加纳（60%）得分最高，其次是卢旺达（50%）和塞内加尔（29%）。尼日利亚对不附带条件的援助非常渴望，2010 年获得了 100% 的无条件援助。各国也正在避开平行项目实施单位（PIU），这一指标均呈下降趋势。需要指出的是，除了尼日利亚外，其他国家都建立了相互问责框架。

正如多位学者所言（Lundsgaarde 和 Engberg-Pedersen，2019；Keijzer 等，2020；Brown，2020），发展伙伴是否仍在落实《巴黎宣言》或已将其内化并付诸行动，并不明显。一些援助国在最新援助政策文件中甚至没有提及援助实效或其他原则。表 4 显示了"全球有效发展合作伙伴关系"的评估结果。加纳没有参与该项调查，因此缺少相关数据。评估结果不言自明，包括以下亮点：

（1）国家成果框架的总体质量相当高，卢旺达和塞内加尔均达 95%；

（2）国家发展战略和成果框架较为完备；

（3）从发展伙伴使用国家成果框架的程度来看，卢旺达取得了一些进展，但尼日利亚和塞内加尔有所退步；

（4）在多方利益相关者参与方面，尼日利亚表现一般，卢旺达和塞内加尔属于中度；

（5）在卢旺达，发展伙伴对国家系统的使用大幅减少，塞内加尔略有增加；

（6）卢旺达和塞内加尔已建起了多个系统（援助信息管理系统、数据管理系统、财务管理信息系统、表格系统或类似表格），尼日利亚只有援助信息管理系统；

表 3　案例国家在援助实效方面的表现

巴黎宣言指标	加纳 2005 年	加纳 2007 年	加纳 2010 年	尼日利亚 2005 年	尼日利亚 2007 年	尼日利亚 2010 年	卢旺达 2005 年	卢旺达 2007 年	卢旺达 2010 年	塞内加尔 2005 年	塞内加尔 2007 年	塞内加尔 2010 年
国家是否拥有改进性发展战略（评级 A＝最佳）	C	B	B	不适用	C	B	B	B	A	C	C	C
可靠的公共财政管理系统（评级 5＝最高）	3.5	4.0	3.5	3.0	3.0	3.0	3.5	4.0	4.0	3.5	3.5	3.5
援助流量与国家优先事项保持一致（%）	96	95	93	—	—	—	49	51	71	88	89	67
通过协调支持提高能力（%）	40	74	49	—	—	80	54	84	92	18	54	80
国家公共财政管理系统使用率（%）	61	51	60	—	23	33	39	42	50	23	19	29
国家采购系统使用情况	—	C	—	—	—	20	—	B	—	—	B	—
通过避开平行项目实施单位来提高能力（否）	45	16	5	100	100	100	48	41	26	23	55	11
援助不附带条件（%）	91	89	92	—	7	—	85	94	97	94	79	95
使用共同的协议或程序（%）	92	82	67	—	19	92	66	67	74	69	61	62
联合任务（%）	20	29	15	—	—	11	9	21	44	15	17	25
联合国家分析工作（%）	40	60	42	—	33	26	36	42	82	40	28	54
框架以结果为导向（评级）	C	C	C	不适用	C	C	C	C	C	C	C	C
相互问责（是/否）	是	否	是	是	—	—	—	—	—	—	—	—

资料来源：经合组织。

表 4　援助实效指标

单位：%

指标	尼日利亚 2016 年	尼日利亚 2018 年	卢旺达 2016 年	卢旺达 2018 年	塞内加尔 2016 年	塞内加尔 2018 年
① 国家发展计划和成果导向						
a. 国家成果框架的总体质量		85		95		95
b. 国家发展战略和成果框架						

续表

指标	尼日利亚 2016年	尼日利亚 2018年	卢旺达 2016年	卢旺达 2018年	塞内加尔 2018年
ⅰ.确定优先事项，目标和指标		是		是	是
ⅱ.包括预算或成本信息		是		是	是
ⅲ.与"可持续发展目标"保持一致		是		是	是
ⅳ.拥有定期进度报告		是		是	是
c.发展伙伴使用国家成果框架的程度					
ⅰ.发展伙伴的协调 目标	81	41	89	83	69
ⅱ.指标	70	63	58	95	90
ⅲ.数据	71	28	51	74	66
ⅳ.		32		80	51
ⅴ.联合评估	59	25	47	70	81
②多方利益相关者参与					
a.公私参与的质量		未评估		有效	正在生效（大型企业、政府和工会）
b.为民间团体创造有利环境					
ⅰ.政府		一般		高效	中度
ⅱ.民间团体		一般		中度	中度
ⅲ.发展伙伴		一般		中度	中度
③公共财政管理系统的质量和使用率					
a.加强公共财政管理系统		未评估			
ⅰ.预算				进步	没变
ⅱ.采购				进步	进步
ⅲ.审计				没变	进步
ⅳ.财务报告				进步	没变

续表

指标	尼日利亚 2016年	尼日利亚 2018年	卢旺达 2016年	卢旺达 2018年	塞内加尔 2016年	塞内加尔 2018年
b. 发展伙伴对国家系统的使用	56	28	68	37		50
ⅰ.预算执行	17	0	84	37		48
ⅱ.财务报告	15	56	78	37		50
ⅲ.审计	17	56	88	37		50
ⅳ.采购系统		0		37		52
④可预测性和前瞻性规划						
a.发展合作的可预测性						
ⅰ.按期付款	81	100	98	98		80
ⅱ.中期可预测性		65		93		96
b.发展合作信息跟踪系统				100		100
ⅰ.援助信息管理系统		到位		到位		到位
ⅱ.数据管理系统		不到位		到位		到位
ⅲ.财政管理信息系统		不到位		到位		到位
ⅳ.表格系统或类似系统		不到位		到位		到位
⑤相互问责机制						
a.发展合作综合框架		到位		到位		到位
b.政府和发展伙伴国家层面目标		不到位		到位		到位
c.对进展定期进行联合评估		到位		到位		到位
d.评估是否具有包容性，并包含有非国家行动者		到位		到位		到位
e.及时，公开提供评估结果		不到位		到位		到位

资料来源：全球有效发展合作伙伴关系（2019）。

（7）至于相互问责机制，卢旺达和塞内加尔已建立必要的机制。2018年，尼日利亚尚未为政府和发展伙伴制定国家层面目标，也没有及时、公开提供评估结果。

有关中国援助实效的研究比较少见。一项研究利用 2002～2014 年加纳、尼日利亚、卢旺达和塞内加尔等 47 个国家的数据评估了中国援助对非洲受援国社会福祉的影响，结果发现中国援助对人类发展指数有积极影响（Fazzini，2019）。在最近的一项研究中，Dreher 等（2021）发现中国的一个开发项目拉动当地经济增长了 0.7 个百分点。2021 年发布的中国对外援助白皮书还鼓励各方努力提高援助实效和透明度。

（二）挑战

总体而言，在发展中国家取得援助实效面临着许多挑战，本报告所研究的国家也不例外。我们观察到的一些挑战如下。

第一，减少附加条件。受援国处于这样一种处境：援助减少给弱势公民带来了更大负担（Niyonkuru，2016），由此违背了援助宗旨。第二，捐助国之间协调不力。在所有四个案例国家中，尽管有证据表明受援国已建立或设立了援助协调工作组，但能否发挥作用尚不明确。Uduji（2016）发现尼日利亚在健康相关支持方面做了一些协调工作。Makinde 等（2018）称，尼日利亚的健康相关发展项目存在重复建设情况。Thiele 等（2010）、Frot 和 Santiso（2018）、Nunnenkamp（2015）提供的经验证据表明，自《巴黎宣言》以来援助国之间的协调力度不够。Brown（2020）对马里、加纳和埃塞俄比亚的研究发现，援助国和受援国都未能坚持取得援助实效的基本原则。援助国并未对实效议程做出承诺。受援国之间的一些计划不一致，并且后续行动乏力（Brown，2020）。第三，政策欠缺和制度脆弱。体制环境较差，对援助实效构成了严重挑战。Taiwah 等（2019）发现，当宏观经济环境良好时，对外援助易取得实效。Sanusi（2010）发现，加纳基于稳健的财政和货币政策，成功避免了"由援助激增和波动导致的不良影响"。因此，当拥有良好的治理环境时，对外援助将能促进经济增长。这就表明健全的政策和强有力的制度至关重要。第四，贪污腐败、公共问责力度不足、政府官僚主义以及公共服务不到位（尤其是政府采购）（Elayah，2016）。世界银行（1998）发现，贪污腐败是导致对外援助实效不显著的重要原因之一。第五，本地人员和外国专家能力不足。有时，援助组织派遣的外国专家不熟悉受援国的环境（Elayah，2016），而本地人员又缺乏制定合理战略、解决发展问题的能力（Niyonkuru，2016）。

总之，案例国家获得的发展援助资金呈倍数级增加，人类发展指数与一些贫困相关变量也呈正相关，不过，在某些情况下呈现负相关。总体而言，这些国家在援助实效方面取得了一些进展，但也遇到了许多挑战，需适时加以解决。

五 所获经验和未来蓝图

《巴黎宣言》、《阿克拉行动议程》和"釜山原则"等提出的援助实效议程仍然有效。事实证明（Lundsgaarde 和 Engberg-Pedersen，2019），造成议程复杂的原因多种多样，同时也忽视了议程原则之间的潜在矛盾。作为一种公共框架，它牵扯着各方行动者及其不同的发展问题。这些案例国家积累了一些管理经验。在未来，许多具有类似背景的国家也可利用这些经验，积极参与国际发展合作。

第一，在过去十年间援助格局发生了重大变化。沙特阿拉伯、印度和中国等主要参与者逐渐成为非发援会援助国。[①] 从本文的案例国家来看，传统援助国提供的援助大幅增长。中国也向这些国家以及其他发展中国家提供了大量援助。总体而言，受援国对此持积极态度——新的援助格局下它们面临更多机会和选择，有助于其更好地制定发展议程。

第二，各方对援助实效议程的遵守情况差异较大，援助国的表现尤其突出。援助国针对这些原则的承诺不足，内化也不到位；最近制定的援助国战

---

① 另见 Dole 等（2021）。

略甚至没有在援助政策中提及"巴黎原则"。发援会成员和中国迫切需要重申援助实效议程的重要性。建立一个援助/发展实效全球框架迫在眉睫。受援国需要紧抓总体目标不放，利用援助契机促进自身经济发展。

第三，《巴黎宣言》中的自主权、问责制、透明度和可预测性等原则虽有指导意义，但在此方面受援国的落实情况还不清楚，需要予以进一步分析。援助国本身并没有内化这些原则，从而导致执行不力。《全球有效发展合作伙伴关系全球进展报告》（GPEDC，2019）显示，援助国与伙伴国家优先事项的一致性有所减弱，对国家财政体系的运用也显得乏力；援助国支出方式的前瞻性减弱；取消援助条件的工作进度差异较大，力度也有所减小。发展援助与国家优先事项之间的协调工作取得了一些成效，但这可能是因为国家优先事项范围过于宽泛，常以愿望清单的形式出现。受援国应切合实际制定发展议程，描绘自己希望的经济增长轨迹。这有助于确保国家优先事项得到解决，并能在需要时激励发展伙伴与国家目标保持一致（如卢旺达等）。

第四，无条件援助已成为本研究中各国首选的援助支付方式。然而，越来越多的双边援助国开始放弃预算支持，由此形成了对自主权的挑战。有证据表明，国家自身体系的利用率较低（Keijzer等，2020），援助国和受援国都需要想方设法解决这个问题。

第五，发展援助需要统筹兼顾。加强援助协调更有益于受援国。与具有凝聚力的援助团体合作既能节约成本，还可推动各援助国提供互补性项目。因此，受援国应积极制定协调框架，加强政府部门和机构与发展伙伴之间的协调。应大力鼓励中国更多地参与这些援助协调工作组的工作——鉴于中国已提出要努力提高援助实效和透明度，这一点显得尤为重要。

第六，加强问责对于增进双方信任至关重要。在目前的援助架构中，问责机制大都针对的是受援国，而非发展伙伴。受援国需要与本国公民和利益相关者加强交流，及时通报援助管理情况；同样，援助国也应对受援国保持透明。对于加强问责，Daly等（2020）指出加强沟通、了解文化观点和历史背景、政治和商业议程分歧、援助实施组织、管理和领导、可持续发展等都是应受到关注的挑战。

第七，制定合适的财政和货币框架对于加强援助实效非常关键。受援国应制定相应的政策，进一步加强援助管理；援助国也应采取行动，为提高援助实效的政策提供支持。

六　结论

（一）归纳

过去十年来，传统（发援会）和非传统（以中国为主）参与者提供的发展援助大幅增加。2010~2019年，加纳、尼日利亚、卢旺达和塞内加尔接收的以官方发展援助为代表的发展援助和发援会赠款分别约为237亿美元、460亿美元、199亿美元和202亿美元。2001~2014年，中国为加纳、尼日利亚、卢旺达和塞内加尔提供的援助分别约为88.3亿美元、198.4亿美元、13.7亿美元和10.3亿美元。

多年来，发援会提供的发展援助受到了"华盛顿共识"的极大影响，包括市场改革和附加条件等。中国的援助模式则遵循了"不干涉受援国内政（主权）""对外援助不附加政治条件""尊重受援国选择的发展道路""平等互利"等八项原则。

在本文涉及的受援国发展历史中，一些重大事件也对其参与发展援助、提出发展需求产生了影响，这些事件包括国家独立、结构调整计划、全球议程（如"千年发展目标""巴黎气候协定""可持续发展议程"）以及全球健康危机（如艾滋病和新冠疫情）。

发展援助的有效性引起了援助国的兴趣，援助实效由此成为这些传统援助国和中国等非传统援助国的关注重点。《巴黎宣言》及之后的《阿克拉行动议程》和"釜山原则"都是为了解决援助实效问题而提出的。《中国的对外援助》白皮书也提出要提升援助实效和透明度。各方普遍认为加强对外援助管理至关重要。

各案例国家的发展援助管理水平大致相同，也与《巴黎宣言》保持了一致，尤其体现在自主权、一致性、协调性、成果管理和相互问责等关键原则上。但各个国家的实施水平并不相同，如卢旺达在《巴黎宣言》后立即制定"援助政策"，就如何管理援助加强指导。为更好地解决援助协调问题，所有案例国家都建立了援助协调工作组，实现了援助国和受援国在各行业的联合办公。但需要指出的是，尼日利亚直到 2020 年才决定设立援助协调工作组，由此说明这项工作的推进程度并不相同。

虽然各案例国家所接受援助的特征（构成和规模）有所不同，不过受益最大的四个领域仍有相似之处。在加纳，排名居前的领域是社会公共设施及服务、经济基础设施及服务、生产领域和项目援助。债务偿还是尼日利亚最大的受援领域，其次是社会公共设施及服务、人道主义援助、经济基础设施及服务。卢旺达排名前三的领域是社会公共设施及服务、生产领域、经济基础设施及服务。而在塞内加尔，社会公共设施及服务接受的援助最多，其次是经济基础设施及服务、生产领域。

本研究中受援国在提高发展援助实效方面面临许多挑战，包括如何解决附加条件问题；援助国之间协调不力、协调原则落实难；政策欠缺，制度脆弱；贪污腐败，缺乏透明度；援助组织专家和本地人员能力不足。此外，在加强沟通、援助管理组织、文化和历史认同、商业议程、管理及可持续发展等方面也面临挑战。

（二）总结

发展援助只有取得实效，才能证明多年来大量援助资源得到了合理运用。因此，急需关注援助管理的各种机制和渠道，以取得预期发展成效。在取得援助实效方面，援助国和受援国都能发挥关键作用。

援助国需进一步推动落实《巴黎宣言》——实际上，这些国家在此方面已有所行动，未来还能做得更多。Lundsgaarde 和 Engberg-Pederson（2019）发现，援助国制定的援助政策文件几乎未提及援助实效原则。援助国需要进一步组建有利于增强项目有效性的国家机构（Brown，2020），这是《巴黎宣言》的重要内容。

各案例国家做出了相当大的努力来加强援助协调。在加纳和卢旺达，联合国机构采用了"单一联合国"运作模式，并将其推广至援助国。然而，在协调方面的实际行动仍然乏力，其原因是这些援助国必须满足自身的利益诉求。

正如《中国的对外援助》白皮书所言，努力提高援助实效和透明度是中国当前援助政策的重大转变。鉴于此，援助实效将会再次成为受援国的首要议程。

受援国还需整合发展计划，确保其具有一致性和连贯性。正如 Brown（2020）所言："……这些计划缺乏战略优先次序，更像是一种愿望清单……"我们需要建立合适的监测评估系统，确保各方能够及时跟进。本研究中的案例国家虽然建立了数据库，但其利用率仍有待提高。

（三）研究的局限性

这项研究主要参考了《巴黎宣言》在实施方面的文献综述。《巴黎宣言》仅于 2011 年接受过一次独立评估，此后再未有过分析，当前形势或已发生巨大变化。此外，最近许多研究（Keijzer 等，2020；Brown，2017，2020）也未对《巴黎宣言》进行全面审视。

为更好地推动《巴黎宣言》落实，受援国及援助组织的主要利益相关方（学术界、公共媒体、民间团体和非政府组织）要加强交流，敦促援助国将实效性原则纳入政策文件。了解利益相关方对援助实效议程的内化程度非常重要。同样，可能还要开展更多的研究，以了解受援国如何才能发挥更强的主导性，并在各个阶段都能推进合作。

参考文献

AfDB. 2018. "Senegal-Project for Support to Skills Development and Youth Entrepreneurship in Growth Sectors." Abidjan, Cote d'Ivoire.

AfDB. 2016. "Local Development Reform Support Programme-Phase1." Abidjan, Cote d'Ivoire.

A. Banerjee, E. Duflo. 2011. *Poor Economics: A Radical Rethinking of the Way to Fight Global Poverty*. New York: Public Affairs.

A. Dreher, A. Fuchs, B. C. Parks, A. Strange, M. J. Tierney. 2021. "Aid, China, and Growth: Evidence from a New Global Development Finance Dataset." *American Economic Journal: Economic Policy* 13 (2).

A. Alesina, D. Dollar. 2000. "Who Gives Foreign Aid to Whom and Why?" *Journal of Economic Growth* 5 (1).

A. Dreher, A. Fuchs, B. C. Parks, A. Strange, M. J. Tierney. *Banking on Beijing: The Aims and Impacts of China's Overseas Development Program*. Cambridge, UK: Cambridge University Press.

A. R. Sanusi. 2010. "Foreign Aid Management in Ghana: Are There Lessons for Recipients in Sub-Saharan Africa." *Nigerian Journal of Contemporary Public Policy Studies* 4 (1).

Burnside Craig, Dollar David. 2000. "Aid, Policies, and Growth." *American Economic Review* 90 (4).

B. Keeley. 2012. "What is Aid?" in From Aid to Development: The Global Fight Against Poverty, OECD Publishing, Paris, https://doi.org/10/1787/9789264123571-4-en.

C. McKee, C. Blampied, I. Mitchell, A. Rogerson. 2019. "Revisiting Aid Effectiveness: A New Framework and Set of Measures for Assessing Aid Quality." CGD Working Paper 524, Washington, DC: Center for Global Development, https://www.cgdev.org/publication/revisiting-aid-effectiveness-new-framework-and-set-measures-assessing-aid.

C. J. Dalgaard, H. Hansen, F. Tarp. 2004. "On the Empirics of Foreign Aid and Growth." *The Economic Journal* (114).

C. Stoneman. 1975. "Foreign Capital and Economic Growth." *Journal of Applied Economics* (25).

C. Cheng. 2019. "The Logic Behind China's Foreign Aid Agency." Carnegie Endowment for International Peace.

C. Lancaster. 2009. "Sixty Years of Foreign Aid. What have We Learned?" *International Journal* 64 (3).

C. S. Voivodas. 1973. "Exports, Foreign Capital Inflow and Economic Growth." *Journal of International Economics* (3).

D. Williams. 2013. "The History of International Development Aid." in Handbook of Global Economic Governance ed. Manuela Moschella and Catherine Weaver (Abingdon: Routledge), Accessed 22 Jul 2021, Routledge Handbooks Online.

D. Bräutigam. 1998. "Chinese Development Aid and African Development." Exporting Green Revolution, Palgrave, MacMilan.

D. Bräutigam. 2011. "Aid 'With Chinese Characteristics': Chines Foreign Aid and the

Development Finance Meet the OECD Aid Regime. " *Journal of International Development* (23) .

D. Dole, S. Lewis-Workman, D. D. Trinidad, X. Yao. 2021. "The Rise of Asia Aid Donors: Recipient-to-Donor Transition and Implications for International Aid Regime. " *Global Journal of Emerging Market Economies* 13 (1) .

D. Moyo. 2010. "Dead Aid: Why Aid Makes Things Worse and How There is Another Way for Africa. " London: Penguin Books.

D. Roodman. 2004. "The Anarchy of Numbers: Aid, Development, and Cross-country Empirics. " Center for Global Development, Washington, DC.

E. Lundsgaarde, L. Engberg-Pedersen. 2019. "The Aid Effectiveness Agenda: Past Experiences and Future Prospects. " Copenhagen: Danish Institute for International Studies.

E. Tjønneland. 2020. "The Changing Role of Chinese Development Aid. " CMI Insight No. 2.

E. Frot, J. Santiso. 2011. "Herding in Aid Allocation. " *Kyklos* 64 (1) .

E. O. Okon. 2012. "Five Decades of Development Aid to Nigeria: The Impact on Human Development. " *Journal of Economics and Sustainable Development* 3 (1) .

F. Niyonkuru. 2016. "Failure of Foreign Aid in Developing Countries: A Quest for Alternatives. " *Bus. Eco. J.* (7) .

Global Partnership for Effective Development Cooperation (GPEDC) . 2019. "Making Development Co-operation More Effective: Global Partnership for Effective Development Co-operation 2019 Progress Report. " https: //www. undp. org/content/undp/en/home/librarypage/ developmentimpact/Making-development-co-operation-more-effective. html.

G. Staicu, R. Barbulescu. 2017. "A Study of the Relationship between Foreign Aid and Human Development in Africa. " International Development, Seth Appiah-Opoku, IntechOpen, DOI: 10. 5772/67483, Available from: https: //www. intechopen. com/books/international - development/a-study-of-the-relationship-between-foreign-aid-and-human-development-in- africa.

G. Hyden, R. Mukandala. 1999. "Agencies in Foreign Aid: Comparing China, Sweden and the United States in Tanzania. " London, MacMilan.

G. Daly, J. Kaufman, S. Lin, L. Gao, M. Reyes, S. Matemu, W. El-Sadr. 2020. "Challenges and Opportunities in China's Health Aid to Africa: Findings from Qualitative Interviews in Tanzania and Malawi. " *Globalization and Health* (16) .

G. Fazzini. 2019. "China's Development Aid Effectiveness in Africa. " Unpublished Master's Thesis, Eramus University of Rotterdam.

G. F. Papanek. 1973. "Aid, Foreign Private Investment, Savings and Growth in Less Developed Countries. " *Journal of Political Economy* 81.

I. E. Uduji. 2016. "Donor Coordination and Health Aid Effectiveness in the Nigeria Health

Sector. " PhD Dissertation, Walden University, Walden Dissertation and Doctoral Studies.

J. Alves, C. Couto. 2018. "The Impact of Foreign Aid on Aggregate Welfare Measures: A Panel Data Analysis. " Working Papers REM 54.

J. Sachs. 2009. "Aid Ironies", Huffington Post, 24 May.

J. Stiglitz. 2002. "Globalization and Its Discontents. " W. M. Norton.

K. Deyassa. 2019. "Does China's Aid in Africa Affect Traditional Donors?" *International Studies, Interdisciplinary Political and Cultural Journal* 13 (1) .

K. Gomanee, O. Morrissey, P. Mosley, A. Verschoor. 2003. "Aid, Pro-Poor Government Spending and Welfare. " Working Paper 3 (3) .

K. Griffin, J. Enos. 1970. "Foreign Assistance: Objectives and Consequences. " *Journal of Economic Development and Cultural Change* 18 (3) .

K. L. Gupta. 1975. "Foreign Capital Inflows, Dependency Burden, and Savings Rates in Developing Countries: A Simultaneous Equation Model. " *Kyklos* (28) .

L. Redifer, E. Alper, N. Meads, T. Gursoy, M. Newiak, A. Thomas, S. Kwalingana. 2020. "The Development Path Less Travelled: The Experience of Rwanda. " International Monetary Fund.

Minecofin. 2017. "Rwanda Official Development Assistance Report. " (Report FY 2015 – 2016) .

M. Hadjimichael, D. Ghura, M. Muhleisen, R. Nord, E. Ucer. 1995. " Sub-Saharan Africa: Growth, Savings, and Investment, 1986 – 93. " IMF Occasional Paper, No. 118, IMF, Washington D. C.

M. Elayah. 2016. "Lack of Foreign Aid Effectiveness in Developing Countries Between a Hammer and an Anvil. " *Contemporary Arab Affairs* (9).

M. MacGillivray, F. Noorbakhsh. 2007. " Aid, Conflict and Human Development. " Working Papers 2007 (3), Business School of Economics, University of Glasgow.

N. Keijzer, S. Klingebiel, F. Scholtes. 2020. " Promoting Ownership in a 'Post-aid Effectiveness' World: Evidence from Rwanda and Liberia. " *Development Policy Review* (38) .

OECD. 2008. "Effective Aid Management: Twelve Lessons from DAC Peer Reviews. "

OECD. 2019. "What is Official Development Aid?"

OECD. 2021. "OECD Press Release April 2021. "

O. A. Makinde, C. Meribole, K. A. Oyediran, F. A. Fadeyibi, M. Cunningham, Y. Hussein-Fajugbagbe, F. Toye, A. Oyemakinde, S. Mullen. 2018. " Duplication of Effort across Development Projects in Nigeria: An Example Using the Master Health Facility List. " *Journal of Public Health Informatics* 10 (2), DOI: 10. 5210/ojphi. v10i2. 9104.

P. T. Bauer. 1972. *Dissent on Development.* Cambridge, Mass: Harvard University Press.

P. Collier. 2007. *The Bottom Billion: Why the Poorest Countries are Failing and What can be Done About It*. Oxford: Oxford University Press.

P. Abbott, J. Rwirahira. 2012. "Aid Effectiveness in Rwanda: Who Benefits?" Action Aid Rwanda.

P. Appiah-Konadu, S. J. Forster, E. Abokyi, D. K. Twerefou. 2016. "The Effect of Foreign Aid on Economic Growth in Ghana." *African Journal of Economic Review* 4 (2).

P. Hjertholm, H. White. 2000. "A Survey of Foreign Aid: History, Trends and Allocation." Discussion Paper No. 00-04, Department of Economics, University of Copenhagen.

P. Nunnenkamp, A. Fuchs, O. Hannes. 2015. "Why Donors of Foreign Aid Do Not Coordinate: The Role of Competition for Export Markets and Political Support." *The World Economy* 38 (2).

P. T. Bauer. 1984. *Reality and Rhetoric: Studies in the Economics of Development*. Cambridge, Mass, Harvard University Press.

R. Thiele, P. Nunnenkamp, A. Inaki. 2010. "Less Aid Proliferation and More Donor Coordination? The Wide Gap between Words and Deeds." *Journal of International Development* 22 (7).

R. Greenhill, A. Prizzon, A. Rogerson. 2013. "The Age of Choice: How Developing Countries are Managing the New Aid Landscape?" Centre for Aid and Public Expenditure, Overseas Development Institute. UKaid/AusAid.

R. Matthews, X. Ping, L. Ling. 2016. "Learning from China's Foreign Aid Model." The Diplomat.

S. A. Asongu, J. C. Nwachukwu. 2017. "Foreign Aid and Inclusive Development: Updated Evidence from Africa, 2005-2012." *Social Science Quarterly* 98 (1).

S. Burall, D. Roodman. "Developing a Methodology for Assessing Aid Effectiveness: An Options Paper." Overseas Development Institute, London, UK.

S. Browne. 1997. "The Rise and Fall of Development Aid." UNU-WIDER Working Paper No. 143, Helsinki, Finland.

S. Brown. 2017. "Foreign Aid and National Ownership in Mali and Ghana." *Forum for Development Studies* 44 (3).

S. Brown. 2020. "The Rise and Fall of Aid Effectiveness Norm." *The European Journal of Development Research* 32.

S. Kosack. 2003. "Effective Aid: How Democracy Allows Development Aid to Improve the Quality of Life." *World Development* 31 (1).

V. K. Tawiah, E. J. Barnes, P. Acheampong, O. Yaw. 2019. "Political Regimes and Foreign Aid Effectiveness in Ghana." *International Journal of Development Issues* 18 (1), https://doi.org/10.1108/IJDI-02-2018-0029.

World Bank. 1998. *Assessing Aid：What Works and What Doesn't and Why.* New York：Oxford University Press.

World Bank Group. 2017. "The World Bank in Rwanda：Overview." W. Easterly. 2003. "Can Foreign Aid Buy Growth?" *Journal of Economic Perspectives* (5) .

W. Easterly. 2014. "The Tyranny of Experts：Economists, Dictators, and the Forgotten Rights of the Poor." Basic Books.

Y. Sun. 2014. "China's Aid to Africa：Monster or Messiah." Op-Ed, Brookings Institute, February 7, 2014.

Z. Babaci-Wilhite, M. A. Geo-JaJa, L. Shizhou. 2013. "China's Aid to Africa：Competitor or Alternative to the OECD Aid Architecture." *International Journal of Social Economics*, https：//doi. 10. 1108/IJSE-09-2012-0172.

附　录

一　一些与援助实效相关的选定指标

本部分数据并不反映某种因果关系或任何相互关系，仅是为了展示在受援国样本中某些经济变量随着时间推移而发生的变化。

（一）加纳

如附图 1 所示，加纳人类发展指数从 2010 年的 0.565 上升到了 2019 年的 0.611，这意味着人类发展得到了适度推进。官方发展援助净额在国民总收入中的占比从 2010 年的 5.4%下降到了 2018 年的 1.7%（2019 年缺少可用数据）。与贫困相关的两个变量（收入不平等和教育不平等）均呈下降趋势。2010~2019 年，收入不平等减少了 1.3 个百分点，教育不平等减少了 2.4 个百分点（从 37.5%降至 35.1%）。

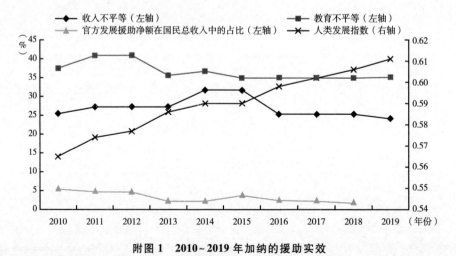

附图 1　2010~2019 年加纳的援助实效

资料来源：笔者根据各种人类发展指数报告编制。

（二）尼日利亚

附图 2 展示了尼日利亚的情况。该国人类发展指数从 2010 年的 0.482 增加到 2019 年的 0.539；官方发展援助净额在国民总收入中的占比一直很低，从未超过 1%；收入不平等从 2010 年的 25.1%上升到 2013 年的 34.5%，随后开始下降，但 2019 年（28.1%）仍高于 2010 年；教育不平等 2010 ～ 2019 年下降了 6 个百分点。Okon（2012）的一项研究发现，发展援助对人类发展指数和国内生产总值都产生了负面影响。

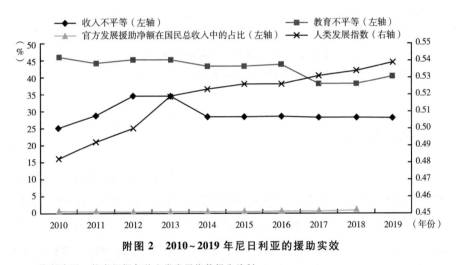

附图 2　2010 ～ 2019 年尼日利亚的援助实效

资料来源：笔者根据各种人类发展指数报告编制。

（三）卢旺达

卢旺达的人类发展指数从 2010 年的 0.492 上升到 2019 年的 0.543（见附图 3）；同期，官方发展援助净额在国民总收入中的占比下降了近 5 个百分点，但相对而言仍然较高，说明卢旺达非常依赖于援助（世界银行，2017）；教育不平等没有显著减少，2010 年为 30.7%，2019 年为 29.3%；收入不平等从 2010 年的 31.5%上升到 2013 年的 39.6%，但随后开始下降，2019 年为 36.4%，远高于 2010 年的水平。

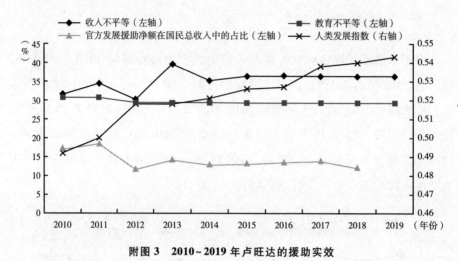

附图 3　2010~2019 年卢旺达的援助实效

资料来源：笔者根据各种人类发展指数报告编制。

（四）塞内加尔

附图 4 描述了塞内加尔的情况。该国人类发展指数从 2010 年的 0.468 增加到 2019 年的 0.512；官方发展援助净额在国民总收入中的占比从 5.8% 下降到 2018 年的 4.4%。数据显示，收入不平等状况并未得到改善，2010 年，这一与贫困相关的参数为 21.1%，2019 年上升到 25.9%，增长近 5 个百分点。教育不平等 2010~2019 年的降幅小于 1 个百分点，从 47.3% 下降到了 46.4%。

总之，在这四个国家中，与贫困相关的变量显示出多样化。人类发展指数和官方发展援助净额在国民总收入中的占比发展态势良好。在加纳，收入不平等的改善状况令人满意；而尼日利亚、卢旺达和塞内加尔的该情况正在恶化。在教育不平等方面，加纳和尼日利亚取得了显著进步，而卢旺达和塞内加尔的改善幅度较小。这印证了多年来从实证分析中得到的结论。

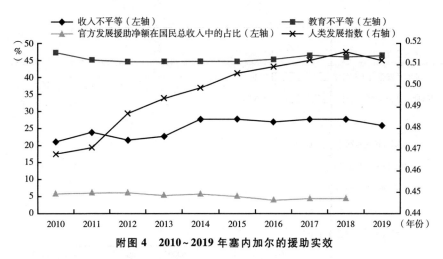

附图4　2010~2019年塞内加尔的援助实效

资料来源：笔者根据各种人类发展指数报告编制。

二　经合组织双边和多边援助的主要援助者

（一）加纳

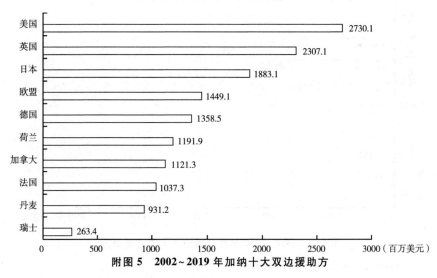

附图5　2002~2019年加纳十大双边援助方

资料来源：根据经合组织统计资料编制。

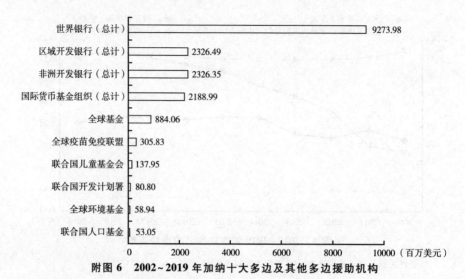

附图 6　2002~2019 年加纳十大多边及其他多边援助机构

资料来源：根据经合组织统计资料编制。

（二）尼日利亚

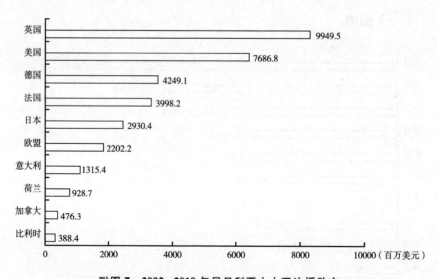

附图 7　2002~2019 年尼日利亚十大双边援助方

资料来源：根据经合组织统计资料编制。

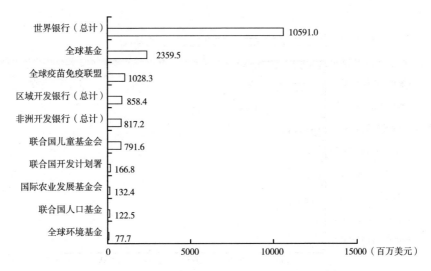

附图 8　2002~2019 年尼日利亚十大多边及其他多边援助机构

资料来源：根据经合组织统计资料编制。

（三）卢旺达

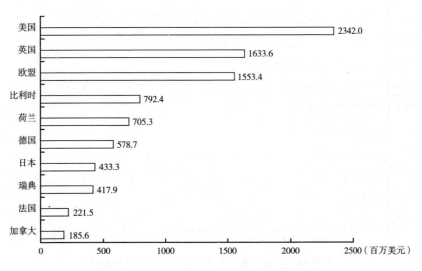

附图 9　2002~2019 年卢旺达十大双边援助国

资料来源：根据经合组织统计资料编制。

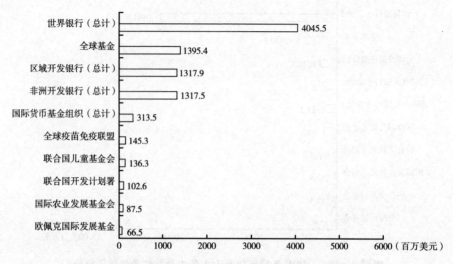

附图 10　2002~2019 年卢旺达十大多边及其他多边援助机构

资料来源：根据经合组织统计资料编制。

（四）塞内加尔

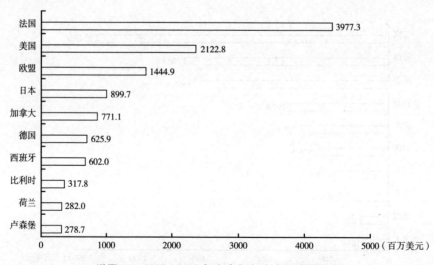

附图 11　2002~2019 年塞内加尔十大双边援助国

资料来源：根据经合组织统计资料编制。

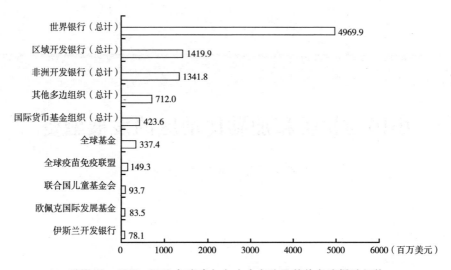

附图 12　2002~2019 年塞内加尔十大多边及其他多边援助机构

资料来源：根据经合组织统计资料编制。

中国与拉美和加勒比地区的发展融资

基思·努斯　梅里尔·蒂尔*

一　引言

2013~2018 年，中国对外援助总额达 2702 亿元人民币（包括赠款、无息贷款和优惠贷款），其中拉美和加勒比地区占 7.27%，是继非洲（44.65%）和亚洲（36.82%）之后的第三大受援地。[①] 因此，本报告旨在研究中国发展援助对拉美和加勒比地区的影响，了解中国发展融资倡议对全球发展事业的贡献。

发展融资已成为发展合作的关键领域，也有利于扩充融资渠道。可以说，面对目前援助力度减弱、气候变化和新冠疫情等挑战，中国的发展融资已成为弥合发展与投资之间缺口的关键。

本研究将从三个国家案例出发，对发展融资的关键要素做出分析，即中

---

*　基思·努斯（Keith Nurse），特立尼达和多巴哥科学技术与应用艺术学院院长，曾任圣卢西亚阿瑟·刘易斯社区学院院长、西印度群岛大学执行董事、阿瑟·刘易斯社会经济研究所高级研究员等，主要研究领域包括贸易政策、服务贸易、知识产权价值捕获、出口多元化和全球价值链整合等；梅里尔·蒂尔（Meryl Thiel），巴西马拉尼昂联邦大学副教授。

①　Government of China. 2021. *White Paper on China's International Development Cooperation in the New Era.* State Council Information Office of the People's Republic of China, http：//en. cidca. gov. cn/2021-01/10/c_581228. htm.

国与拉美和加勒比地区之间的贸易维度、该地区的融资机制、各利益相关者的政策和风险。第一个案例是巴西，其不仅重要——该国与中国有着深厚的贸易投资关系，而且独具特色——巴西既是借款者又是捐助者。第二个案例是秘鲁，其既是拉美和加勒比地区十大官方发展援助接受者之一，也是向中国出口矿产资源的主要国家。第三个案例是牙买加，其不仅是加勒比地区最大的援助和发展融资接受者，而且在美国、中国以及拉美和加勒比地区正在形成的三方关系中举足轻重。

二　中国与发展融资

中国是世界上最大的发展中国家，近 20 年来已成为国际发展融资的最大来源地和南南合作的主要援助者。2018 年国家国际发展合作署的成立，标志着中国发展合作治理模式成形，发展融资被确立为中国外交政策的重要组成部分。① 具体可参见中国 2021 年 1 月发布的《新时代的中国国际发展合作》。②

中国属于"其他官方援助提供者"，因此相比于其他援助者，可用于分析中国发挥的作用和影响力的数据有限。中国的发展援助和融资方式通常难以量化和评估，同时也区别于官方发展援助的经典模式——以赠款和优惠贷款为主。"中国特色"开发性金融一般包括赠款、无息贷款、优惠贷款、优惠出口信贷和投资等形式。③ 总的来说，相关研究认为：

---

① China International Development Cooperation Agency （CIDCA）, http：//en. cidca. gov. cn, CIDCA is in Charge of Formulating Strategic Aid Guidelines, Plans and Policies for Foreign Aid; Co-ordinating and Offering Advice on Major Foreign Aid Issues; Advancing the Country's Reforms in Matters Related to Foreign Aid; and Identifying and Evaluating Major Programmes of Development Co-operation.

② Government of China. 2021. *White Paper on China's International Development Cooperation in the New Era.* State Council Information Office of the People's Republic of China, http：//en. cidca. gov. cn/ 2021–01/10/c_581220. htm.

③ L. Hongsong, X. Yue, F. Xinzhu. 2020. "Development Finance with Chinese Characteristics：The Belt and Road Initiative." *Revista Brasilera de Política Internacional* 63 （2）, https：//www. scielo. br/j/rbpi/a/pfbXcRrNdfM5t6x6DBtdzwf/? lang＝en.

> 中国特色开发性金融……是中国政府针对发展中国家提出的一种合作模式，具有优惠性，而且高度依赖于信贷工具。这种模式有别于传统官方发展援助——构建援助国—受援国关系，发展中国家之间在平等基础上展开互利合作。[①]

中国开发性金融与"一带一路"倡议有直接关系。截至 2019 年年中，已有 18 个拉美国家在该倡议下与中国签署谅解备忘录，其中 10 个位于加勒比地区。为"一带一路"倡议提供支持的既有政策性银行（国家开发银行和中国进出口银行），也有商业银行（工商银行、中国银行、建设银行、交通银行和农业银行）。据观察，此类融资计划"一般不附带条件，且是以商业贷款为主，用于资助中国国有企业交付大型基础设施开发项目"。[②]

此外，鉴于新兴国家和发展中国家的融资规模大、分布广，对可持续发展目标有着潜在影响，中国提供的发展援助对推动全球发展至关重要。表 1 对比了中国所发挥的作用与"可持续发展目标 17.15"的一致性，该目标侧重于在全球伙伴关系框架下使用国家主导结果。评估表明，除了"通过国家体系提供的资金"外，中国在一致性方面的得分较高（见表 1）。

表 1　2016 年和 2018 年全球伙伴关系监测结果：中国

单位：分

年份	伙伴国家的一致性和自主权			可预见性	
	"可持续发展目标 17.15"，使用国家主导结果	国家预算记录的资金	通过国家体系提供的资金	年度	中期
2016	88.9	72.6	43.0	78.3	71.6
2018	83.3	79.5	33.3	100.0	75.0

资料来源：根据 2018 年全球伙伴关系监测数据整理。

---

① L. Hongsong, X. Yue, F. Xinzhu. 2020. "Development Finance with Chinese Characteristics: The Belt and Road Initiative." *Revista Brasilera de Política Internacional* 63 (2), https://www.scielo.br/j/rbpi/a/pfbXcRrNdfM5t6x6DBtdzwf/? lang=en.

② https://www.bond.org.uk/news/2020/10/the-rise-of-chinese-development-finance-risks-or-opportunities-ahead.

拉美和加勒比地区覆盖人口 6.32 亿，国内生产总值达到 5.3 万亿美元，对世界经济贡献巨大，因此研究该地区的案例具有重要价值。拉美和加勒比地区受新冠疫情的影响十分严重，10 个新兴市场和发展中经济体中，有 5 个人均死亡率最高——该地区人口仅占世界的 10%，病患占比却达到了 20%。此外，据估计该地区经济增速于 2020 年收缩至 6.9%，其原因是保持社交距离和限制人口流动对旅游业、农业和制造业等关键部门的经济活动和就业机会产生了负面影响。拉美和加勒比地区中等经济体的政府债务急剧上升，从 2019 年占国内生产总值的 53% 上升到 2020 年的 69%。这使日益严重的贫困和不平等问题雪上加霜，进一步削弱了该地区的竞争力。

三　贸易维度

与其他发展中国家一样，发展融资是拉美和加勒比地区的关键问题。该地区接受的官方发展援助排名倒数第二（见图 1），数额较小，远低于亚洲和非洲。新冠疫情给拉美和加勒比地区造成了严重冲击，发展援助和发展融资的重要性日益凸显。该地区在疫情暴发前就面临着高额债务，疫情进一步加剧了发展融资问题。拉美和加勒比地区是世界上发展中国家负债最多的地区，也是相对于商品和服务出口而言外债偿付率最高的地区（57%）。这些因素都对该地区各国的宏观经济表现和对外关系产生了广泛影响。比如 2019~2020 年，中美洲国家经常账户赤字占国内生产总值的比重从 1.4% 扩大到 4.5%，加勒比地区则从 4.8% 膨胀到 17.2%。

中国作为拉美和加勒比地区重要发展伙伴的地位日益提高。中国"一带一路"倡议已吸引拉美和加勒比地区的 19 个国家参与。

随着贸易的快速增长，中国在拉美和加勒比地区的经贸规模扩大。过去二三十年来，中国在拉丁美洲的市场影响力不断提升。1990 年，拉美对华贸易只占拉美总贸易的 1%，而 2017 年这一比例为 14.08%。2013 年，中国成为拉丁美洲第二大贸易伙伴，仅次于欧盟。同时，2000~2017

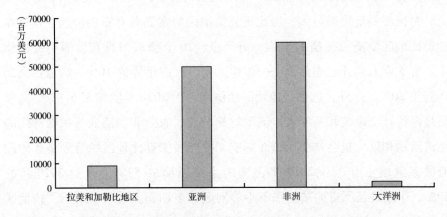

图1 2019年发展中国家所处地区的净官方发展援助总额

资料来源：经合组织。

年拉美与美国贸易额占比从53.57%下降到40.76%。事实证明，拉丁美洲在中国也能找到为其提供商品的合作伙伴。汽车、电子产品和汽车零部件进口比重大幅增长，从2000年的38.63%上升到2017年的56.85%。2007年以来，拉美和加勒比地区向中国出口的大豆、矿产和铜等商品额占其出口总额的65%。

中国是拉美和加勒比地区许多国家的主要贸易伙伴。中国对该地区的贸易顺差极大。比如，与东盟地区相比，拉美和加勒比地区向中国主要出口大宗商品和资源，而东盟向中国主要出口中高技术产品。总之，拉美和加勒比地区已成为中国工业化建设的重要资源来源地之一，多个拉美国家的大宗商品和原材料出口比重不断提升。如阿根廷和巴西等全球大豆生产大国对中国出口持续增加，而中国是世界上最大的大豆消费国和进口国。

2008年《中国对拉美和加勒比政策文件》中提出的平等互利、共同发展（即南南合作）等愿景和原则得到了践行，其目标是建立全面合作伙伴关系。该文件提出了一系列的双边和三边合作，包含政治、经济、社会、文化、国际合作、和平与安全等内容。比如在经济领域，金融方面的合作涉及以下内容：

> 支持中国金融机构与拉美和加勒比国家、地区以及国际金融机构加强业务交流与合作，进一步加强在拉网点建设。加强中拉央行和金融监管部门间对话合作，加强跨境本币结算、商讨人民币清算安排，稳步推进货币合作。在双边金融合作的基础上，充分发挥中拉合作基金、优惠性质贷款、基础设施专项贷款、中拉产能合作投资基金以及中国—加勒比相关融资计划的作用，积极探索保险、金融租赁等合作形式，不断拓展与拉美和加勒比区域性金融机构的合作，支持双方重点领域和重大项目合作。[1]

本研究的目的便是在这种地缘经济持续转型背景下，分析中国在拉美和加勒比地区发展援助和发展融资的结构性条件。

四　融资维度

拉美和加勒比地区的委内瑞拉、巴西和厄瓜多尔位居受援国名单之首（见表2）。能源相关项目（主要在委内瑞拉和巴西）共计35个（935亿美元），占2005~2019年贷款总额的68%以上。基础设施项目38个（居前五的国家是阿根廷、委内瑞拉、牙买加、巴西和玻利维亚），略高于能源项目数量，总额250亿美元，属第二大贷款领域。"其他"类别总额162亿美元，分布在23个项目中，涉及交通运输、教育和发展援助等领域，最小一类为采矿，项目共计21亿美元。[2]

---

① China's Policy Paper on Latin America and the Caribbean, https：//www.fmprc.gov.cn/mfa_eng/zxxx_662805/t1418254.shtml.

② P. Gallagher Kevin, Margaret Myers. 2021. "China-Latin America Finance Database." Washington：Inter-American Dialogue.

表2　2005~2019 年中国十大贷款接受国

单位：个，亿美元

国家	贷款项目数量	贷款金额
委内瑞拉	17	622
巴西	12	297
厄瓜多尔	15	184
阿根廷	12	171
玻利维亚	10	34
牙买加	11	21
墨西哥	1	10
多米尼加	1	6
苏里南	4	5.8
特立尼达和多巴哥	2	3.74

资料来源：根据中拉金融数据库数据整理。

最大的贷款提供者是中国国家开发银行，为 40 个项目贷款 979 亿美元。中国进出口银行是第二大贷款提供者，为 54 个项目提供了 250 亿美元。"其他"类别包括商业银行和其他贷款机构，为 5 个项目贷款 139 亿美元。

中国贷款的增长始于 2005 年，2009 年加速，2010 年达到 357 亿美元的峰值。2015 年也是显著增长的一年，为 14 个项目贷款 215 亿美元。近年来，此类贷款的金额和数量均大幅下降（见图 2）。自 2018 年拉美和加勒比地区正式加入"一带一路"倡议以来，贷款已转向商业领域。[①] 阿根廷（16 个项目）、巴西（8 个项目）和智利（4 个项目）是贷款项目最多的国家，占贷款总量的 70%。厄瓜多尔、哥伦比亚和秘鲁各有 3 个项目，委内瑞拉、洪都拉斯和墨西哥各有 1 个项目。

要分析中国的发展援助和融资领域情况，便需要与多边开发银行等机构进行比较。如图 3 所示，2009~2019 年委内瑞拉和厄瓜多尔从中国的借款总

---

① Margaret Myers. 2021. "China-Latin America Commercial Loans Tracker." Washington：Inter-American Dialogue.

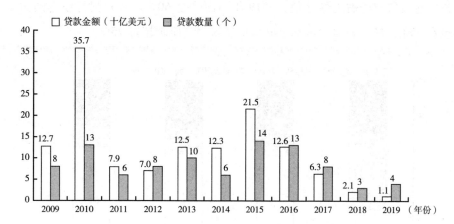

图 2 2009~2019 年中国在拉美和加勒比地区的政策性贷款：金额和数量

资料来源：中拉金融数据库。

额已超过多边开发银行。巴西、阿根廷和牙买加等与多边开发银行的投资规
模更大，但也大量吸纳了中国贷款。

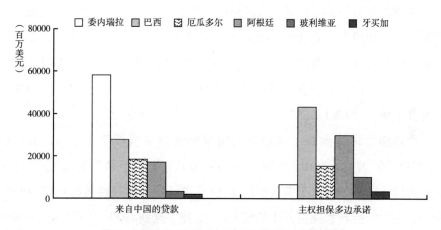

图 3 2009~2019 年中国对拉美融资与多边承诺

资料来源：联合国拉加经委会（2021）。

过去几十年，多边开发银行所占份额从 19% 下降到接近 5%。多边和双
边官方援助占比已从略高于 38% 下降到 15% 左右。债券等私人资金迅速增

长，在借贷市场占主导地位，2019 年占比升至 60%。私人银行债券的占比也在下降，其在公共债务和公共担保债务中的比重超过 75%。

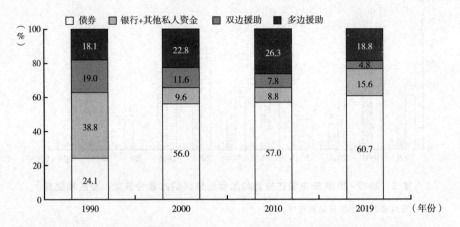

图4 1990~2019 年拉美和加勒比地区的公共债务和公共担保债务：按债权人类型

资料来源：联合国拉加经委会（2021）。

主要的多边援助涉及多个金融组织。图5显示，美洲开发银行是最大的贷款机构，2019 年占拉美和加勒比地区多边开发银行贷款的 46%；其后依次是世界银行（国际复兴开发银行）占 29%、拉美开发银行（13%）、国际金融公司（6%）、中美洲经济一体化银行（4%）、美洲投资公司（1%）、国际开发协会（1%）。

中国通过转贷参与了多边开发银行的部分贷款项目。比如，据英国《金融时报》报道，2010~2020 年中国从美洲开发银行获得价值近 18 亿美元的合同，远高于美国同期获得的 2.49 亿美元——美国在该行持有 30% 的股份，而中国持有的股份占比不足 1%。此外，直到 2009 年中国才加入美洲开发银行。美洲开发银行行长毛里西奥·克拉弗-卡罗内表示："华盛顿多年来为贷方提供的资金不足，这为中国在拉丁美洲获得市场立足点提供了机会"。[1]

---

① Financial Times, July 29 2021.

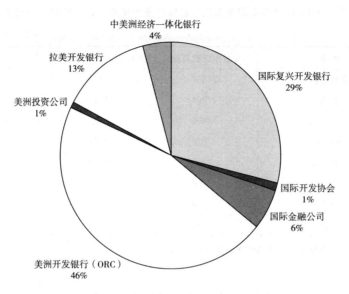

图 5　拉美和加勒比地区的多边开发银行贷款（2019）

资料来源：联合国拉加经委会（2021）。

中国在拉美和加勒比地区的贷款，特别是通过政策性银行（中国国家开发银行和中国进出口银行）提供的贷款，发挥了极其重要的作用（见表 3）。2009~2019 年，中国在拉美和加勒比地区的融资总额为 1319 亿美元，相当于多边开发银行在该地区同期融资总额的 59%。中国融资高度集中在六个国家（委内瑞拉、巴西、厄瓜多尔、阿根廷、玻利维亚和牙买加），占该地区融资总额的 96%——仅委内瑞拉就占 44%，其次是巴西（21%）、厄瓜多尔（13.9%）和阿根廷（12.9%）。对规模较小的借款人来说，尽管其贷款总额所占比重相对较小，但与多边开发银行提供的贷款相比仍然相当可观。比如，玻利维亚从中国政策性银行的借款约相当于多边开发银行的 33%，而牙买加则达到 59%。即便如此，这与中国对委内瑞拉的巨大影响相比仍相形见绌。在委内瑞拉，中国贷款几乎是多边开发银行的 9 倍。这种影响在巴西（64%）、厄瓜多尔（119%）和阿根廷（57%）等其他大型借款国也很显著。

表3　2009~2019年中国与多边开发银行在拉美和加勒比地区的融资情况

单位：百万美元，%

国家	来自中国的贷款	主权担保多边承诺	中国/多边
委内瑞拉	58200	6713	867
巴西	27794	43243	64
厄瓜多尔	18400	15424	119
阿根廷	17070	29958	57
玻利维亚	3400	10230	33
牙买加	2100	3540	59
其他	4934	113848	4
总计	131898	222956	59

资料来源：根据中拉金融数据库数据整理。

在中国对拉美和加勒比地区融资的领域构成方面，如表4所示，就金额而言，大量融资流向能源相关项目（68%，935亿美元）；基础设施项目数量最多，金额达250亿美元；"其他"类别包含23个项目，金额达162亿美元；采矿有3个项目，总额21亿美元。

表4　2005~2019年中国对拉美和加勒比地区融资的领域构成

单位：个，十亿美元

领域	项目	金额
能源	35	93.5
基础设施	38	25.0
其他	23	16.2
采矿	3	2.1

资料来源：根据中拉金融数据库数据整理。

中国的商业银行是在政策性银行进入拉美和加勒比地区数年后才开始进入的，近年来其作用变得越来越重要。商业银行贷款在2012/2013财年随着"一带一路"倡议的提出而出现，并随着"一带一路"建设项目在该地区的正式启动而增多（见图 6）。这从 2015 年、2019 年和 2020 年的贷款激增中可以明显反映出来。事实上，2019 年以来，商业银行贷款超过政策性银行。与图 2 中列出的政策性贷款不同，商业贷款方面的公开数据缺乏。

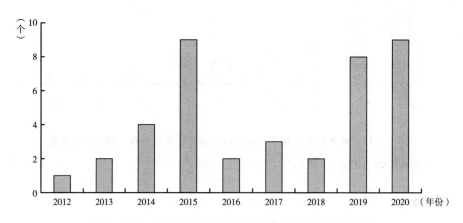

图 6 2012~2020 年中国在拉美和加勒比地区的商业贷款

资料来源：中拉金融数据库。

拉美和加勒比地区商业贷款的主要接受国是阿根廷（16 笔）、巴西（8 笔）和智利（4 笔），共计占向拉美和加勒比地区提供贷款的 70%（见图 7）。厄瓜多尔、秘鲁和哥伦比亚各有 3 笔贷款，委内瑞拉、洪都拉斯和墨西哥各有 1 笔。委内瑞拉是政策性银行的主要借款国，因此其商业贷款所占比重较小。

大部分贷款被用于能源项目（60%），其次是基础设施（27.5%）和采矿（12.5%）（见图 8）。主要的商业贷款银行是中国工商银行，占比 68%；中国银行以 21% 位居第二，而中国建设银行（9%）和交通银行（2%）也参与其中，是规模相对较小的贷款机构（见图 9）。

发展融资领域的另一个变化是中拉基金增长。表 5 显示了 2013 年以来成立的 6 只基金。这些基金在许多方面填补了 2017 年以来因政策性贷款减少而造成的缺口。比如，中拉产能合作投资基金成立于 2015 年，专注的领

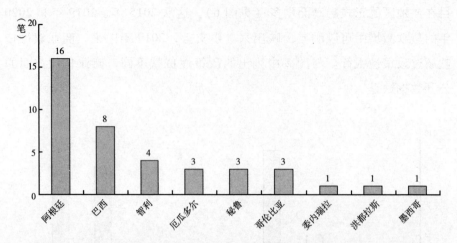

图7　2012～2020年中国在拉美和加勒比地区的商业贷款：按国家和数量

资料来源：中拉金融数据库。

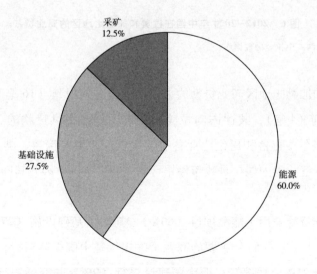

图8　2012～2020年中国在拉美和加勒比地区的商业贷款：按领域划分

资料来源：中拉金融数据库。

域包括制造业、高科技、基础设施、能源矿产、农业、金融合作和清洁能源等。

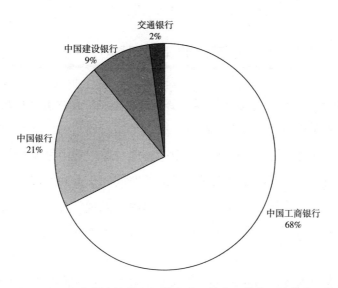

图 9   2012～2020 年中国在拉美和加勒比地区的商业贷款：按贷款机构划分

资料来源：中拉金融数据库。

表 5   中国在拉美和加勒比地区的基金

名称	成立年份	总规模 （亿美元）	说明
中拉产能合作投资基金	2015	300	中国人民银行、外汇局梧桐树投资平台（85%）和国家开发银行资本；与中非产能合作基金（CAFIC）合并
中拉基础设施项目专项贷款计划	2015	200	外汇局资本
中拉合作基金	2015	100	外汇局和进出口银行资本
中国—巴西扩大产能合作基金	2017	200	中拉产能合作投资基金提供 150 亿美元，巴西提供 50 亿美元
中墨投资基金	2014	12	中投公司和国家开发银行资本
中国—泛美开发银行专项基金	2013	20	由中国人民银行和美洲开发银行共同设立；5 亿美元用于公共部门贷款，15 亿美元用于私营部门融资

资料来源：https：//www.thedialogue.org/wp－content/uploads/2021/02/Chinese_Finance_LAC_2020.pdf。

五 政策和风险

近 20 年来，中国已成为世界上最大的公共国际发展融资机构，协助许多发展中国家填补了发展资金缺口，满足了能源和基础设施投资方面的需求，解决了其燃眉之急。中国的作用还体现在为发展中国家与其他双边援助者及多边开发银行展开谈判提供了政策空间，获得的发展回报不仅显而易见，而且不可估量。经济下行风险会对融资规模产生影响。比如，很大一部分资金流向能源项目，风险便转变为借款人的偿还能力等——这是因为货款是以对华大宗商品出口结算，而这些出口会受商品价格波动的影响。向发展中地区提供的能源融资大部分流向煤炭和石油等领域，而可再生能源是以水力发电为主。也有人认为，中国正在成为国际发展融资和新多边开发银行的主要参与者，意味着其在引导向低碳经济转型方面有着"独特的地位"。[1]

双边官方贷款机构并没有统一的公开披露标准或机制，不过许多政府和大部分多边机构都会发布贷款相关信息，并与一些债权人共享信息。[2] 公开披露是加强公共问责的关键所在。

中国各银行贷款组合非常注重还款安全，同时不受巴黎俱乐部模式（如再融资）的约束。

（1）可知的所有账户安排都对债务人账户设有最低余额要求。多数情况下，该最低余额为债务合同项下年度本金、利息和手续费总额。

（2）中国 70% 的交易都设有专门账户，所有关联项目的收入都必须存入该账户。

---

① https：//chinadialogue.net/en/business/8947-china-becomes-world-s-biggest-development-lender/.

② https：//www.ifw-kiel.de/fileadmin/Dateiverwaltung/IfW-Publications/-ifw/Journal_Article/2021/How_China_Lends.pdf.

（3）在中国38%的账户中，账户资金来自非相关来源，要么来自替代项目收入，要么是在项目收入之外——如石油出口收入（厄瓜多尔和委内瑞拉）。

（4）在国家开发银行（与阿根廷、厄瓜多尔和委内瑞拉）的五份合同中，贷款机构还有能力阻止债务人提取资金。这些合同明确将债务人的提款权利限制在账户协议约束范围内。

换个角度来看，中国各银行的贷款方式非常有借鉴意义。专栏1以厄瓜多尔在2010年获得的国家开发银行贷款为例，说明了收入账户是如何确保还款的。另一个机制是交叉违约条款。据估计，Kiel（2021）指出98%的中国贷款合同都含有交叉违约条款，包括中国进出口银行和国家开发银行的所有合同。相比之下，基准集合中只有11%的多边债务合同、62%的经合组织双边合同和43%的非经合组织双边合同设有交叉违约条款。[①]

**专栏1　收入账户如何运作：中国国家开发银行2010年
向厄瓜多尔提供的石油担保贷款**

2010年，中国国家开发银行向厄瓜多尔财政部提供了10亿美元的石油担保贷款。贷款分两批发放，第一批（80%）由财政部自由支配，用途包括基础设施、采矿、电信、社会发展和/或能源等项目，剩下20%用于从选定的中国承包商购买货物和服务。

这笔贷款由厄瓜多尔国家石油公司和中石油另行签订的石油买卖合同提供担保。根据协议，厄瓜多尔国家石油公司须在整个融资协议有效期内每月至少向中石油出售38万桶燃油，以及每天输送原油15000桶；石油收益由中石油打入厄瓜多尔国家石油公司在中国国家开发银行开设的、受中国法律管辖的账户。厄瓜多尔国家石油公司"不得从收益账户

---

① https：//www.ifw-kiel.de/fileadmin/Dateiverwaltung/IfW-Publications/-ifw/Journal_Article/2021/How_China_Lends.pdf.

提取任何款项，除非账户管理协议另有约定"。厄瓜多尔国家石油公司和厄瓜多尔财政部承认，根据中国法律法规，中国国家开发银行"有权……扣除或借记收益账户的全部或部分余额，以清偿厄瓜多尔在国家开发银行的全部或部分……已到期和所欠债务——包括 2010 年的石油担保贷款"以及"国家开发银行与厄瓜多尔之间的其他任何协议"下的债务。

资料来源：https://www.ifw-kiel.de/fileadmin/Dateiverwaltung/IfW-Publications/-ifw/Journal_Article/2021/How_China_Lends.pdf。

上述分析对中国发展合作和发展融资的管理原则及方法进行了阐述。从实践来看，中国对外承包工程商会的作用也值得关注。该组织在中国拥有 1000 多家承包商、投资者和劳务提供商，业务足迹遍及 100 多个国外市场以及通信、电力、住房、石化和新能源等领域。该商会成员的大部分海外业务都是通过中国发展融资项目来提供资金，因此这些成员在受援国的作用是衡量发展融资模式的一个重要指标。专栏 2 以中国企业参与委内瑞拉发电厂基础设施建设为例，说明了这些业务在促进当地就业、经济发展和社区参与方面的作用。

专栏 2　委内瑞拉——比西亚电站

为解决委内瑞拉电力短缺问题，中国对外承包工程商会成员——中工国际与委内瑞拉国家电力公司签署联合协议，为一座装机容量为 570 兆瓦的联合循环电站、三座配套变电站和 56 公里的输电线路提供工程建设服务。该项目位于梅里达州比西亚市郊，显著改善了委内瑞拉西部电力严重短缺问题，并使超过 16 万户家庭受益。该项目推动了当地工业、农业、服务业等行业发展，间接受益人口超过 200 万。截至目前，该项目已吸引了当地 1000 多名工人参与，直接和间接创造了 5000 多个工作岗位，对扩大就业发挥了重要作用。此外，该项目的所有建筑材料和部分设备是由当地企业提供，地方采购率达到 36%。在项目实施过程中，中工国际拿出了相当于合同价格的 1.8% 的资金用于发展该地区的公益事业，升级改造了厂区周边道路等基础设施，改善了当地交通状况，为方便学生出行还向当地学校捐赠了自行车。

六 巴西案例研究

巴西是拉美和加勒比地区的最大经济体（就地理面积、人口规模、增长速度、产量以及在区域一体化中的作用而言），也是金砖国家之一——被看作该地区的"领头雁"。[①] 同时，巴西的自然资源十分丰富，亚马孙森林占其陆地面积的 59%。该国是主要的农业生产国和出口国，也是中国的重要贸易伙伴。巴西既是受援国也是援助国，地位非常独特。[②]

1950 年，巴西政府设立国家技术援助委员会，标志着该国国际技术合作体系正式建立。1984 年，为提高管理效率，巴西政府对这一体系进行了审查。1987 年 9 月，该国通过法令设立的巴西合作署（ABC）也是外交部亚历山大德古斯芒基金会（FUNAG）的成员之一。作为政府机构，巴西合作署最初的职能是负责接受发达国家，特别是法国、日本、德国和美国提供的技术援助。随着巴西在粮食生产和社会保障方面取得可观的成绩，巴西合作署开始面向主要发展伙伴提供技术援助，职责内容包括谈判、批准和实施等。

2012 年，根据《外交部内部规章》，巴西合作署主要在国家层面负责所有领域由其他国家和国际组织提供的、巴西与发展中国家之间的发展合作方案、项目和活动的规划、协调、谈判、批准、执行、监测、评估，也包括在

---

① G. Asmus, F. Andreas, M. Angelika. 2017. *BRICS and Foreign Aid.* Working Paper No. 43, Heidelberg University, August.

② J. Yijia, Mendez Alvaro, Y. Zheng. 2020. *New Development Assitance-Emerging Economies and the New Landscape of Development Assistance.* Palgrave Macmilan, Singapore.

技术合作管理和信息传播培训领域的相关行动。2017 年以来，巴西合作署在巴西开展了 300 个项目，在国外开展了 205 个项目，与伙伴国家开展了 32 个南南合作项目，还与合作机构开展了 111 个南南合作项目。① 根据法令，巴西合作署拥有以下权力：为人道主义性质的应急响应行动提供资源，包括捐赠食品、药品及其他基本必需品；负责跟进与国际组织以及其他政府和非政府伙伴在人道主义方面的合作计划。

（一）援助者的角色

巴西合作署估计，2017~2018 年巴西的国际发展合作融资为 21 亿美元，涉及 83 个伙伴国家。巴西对多边组织的援助总额 2018 年为 2.745 亿美元，2017 年为 1.953 亿美元，2016 年为 8.405 亿美元。②

巴西与拉丁美洲、加勒比地区和非洲保持着技术合作关系，并在亚洲（东帝汶、阿富汗和乌兹别克斯坦）、中东（黎巴嫩和巴勒斯坦地区）和大洋洲开展了特定行动。2008 年，巴西合作署批准并协调实施了 236 个南南技术合作项目和特定活动，惠及发展中国家达 58 个。③ 巴西的双边南南技术合作主要集中在农业（包括农业生产和粮食安全）、专业培训、教育、司法、体育、卫生、环境、信息技术、工伤事故预防、城市发展、生物燃料、航空运输和旅游等领域。最近开展的项目和活动还涉及文化、对外贸易和人权等领域。

巴西在技术援助和人道主义援助方面取得了进展。作为南南合作的援助提供者，巴西构建了双边和三边伙伴关系。双边合作是指巴西作为援助国，与受援国之间的合作；三边合作一般会涉及一个国际机构，该机构旨在协助

---

① 巴西的合作方式分为南南合作、双边合作、三方合作、国家团体内合作及分散化合作五种。

② OECD. 2021. "Other Official Providers not Reporting to the OECD." https：//www.oecd - ilibrary. org/sites/18b00a44 - en/index. html？ itemId = /content/component/5e331623 - en&_csp_ = b14d4f60505d057b456dd1730d8fcea3&itemIGO = oecd&itemContentType = chapter&_ga = 2.112 567808. 58601252. 1637321712-1285752285. 1636906777#section-d1e56984.

③ ABC. 2017. "Relatorio de Atividades." http：//www.abc. gov. br/imprensa/mostrarconteudo/ 975.

巴西以援助国身份参与某项计划，在农业、粮食安全甚至卫生等关键发展领域为发展中国家提供支持。[①] 2015 年，三边合作渠道主要是由联合国（57%）搭建，其次是美洲开发银行（43%）。[②]

（二）借款人的角色

巴西是中国政策性银行发展融资的第二大接收国，仅次于委内瑞拉；2007~2017 年共计 12 个项目，金额 297.31 亿美元（见表6）。其中 10 个项目是由国家开发银行资助，而中国进出口银行只资助了两个属于"其他"类别的项目，分别为飞机销售（13 亿美元）和贸易融资（3 亿美元）。国家开发银行资助的项目主要集中在能源领域，其中包括生产[③]、债务融资和双边合作等。基础设施项目以发电和大豆加工为主，而大豆主要是向中国出口。[④]

目前缺少中国商业银行融资规模方面的财务数据，但很明显的是近年来其发挥的作用越来越大。2015~2020 年受到资助的 8 个项目中，能源领域有 3 个，基础设施领域有 5 个（见表7）。2015 年共融资 4 个项目，其中 3 个以基础设施为主，还有 1 个是能源（水电）。在该年度，所有项目都是通过中国工商银行融资。2016~2020 年实施了 4 个项目，其中 2 个是能源（可再生能源、石油和天然气），另外 2 个是基础设施（交通运输、电力）；贷款

① Menezes Henrique, Marco Vieira. 2021. "Explaining Brazil as a Rising State, 2003-2014: The Role of Policy Diffusion as an International Regulatory Instrument." *Journal of International Relations and Development*.

② On Brazilian Innovative Forms of Cooperation, United Nations Office for South-South Cooperation. 2021. "Good Practices in South-South and Triangular Cooperation for Sustainable Development." Volume 2, on line, http://www.abc.gov.br/imprensa/mostrarConteudo/991.

③ M. Nascimento Ademir, et al. 2021. "Chinese Investment in the Northeast Region of Brazil: An Analysis about the Renewable Energy Sector." *Revista de Gestão*.

④ Barbosa Pedro, Henrique Batista. 2020. "As Petrobras-china Cooperation: Trade, Fdi, Infrastructure Projects and Loans." *Revista Tempo do Mundo* 24; Hiratuka Celio. 2019. "Chinese OFDI in Brazil." in Dussels Peters (ed.) "China's Foreign Direct Investment in Latin America and the Caribbean-Conditions and Challenges." UNAM; W. Fei. 2020. "China-Brazil Cooperation in Infrastructure Construction: Progress, Challenges and Approaches." *China Int'l Stud*. 81.

表6 巴西从中国政策性银行的借款

单位：亿美元

年份	领域	子领域	贷款机构	金额
2007 年 12 月	能源	GASENE 天然气管道	国家开发银行	7.5
2008 年 1 月	基础设施	Presidente Médici Candiota 电站（第三次扩建）	国家开发银行	2.81
2009 年 5 月	能源	油田开发	国家开发银行	70
2014 年 1 月	能源	双边合作协议	国家开发银行	30
2015 年 4 月	基础设施	大豆加工	国家开发银行	12
2015 年 4 月	能源	双边合作协议	国家开发银行	15
2015 年 5 月	能源	双边合作协议	国家开发银行	35
2015 年 5 月	其他	销售 E-195 飞机	中国进出口银行	13
2016 年 12 月	能源	债务融资	国家开发银行	50
2016 年 1 月	能源	债务融资	国家开发银行	9
2017 年 9 月	其他	中巴贸易融资	中国进出口银行	3
2017 年 12 月	能源	石油生产	国家开发银行	50

资料来源：根据中拉金融数据库数据整理。

机构包括中国工商银行、中国银行、中国交通银行以及中国建设银行——该行与交行在电力领域进行了合作。[1]

表7 巴西从中国商业银行的借款

年份	领域	子领域	项目	贷款机构
2015	能源	水电	Jupia 和 IlhaSolteira 水电站	中国工商银行
2015	基础设施	其他	Valemax 轮船租赁	中国工商银行
2015	基础设施	其他	海事设备租赁	中国工商银行
2015	基础设施	其他	E190 飞机租赁	中国工商银行
2016	能源	可再生	Ituverava 太阳能发电厂	中国银行
2017	基础设施	交通运输	扩建圣路易斯港	中国工商银行
2020	能源	石油和天然气	Eneva 公司业务	中国建设银行
2020	基础设施	输电	巴西电力行业救助计划	中国交通银行和中国建设银行

资料来源：根据中拉金融数据库资料整理。

---

[1] Gouvea Raul, Dimitri Kapelianis, L. Shihong. 2020. "Fostering Intra-BRICS Trade and Investment: The Increasing Role of China in the Brazilian and South African Economies." *Thunderbird International Business Review* 62.

七　秘鲁案例研究

从宏观经济角度来看，秘鲁是拉丁美洲管理最出色的国家之一。[①] 该国通过加入亚太经合组织与亚洲维系着现有关系，这在拉美和加勒比地区并不常见。[②] 中国是秘鲁的第一大贸易伙伴，出口额（8456427 美元）和进口额（6853927 美元）远远高于美国（出口额 4369718 美元、进口额 2829167 美元）。[③] 秘鲁是资源的主要生产国和出口国，主要出口中国。[④] 秘鲁也需要金融资本来推动基础设施建设和促进中小企业发展，这是其发展战略的主要目标之一。[⑤]

与该地区其他国家一样，秘鲁经济也受到了新冠疫情的较大影响。[⑥] 2020 年，财政赤字从上年的 1.6% 增至 8.9%，主要原因是经济萧条。[⑦] 此外，该国政府支出（医疗支出、社会转移支付和工资补贴等）急剧上升，相当于国内生产总值的 7%。这对公共债务产生了重大影响，公共债务 2020 年底跃升至相当于国内生产总值的 35%，超过了 30% 的法定上限。[⑧]

---

① Luna Verde, Roger Anibal. 2020. "Evolución de La Ventaja Comparativa en La Exportación de Minerales de Cobrey Susconcentrados Enrelación al APEC, en El Período 2009-2018."

② Silva Julissa Castro, Erick Mormontoy Atauchi. 2017. "Rol de APEC en La Consolidación de La Política Exterior Económica Peruana." *Politai*: *Revista de Ciencia Política* 14.

③ Ministry of Foreign Affairs. 2021. "Peru's Economic and Business Report." https://cdn. www. gob. pe/uploads/document/file/2243407/EY_Peru%27s_Economic_and_Business_Report_2nd_Quarter_2021%20. pdf.

④ Da Rocha, Felipe Freitas, Ricardo Bielschowsky. 2018. "La búsqueda De China de Recursos Naturales en América Latina." *Revista Cepal*.

⑤ León Janina. 2017. "Inclusión Financiera de Las Micro, Pequeñas ymedianas Empresas En el Perú: Experiencia de La Banca de Desarrollo." CEPAL.

⑥ CEPAL, NU. 2020. "Report on the Economic Impact of Coronavirus Disease (COVID-19) on Latin America and the Caribbean."

⑦ https://www.worldbank. org/en/country/peru/overview#1 CEPAL, NU. Preliminary Overview of the Economies of Latin America and the Caribbean in 2020.

⑧ 2017. "IDB Group Country Strategy with Peru (2017-2021)." https://idbdocs. iadb. org/wsdocs/getdocument. aspx? docnum = EZSHARE - 338576828 - 11 Ministry of Foreign Affairs, Peru's Economic and Business Report, May 2021.

采矿业是该国的经济支柱产业，2019 年贡献了 10% 的国内生产总值、8% 的税收收入和 57% 的出口额。[1] 随着农产品出口增加，秘鲁已能够进行多样化生产，但经贸结构在过去一二十年基本没有变化。燃料和采矿在商品贸易中所占份额一直稳定在 65%（2017 年），略低于 2006 年的 67%。在服务贸易中，占比增长明显的是"其他商业服务"，从 2006 年的 16% 上升到 2017 年的 28%。[2]

从贸易伙伴来看，中国扮演的角色越来越重要。[3] 在商品出口方面，2006~2017 年中国市场份额从 10% 上升到 26%，而美国市场份额从 24% 降至 16%。同期，商品进口也发生了转变，中国市场份额从 10% 上升到 22%，美国市场份额从 16% 上升到 20%。[4]

在拉美和加勒比地区，秘鲁是中国规模最小的借款国之一。2009 年，秘鲁从政策性银行借款 5000 万美元，用于基础设施建设——重点领域是交通运输、环境和能源。秘鲁获得中国借款的另一个渠道是商业融资，这些资金主要被用于拉斯邦巴斯铜矿的两个项目——均由中国工商银行和中国银行联合融资。马科纳矿区扩建项目也吸引了中国工商银行的注资。

① Sanborn Cynthia, Victoria Chonn Ching. 2016. "Chinese-Peruvian Relations in the Mining Sector: Learning Step by Step." The Political Economy of China-Latin America Relations in the New Millennium, Routledge.

② Sanborn Cynthia, Victoria Chonn Ching. 2016. "Chinese-Peruvian Relations in the Mining Sector: Learning Step by Step." The Political Economy of China-Latin America Relations in the New Millennium, Routledge.

③ Gonzalez-Vicente Ruben. 2012. "The Political Economy of Sino-Peruvian Relations: A New Dependency?" *Journal of Current Chinese Affairs* 41; Lucar Johana. 2020. "La Cooperación Internacional Entre Perú y China (2011-2016)." *México y La Cuenca del Pacífico* (26).

④ Ministry of Foreign Affairs. 2021. "Peru's Economic and Business Report." https://cdn. www.gob.pe/uploads/document/file/2243407/EY_Peru%27s_Economic_and_Business_Report_2nd _Quarter_2021%20.pdf.

表 8   秘鲁从中国的借款：政策性银行和商业融资

渠道	年份	领域	子领域/项目	贷款机构	金额
政策性银行贷款	2009	基础设施	交通运输、基础设施、环境、能源	国家开发银行	5000 万美元
商业银行贷款	2014	采矿	拉斯邦巴斯铜矿（1）	中国工商银行、中国银行	不适用
	2014	采矿	拉斯邦巴斯铜矿（2）	中国工商银行、中国银行	不适用
	2016	采矿	马科纳矿区扩建	中国工商银行	不适用

资料来源：根据中拉金融数据库资料整理。

2015~2018 年发展援助结构变化不大，发援会成员方占比稳定在 73% 左右。2018~2019 年，德国是秘鲁最大的发展援助提供者，总额 1.603 亿美元，其次是美国（9930 万美元）和法国（7530 万美元）。虽然日本与秘鲁都是亚太经合组织成员，而且交往历史悠久，但提供的双边援助总额仅为 4570 万美元（见图 10）。

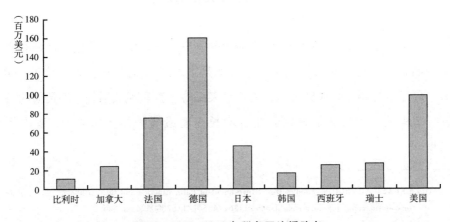

图 10   2018~2019 年秘鲁双边援助者

资料来源：根据经合组织数据整理。

与其他外部资金规模相比，官方发展援助资金规模相对较小。2017 年，外国直接投资达 67 亿美元，汇款 30 亿美元，而官方发展援助只有

5.774 亿美元。①

"国家改革"是美洲开发银行赠款和资金投向的主要领域。拉丁美洲的公共部门面临着许多挑战。因此，援助资金重点用于加强法治建设，构造安全、可靠的财政机制。政府这么做可能是为了吸引国际资金、稳定国内局势——就像许多"年轻"的国家一样，民粹主义让这些国家变得动荡不安。②

2021 年 7 月 15 日，秘鲁将利用美洲开发银行提供的 7400 万美元贷款，推动公共财政管理体系数字化转型，希望通过提高公共支出管理的有效性来提高财务信息的质量。该项目旨在推动管理流程数字化，利用数据分析工具进行数据挖掘，以此推动公共成本管理系统的应用。此外，政府还计划开展人员培训，加快推进新流程的使用。这笔贷款还被用于扩建技术基础设施，以及推动计算机系统现代化。交通运输也是受益较多的领域，由此证实了将双边援助资金用于基础设施项目的必要性。

八　牙买加案例研究

牙买加是大安的列斯群岛面积最大的国家之一，仅次于古巴、海地和多米尼加。在加勒比共同体地区，牙买加是最大的英语国家，人口接近 300 万，属于中等偏上收入经济体，近三年来经济一直呈现低增长、高负债的特征。事实上，牙买加是该地区经济增长速度最慢的经济体之一，仅次于海地。③

---

① CEPAL, NU. 2020. "Foreign Direct Investment in Latin America and the Caribbean." https：//repositorio. cepal. org/bitstream/handle/11362/46541/1/S2000594_en. pdf.

② Ministry of Foreign Affairs. 2021. "Peru's Economic and Business Report." https：//cdn. www. gob. pe/uploads/document/file/2243407/EY_Peru%27s_Economic_and_Business_Report_2nd_Quarter_2021%20. pdf.

③ ECLAC, UN. 2019. "An Economic Analysis of Flooding in the Caribbean：The Case of Jamaica and Trinidad and Tobago." https：//repositorio. cepal. org/bitstream/handle/11362/44877/1/S1900713_en. pdf Ghartey；Edward E. 2018. "Financial Development and Economic Growth：Some Caribbean Empirical Evidence." *Journal of Economic Development* （43）.

与许多邻国一样，牙买加较易受到外部冲击和自然灾害的影响，从而影响了其经济增长前景——特别是在气候变化影响日益显著的背景下。① 比如，据估计 2000~2019 年加勒比国家由自然灾害造成的损失年均占国内生产总值的 3.6%，而新兴和发展中经济体的这一比例仅为 0.3%。

2013 年，为稳定经济、减少债务和推动经济增长，牙买加启动了改革，获得了国际社会的支持。为落实《财政责任法》，公共债务 2018/2019 年度占国内生产总值的比例降到 100% 以下，2020 年跃升至 107%；根据新冠疫情前的预测，这一数字到 2025/2026 年度将降至 60%。同时，该国经济长期受到高失业率的困扰，但自改革实施以来失业率下降近一半，2019 年已降至 7.2% 的历史低点。尽管如此，不平等、贫困、犯罪和暴力等仍然阻碍着该国经济发展。②

牙买加在经济多样化和创新方面依然面临挑战，如经济综合发展能力过去十年来持续减弱，服务贸易收入过度依赖旅游业，主要出口商品一直是铝土矿。美国是牙买加的主要进出口市场，③ 中国以 10.7% 的份额排进口市场第二位，仅次于美国的 43.3%。

在加勒比地区，牙买加是中国最大的借款国（21 亿美元），其次是多米尼加（6 亿美元）、苏里南（5.8 亿美元）、特立尼达和多巴哥（3.74 亿美元）、古巴（2.4 亿美元）、圭亚那（2.14 亿美元）、巴巴多斯（1.7 亿美元）、安提瓜和巴布达（1.28 亿美元）、巴哈马（9900 万美元）和格林纳达（6600 万美元）（见图 11）。

从金额和数量来看，牙买加从中国获得的贷款远超其他加勒比国家。近 88% 的融资和 7 笔贷款流向基础设施项目，这些项目主要是由中国进出口银行通过政府优惠贷款和优惠出口买方信贷的形式提供（见表 9）。

---

① Spencer Nekeisha, Eric Strobl. 2021. "Poverty and Hurricane Risk Exposure in Jamaica." *The Geneva Risk and Insurance Review*.

② https：//www.worldbank.org/en/country/jamaica/overview#.

③ 2017. "On the Role of the US in Jamaica." USAID/Jamaica Country Development Cooperation Strategy 2014-2019，https：//www.pioj.gov.jm/wp-content/uploads/2019/07/USAID_Jamaica-CDCS-revised-June-2017-Public-Version_8.21.17.pdf.

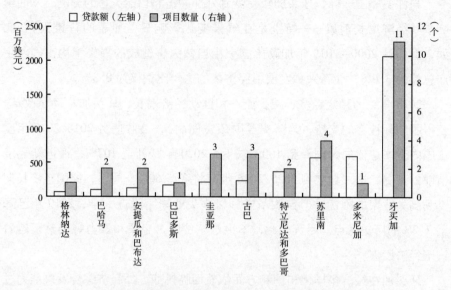

图 11　加勒比国家向中国的借款：贷款金额和数量

资料来源：中国-拉丁美洲金融数据库。

表 9　中国为牙买加提供的贷款：按类型、用途、贷款机构和金额划分

单位：万美元

日期	类型	用途	贷款机构	金额
2005 年 11 月	基础设施	格林菲尔德体育场	中国进出口银行	3000
2007 年 6 月	基础设施	蒙特哥湾会议中心	中国进出口银行	4500
2009 年 2 月	其他	未标明	国家开发银行	2000
2009 年 2 月	其他	短期贸易融资	中国进出口银行	10000
2010 年 2 月	其他	海岸线重建	中国进出口银行	5800
2010 年 7 月	基础设施	牙买加发展基础设施计划	中国进出口银行	34000
2011 年 9 月	其他	牙买加经济适用房项目	中国进出口银行	7100
2013 年 1 月	基础设施	主要基础设施建设计划	中国进出口银行	30000
2013 年 9 月	基础设施	南北收费公路建设	国家开发银行	45700
2016 年 6 月	基础设施	公路网	中国进出口银行	32700
2017 年 2 月	基础设施	南部沿海公路改造工程	中国进出口银行	32600

资料来源：根据中拉金融数据库数据整理。

这些贷款被用来解决经济和社会基础设施长期投资不足的问题，建设项目包括格林菲尔德体育场、帕利萨多斯机场公路、南北收费公路、南海岸公路改造工程和蒙特哥湾会议中心等。中国进出口银行还负责了"其他"类别的项目融资，包括短期贸易融资、海岸线重建和住房等一系列项目。

中国援建了价值数百万美元的特殊项目，包括希望花园中的中国花园、斯莱戈维尔体育馆、外交外贸部新办公楼以及两所幼儿教育机构。此外，中国还捐赠了供牙买加港口安检使用的移动式集装箱 X 射线扫描仪、用于改善供水条件的水箱，以及用于促进环境可持续发展的能源智能产品。

中国对加勒比地区经济活动的参与引起了美国政府越来越多的关注，被美国视为对其利益和霸权地位的挑战。可以说，牙买加地缘战略的重要性在于靠近美国和古巴及其在巴拿马运河方面的物流价值。[①]

> 加勒比地区的市场规模一般较小，而且大多数国家都缺乏可观的矿产及其他原材料储备。不过，分析人士表示，牙买加是该地区的物流和商业枢纽，具有重要的战略意义；由于靠近美国，牙买加在军事冲突中可能具有很高的安全价值。[②]

从牙买加的角度来看，这些融资带来了可观的收益。[③] 牙买加前驻美国大使、西印度大学全球事务副校长伯纳尔理查德·伯纳尔认为，中国贷款对牙买加发展有利：其一，条件相当优厚——还款期长、利息低；其二，中国的贷款足迹遍及世界各地，因此在实施这些项目方面具有竞争力；其三，与西方援助相比附加条件更少。[④]

---

① 2020. "On the Current Role of China in the Caribbean Region." See Notably: Gonzalez-Vicente, Ruben, Annita Montoute. 2020. "A Caribbean Perspective on China-caribbean Relations: Global IR, Dependency and the Postcolonial Condition." *Third World Quarterly* (42).

② Kirk Semple. 2020. "China Extends Reach in the Caribbean, Unsettling the U.S." New York Times, 08, https://www.nytimes.com/2020/11/08/world/americas/china-caribbean.html.

③ https://gop-foreignaffairs.house.gov/china-snapshot-project-the-caribbean/.

④ https://www.cbc.ca/news/world/china-power-belt-and-road-caribbean-jamaica-1.5374967.

图 12 显示了 2018～2019 年牙买加的最大援助者。净官方发展援助资金翻了一番，从 6150 万美元增长到了 1.271 亿美元，其在国民总收入中的占比从 2017 年的 0.4% 上升到 2019 年的 0.8%。此外，双边援助在官方发展援助中所占份额从 2017 年的 58% 下降到 2019 年的 51.9%。显而易见，与多边开发银行——特别是中国提供的发展融资相比，官方发展援助相对较小。

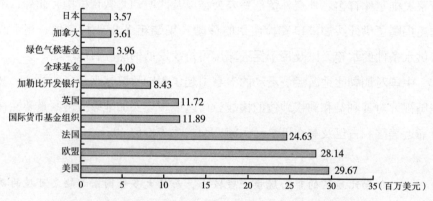

图 12 2018～2019 年平均值牙买加十大官方发展援助提供者

资料来源：经合组织数据库。

据估计，中国债务仅占牙买加总贷款组合的 4%。① 牙买加的偿债比例很高，从 2015 年的 80% 下降到 2020 年的 50%。债务管理对牙买加的平稳发展而言至关重要，政府已在这方面取得稳步进展。

九　总结

毋庸置疑，2005～2007 年中国发展融资开启，并于 2013 年起激增，其在拉美和加勒比地区的影响力日益提升。该地区几乎所有经济体都在一定程度上受到了发展融资增长的影响。可以说，拉美和加勒比地区从未经历过——或至少在当代从未经历过——如此规模的投资激增。三个研究案例

---

① Kirk Semple. 2020. "China Extends Reach in the Caribbean, Unsettling the U.S." New York Times, 08, https://www.nytimes.com/2020/11/08/world/americas/china-caribbean.html.

中，巴西是中等收入国家，秘鲁是矿产储备丰富的经济体，牙买加是发展中的小岛国，都反映了上述问题。因此，个案研究之间的差异更多涉及规模和吸收能力，而不是任何特定的行动模式。总而言之，在该地区向更先进的工业和服务模式转型的过程中，中国可以利用自己的资源和专业知识为其提供帮助，继而推动该地区实现"可持续发展目标"。需要关注的是，扩大投资，为促进贸易注入更多援助资金。鉴于拉美和加勒比地区的研发支出较少，可将这一行动融入创新援助项目。中国还应考虑促进借款国提升透明度和完善问责制。加强对融资数据的采集，有利于借款国更好地进行基准测试，加强对融资架构的管理。

国际发展合作多变格局下的技术合作

奥卢·阿贾凯耶　　阿菲凯纳·杰罗麦*

一　背景

无论是在财政资源、能力建设、技术开发和转让方面还是在政策变革和行动、多方利益相关者合作领域，国际发展合作在推动减贫和可持续发展方面潜力巨大（尤其是在低收入国家），也是落实《2030 年可持续发展议程》的一种强有力手段（联合国经社理事会，2020）。国际发展合作尽管面临一些挑战，但仍是发展中国家最稳定的外部资源来源，尤其是在新冠疫情等时期（OECD，2020a）。

国际发展合作的基石之一是技术合作；作为融资方面不可或缺的补充，其目的在于加强技术和能力建设，以便在更广泛的发展范畴吸引和管理资源。多年来，技术援助的目的是提供专业知识——通常是由外籍顾问为发展中国家的同行提供建议和支持；同时其也是向发展中国家提供国际发展援助的重要内容（Greenhill，2006；Ismail，2019；Timmis，2018；Tew，2013）。

---

* 奥卢·阿贾凯耶（Olu Ajakaiye），非洲共享发展能力建设中心执行主任，曾任非洲经济研究联合会研究主任、尼日利亚经济学会主席、尼日利亚总统经济顾问等，主要研究领域包括基础设施和经济发展、国际贸易和区域一体化、就业和收入分配等；阿菲凯纳·杰罗麦（Afeikhena Jerome），非洲联盟委员会农业、农村发展、蓝色经济和可持续环境特别顾问。

但近 20 年来，人们越来越喜欢使用"技术合作"一词来描述这种知识转移活动，"合作"体现出对平等伙伴关系的认同。

关于技术合作难见成效的批评越来越多，为此人们提出了"能力建设"概念——尤其是 20 世纪 90 年代中期以来，该提法受到发展共同体的追捧，成为理论和实践中的主流用语（Lucas，2013）。多边及双边援助机构、非政府发展组织纷纷将"能力建设"纳入内部政策的核心要素，并就此发布了一系列文件和指南。如此看来，联合国把能力建设视为实现"可持续发展目标"的一种手段，并将发展中国家能力建设纳入"可持续发展目标 17.9"（《2030 年可持续发展议程》），也就不足为奇了。

尽管人们更喜欢"能力建设"的提法，但技术合作仍是发展援助的突出特征之一。技术合作占双边援助的比重已达 25%（一些援助者的该比例更高），因此剖析其优点和局限性就显得至关重要。近年来，技术合作方面的成功案件较少，各方都在努力从理论和实践层面对此展开分析，并提出对策。这在很大程度上与援助者的项目质量和成效无关，而是由忽视国家自主权和伙伴关系等原则所致。鉴于此，有必要深入分析现有做法。

包括联合国《2030 年可持续发展议程》《巴黎气候协定》《2015—2030 年仙台减少灾害风险框架》在内，技术合作——无论是项目培训、能力建设还是提供专业知识，都已成为全球新议程的重要内容。这些协议为探索技术合作创造了契机。

与此同时，新冠疫情影响了国际发展共同体，除损害人类健康外，还迫使人们对技术援助方式做出反思。疫情期间，传统技术援助交付模式难以实行——在传统模式下，主要是来自北方国家的援助机构定期前往受援国现场提供技术指导。相关人士曾在疫情前呼吁重构技术援助体系，而现实中这一变革可能会加速，以确保"物尽其用"。

几十年来，发展合作主要采取"南北协作"模式——发达国家是援助者，发展中国家则是受援者。同时，发展合作格局在过去 20 年发生了重大变化。新兴行动者，包括新兴经济体和大型慈善基金会在内发挥的作用日渐凸显，由此形成了比传统援受关系更复杂的互动、合作和利益网络。现在的

"非传统"发展资金来源多样化，包括中国和印度等非发援会援助国、比尔及梅琳达·盖茨基金会等慈善机构，以及壳牌基金会和睿智基金（Acumen Fund）等"社会影响力投资者"。

发展合作架构也在改变，官方发展援助曾占主导地位，但"其他官方资金"以及来自公共及私营部门的投资越来越多。随着官方发展援助不断缩水、南南合作援助的贡献提升，以及全球经济衰退，上述趋势逐渐凸显。新冠疫情全球蔓延，影响了众多发展合作提供者的经济能力，导致一些发展中国家边缘化。面对这些变化，对发展领域的技术合作展开评估变得迫在眉睫。

2000 年中国提出"走出去"战略以来，其发展合作日渐增多。中国虽不是发援会成员方，却已跻身世界十大发展援助提供者之列（Carter，2017）。中国高度重视亚洲和非洲最不发达国家，以及参与"一带一路"建设的发展中国家，其国际发展合作规模也稳步增长。

中国对外援助始于 20 世纪 50 年代，至今已走过七十多个年头。2021 年 1 月 10 日，备受期待的第三份《中国的对外援助》白皮书（此前两份分别发布于 2011 年和 2014 年）由中国国新办正式发布，标志着中国以发展合作提供者的身份迈入新阶段。该白皮书是自 2018 年中国国家国际发展合作署成立以来，中国就对外援助问题发布的重要文件，具有里程碑意义。白皮书采用前瞻视角，对援助政策（历史背景、理论基础和原则）、融资方式（三种财务安排和八种模式）、分配办法（按地域和按领域）、管理成效以及国际合作等做出了总结。

中国日益增多的对外援助和经济合作也引发了关注。为适应国内外形势，中国对国际援助管理体系进行了改革，积极探索促进国际发展合作的新路径。因此，本研究将对发展合作新格局做出探索，以期为中国的国际发展合作提供有益经验，包括技术合作作为一种发展援助形式的性质和范围、传统技术合作方法的跟踪和记录、技术合作的新兴范式。本研究还将对技术合作的理论与实践进行剖析，探讨人们对传统方法失去信心的原因，以及发展共同体在寻找替代方案方面取得的进展。

本报告结构安排如下：第二部分介绍国际发展合作格局的最新变化；第三部分评估技术合作在发展合作中的实践情况；第四部分总结受援国在技术合作方面的经验；第五部分梳理可供中国借鉴的技术合作经验。

二　国际发展合作格局的最新变化

近 20 年来，国际发展合作格局发生深刻变化，演变为比传统援受关系更复杂的互动、合作和利益网络，包括：①行动者多样化；②官方发展援助大幅增加，但其重要性有所下降——原因在于其他行动者节奏加快；③"新兴援助者"的作用越来越大，援助模式独树一帜，并且都不是发援会成员（这是它们唯一的共同特征）；④私营部门作为新兴行动者对国际合作项目的支持力度越来越大（直接或通过基金会），并有助于促进慈善或社会影响力投资等其他活动开展——这些活动不一定属于官方发展援助，但能产生积极的影响。

在这些新兴行动者的推动下，发展合作系统的可用工具增多。

（一）官方发展援助

官方发展援助是指为了促进发展中国家，特别是最不发达经济体经济发展而专门提供的援助，包括双边和多边赠款、软贷款（至少占赠款的 25%）和技术援助。这些援助由政府机构推动，旨在促进发展中国家的经济发展；这些发展中国家通常被称为"全球南方"，由非洲、亚洲和南美洲低收入和中等收入国家组成。

1969 年，官方发展援助成为发援会对外援助工作的"黄金标准"，至今仍是发展援助资金的主要来源。官方发展援助可以是援助者与受援者之间的双边行动，也可通过联合国或世界银行等多边发展机构来完成交付。

经合组织数据显示，2020 年，发援会成员方提供的官方发展援助总额达到 1612 亿美元，相当于其国民总收入的 0.32%。美国仍是最大的官方发展援助提供者，其次为德国、英国、日本和法国。16 个发援会成员方的官方发展援助总额仍在增加，一些国家正在大幅增加预算，以帮助发展中国家应对新冠疫情带来的挑战。

发达国家应将其年度国民总收入的 0.7% 用于为发展中国家提供官方发展援助，将 0.15%~0.20% 用于最不发达国家——这是联合国提出的长期目标，并且已在"第三次发展筹资问题国际会议亚的斯亚贝巴行动议程"中得到了认可和重申。除少数国家外，这一目标尚未实现；大多数情况是官方发展援助总额仍达不到该标准的一半，始终占国民总收入的 0.2%~0.4%。2020 年只有瑞典、挪威、卢森堡、丹麦、德国和英国六个国家实现了上述目标。

2020 年，16 个非发援会提供者的官方发展援助总额达 131.5 亿美元，其中沙特、土耳其和阿联酋排前三，合计达 112 亿美元。但近几年，海湾国家经济不景气，对叙利亚、也门等邻国的特别人道主义援助预算收紧，阿联酋和沙特援助大幅减少。据经合组织估计，过去六年间，中国和印度等其他援助国的对外援助预算增长 23%，2019 年已达 69 亿美元，2019 年中国援助更是占 69.56%。

发援会成员方提供官方发展援助的方式也在发生变化。发援会许多成员方仍以赠款形式提供官方发展援助，但近年来一些成员方对发展中国家的官方发展援助贷款大幅增加，但贷款条件较苛刻。2020 年的数据初步表明，官方发展援助总额增加给中等收入国家带来的益处最大。

官方发展援助中很大一部分是通过双边渠道进行管理和分配的。2019 年，发援会提供的双边官方发展援助总额为 1176 亿美元（占 75.5%），包含对多边组织的专项捐款。2019 年，发援会为民间团体提供的双边官方发展援助总额为 207 亿美元，其中分配给民间团体和通过其分配的双边官方发展援助总额保持稳定，占 15%；然而，在各类民间团体中，发展中国家民间团体所占份额最小，而总部设在援助提供国、与地方组织建有合作关系的民间团体所占最大。换言之，虽然双边和多边渠道是发援会成员方提供官方发展援助的主要通道，但总部设在这些发援会成员方所在地的民间团体才是向发展中国家提供官方发展援助的重要机构。

（二）私营部门

据联合国贸发会议（2019）估计，每年至少要2.5万亿美元的资金才有可能实现"可持续发展目标"，仅官方支持是远远不够的，还需私营部门的支持——这便是官方发展援助和发展融资现状。

经合组织统计数据显示，2012~2018年，官方发展融资干预措施从私营部门筹集到2051亿美元。其间，2017~2018年增速尤为明显。2018年共筹集到484亿美元，与2017年的378亿美元相比增长28%。总的来看，通过担保筹措的私人资金最多（占39%），其次是银团贷款和对企业直接投资及特殊目的工具，均占18%。

从私人资金地域分布来看，72亿美元（17%）为欧洲，95亿美元（22%）为美国，只有5.3%流向最不发达国家和其他低收入国家，这也佐证了私营部门对投资获利的追求。这表明最不发达国家和低收入国家由于不太可能达到盈利基准，不会获得太多从私营部门筹集到的资源。

（三）混合融资

混合融资在吸引私人资金、促进经济发展方面的作用日益凸显。该方法的总体目标在于化解投资环境风险、消除现有抑制因素，为受援国内外的私营金融机构和投资者提供便利，促使其利用信贷、证券化和特殊目的工具等创新手法筹集发展资金。

表1中2012~2017年经合组织的统计数据表明，发展中国家2012年共筹集到156.7亿美元，2013年降至93.6亿美元，之后开始回升，2014年达222.5亿美元，2015年达266.7亿美元，2016年达到342.7亿美元的峰值。

表1　2012~2017 年发展中国家和最不发达国家筹集的混合资金情况

单位：十亿美元，%

年份	发展中国家筹集的私人资金总额	最不发达国家筹集的私人资金	最不发达国家所筹集私人资金占比
2012	15.67	0.752	4.8
2013	9.36	1.448	15.5
2014	22.25	1.677	7.5
2015	26.67	1.911	7.2
2016	34.27	1.803	5.3
2017	15.67	1.676	10.7

资料来源：经合组织统计数据（截至 2019 年 4 月 1 日，通过官方发展融资干预措施从私营部门筹集的金额、经合组织和联合国资本发展基金、最不发达国家混合融资）。

担保是这一时期混合融资的首选工具，在所有私人资金中占比超 41%；其次是银团贷款，占所有筹集资金的 17.4%。通过担保筹集的所有私人资金中，一半以上流向安哥拉、孟加拉国、缅甸、塞内加尔和赞比亚这五个国家。

经合组织数据显示，2012~2017 年混合融资中，只有小部分的筹资提供给了最不发达国家。2013~2017 年，最不发达国家所得份额逐年缩小，2017 年仅占 4.8%。最不发达国家的资金需求量最大，但混合融资与私人资金一样，并不是其发展合作资金的主要来源。

（四）非政府组织

全球有关非政府组织促进经济发展的文献并不鲜见，但缺乏对援助国非政府组织的系统分析，很难衡量其在发展合作中做出的贡献。因此，虽然非常了解非政府组织在促进经济发展方面的作用，但对其的贡献仍知之甚少。[1]

---

[1]　比如，外国援助数据汇编和分析数据库 "AidData" 并未提供非政府组织的相关数据。

与此同时，国际非政府组织提供的援助已形成一股强大的力量，成为国际发展架构中的重要行动者（Morton，2013）。比如，全球最大的国际非政府组织——"世界宣明会"年收入达 29 亿美元（2019 年），比联合国各机构预算总和（不包括世界粮食计划署）还要多，也超过了非洲和欧洲个别国家的国民总收入。该组织活跃于 90 多个国家，2019 年全球收入超过了 11 个发援会援助成员方（共 24 个）的援助预算。

再如，2020 年国际救助贫困组织（CARE）的足迹已遍布 104 个国家，共实施 1349 个扶贫开发和人道主义援助项目，直接救济人口超 9230 万，间接帮扶人口达 4.334 亿。

国际非政府组织在许多发展中国家中都发挥着重要作用，运用援助者提供的大量资金开展人道主义援助和发展工作，在全球援助治理中的影响力越来越大。它们虽然根据不同的发展模式采取差异化方法，但在总体目标和任务方面具有相似性。通常国际非政府组织的主要目标包括减少贫困、赋权、促进性别平等和社会正义、保护环境、促进民间团体发展和加强民主治理。

英国和加拿大在援助领域提出的新方法也具有启示意义。2015 年，英国非政府组织的开支相当于该国当年官方发展援助总额的 55%（Banks 和 Brockington，2018）。加拿大该比例约为 60%；14 个符合官方发展援助资格的国家从该国非政府组织获得的援助资金比从加拿大官方获得的发展援助资金还要多（Davis，2019）。这两项研究均表明，就非政府组织发展援助而言，政府资金虽然增加但是相对于私人资金仍较少。

这些数据表明，非政府组织绝不是次要或不重要的发展行动者。多个来源（包括作为最大资金支持者的社会公众）的资金总额不断提高，正推动这些组织成为全球主要行动者。

（五）慈善机构

慈善机构受到的关注越来越多。2009 年，此类机构在官方发展援助中的占比仅为 1.9%，2017 年猛增至 3.7%。据经合组织数据，2015~2017 年，30 家私人基金会提供的发展援助资金已达 139 亿美元（OECD，2019）。与其他私人性质的国际资金相比，这些私人资源似乎更关心社会问题；从致力于实现"可持续发展目标"的慈善活动来看，其聚焦一般卫生和教育（占62%）、农林渔业（占9%）以及政府和民间团体（占8%）。非洲是慈善捐赠的主要受益地区（占28%），其次是亚洲（占17%）、拉丁美洲（占8%）和欧洲（占2%）（UNCTAD，2019）。

经合组织的统计数据显示，2019年私人慈善基金会共提供90亿美元，同比增长3%。其中，大约84%以赠款形式发放，其余16%涉及基金会贷款活动和股权投资。比尔及梅琳达·盖茨基金会仍是最大的慈善基金会，2019年拨款41亿美元，占向经合组织报告的私人慈善基金会总额的50%；此外，占比较大的基金会有BBVA小额信贷基金会、联合邮政彩票基金会、惠康基金会和万事达基金会。

综上所述，近年来国际发展合作格局发生重大变化。近十年来，官方发展援助的实际价值稳步增长，但其作为资金来源的重要性相对下降，而包括新兴经济体和大型慈善基金会在内的新兴行动者越来越受到重视。这种转变也可以从日益重要的新兴资金来源看出。以欧洲价值观为主导的国际发展合作架构受到新兴经济体倡导的"南南合作""三方合作"模式的冲击。

发援会及其援助提供机构［包括双边和多边机构、非政府组织、民间团体以及慈善组织和基金会（以间接方式）］的国际发展援助倾向于支持社会领域的发展事业。一些新兴的非发援会援助国也喜欢效仿，重点关注社会发展。中国却独树一帜，主要通过共建"一带一路"及在其他直接生产领域开展基建合作来为实现共同发展、共谋双赢的国际合作议程提供支持。

可以预见，随着中国以及其他"南南合作"和"三方合作"国家的进一步发展，非国家行动者在国际发展领域发挥的作用将会更大。要鼓励这些新兴行动者效仿和认同中国的共同发展愿景，集中资源在基础设施及其他直接生产领域开展合作，推动提高生产力、加快经济转型和升级、实现广泛的包容性发展。这样，就能通过国际发展合作创造就业机会，以可持续的方式减少贫困，以及消灭各种形式的剥削。

三 技术合作实践在发展合作中的变化

（一）技术合作的演变

过去六年间，技术合作一直是发展合作的主要内容之一。对一些援助机构来说，这是一种最常见的能力建设机制（Land 等，2007）。一些最早的技术合作是为弥补新近独立国家的能力不足，包括培训职员、帮助设立新的政府机构并做好人员配备工作等。

这种做法在 20 世纪 60 年代至 90 年代非常流行。在这个阶段，援助国主要是向受援国派出专业知识丰富、技术娴熟的顾问。许多发展中国家，尤其是最贫穷的后殖民国家，缺乏基本的管理能力和技术能力，这成为障碍共同发展的主要因素。因此，援助提供者在双边项目中广泛采用技术援助手段，确保在服务交付或基建方面取得以援助者意愿为导向的结果。从多边层面看，技术援助与政策条件被世界银行在 20 世纪 80、90 年代视为关键资源，在许多发展中国家实施新自由主义结构调整计划。20 世纪 60~90 年代的技术合作以援助者意愿为导向，旨在将受援国打造成其初级商品的生产者和消费者，而不是为了取得以受援国意愿为导向的结果，即推动经济朝着现代化的方向发展。换言之，援助者在此阶段的目标不是促进发展和实现共赢，而是为了强化殖民时期所形成的国际分工。

自 20 世纪 90 年代起，技术援助逐渐演变为"技术合作"，重点内容是进行技术培训、促进技能转让。随着发展共同体对国家自主权和发展援助领导权的重视，这种提法越来越受欢迎。技术合作的重点仍是能力建设，即发展中国家行动者管理优先发展事项的能力。表 2 提供了技术合作演变中的方法、关键假设和主要特征。

显然，技术合作内容随着时间的推移而改变。它起步于基本技术援助，为了取得以援助者意愿为导向的结果（1960~1990 年，许多发展中国家独立之初的三十年）；随后，内容逐渐增多，包含将技术培训和技术/知识转移、相关方结对和结盟，但仍以援助者意愿为主（1990~2000 年）；改革始于 2000 年，将关注焦点转向受援国在发展过程中的自主权、领导权及援助者的支持。

目前，技术合作重点转向能力建设——按经合组织（2006）的定义。这种能力是指"个人、组织和社会成功管理自身事务的能力"。能力建设或能力建构的重要属性是援助者的支持并不是偶发、临时或短暂的，也不是短期/中期行为，与此相反，这种支持具有长期、持续和可靠性，内容涵盖增强个人、组织和社会能力所必需的技术援助、培训、结对、结盟、伙伴关系等方面。

表 2　技术合作演变

时期	方法	关键假设	主要特征
1960~1990 年	技术援助：外国专家到现场指导项目，主要目的是维持殖民时期形成的劳动关系	将受援国塑造为援助国的"附属品"	"援助"这一概念反映了不平等的援受关系
1990~2000 年	技术合作：更加重视培训和知识转移等内容，以受援者政策和优先事项（会极大地受到援助者偏好的影响）为导向	维持援助者—受援者关系；受援国与援助者合作	主要受外力推动，忽视组建地方机构；同时增强地方能力的机会成本高
2000 年至今	能力建设：兴起于 20 世纪 90 年代，是对早期技术合作方法的重新评估，注重赋权和增强内生能力	受援国负责设计、指导、实施等环节	充分利用地方的人才、技能、技术和资源；强调推进可持续的变革，采取包容性方法解决权力不平等问题，将边缘化群体（国家、社群和个人）纳入发展主流；进行政策和体制改革，开展深入、持久的变革；与环境实现"最佳匹配"，而不是"迷信最佳实践"

资料来源：根据 Timmers（2018）和笔者观点整理。

因此，尽管发展合作格局发生了变化，但技术合作仍是发展援助的突出特征（占1/4）之一，也是大多数能力建设干预措施中的关键内容。事实上，许多机构认为技术合作主要是为了能力建设，并据此制定了一些计划（Lucas，2013）。一些双边援助者已建成完善的技术援助机构。其中德国国际合作机构（GIZ）和法国的 Expertise France 就是典型代表。这些部门本质上是能够提供支持的咨询机构，在能力建设方面仍力不从心。

在非洲，非洲能力建设基金会（ACBF）或许是能力建设最为成功的代表——特别是必须以受援国的发展愿望为核心，开展长期、可持续的发展合作。因此，该基金会现已成为非洲联盟专门的非洲能力建设机构。

（二）技术合作规模

技术合作的范围和内容存在差异，且随着时间的推移而发生变化，因此很难估计其在发展援助中所占份额。不过，从经合组织的数据看，1966 年至 20 世纪 90 年代初，用于技术合作的官方发展援助支出增长超过 1 倍，并在 2006 年达到峰值——占官方发展援助支出（不包括债务减免）的 1/4 以上。援助者的技术合作在 2006 年之后有所减少（主要是由于美国对发展援助项目进行了重新分类），但 2007~2011 年仍约占官方发展援助支出（不包括债务减免）的 1/6。

经合组织援助统计数据显示，2016 年专门用于技术合作计划的支出为 184 亿美元（现价），其中约 7.3% 被用于援助国培训。但因数据缺失，这并不包括其他发展计划中的技术援助支出。显然，技术援助本身仍是全球的一项重要事务，且有资料估计其占年度援助总额的 25%（400 亿美元）（Cox 和 Norrington-Davies，2019）。

据经合组织的统计数据，2016 年在"专家及其他技术合作"方面支出最大的三个双边援助国是德国（9.18 亿美元）、英国（8.49 亿美元）和美国（8.41 亿美元）。不过，从技术合作支出占官方发展援助总支出的比重来看，2016 年在"专家及其他技术合作"方面支出占比最大的三个双边援助国分别是新西兰（11.9%）、澳大利亚（9.8%）和韩国（9.3%）。

（三）技术合作模式和用途

技术合作模式多种多样，如培训计划、在职培训和指导、机构"结对"、为跨领域公共部门改革提供财政和技术支持、灵活的技术援助以及"三方合作"（援助者为促进发展中国家之间的知识交流而提供帮助）等。为帮助发展中国家管理投资项目，或实施与政策性贷款及部门计划相关的改革，技术合作通常会与其他援助计划捆绑在一起。《援助现状（2016）》以及 Cox 和 Norrington-Davies（2019）梳理了 20 世纪 70 年代以来经常使用的技术合作模式，表 3 对此做了列举。

表 3　技术合作模式

序号	内容
1	将技术专家纳入政府部门,进行能力建设和/或为组织变革提供支持
2	将技术专家纳入援助项目,为项目的设计和实施提供支持
3	就发展融资提出政策建议
4	就政府法律法规提出建议
5	通过"南南合作"和/或民间团体网络分享经验
6	奖学金和培训课程
7	由内部专家提供在职培训、指导和辅导
8	两国对应机构结对或建立对等伙伴关系,进行访问、借调、培训和技术咨询
9	拨款支持灵活的技术合作计划或设施,聘请技术专家担任短期或长期顾问,为一系列能力建设提供支持
10	为能够与发展中国家政府机构合作,并在一定程度上享有自主权(即能独立于援助者运转)的中介组织提供资助
11	为横向或跨部门公务员制度改革提供财政和技术支持,解决组织结构、薪酬和合作条件、招聘和培训、绩效激励、问责关系和反腐措施等问题
12	三方合作:经合组织援助者或多边机构为两个非经合组织国家间技术合作(南南合作)提供财政支持,通常旨在促使低收入国家借鉴中等收入国家或新兴市场国家的经验
13	南南直接合作,旨在为发展中国家间的技术合作提供支持
14	旨在为生产、传播或运用相关知识的政府或非政府组织提供财政或技术支持,如大学、智库、媒体、委员会、统计机构、财政部门等

资料来源：《援助现状（2016）》；Cox 和 Norrington-Davies（2019）。

技术合作的目的多样化。一些最早的技术合作是为弥补新近独立国家的能力不足,包括培训职员、帮助设立新的政府机构并做好人员配备工作等。自 20 世纪 80 年代开始,技术合作计划不再局限于提高个人技能,还致力于解决更广泛的组织和制度问题。发展行动者普遍认为,要有效、可持续地进行技术合作,就要加强对个人、组织和机构的关注。表 4 举例说明了技术合作的常见用途。

表 4　技术合作的常见用途（按援助者划分）

援助者	技术合作的常用方式	示例
国际机构	技术合作是多边机构的主要工作内容,最常用于: ● 为发展中国家科学决策提供支持 ● 提供咨询支持 ● 为经济和部门工作提供支持	国际货币基金组织将约 1/4 的运营预算用于支持能力建设,通常是为更广泛的技术援助计划提供支持。其重点是提供技术援助和开展培训,帮助政府制定有效政策、建立高效机构,通常是与财政部门和中央银行合作 世贸组织每年组织近 300 场技术援助活动,培训 14000 多名政府官员,且大多数部门都会参与授课。培训活动包括讲座、演讲、圆桌会议、专家会议、模拟练习,以及参加世贸组织会议
双边援助者	最常使用的技术合作: ● 加强能力建设,推动实施更广泛的部门计划(如加强卫生系统建设或完善区域贸易协议) ● 清除部门计划实现所面临的障碍 ● 许多双边援助者还会为两国对口机构"结对"提供支持 ● 推动技术与知识交流	澳大利亚外交贸易部(DFAT)拥有一系列经济治理工具,为经济改革提供技术和能力建设支持,比如在印度尼西亚,重点关注税收、公共财政管理、贸易和财政分权等领域;在越南,重点关注竞争政策。作为加入前程序和欧洲邻国政策的一部分,欧盟支持成员国与伙伴国在广泛领域结对,建立政府机构间友好关系
私人基金会	传统上,私人基金会拥有自己的发展项目,或为非政府组织和社会运动提供支持。一些基金会还尝试在政策和体制改革方面与政府合作,不过规模相对较小	在南亚,儿童投资基金正在基于技术合作为政府和私营机构提供支持,以期最终实现碳中和。向"加强营养"(SUN)国家提供技术援助,并通过由英国政府资助的"营养技术援助"(TAN)计划加强能力建设 托尼·布莱尔全球变化研究所与非洲一些国家合作,为政府核心政策的制定及实施提供支持,并在技术培训和能力建设方面提供援助。该机构在 20 多个国家动员了 200 多名员工促进全球协调发展,帮助各国应对新冠疫情

资料来源：Cox 和 Norrington-Davies（2019）。

（四）技术合作的成效

除个别案例外，很多文献都指出技术合作计划在很大程度上并不能令人满意。这方面的评估虽少，且缺乏恰当的评估方法，但仍有证据表明技术合作计划无论是结果（如强化内生能力）还是影响力（如对减贫和投资目标的贡献）均达不到预期（Cox 和 Norrington-Davies 2019；Greenhill 2006）。嵌入在技术合作中的变革理论也存在不足。比如，Andrews 等（2012）认为，五十年来对能力建设的支持力度大但无效，只能说明技术合作的变革理论存在严重问题。成功的技术合作案例非常少见，其成效取决于一系列因素，如是否由国家驱动，以及关注的范围、部门或国家等（DFID，2006）。

除文献外，Mergersa（2019）还对一些发展机构（如英国国际发展署、丹麦国际开发署、德国联邦经济合作和发展部、澳大利亚国际开发署、比利时技术合作署）以及国际金融机构（如世界银行、国际货币基金组织、非洲开发银行、伊斯兰开发银行）针对中等收入国家发布的各种报告进行了评估，所找到的证据十分庞杂，如专栏 1 所示。

专栏 1　中等收入国家技术合作评估研究证据

英国国际发展署（DFID）的技术合作运营证据表明，长期性技术援助项目非常成功（根据不同案例研究的证据）。研究指出，长期支持的成效会因特定计划背景和技术合作质量而异。此外，短期性技术援助项目只有嵌入一揽子援助计划时才会有成效。

对丹麦国际开发署（Danida）、德国联邦经济合作和发展部（BMZ）、澳大利亚国际开发署（AusAID）关于技术合作的评估表明，技术合作项目及独特的环境背景会影响技术援助的成效——这暗示了困难性。

来自比利时发展署［前身为比利时技术合作署（BTC），现为 Enabel］的证据表明，将技术合作方面的机会识别与策略制定交由不同的援助机构/部门负责可能会引发协调性问题，从而影响技术合作成效。

对世界银行技术合作计划的评估表明，技术合作可能会产生明显的间接影响（如超出既定目标）。从中等收入国家一些技术合作成效更高的案例看，其关键因素包括政府接受和吸纳能力、与客户密切合作，以及持续跟进情况。

对国际货币基金组织技术合作的评估表明，如果技术合作专家缺乏对客户独特制度及特征的认识，会影响技术合作成效。此外，脆弱的公务员制度可能是实施能力建设计划的主要障碍。

非洲开发银行"中等收入国家技术援助基金"（MIC-TAF）的证据表明，由于缺乏明确的战略重点，以及为特定技术合作计划设定不切实际的实施时间表，技术合作成效可能受到不利影响。

注：原始报告中使用的术语是"技术援助"

资料来源：节选自 Megersa（2019）。

（五）技术合作在实践中受到的批评

尽管技术合作很受欢迎，但自 20 世纪 90 年代起其就备受批评。比如，1993 年，联合国开发计划署发表了 Berg 有关技术合作的报告《重新思考技术合作：非洲能力建设改革》。该报告根据多边和双边援助者的评估与评价，对技术合作的功能与障碍进行了全面分析，认为"几乎所有人都认为技术合作在实现主要目标方面效率低下，即通过机构建设和加强地方经济管理能力，帮助受援国实现更大程度的自力更生"。这份报告探讨了技术合作失败的根本原因，包括：技术合作模式以援助者为中心，影响了地方自主权和承诺积极性；本地职员薪资微薄，缺乏激励措施；根据预估产出制定的"蓝图"过于僵化，未能捕捉到实现变革所需的真正变化（UNDP，2003）。这份报告虽以非洲为关注点，但为十年后重新讨论技术合作提供了很好的启示。

Ismail（2019）引用理论称，传统的短期技术援助成本高，主要用于支付援助国顾问的报酬，从长远来看缺乏可持续性。他指出，提供咨询服务的顾问平均年薪约为 20 万美元，普华永道、毕马威和德勤、安永和埃森哲等大型咨询公司从英国国际发展署获得的技术援助费用更是超过 1 亿英镑。此外，受援国政府对技术援助几乎没有发言权。在某些情况下，职权的设定未征求受援国的意见，技术援助被当成推进西方议程的工具，如越南的贸易自由化，以及卢旺达、孟加拉国和坦桑尼亚的公用事业私营化。

技术合作也因以援助者和供应者意愿为导向而饱受指责。受援国的优先事项往往被援助国所忽视或否决，每个援助国都在推动实施各自的项目，提出各自的会计要求。其结果是侵蚀受援国的自主权、发展碎片化、建设强大地方机构的目标无法实现（Land，2015）。

正如《援助现状（2016）》所指出的，碍于要求取得成效的国内压力越来越大，发援会援助者对取得短期成效愈加关注，而这对受援国的优先事项的影响也越来越大。技术合作专家和顾问通常由援助提供者挑选，因此也主要对其负责。这些人有着强烈的掌控欲，希望"产出"能按照项目计划交付。这些顾问严格按照合同中规定的义务推动进而取得预期结果，因此几乎没有动力关注伙伴国家通常更显复杂的能力需求和利益。

有关对技术合作的批判主要包括以下几个方面（Morgan 和 Baser，1993；Fukuda-Parr 等 2002；Singh，2002；Williams 等，2003；Action Aid International 2006；Scott，2009）：①技术合作以援助者意愿为导向，而非由需求驱动。往往不是由受援者的需求所决定的。②技术合作对能力建设的关注不够，技术合作未被作为一种长期能力建设的手段，由此造成可持续性不足。③受援国自主权受到侵蚀，援助者对技术合作控制过度，造成技术合作人员往往要对援助者负责，而不是向所支持的组织的管理层负责。④技术合作经常被安排在援助者建立的平行行政结构中，由此削弱了公共部门的能力——本国工作人员被抽调到了援助项目。提供补助的做法进一步加剧了这种问题，并严重破坏了地方劳动力市场。⑤事实证明，在稳定性差的环境中，技术合作不足以解决根深蒂固的制度和治理问题。尽管存在这种现实问题，技术援助仍经常被置于这些条件之下。⑥许多协议会与援助国供应商捆绑在一起。⑦技术合作基于北方国家独有的逻辑，认为西方知识优于一切，发展是一条线性道路，"发达"状态只有一种含义，而成为"发达"国家只有一条途径，即模仿西方。⑧技术合作成本高昂，质量有时低劣。外籍顾问通常导致技术不当问题，并且可能并不了解当地文化等。

（六）技术合作方法的变革

面对这些批评，援助者正努力改变技术合作方式，但进展缓慢。我们可从以下领域观察到一些趋势。①增强国家自主权。援助者正通过实施相关政策，鼓励地方更多地参与规划和设计，以及管理、评估活动。在此过程中，援助者已减少平行"项目实施单位"的数量，开始更多地依靠国家管理系统。这些目标虽然短期内难以实现，但意义重大。②更多的聘用国家顾问。援助者非常希望更多的聘用本地顾问（而不是国际顾问），以及加强南南合作。采购系统正在根据这些目标进行改革。③加强协调与整合。技术合作与国家计划的协调性、一致度越来越高，不过还有很多活动与其他战略存在脱节的情况。④有意识地转向能力建设。许多机构认为，技术合作的主要目的是能力建设（而不是只提供技术支持），并为此制定了一些计划。⑤援助者越来越偏向于提供无条件援助，但也有一些尚未展开行动。

继 2005 年《援助实效问题巴黎宣言》发布后，技术合作便与"能力建设"紧密地联系在一起。巴黎会议期间，援助者承诺"确保自己的分析和财政支持与合作伙伴的能力建设目标及战略保持一致，在有效利用现有能力的基础上相应加强与能力建设的协调"（《巴黎宣言》，第 22 页）。

2006 年，发援会发布报告《能力建设挑战：努力实现良好实践》，回顾了 40 多年来援助者的技术合作与能力建设，为技术合作指明了发展方向。这些调查结果和建议中很大一部分在今天仍具指导意义。

在 2008 年阿克拉高级别论坛上，援助者一致认为"对能力建设的支持应以需求为导向，以强化国家自主权为目的"。他们与伙伴国政府共同在《阿克拉行动议程》中承诺，"共同选择和管理技术合作；进一步利用地方和区域资源提供技术合作，其中包括'南南合作'"。

然而，令人费解的是，2010 年后在援助者有关增强发展合作成效的讨论中，其就改革技术合作/能力建设作出的承诺并未成为关注的焦点。比如，2011 年旨在落实《巴黎宣言》承诺的《釜山宣言》只是简单地提到了技术合作，并将其当作援助方在提供援助时应利用伙伴国家机构和采购系统的一种承诺，而未提及以需求为导向的技术合作。

然而，技术合作仍是官方发展援助的重要内容，也是到 2030 年实现各种"可持续发展目标"的重要手段；它虽难以衡量，却在"南南合作"中发挥着重要作用——巴西、墨西哥、阿根廷和印度都是主要的"南南合作"援助提供者。

可惜的是，尽管各方都承诺要作出改变，但技术合作的成效仍然不佳；援助提供者和伙伴国必须认真反思一下现有做法。

（七）技术合作的新趋势

通过探索新的援助交付机制来加强能力建设，已成为国际发展合作机构议程中的重要事项。Cox 和 Norrington-Davies（2019）以及 Ismail（2019）指出近期的技术合作趋势如下。

1. 结对和建立对等伙伴关系

不同国家的类似公共机构或部门结成对子，以便长期交流知识、学习经验和专门技术，而且他们非常重视合作和平等的伙伴关系。Rao（2013）指出了两个规模较大的应用案例，包括欧盟委员会于 1998 年 5 月推出的结对工具——其最初目的在于帮助候选国获得必要的技术和经验，以采纳、实施和执行欧盟法律法规。另外，世界银行也开展了一些对等伙伴方面的活动。比如，"LACMIC++"就是一种对等伙伴关系，旨在推动拉丁美洲和加勒比地区中等收入国家的公共机构与经合组织国家的对等机构建立伙伴关系，以提高运作效率。2012 年有关欧盟结对计划的评估发现，这在很大程度上呈现出了积极意义（Bouscharin 和 Moreau，2012）。结对已被证明是一种极其有效的工具，比其他类型的技术援助项目更为有效。

2. 建立技术合作联盟

针对发展合作受到的指责，有人提出可基于全行业方法和其他新援助机制，集中资金用于技术合作。大多数国际发展机构都选择性地实施了这些改革举措，包括世界银行的行业投资计划，以及深受一些双边援助者青睐的全行业方法。这两种机制都旨在根据国家确定的优先事项，从行业层面引入更具一致性的发展干预计划和实施措施，减轻所有发展伙伴的行政负担（Baser 和 Morgan，2002）。建立技术合作联盟是为了促进交流专业知识和政策建议，而这些已被逐渐纳入国家发展优先事项。

3. "南南合作"或"三方合作"

发展中国家之间在经验学习和技术分享方面表现得更为活跃（南南合作）。证据表明，发展中国家之间的学习合作频率增加，内容也越来越复杂。"南南合作"通常是指发展中国家之间的合作，而"三方合作"是指在传统援助者或多边组织支持下的南南合作。"南南合作"的影响力日益增强，说明全球财富分配正在发生变化；这种合作变得多元化，其内容不仅包括经济合作，而且还覆盖卫生、教育、农业、通信、研究和发展等领域。由于拥有相同的背景，发展中国家的人民正团结在一起，为解决问题寻找新的办法和创新方案。"南南合作"不是"北南合作"的替代品，而是一种补充。通过反思技术合作发现就能力建设而言，南南双向分享与学习要比自北向南的单向知识转移更为有效。"南南合作"的一些主要援助提供者包括中国（见专栏 2）、巴西、墨西哥、阿根廷和印度。因缺乏共同的框架、标准，"南南合作"的价值难以衡量，不过估计 2013 年已超过 200 亿美元，与 2011 年（约 161 亿美元）相比显著增加。仅 2016 年，在"南南合作"框架下实施的项目就有 500 多个，遍及 120 多个国家（Onyekwena 和 Ekeruche，2019）。2014/2015 年度，印度向 160 个国家派遣了 8000 多名不同领域的技术助理，大多数涉及与印度近邻（比如不丹）的合作计划。

4. 欧盟委员会"主干战略"

2007 年，欧盟委员会实施了一项新举措，进一步强化（受益）国家自主权，废除特殊实施单位的做法。2008 年，欧盟委员会提出新的"主干战略"来实现这一目标，制定了一套原则来为所资助的未来技术合作以及项目实施程序设计提供指导。这些原则包括：注重能力建设；以需求为导向，采用国家掌握的技术合作流程；以结果为导向；要考虑国家和行业的具体需求；避免使用"平行实施单位"；探索采用不同方法和创新方案来提供技术合作。

5."发援会同行评议"

2012年，欧盟指出，尽管欧盟委员会就技术合作和实施单位改革提出了"主干战略"，但其应用仍处于早期阶段。这种"主干战略"虽然已开始对技术合作理念产生积极影响，但迄今为止尚未得到完全实施。

6.问题驱动—迭代适应（PDIA）

技术援助必须要为试验提供便利，针对社会经济条件变化迅速作出反应。

Ismail（2019）认为，这些干预措施成效的证据仍很零碎，依靠的只是少量个案研究评估，很难对这些新方法的成效做出判断。

专栏2　中国在促进"南南合作"和"三方合作"中的作用：
中国国际经济技术交流中心的经验

1983年3月12日，中国国际经济技术交流中心（CICETE）经国务院批准正式成立，属于商务部直属机构。

该交流中心的主要职能是协调中国与多边机构，如联合国开发计划署和联合国工业发展组织等的合作事宜，包括实施这些组织的对华援助项目；并对一般物资供应项目、"南南合作援助基金"项目、中国援助其他发展中国家计划下的能力建设项目进行管理。

自成立以来，该交流中心经历了非凡的成长过程，为中国搭建起了与世界其他地区合作的桥梁。在与联合国开发计划署等联合国机构合作期间，该交流中心开发并实施的项目和合作计划达到900多个，价值超过10亿美元。中国向其他国家提供的一般物资项目超过1000个，其中包括近百次应对重大自然灾害的紧急人道主义救援行动，比如西非埃博拉疫情、斐济飓风、厄瓜多尔地震、斯里兰卡洪灾、墨西哥地震、尼泊尔

地震等。同时，该交流中心还多次举办高级会议、展览和专业培训，邀
请国际顾问参与短期和长期活动，为国际组织、政府机构和企业提供项
目管理服务，并积极与国际非政府组织和企业开展合作。

　　该交流中心已与 150 多个联合国机构、国际非政府组织和学术研究
机构，以及 30 多个部门和地方政府机构建起了广泛的合作网络。

　　资料来源：笔者根据中国国际经济技术交流中心相关资料整理。

四　一些国家的技术合作经验

　　相关文献认为援助者实施的技术合作是失败的；尽管其也承认一些方案
取得了成功，但总体评价非常消极（Morgan，2002）。正如牛津政策管理部
门向英国国际发展署提交的研究报告《技术援助的未来愿景》（Williams 等，
2003）所指出的，这些问题背后的主要原因在于企图将技术合作作为援助
国的一种政策工具，而这些政策不仅与受援国需求脱节，也往往脱离了市场
规则。通过回顾 20 世纪 90 年代 10 个非洲国家的援助和改革案例，
Devarajan、Dollar 和 Holmgren（2001）提出了以下观点："案例研究表明，
以切实需求为导向、管理有方的技术援助能够发挥作用，可惜的是很多技术
援助并未遵循这些理念。技术援助在这些国家中占据了很大份额（13% ~
18%），由此导致损失惨重。长期以来，在世界银行（业务评价局）年度评
估中技术援助的成功率一直很低"。

　　不过，研究文献也显示一些国家在技术合作管理方面做得相当好，为
此，下文对这些案例进行分析，指出其关键的成功因素。

（一）博茨瓦纳技术合作管理示范案例

　　博茨瓦纳是以国家为主导进行技术合作的成功范例。博茨瓦纳人口相对

较少，技术合作可能是该国 1966 年独立后的主要受援方式。博茨瓦纳依靠钻石出口形成了稳固的财政基础，但面临技术人员严重短缺问题——解决方案便是招聘外籍雇员。

Land（2002）在探索建立技术援助池的个案研究中指出，与技术援助相关的常见问题在博茨瓦纳都未出现，如缺乏自主权、平行结构、独立项目过多、缺乏协调、程序烦琐等。与此相反，在博茨瓦纳有利的政治环境和政府强烈的自主意识的助推下，技术援助为强化地方机构能力做出了积极贡献。

这项研究发现，博茨瓦纳在援助管理方面具有的四个关键特征帮助政府成功地捍卫了"主导地位"。

1. 将援助融入国家规划和预算体系

博茨瓦纳几乎所有外部资源都被纳入了国家规划体系，独立以来，连续实施的五年期和六年期国家发展计划，为政策、计划和预算提供了相匹配的支撑框架。博茨瓦纳的规划体系由财政与发展规划部（MFDP）负责协调，所有财政支出都通过该部门提交提案。财政与发展规划部负责的规划主管被借调到各个部门，在规划和预算编制过程中发挥主导作用。

2. 将技术援助融入公共服务机构

按照将所有外部援助纳入国家发展计划的原则，技术援助——无论是独立援助还是与特定项目捆绑在一起——都已被纳入公共服务部门的人力资源计划。公共服务管理局（DPSM）负责招聘外籍雇员、监督本地化过程。

3. 集中协调和双边谈判

作为国家规划的协调机构，财政与发展规划部承担着与外部机构协调所有交易的核心职能。《规划主管手册》详细说明了处理外部援助的方式。博茨瓦纳还刻意避开了与援助团体打交道，更愿意与各机构保持双边关系。这有助于政府牢牢占据主导地位，确保援助者的特征和偏好能匹配本国特定行业的需求。

4. 懂得妥协，但更懂得拒绝

在双边基础上，博茨瓦纳政府愿意通过谈判来达成共识。对于"成本"可能超过潜在收益的援助其会毫不犹豫地拒绝，这一点至关重要。因此，这种双边关系更加平等，项目透明度和商业化程度也更高，政府易于释放更强大的影响力。

（二）不丹以需求为导向的技术援助成功案例

不丹虽是较小的内陆国，却凭借超高的"国民幸福指数"闻名世界——这不仅渗透了其独特的治国理念，也是其发展战略的一种体现。

从联合国开发计划署（2003）提供的案例介绍来看，不丹在过去 40 年取得了辉煌的现代化建设和发展成就，而这主要归功于以需求为导向的技术合作。不丹之所以能与伙伴建立良好的技术合作关系，是因为政府牢牢占据着主导地位；拥有明确而完善的政策和计划，得到了合作伙伴的全力支持；腐败率低；拥有一支积极进取的高素质公务员队伍。

不丹关键的成功因素包括：①技术合作完全由政府控制，坚决拒绝无法真正掌握自主权的官方发展援助或技术合作。②拥有良好的政策和规划环境。③注重建立一支规模小但高素质、高效率的公务员队伍，并提供足够的薪酬。④1958 年印度总理到访并随后提供了援助，推动"南南合作"在不丹的发展中发挥作用。不丹是印度最早的援助受益国之一，尤其是水电领域；其第一个"五年计划"（1961～1966 年）便是与印度计划委员会共同协商制定的，并由印度提供全部资金。目前，印度仍是该国最大、最多元的发展伙伴，援助领域涉及教育、人力资源开发、卫生、水电开发、农业和道路建设等。

（三）研究文献确定的其他良好做法

Stephen Browne 在《联合国开发计划署国家研究》（2002）中提出了一些做法，简要介绍如下。

1. 菲律宾的国家技术合作管理创新

对项目绩效进行监控是有效实施任何框架的必要条件，但这种能力在技术合作管理中总是难觅踪迹。菲律宾政府创新推出了一套实施效果监测系统，对项目组合进行年度审查。国家经济发展署（NEDA）和预算管理部在项目经理的陪同下对各个项目进行审查，向负责监督技术合作的国家经济发展署委员会提交年度审查报告，提出改进建议。此外，菲律宾还会邀请非政府组织参与项目监督，由此增强了问责及响应能力。

2. 玻利维亚的援助者关系协调机制

玻利维亚在协调援助者关系方面也有创新之举。经历了援助者"随心所欲"和国家技术合作管理机制缺失的教训后，玻利维亚制定了能更有效地协调和利用技术合作（以及一般官方发展援助）的框架。

玻利维亚面临的主要挑战是援助者数量庞大，逐个协商合作事宜需要花费大量的时间。鉴于此，政府不再与每个援助者单独会面，而是将信息一次性地提供给所有援助者。对于大型和小型援助者、多边和双边援助者之间的相互竞争及其他敏感问题，设立联合委员会——甚至为未参与特定资助项目的援助者提供了席位——专门负责项目和方案的规划与设计。

玻利维亚在应对权力下放所带来的管理挑战方面也采取了创新做法。鉴于许多城市缺乏识别需求和制定投资计划与方案的能力，不能很好地提升技术合作或其他投资的有效性，作为国家技术合作管理单位的公共投资和外部融资局便决定收集各个城市的技术合作需求信息，加强对各市与援助者之间关系的协调。该局将这一过程与其他公共投资决策相结合，同时与市政当局共同加强能力建设，从而增强资源分配决策的合理性和利用技术的有效性。

3. 乌干达的援助者关系协调经验

通过调整预算为下级政府的援助项目提供支持，确保拨款用途与政府意图保持一致，是乌干达应对权力下放挑战的一项重要创新。

这些框架和创新实例表明，虽然某些要素在各个国家具有普遍性，但还需根据各自背景和情况来制定技术合作管理策略，与援助者展开合作。

五　可供中国借鉴的技术合作成效强化经验

通过分析国际发展合作领域不断变化的技术合作实践，以及一些国家的经验，本研究将提出相关建议供中国参考，以期提高技术合作成效。中国已成为全球发展舞台上的卓越供资者和其他援助模式的开拓者，正在充分利用自身发展所取得的辉煌成就，通过"南南合作"为其他发展中国家提供支持，希望这些建议能发挥积极作用。

为将发展合作纳入优先事项，中国 2018 年成立国家国际发展合作署，以便更好地协调不断增多的国际发展合作项目（包括共建"一带一路"），增强中国涉外活动的合法性。此外，2021 年白皮书《新时代的中国国际发展合作》明确指出，中国的发展合作与经合组织援助国截然不同。中国是世界上最大的发展中国家的国际地位没有变，中国开展国际发展合作"是发展中国家之间的相互帮助"，属于"南南合作"范畴，与"北南合作"有着本质的区别。

因此，从目前的国际发展合作，特别是技术合作中总结经验，对于推动国家国际发展合作署在国际发展合作方面取得更好的成绩而言具有重要意义。

让我们从不断变化的国际发展合作格局谈起。随着中国经济的蓬勃发展，私人和组织变得更富有，非国家行动者逐渐加入国际发展合作领域。对此，中国政府应制定必要的监管框架和激励政策，确保其在参与国际发展合作的同时，能遵循中国在国际发展合作方面提出的共同发展理念。具体而言，国家国际发展合作署应鼓励新兴行动者将重点放在可提高受援国生产力、创造体面的就业机会、推动所有利益相关者共同发展的领域。此外，还应鼓励他们采用最有效的技术合作交付模式，参与长期的、可持续的能力建设活动。新兴行动者在开展国际发展合作时，还应遵循以需求为导向、以受援者为主导的原则。

目前，中国的对外援助官方数据可从其发布的白皮书中获得。2021 年白皮书指出，中国将"修订完善对外援助统计指标体系，建立运行现代化的援外统计信息系统"。这么做有助于强化透明度和相互问责机制，继而提高援助成效。

通过分析国际发展合作中不断变化的技术合作实践和一些国家关键的成功因素，可以提炼出以下经验来帮助国家国际发展合作署提高技术合作成效，实现其在国际发展合作方面提出的目标——共同发展。

1. 提高技术合作交付成效

首先，国家国际发展合作署的技术合作不应只是为了填补漏洞或"完成任务"。即使有协助合作伙伴完成特定任务的短期目标，也应确保提供可长期使用的技能、体系和结构。其次，国家国际发展合作署的技术合作应避免建立平行的管理和交付系统，以免破坏地方体系、弱化顾问责任（这应该明确为对受援者的责任）、扭曲公共部门的薪酬制度（Lucas，2009）。与此相反，它应尽可能使用受援国的体系，包括其援助交付预算框架和与技术合作服务相关的地方采购流程。技术合作（尤其是能力建设活动）应尽可能地响应受援者的需求；要了解地方情况，确保能发挥作用（OECD，2012）。最后，技术合作应与其他类型的援助分开，并以负责任的、透明的方式提供给受援国。

2. 建立技术合作政策框架

国家国际发展合作署应确保技术合作资源得到充分利用，并能为受援国的优先发展事项提供支持。为此，应要求受援国政府建立可信的框架和平台，以便进行技术合作管理及监督。有效的管理措施必须包括明确的、系统的、可信的结构与流程，将技术合作转化为实现国家发展目标的资源。博茨瓦纳和不丹在这方面的经验具有启发性。

3. 加强人力资本开发机构建设

本地专家能在多大程度上承担起提供知识服务的任务，在很大程度上取决于当地大学、研究机构和咨询部门的实力。国家国际发展合作署应确保技术合作瞄准两个目标：一是加强政府能力建设；二是对高等教育以及其他相关的知识机构、商业性协会、工会、民间团体、新闻工作者和非政府组织展开投资。因此，中国和受援国应扩大投资，提高这些部门的工作能力，更广泛地为人力资本开发提供支持，并不断提升该国培养人力资本再生的能力。

中国应帮助受援国增进认知：技术合作成效与适当的、有效的公共服务密切相关；南方国家若不能提供适当的、安全的、稳定的公共服务，就会永远依赖技术合作来"填补漏洞"，而不是更多地干预发展。此外，公共服务还是防止腐败行为和利益集团"绑架"的一道屏障，如果其受到严重削弱，便难以有效地打击腐败行为。在这方面博茨瓦纳的经验可供借鉴。

4. 加强技术合作人员管理

人员仍是技术合作中最重要的因素，并且也是未来能力建设的重点。然而，由于成本高但影响力有限，技术合作人员的提供问题饱受批评。鉴于此，国家国际发展合作署应采取措施，从"能力建设的角度"系统地设计、实施和审查各种干预措施，提高技术合作人员的能力。

此外，国家国际发展合作署应尽量避免在技术合作人员的岗位设计、聘用、监督中占据主动地位。发展机构、受援国和技术合作人员之间的三角关系很容易影响受援国的自主权、工作关系和责任线。根据《巴黎宣言》和近期的研究，国家国际发展合作署应鼓励受援国承担起管理技术人员的责任。

中国在使用或鼓励使用外籍雇员方面应保持克制。当项目需要外部专家提供支持时，应尽可能首选本地专家；如果必须聘请外籍雇员，则应作出适当安排，确保外籍雇员结束任务时有当地人才能填补空缺，实现有序发展。

质量保证和监督是有效开展技术合作的关键。在实施技术合作之前和期间，应确保国家国际发展合作署在质量保证方面发挥关键作用。

参考文献

Action Aid International. 2006. "Making Technical Assistance Work." Real Aid, Johannesburg, Available from http：//www. actionaid. org/docs/real_aid2. pd.

Accra Agenda for Action. 2008. "Third High Level Forum on Aid Effectiveness." September 2-4Accra, Ghana.

A. Hauge. 2002. "Accountability：to What End?" Development Policy Journal, Special Issue on Technical Cooperation, Vol. 2.

A. Ajayi, A. Jerome. 2002. "Opportunity Costs and Effective Markets." Development Policy Journal, Special Issue on Technical Cooperation, Vol. 2.

A. Danielson, P. R. J. Hoebink, B. Mongula. 2002. "Are Donors Ready for Change?"

Development Policy Journal, Special Issue on Technical Cooperation, Vol. 2.

A. Land, H. Grejin, V. Huack, J. Ubels. 2015. "Reflecting on 25 Years of Capacity Development and Emerging Trends." Capacity Development Beyond Aid, http：//ecdpm. org/ wp-content/uploads/CAPACITY_BOOKLET_ENG_WEB. pdf.

A. Land. 2002. "Taking Charge of Technical Cooperation-Experience from Botswana: A Case of a Country in the Driver's Seat." (ECDPM Discussion Paper 34), Maastricht: ECDPM, http：//www. ecdpm. org/.

B. Carter. 2017. "Literature Review on China's Aid." K4D Helpdesk Report, Brighton, UK: Institute of Development Studies. Vol. 40, Issue 3.

B. Lucas. 2009. "Changing Approaches to Technical Assistance (GSDRC Helpdesk Research Report)." Birmingham, U. K.: GSDRC, University of Birmingham, http：//www. gsdrc. org/docs/open/hd586. pdf.

B. Lucas. 2013. "Current Thinking on Capacity Development (GSDRC Helpdesk Research Report)." Birmingham, U. K.: GSDRC, University of Birmingham, http：//www. gsdrc. org/docs/open/hdq960. pdf.

B. Morton. 2013. "An Overview of International NGOs in Development Cooperation." in Working with Civil Society in Foreign Aid Possibilities for South-South Cooperation? Retrieved from http：//www. undp. org/content/dam/undp/documents/partners/civil_society/publications/ 2013_UNDP-CH-Working-With-Civil-Society-in-Foreign-Aid_EN. pdf.

DFID. 2006. "Developing Capacity? An Evaluation of DFID-funded Technical Cooperation for Economic Management in Sub-Saharan Africa." Synthesis Report, https：//assets. publishing. service. gov. uk/government/uploads/system/uploads/attachment_ data/file/678 27/ev667. pdf.

Department for International Development. 2013. "How to Note: Capacity Development." London, U. K: Department for International Development, https：//www. gov. uk/government/ uploads/system/uploads/attachment_ data/file/224810/How-tonote-capacity-development. pdf.

European Commission. 2008. "Reforming Technical Cooperation and Project Implementation Units for External Aid Provided by the European Commission: A Backbone Strategy." Europe Aid, Directorate European Commission.

European Centre for Development Policy Management. 1995. "New Avenues for Technical Cooperation in Africa: Improving the Record in Terms of Capacity Building." Policy Management Report No. 2, European Centre for Development Policy Management.

European Centre for Development Policy Management. 2008. "Capacity Change and Performance: Insights and Implications for Development Cooperation." http：//ecdpm. org/ publications/capacity-change-performance-insights-implications-developmentcooperation/.

G. Bouscharain, J. Moreau. 2012. "Evaluation of the Institutional Twinning." Instrument in the Countries Covered by the European Neighbourhood Policy, Final Report, Project No. 2010/

249504, HTSPE and European Commission, http://ec. europa. eu/europeaid/where/ neighbourhood/overview/documents/20121002-finalreport_ en. pdf.

G. Williams, S. Jones, V. Imber, A. Cox. 2003. "A Vision for the Future of Technical Assistance in the International Development System: Final Report." London: Oxford Policy Management.

High Level Forum. 2005. "Paris Declaration on Aid Effectiveness." Ownership, Harmonisation, Alignment, Results and Mutual Accountability, Paris, February 28- March 2.

H. Baser, P. Morgan. 2001. "The Pooling of Technical Assistance: An Overview Based on Field Research Experience in Six African Countries." ECDPM for the Ministry of Foreign Affairs of the Netherlands, European Centre for Development Policy Management, Maastricht.

H. Baser, P. Morgan. 2002. "Harmonising the Provision of Technical Assistance: Finding the Right Balance and Avoiding the New Religion." (ECDPM Discussion Paper No. 36), Maastricht: European Centre for Development Policy Management.

H. Timmis. 2018. "Lessons from Donor Support to Technical Assistance Programmes, Helpdesk Report." Institute of Development Studies.

International NGO Training and Research Centre (INTAC). 2016. "Tracking Capacity Change." https://www. intrac. org/wpcms/wp-content/uploads/2016/10/Tracking-Capacity-Change. pdf.

J. M. Davis. 2019. "Real 'Non-Governmental' Aid and Poverty: Comparing Privately and Publicly Financed NGOs in Canada." *Canadian Journal of Development Studies*, Revue Canadienne D'études Du Développement.

K. Megersa. 2019. "The Effectiveness of Technical Assistance in Middle Income Countries." K4D Helpdesk Report 705Brighton, UK: Institute of Development Studies.

L. Xiaoyun, J. Lanlan, L. Li, Z. Chuanhong. 2020. "New Landscape of International Development Cooperation in Post-COVID-19." Implications for North-East Asia Countries, North-East Asia Development Cooperation Forum Policy Brief, ESCAP East and North-East Asia Office.

M. Andrews, L. Pritchett, M. Woolcock. 2012. "Escaping Capability Traps through Problem Driven Iterative Adaptation (PDIA)." Centre for Global Development, Working Paper No. 299, https://www. cgdev. org/files/1426292_file_Andrews_Pritchett_Woolcock_traps_FINAL. pdf.

M. Cox. , G. Norrington-Davies. 2019. "Technical Assistance: New Thinking on an Old Problem." Open Society Foundations, Aghulas Applied Knowledge.

N. Banks, D. Brockington. 2018. "Mapping the UK's Development NGOs: Income, Geography and Contributions to Development (GDI Working Paper 2019-035)." Manchester: University of Manchester.

N. Simister, R. Smith. 2010. "Monitoring and Evaluating Capacity Building: Is it Really that Difficult?" Praxis Paper 23, INTRAC.

OECD DAC. 2006. "The Challenge of Capacity Development: Working towards Good Practice." Paris, France: Organisation for Economic Cooperation and Development.

OECD. 2012. "European Union. Development Assistance Committee (DAC) Peer Review 2012." Paris, France: OECD, http://www.oecd.org/dac/peer-reviews/50155818.pdf.

OECD. 2019. "Private Philanthropy for Development." OECD Publishing, Paris.

OECD. 2020a. "Six Decades of ODA: Insights and Outlook in the COVID-19 Crisis." OECD Development Co-operation Profiles 2020, OECD Publishing, Paris, https://doi.org/10.1787/2dcf1367-en.

OECD. 2020b. "Development Co-operation Report 2020: Learning from Crises, Building Resilience." OECD Publishing, Paris, https://doi.org/10.1787/f6d42aa5-en.

OECD. 2021. "Net ODA (Indicator)." DOI: 10.1787/33346549-en, Accessed on 20 July 2021.

Onyekwena C., Ekeruche M. A. 2019. "Africa in Focus." The Global South and Development Assistance Monday., September 16, 2019 Brookings Institute Blog, https://www.brookings.edu/blog/africa-in-focus/2019/09/16/the-global-south-and-development-assistance/.

Oxford Policy Management. 2003. "A Vision for the Future of Technical Assistance in the International Development System." Available from http://www.opml.co.uk/document.rm?id=956.

P. Morgan, H. Baser. 1993. "Making Technical Cooperation More Effective: New Approaches by the International Development Community." SIDA.

P. Morgan, A. Land, H. Baser. 2005. "Study on Capacity, Change and Performance: Interim Report (ECDPM Discussion Paper, 59A)." Maastricht: European Centre for Development Policy Management.

P. Morgan. 2002. "Technical Assistance: Correcting the Precedents; Inherent Distortions were Built into Technical Assistance from the Beginning. What are the Correctives?" *Development Policy Journal*, Special Issue on Technical Cooperation, Vol. 2.

R. Greenhill. 2006. "Making Technical Assistance Work for the Poor, Action Aid." http://www.actionaid.org/sites/files/actionaid/real_ aid_ 2.pdf.

R. Mogilevsky, A. Atamanov. 2008. "Technical Assistance to CIS Countries." CASE Network Studies and Analysis. No. 369Center for Social and Economic Research CASE, Warsaw.

R. Tew. 2013. "Technical Cooperation." Investments to End Poverty Discussion Paper, Development Initiatives.

S. Devarajan, D. Dollar, T. Holmgren. 2001. *Aid and Reform in Africa*. Oxford University

Press for the World Bank, Oxford.

S. Fukuda-Parr, C. Lopes, K. Malik. 2002. "Capacity for Development: New Solutions to Old Problems." United Nations Development Programme, New York.

S. Rao. 2013. "New Thinking on Technical Assistance to Resolve Knowledge and Capacity Gaps." GSDRC Helpdesk Research Report 935, Birmingham, UK: GSDRC, University of Birmingham, http://www.gsdrc.org/go/display&type=Helpdesk&id=935.

S. Singh. 2002. "Technical Cooperation and Stakeholders Ownership." Development Policy Journal, Special Issue on Technical Cooperation, Vol. 2.

The Reality of Aid. 2016. "Technical Cooperation as an Aid Modality: Demand-Led or Donor Driven?" IBON, International, the Philippines.

The State Council Information Office of the People's Republic of China. 2021. "China's International Development Cooperation in the New Era, Mimeo, The State Council Information Office of the People's Republic of China."

T. Land. 2007. "Joint Evaluation Study of Provision of Technical Assistance Personnel: What can We Learn from Promising Experiences?" (ECDPM Discussion Paper 78), Maastricht: ECDPM.

UNDP. 2003. "Developing Capacity through Technical Cooperation: Country Experiences." Edited by Stephen Browne, Earthscan Publications Ltd. London and Sterling, Virginia.

United Nations Development Programme. 1993. "Rethinking Technical Cooperation-Reforms for Capacity Building in Africa." UNDP Regional Bureau for Africa, Development Alternatives Inc., Elliot J. Berg, Coordinator.

United Nations Economic and Social Council. 2020. "Trends and Progress in International Development Cooperation: Report of the Secretary-General (E/2020/10)." 2020 Session, High Level Segment: Development Cooperation Forum.

United Nations High-level Committee on South-South Cooperation. 2016. "Review of the Progress Made in Implementing the Buenos Aires Plan of Action." UN HLCSSC, New York.

V. Hauck, H. Baser. 2005. "TA Pooling: Tools and Lessons Learned: A Brief Review of Recent Experiences." DFID Health Resource Centre.

Z. Ismail. 2019. "Technical Assistance and Capacity Building in International Development." Helpdesk Report. Institute of Development Studies.

Z. Scott. 2009. "Southern Perspectives on Technical Cooperation." Governance and Social Development Resource Centre.

图书在版编目（CIP）数据

国际发展援助与合作：超越历史困局／俞建拖主编
.--北京：社会科学文献出版社，2023.12
ISBN 978-7-5228-1984-6

Ⅰ.①国… Ⅱ.①俞… Ⅲ.①对外援助-国际合作-
研究 Ⅳ.①D812

中国国家版本馆 CIP 数据核字（2023）第 105414 号

国际发展援助与合作：超越历史困局

主　　编／俞建拖
译　　校／俞建拖　张　驰

出 版 人／冀祥德
责任编辑／吴　敏
责任印制／王京美

出　　版／社会科学文献出版社（010）59367127
　　　　　　地址：北京市北三环中路甲 29 号院华龙大厦　邮编：100029
　　　　　　网址：www.ssap.com.cn
发　　行／社会科学文献出版社（010）59367028
印　　装／三河市龙林印务有限公司

规　　格／开　本：787mm×1092mm　1/16
　　　　　　印　张：28　字　数：423 千字
版　　次／2023 年 12 月第 1 版　2023 年 12 月第 1 次印刷
书　　号／ISBN 978-7-5228-1984-6
定　　价／98.00 元

读者服务电话：4008918866